权威·前沿·原创

皮书系列为

“十二五”“十三五”“十四五”时期国家重点出版物出版专项规划项目

文化建设蓝皮书
BLUE BOOK OF CULTURE CONSTRUCTION

中国文化发展报告（2022~2023）

ANNUAL REPORT ON THE DEVELOPMENT OF CHINESE CULTURE(2022-2023)

湖北大学高等人文研究院
中华文化发展湖北省协同创新中心／编
湖北文化建设研究院

主　　编／徐　瑾　江　畅
执行主编／张智敏　黄　妍
副 主 编／李家莲　陶文佳　卿　菁

社会科学文献出版社
SOCIAL SCIENCES ACADEMIC PRESS (CHINA)

图书在版编目（CIP）数据

中国文化发展报告. 2022~2023 / 徐瑾，江畅主编
. --北京：社会科学文献出版社，2023. 5
（文化建设蓝皮书）
ISBN 978-7-5228-1748-4

Ⅰ. ①中… Ⅱ. ①徐… ②江… Ⅲ. ①文化事业-研究报告-中国-2022-2023 Ⅳ. ①G12

中国国家版本馆 CIP 数据核字（2023）第 071345 号

文化建设蓝皮书
中国文化发展报告（2022~2023）

主　　编 / 徐　瑾　江　畅
执行主编 / 张智敏　黄　妍
副 主 编 / 李家莲　陶文佳　卿　菁

出 版 人 / 王利民
责任编辑 / 周　琼
文稿编辑 / 孙玉铖
责任印制 / 王京美

出　　版 / 社会科学文献出版社 · 政法传媒分社（010）59367126
地址：北京市北三环中路甲 29 号院华龙大厦　邮编：100029
网址：www. ssap. com. cn
发　　行 / 社会科学文献出版社（010）59367028
印　　装 / 天津千鹤文化传播有限公司

规　　格 / 开 本：787mm × 1092mm　1/16
印 张：23. 75　字 数：356 千字
版　　次 / 2023 年 5 月第 1 版　2023 年 5 月第 1 次印刷
书　　号 / ISBN 978-7-5228-1748-4
定　　价 / 158. 00 元

读者服务电话：4008918866

《文化建设蓝皮书：中国文化发展报告（2022~2023）》编辑委员会

主要研创人员简介

徐　瑾　湖北大学哲学学院教授、博士生导师，湖北大学高等人文研究院副院长，湖北大学哲学学院马克思主义哲学研究所所长，中华文化发展湖北省协同创新中心研究员，《中国文化发展报告》主编。

江　畅　教育部长江学者特聘教授，湖北大学哲学学院教授、博士生导师，湖北大学高等人文研究院名誉院长，中华文化发展湖北省协同创新中心主任、首席专家，上海大学社会科学部兼职教授，国际价值哲学学会（ISVI）前会长、中国伦理学学会副会长、价值哲学专业委员会副会长、文化建设与评价专业委员会常务副会长、湖北省伦理学学会名誉会长、湖北省传统教育研究会会长，《中国文化发展报告》、《价值论与伦理学研究》、《文化发展论丛》、“道德·价值·文化丛书”主编。

黄　妍　中华文化发展湖北省协同创新中心副研究员，湖北大学哲学学院讲师。

卿　菁　湖北大学公共管理学院副教授，中华文化发展湖北省协同创新中心副研究员。

张智敏　湖北大学师范学院（教育学院）教授，中华文化发展湖北省协同创新中心研究员。

李家莲　湖北大学哲学学院教授、博士生导师，湖北大学高等人文研究院副院长，湖北省伦理学学会副会长，中华文化发展湖北省协同创新中心副研究员。

周鸿雁 湖北大学公共管理学院教授，中华文化发展湖北省协同创新中心研究员。

陶文佳 湖北大学哲学学院副教授，中华文化发展湖北省协同创新中心副研究员，湖北省哲学史学会副秘书长。

摘要

2021~2022年我国的文化事业和文化产业快速发展，取得了一系列重要成就。这两年我国文化生产领域继续深化改革，总体状况持续向好，具体表现在以下四个方面：文化体制改革稳步进行，文化产业发展态势向好；文化及相关产业在国民经济中的地位逐步上升，文化产品进出口保持平稳；互联网文化产业和新兴数字文化产业成为我国文化生产领域新的增长点；“十三五”以来我国公共文化服务体系建设取得了重要成就。从公共文化服务发展来看，近两年我国公共文化服务取得的成绩主要表现为政策支持上的制度规范更加细化、公共文化服务水平不断提高、城乡基层公共文化服务差距进一步缩小、非物质文化遗产及地方特色文化保护意识有所增强、公共文化服务数字化覆盖面更广等。

中国文化的国内、国际传播及其影响力是本书的重要内容。就国内而言，近两年我国文化传播取得了一系列成就：政府相关部门制定了关于文化传播工作的“十四五”发展规划文件，“深化融媒改革”“文化数字化”“社会效益优先”将成为“十四五”期间文化传播工作的新重点；融媒改革进入数字化、网络化、智能化时期，传媒工作将成为国家治理体系中的重要一环；文娱行业、新闻行业、网络平台的文化传播秩序得到了深度有效的治理；等等。就国际而言，近两年我国文化的对外交流和传播有待加强，主要表现为：传统纸媒行业的发展遇到了较大挑战，数量有待增加、质量有待提高；我国文学、艺术教育发展受国外文化影响较深，版权引进主要受美国、英国、日本影响，国际视野有待进一步拓宽；我国文化国际传播有待强化，要加强网络文化的国际交流和监管。

本书对2021~2022年我国的文化事业和文化产业进行了全面深入的分析，

主要包括总报告、指数报告、分类报告、专题报告。专题报告主要包括基层文化建设与文明水平提升、中国文化建设中的价值引领与认同现状、长江经济带各省市文化和旅游产业高水平融合发展与优化三个研究报告。本书还构建了以文化投入、文化生产、文化供给、文化传播以及文化消费5个一级指标和36个二级指标为内容的中国文化发展指数评价指标体系。立足于现实数据分析，本书通过对文化事业和文化产业等方面进行调查研究，对近两年我国文化领域取得的新成就、体现出的新态势以及存在的问题做了全面描述和客观分析，对问题的解决及未来发展的趋势做了深入探索，希望借此为党和政府相关部门的决策提供理论参考和数据支撑。

关键词： 文化事业　文化产业　文化产品　文化传播

目录

Ⅰ 总报告

Ⅱ 指数报告

Ⅲ 分类报告

Ⅳ 专题报告

皮书数据库阅读**使用指南**

总 报 告

General Report

B.1

中国文化发展报告（2021~2022）

徐 瑾*

摘 要： 近两年，尽管受到疫情影响，但在党的坚强领导下，我国文化事业和文化产业取得了突出成就，社会主义先进文化取得了较快发展。具体而言，公共文化服务设施及其相关服务、群众文化发展与“四馆”建设、教育文化和生态文明以及“非遗”保护等文化相关工作均取得了重要进展，文化与旅游相结合的发展战略得到了进一步贯彻。文化建设和发展工作获得了较高的社会认可度，对提升社会文明水平发挥着越来越重要的作用。就文化发展的理想蓝图而言，要始终坚持党的领导，提高文化的社会治理效能；要进一步加强中华优秀文化的继承和发展，提升其社会影响力，并将其转化为文化软实力的重要内容；要继续提升基层公共文化设施和服务水平，不断扩大其覆盖面；要不断挖掘和发展传统文化优势，加大文物及非物质文化遗产保护的力度；要推动科技赋能文化，加快文化空间建设；要推进文化资源数字化建设，

---

* 徐瑾，哲学博士，湖北大学哲学学院教授、博士生导师，湖北大学高等人文研究院副院长，主要研究方向为哲学与文化。

完善和强化网络监管，增强数字资源版权保护意识；要以文化浸润乡风，实施乡村文化振兴战略。

关键词： 文化建设　文明水平　群众文化　文化产业　文化交流

文化是一个国家、一个民族的灵魂，是绵延生息的精神血脉。当今世界正处在大变革、大调整时期，文化多样化深入发展，各种思想文化相互交流与碰撞的频率也日益提高，文化软实力的重要地位在综合国力竞争中进一步凸显。在“十四五”规划中，我党对于文化建设做出新的部署，大力发展文化事业和文化产业以快速提高国家软实力。2021 年是“十四五”的开局之年，具有承前启后的重要意义。本报告是借鉴国家统计部门关于文化建设的相关数据，结合 2022 年湖北大学高等人文研究院、中华文化发展湖北省协同创新中心联合调查获得的“中国文化发展现状调查（2021）”基础数据及分析结果形成的。本报告对 2021 年我国文化建设的成就进行了调查研究，包括基层文化建设及其与文明水平的关系、群众文化发展与“四馆”建设、文化产品与教育文化、影视业与新媒体发展、中国文化的国际影响力几个部分。在分析现状的同时，本报告对目前存在的不足之处进行了深入分析，并提出了相关对策和建议，希望这些对策和建议能切实为政府相关部门在文件发布和政策制定方面提供有益参考。从长远来看，这项工作能够让我国文化建设和发展更具科学性和针对性，符合最广大人民群众的根本利益，有利于我国社会文明水平的整体提升。

一　中国文化发展的相关政策

2021 年是“十四五”的开局之年，是在完成全国脱贫攻坚任务的基础上，开启全面建设社会主义现代化国家新征程的关键之年。2021 年，中共中央、国务院及有关部门制定了一系列有关文化发展的重要政策和法规文件（见表 1)，为文化的高质量发展提供可靠保障。

表1　2021年中国文化发展的相关重要政策和法规文件一览

发布时间	发布机构	名称
2021年1月	国家市场监管总局、商务部、文化和旅游部	《市场监管总局　商务部　文化和旅游部关于以标准化促进餐饮节约反对餐饮浪费的意见》
2021年1月	文化和旅游部办公厅	《文化和旅游部办公厅关于遴选推出"建党百年百条精品红色旅游线路"的通知》
2021年2月	文化和旅游部办公厅	《文化和旅游部办公厅关于进一步用好地方政府专项债券推进文化和旅游领域重大项目建设的通知》
2021年2月	国务院	《国务院关于新时代支持革命老区振兴发展的意见》
2021年3月	文化和旅游部、国家发展改革委、财政部	《文化和旅游部　国家发展改革委　财政部关于推动公共文化服务高质量发展的意见》
2021年3月	文化和旅游部办公厅	《文化和旅游部办公厅关于开展"唱支山歌给党听"大家唱群众歌咏活动的通知》
2021年3月	国务院	《国务院关于同意将云南省通海县列为国家历史文化名城的批复》
2021年4月	文化和旅游部、国家开发银行	《文化和旅游部　国家开发银行关于进一步加大开发性金融支持文化产业和旅游产业高质量发展的意见》
2021年4月	文化和旅游部办公厅	《文化和旅游办公厅关于印发〈2021年全国基层文化和旅游公共服务队伍培训工作计划〉的通知》
2021年4月	中共中央办公厅、国务院办公厅	《中共中央办公厅　国务院办公厅印发〈关于加强社会主义法治文化建设的意见〉》
2021年4月	国务院办公厅	《国务院办公厅关于同意调整完善民办教育工作部际联席会议制度的函》
2021年4月	中共中央办公厅、国务院办公厅	《中共中央办公厅　国务院办公厅印发〈关于建立健全生态产品价值实现机制的意见〉》
2021年4月	国务院办公厅	《国务院办公厅关于印发新时代中央国家机关及有关单位对口支援赣南等原中央苏区工作方案的通知》
2021年4月	文化和旅游部办公厅	《文化和旅游部办公厅关于开展2021年度国家级文化生态保护实验区建设成果验收工作的通知》
2021年5月	文化和旅游部	《文化和旅游部关于印发〈"十四五"文化产业发展规划〉的通知》
2021年5月	国务院	《中华人民共和国民办教育促进法实施条例》

续表

发布时间	发布机构	名称
2021 年 5 月	中共中央办公厅	《中共中央办公厅印发〈关于在全社会开展党史、新中国史、改革开放史、社会主义发展史宣传教育的通知〉》
2021 年 5 月	文化和旅游部办公厅	《文化和旅游部办公厅关于公布〈2021 年全国美术馆馆藏精品展出季活动目录〉的通知》
2021 年 5 月	文化和旅游部	《文化和旅游部关于印发〈“十四五”非物质文化遗产保护规划〉的通知》
2021 年 6 月	国务院办公厅	《国务院办公厅关于推动公立医院高质量发展的意见》
2021 年 6 月	中共中央办公厅、国务院办公厅	《中共中央办公厅　国务院办公厅印发〈关于深化国有文艺院团改革的意见〉》
2021 年 6 月	国务院	《国务院关于印发全民科学素质行动规划纲要（2021—2035 年）的通知》
2021 年 6 月	文化和旅游部	《文化和旅游部关于印发〈“十四五”公共文化服务体系建设规划〉的通知》
2021 年 6 月	国务院办公厅	《国务院办公厅关于科学绿化的指导意见》
2021 年 6 月	文化和旅游部	《文化和旅游部关于印发〈“十四五”艺术创作规划〉的通知》
2021 年 7 月	中共中央办公厅、国务院办公厅	《中共中央办公厅　国务院办公厅印发〈关于进一步减轻义务教育阶段学生作业负担和校外培训负担的意见〉》
2021 年 7 月	文化和旅游部公共服务司	《文化和旅游部公共服务司关于贯彻落实〈国家基本公共服务标准（2021 年版）〉的通知》
2021 年 7 月	中共中央、国务院	《中共中央　国务院关于支持浦东新区高水平改革开放打造社会主义现代化建设引领区的意见》
2021 年 7 月	文化和旅游部办公厅	《文化和旅游部办公厅关于开展第一批国家级夜间文化和旅游消费集聚区建设工作的通知》
2021 年 7 月	文化和旅游部办公厅	《文化和旅游部办公厅关于组织开展 2021 年全国文化和旅游消费季活动的通知》
2021 年 8 月	文化和旅游部办公厅	《文化和旅游部办公厅关于进一步加强文艺工作者教育管理和道德建设的通知》
2021 年 8 月	文化和旅游部办公厅	《文化和旅游部办公厅关于公布首批文化和旅游行业智库建设试点单位的通知》
2021 年 8 月	中共中央办公厅、国务院办公厅	《中共中央办公厅　国务院办公厅印发〈关于进一步加强非物质文化遗产保护工作的意见〉》
2021 年 8 月	文化和旅游部、国家发展改革委	《文化和旅游部　国家发展改革委关于公布第三批全国乡村旅游重点村和第一批全国乡村旅游重点镇（乡）名单的通知》

续表

发布时间	发布机构	名称
2021 年 9 月	文化和旅游部办公厅、中央宣传部办公厅、国家发展改革委办公厅	《文化和旅游部办公厅　中央宣传部办公厅　国家发展改革委办公厅关于开展公共文化服务高质量发展典型案例遴选工作的通知》
2021 年 9 月	文化和旅游部产业发展司	《文化和旅游部产业发展司关于 2021 年“一带一路”文化产业和旅游产业国际合作重点项目的公示》
2021 年 9 月	中共中央办公厅、国务院办公厅	《中共中央办公厅　国务院办公厅印发〈关于在城乡建设中加强历史文化保护传承的意见〉》
2021 年 9 月	中共中央、国务院	《中共中央　国务院印发〈横琴粤澳深度合作区建设总体方案〉》
2021 年 9 月	中共中央、国务院	《中共中央　国务院印发〈全面深化前海深港现代服务业合作区改革开放方案〉》
2021 年 9 月	中共中央办公厅、国务院办公厅	《中共中央办公厅　国务院办公厅印发〈关于加强网络文明建设的意见〉》
2021 年 9 月	中共中央、国务院	《中共中央　国务院印发〈知识产权强国建设纲要（2021—2035 年）〉》
2021 年 10 月	文化和旅游部资源开发司	《文化和旅游部资源开发司关于印发〈旅游景区恢复开放疫情防控措施指南（2021 年 10 月修订版）〉的通知》
2021 年 10 月	文化和旅游部、教育部、人力资源和社会保障部	《文化和旅游部　教育部　人力资源社会保障部关于印发〈中国非物质文化遗产传承人研修培训计划实施方案（2021—2025）〉的通知》
2021 年 10 月	中共中央、国务院	《中共中央　国务院印发〈黄河流域生态保护和高质量发展规划纲要〉》
2021 年 10 月	中共中央、国务院	《中共中央　国务院印发〈国家标准化发展纲要〉》
2021 年 11 月	文化和旅游部艺术司	《文化和旅游部艺术司关于 2021 年全国美术馆馆藏精品展出季活动验收总结工作的通知》
2021 年 11 月	文化和旅游部公共服务司	《文化和旅游部公共服务司关于印发〈公共图书馆、文化馆（站）疫情防控措施指南（2021 年 11 月修订版）〉的通知》
2021 年 11 月	文化和旅游部办公厅	《文化和旅游部办公厅关于进一步优化文化和旅游系统政务服务便民热线的通知》
2021 年 11 月	中共中央、国务院	《中共中央　国务院关于深入打好污染防治攻坚战的意见》
2021 年 11 月	国务院办公厅	《国务院办公厅关于印发“十四五”文物保护和科技创新规划的通知》
2021 年 11 月	中共中央、国务院	《中共中央　国务院关于加强新时代老龄工作的意见》
2021 年 11 月	国务院	《国务院关于“十四五”公共服务规划的批复》

续表

发布时间	发布机构	名称
2021年11月	国务院办公厅	《国务院办公厅关于全面加强新时代语言文字工作的意见》
2021年11月	文化和旅游部办公厅	《文化和旅游部办公厅关于加强网络文化市场未成年人保护工作的意见》
2021年12月	中共中央办公厅、国务院办公厅	《中共中央办公厅　国务院办公厅印发〈农村人居环境整治提升五年行动方案(2021—2025年)〉》
2021年12月	国务院办公厅	《国务院办公厅关于新形势下进一步加强督查激励的通知》
2021年12月	文化和旅游部办公厅	《文化和旅游部办公厅关于印发〈历史题材创作工程实施方案〉的通知》
2021年12月	文化和旅游部	《文化和旅游部关于推动国家级文化产业园高质量发展的意见》
2021年12月	文化和旅游部资源开发司	《文化和旅游部资源开发司关于发布首批发展智慧旅游提高适老化程度示范案例名单的通知》
2021年12月	文化和旅游部资源开发司	《文化和旅游部资源开发司关于发布2021年智慧旅游典型案例的通知》
2021年12月	文化和旅游部	《文化和旅游部部署国家级文化产业园区建设发展工作　着力推动园区高质量发展》
2021年12月	文化和旅游部	《文化和旅游部持续加强执法监管　切实防止未成年人沉迷网络游戏》
2021年12月	中国旅游报社	《首批发展智慧旅游提高适老化程度示范案例公布》
2021年12月	文化和旅游部	《文化和旅游部关于印发〈演出经纪人员管理办法〉的通知》

资料来源：文化和旅游部网站、中国政府网。

从相关文件的主要内容看，2021年我国的文化建设有以下几个亮点。第一，2021年迎来党的百年生日，因此文化建设明显突出红色主题，从多方面促进红色文化的传播，加强对革命遗址和文物的保护工作。第二，围绕“十四五”文化建设的高质量发展目标，国家相继发布一系列符合我国实际、具有可执行性的规范性文件，加快了文化建设的标准化步伐。第三，文旅市场繁荣发展，满足了人们多样化的精神需求，提高了人们的获得感、幸福感。第四，公共文化建设的覆盖面更加广泛，内容涉及生态保护、绿色发展、人居环境、“双减”教育、网络文明等方面，并且在严格执行疫情防控相关政策的基础上，始终把人民的生命安全和身体健康放在第一位。第五，推进科技赋能文化，发布首批发展智慧旅游提高适老化程度示范案例名单，促进了旅游与网络化、智能化技术的有效融合，这是适应我国老龄化发展趋势的一次有益尝试。第六，加快国家级文化产业园区的高质量发展建设步伐，丰富文化产品供给，激发文化的创新活力，优化产业生态，从而推动文化产业园区向产业链、创新链、价值链的中高端水平迈进。

二　中国文化发展的总体状况

2021 年作为“十四五”的开局之年，是向全面建设社会主义现代化国家新征程迈进的关键之年，社会建设步入新阶段，文化产业也向高质量发展迈出了坚实步伐。坚持文化事业和文化产业协同发展，注重文化的社会效益，是弘扬社会主义先进文化、满足人民群众多样化文化需求、提高文化软实力的重要举措。文化建设要探索文旅深度融合发展的新模式，该模式是推进文化创新、以文化旅、丰富旅游价值内涵的重要抓手。可以说，文化建设任务繁多、意义重大，是坚定文化自信、建设社会主义文化强国之必需。

（一）文化投入

文化及其与旅游的深度融合是文化高质量发展的必然要求。图 1 是 2011~2020 年全国文化和旅游事业费的基本情况。2011 年为 392.62 亿元，2020 年为 1088.26 亿元，2020 年比 2011 年增加了 695.64 亿元，2011~2020 年，全国文化和旅游事业费呈现逐年递增的趋势，年均增长率为 12.91%（以 2010 年为基年，其全国文化和旅游事业费是 323.06 亿元）。2011~2020 年正处于“十二五”“十三五”两个国民经济和社会发展五年规划期间，从年均增长看，“十二五”期间的年均增长率为 16.15%（以 2010 年为基年，其全国文化和旅游事业费是 323.06 亿元），“十三五”期间的年均增长率为 9.77%（以 2015 年为基年）。可以看出，“十三五”期间全国文化和旅游事业费的年均增长率低于“十二五”期间的。受疫情的影响，2020 年比 2019 年仅增长了 2.11%。从整个“十三五”期间全国文化和旅游事业费的情况看，2020 年比 2016 年增长了 41.21%。从近十年的全国文化和旅游事业费可看出，文旅融合是今后推动文化大繁荣的主攻方向，“十四五”期间全国文化和旅游事业费依然会呈现增长的趋势。

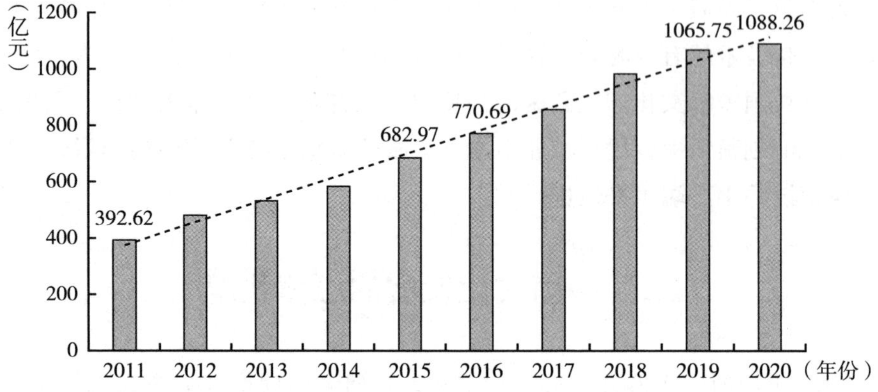

图 1　2011～2020 年全国文化和旅游事业费的基本情况

资料来源：中华人民共和国文化和旅游部编《中国文化文物和旅游统计年鉴 2021》，国家图书馆出版社，2021。

图 2 是 2011～2021 年全国文化和旅游事业费占财政总支出的比重。这 11 年间包含“十二五”和“十三五”两个国民经济和社会发展五年规划以及“十四五”开局之年。“十二五”期间，全国文化和旅游事业费占财政总支出的比重维持在 0.38%左右。“十三五”期间，全国文化和旅游事业费占财政总支出的比重维持在 0.42%左右。2021 年是“十四五”的开局之年，全国文化

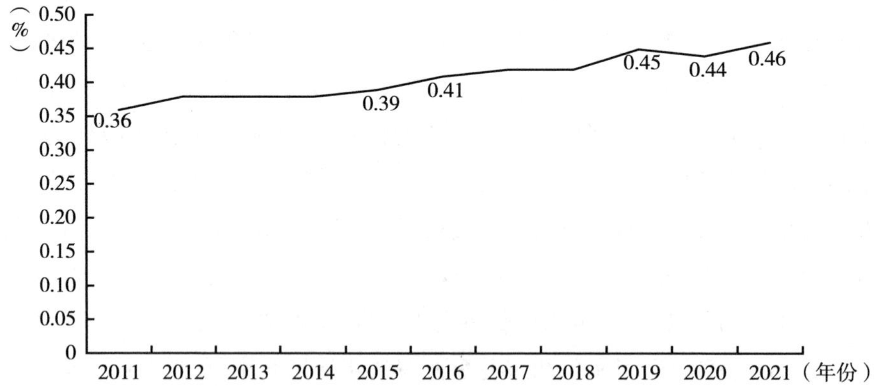

图 2　2011～2021 年全国文化和旅游事业费占财政总支出的比重

资料来源：《中华人民共和国文化和旅游部 2021 年文化和旅游发展统计公报》，文化和旅游部网站，2022 年 6 月 29 日，https：//zwgk. mct. gov. cn/zfxxgkml/tjxx/202206/t20220629_ 934328. html。

和旅游事业费占财政总支出的比重为 0.46%，超过“十二五”和“十三五”期间每一年的全国文化和旅游事业费占财政总支出的比重。从整体的发展趋势来看，全国文化和旅游事业费占财政总支出的比重呈现稳中有升的发展趋势。

图 3 反映 2011~2021 年全国人均文化和旅游事业费及其增长变化趋势。2011~2021 年，全国人均文化和旅游事业费逐年递增，年均增长率为 11.55%（以 2010 年为基年，其全国人均文化和旅游事业费为 24.11 元）。这 11 年间包含“十二五”和“十三五”两个国民经济和社会发展五年规划以及“十四五”开局之年。从全国人均文化和旅游事业费增长速度来看，“十二五”期间的年均增长率为 15.56%（以 2010 年为基年，其全国人均文化和旅游事业费为 24.11 元），“十三五”期间的年均增长率为 9.18%（以 2015 年为基年）。在这 11 年当中，增长速度较慢的是 2020 年和 2021 年，分别是 1.33%和 4.05%，这主要受疫情的影响，出现暂时的下降。总体而言，我国人均文化和旅游事业费是可观的，其中 2021 年与 2020 年相比，我国人均文化和旅游事业费有所增加。

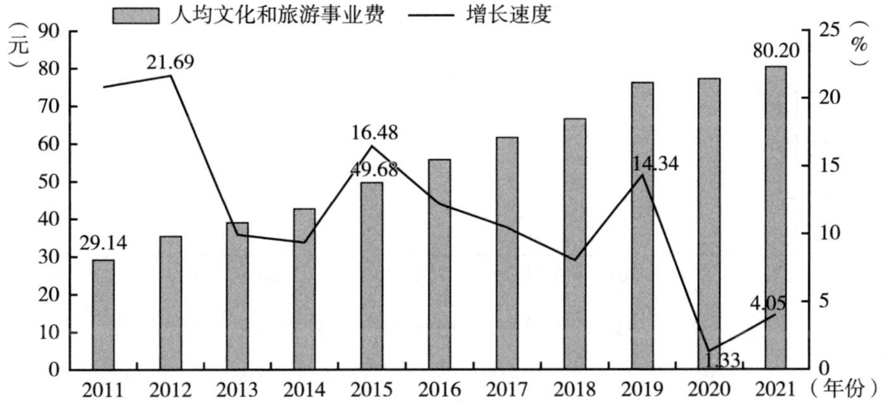

图 3　2011~2021 年全国人均文化和旅游事业费及其增速情况

资料来源：《中华人民共和国文化和旅游部 2021 年文化和旅游发展统计公报》，文化和旅游部网站，2022 年 6 月 29 日，https://zwgk.mct.gov.cn/zfxxgkml/tjxx/202206/t20220629_934328.html。

（二）文化生产

文化生产是文化供给的关键，也是提高文化软实力的重要渠道。图 4 反映

2011~2020 年全国主要的文化和旅游机构数量的基本情况，主要是对公共图书馆、文化馆和博物馆近年来的数量进行比较。本报告通过统计发现，公共图书馆 2011 年的数量为 2952 个，2020 年的数量为 3212 个，2011~2020 年的年均增长率为 1.08%（以 2010 年为基年，其数量为 2884 个）。公共图书馆的数量逐年增加，增长率较小，基本处在平稳发展的阶段。文化馆的数量从 2011 年的 3285 个增加到 2020 年的 3321 个，10 年间增长幅度很小，仅增加了 36 个，基本上没有变化，年均增长率为 0.17%（以 2010 年为基年，其数量为 3264 个）。博物馆数量的变化情况最为显著，逐年递增，2011~2020 年的年均增长率为 8.35%（以 2011 年为基年），以 2019 年和 2020 年为例，2019 年为 5132 个，2020 年为 5452 个，增长了 6.24%。

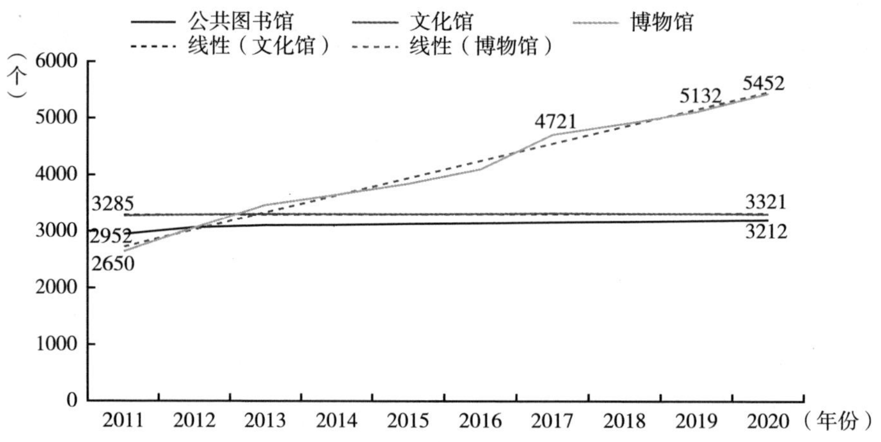

图 4　2011~2020 年全国主要的文化和旅游机构数量的基本情况

资料来源：中华人民共和国文化和旅游部编《中国文化文物和旅游统计年鉴 2021》，国家图书馆出版社，2021。

图 5 反映 2011~2020 年全国文化市场经营机构数和营业收入的变化情况。这 10 年横跨“十二五”和“十三五”两个国民经济和社会发展五年规划。2011~2015 年全国文化市场经营机构数整体呈现下降趋势，机构数从 2011 年的 238455 个下降到 2015 年的 231709 个，减少了 6746 个。“十三五”期间，全国文化市场经营机构数的变化趋势是先升后降，2016 年和 2017 年呈现上升趋势，2018~2020 年连续三年呈现下降趋势。从营业收入的变化情况看，

2012~2017 年，营业收入保持明显的增长趋势，年均增长率为 46.54%（以 2011 年为基年），其中 2017 年变动幅度最大，增长速度为 114.99%。而 2018 年呈现大幅度的下降趋势，2019 年和 2020 年又呈现回升的趋势。

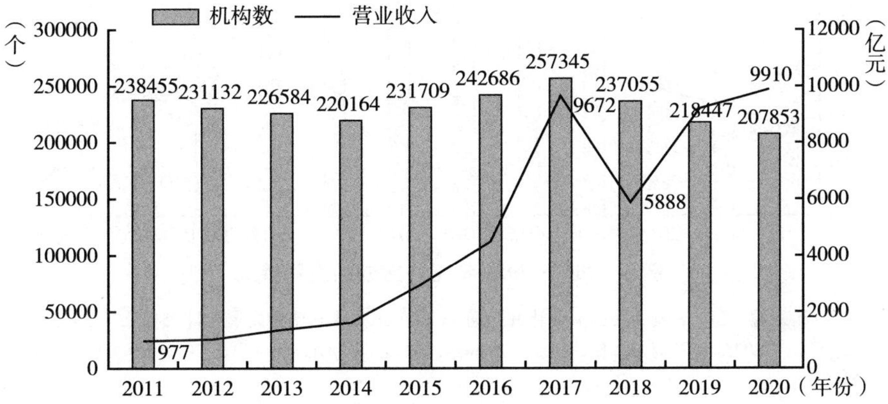

图 5　2011~2020 年全国文化市场经营机构数和营业收入的变化情况

资料来源：中华人民共和国文化和旅游部编《中国文化文物和旅游统计年鉴 2021》，国家图书馆出版社，2021。

旅游是文化产业不可或缺的重要组成部分。图 6 是 2011~2021 年国内旅游的发展情况，包含国内旅游人次和国内旅游收入两个部分。从数据的变化情况看，这两个部分在 2011~2021 年呈现一致的变化趋势。2011~2019 年，国内旅游人次和国内旅游收入整体趋势是稳步上升的，年均增长率分别为 10.82%和 14.56%（以 2011 年为基年）。与 2019 年相比，两个部分在 2020 年均有大幅度的下降，这与疫情的影响有关。2021 年与 2020 年相比，国内旅游有了一定程度的好转，国内旅游人次和国内旅游收入的增长速度分别为 12.75%和 30.98%，在接下来的几年里，旅游业发展不能松懈。

（三）文化供给

文化供给是指公共文化服务和文化产品的供给，高质量的文化供给可增强人民的文化获得感、幸福感。图 7 反映 2011~2021 年全国平均每万人群众文化设施的建筑面积。群众文化设施的建设是改善人们文化生活的重要举措。从变化的趋势看，2011~2021 年，这一指标以年均 4.76%（以 2011 年为基年）

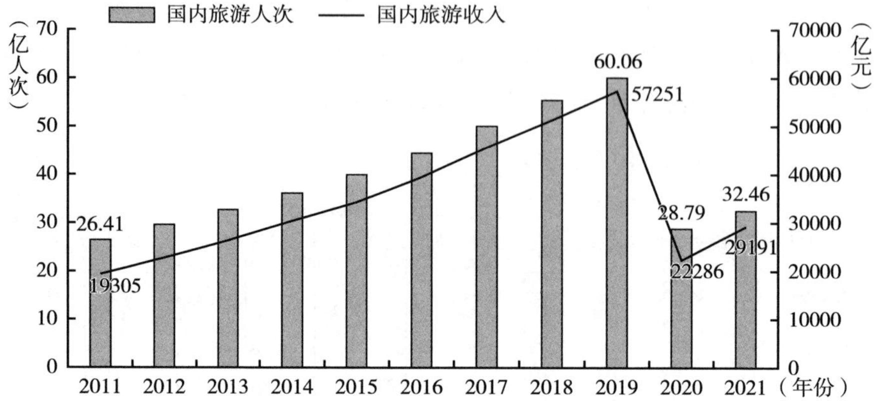

图 6　2011~2021 年国内旅游的发展情况

资料来源：《中华人民共和国文化和旅游部 2021 年文化和旅游发展统计公报》，文化和旅游部网站，2022 年 6 月 29 日，https：//zwgk. mct. gov. cn/zfxxgkml/tjxx/202206/t20220629_934328. html。

的速度稳步增长，即使在受到疫情影响的 2020 年和 2021 年，全国平均每万人群众文化设施的建筑面积还是有所增加，2020 年与 2019 年相比，增长了 2. 66%，2021 年与 2020 年相比，增长了 6. 28%。

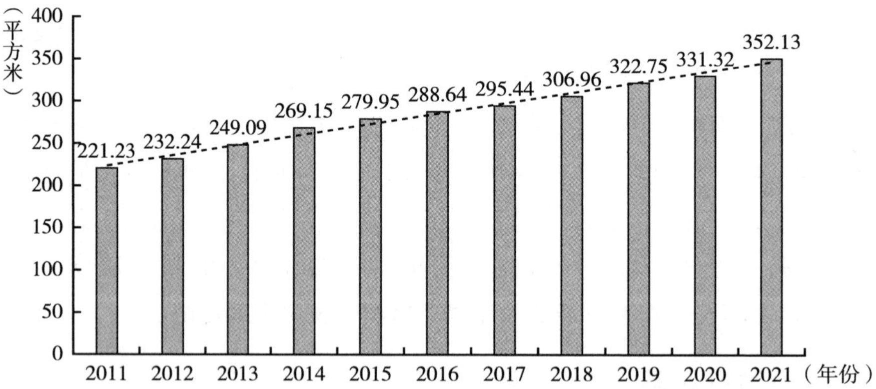

图 7　2011~2021 年全国平均每万人群众文化设施的建筑面积

资料来源：《中华人民共和国文化和旅游部 2021 年文化和旅游发展统计公报》，文化和旅游部网站，2022 年 6 月 29 日，https：//zwgk. mct. gov. cn/zfxxgkml/tjxx/202206/t20220629_934328. html。

图 8 反映 2011~2021 年全国平均每万人公共图书馆建筑面积和人均公共图书馆藏书量。公共图书馆是人民群众最常用的公共文化资源，最具普遍性和广泛性，对提升人口素质和社会文明水平有着不可或缺的重要作用。2011~2021 年，公共图书馆这两项人均资源一直处在稳定的增长状态，平均每万人公共图书馆建筑面积从 2011 年的 73.80 平方米增加到 2021 年的 135.51 平方米，年均增长率为 6.58%（以 2010 年为基年，其建筑面积为 67.20 平方米）。人均公共图书馆藏书量在 2011 年为 0.47 册，在 2021 年为 0.89 册，2021 年与 2011 年比，人均公共图书馆藏书量增加了 0.42 册。

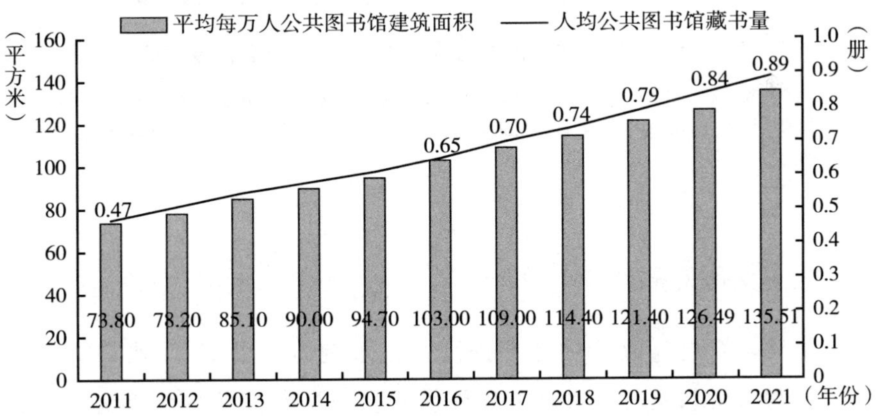

图 8　2011~2021 年全国公共图书馆人均资源情况

资料来源：《中华人民共和国文化和旅游部 2021 年文化和旅游发展统计公报》，文化和旅游部网站，2022 年 6 月 29 日，https：//zwgk.mct.gov.cn/zfxxgkml/tjxx/202206/t20220629_934328.html。

文物机构是公共文化空间建设的另一个亮点，是集文物欣赏、公共服务和旅游于一体的重要公共空间。文物机构的建设是一条“活化”文物的旅游发展之路，是一种文化创造的新业态。图 9 反映 2011~2021 年全国文物机构数及从业人员数的变化情况。2011~2020 年，全国文物机构数一直处于增长状态，从业人员数除了 2015 年和 2019 年有所下降之外，其他年份也是逐年增加的。2021 年受疫情的影响，全国文物机构数有所下降，2021 年与 2020 年相比，下降了 6.80%；在全国文物机构数减少的情况下，从业人员数却在增加，2021 年与 2020 年相比，增长了 3.27%。

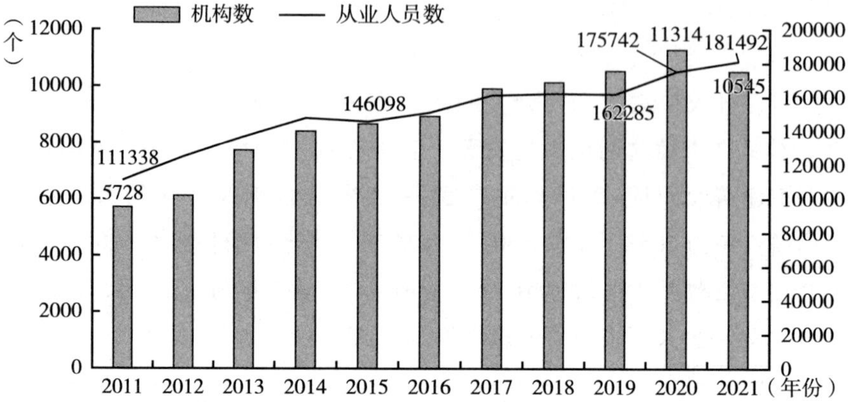

图 9　2011~2021 年全国文物机构数及从业人员数的基本情况

资料来源：《中华人民共和国文化和旅游部 2021 年文化和旅游发展统计公报》，文化和旅游部网站，2022 年 6 月 29 日，https：//zwgk. mct. gov. cn/zfxxgkml/tjxx/202206/t20220629_934328. html。

（四）文化传播

文化只有经过广泛传播才能提高社会影响力。图 10 反映 2011~2021 全国公共图书馆总流通人次及书刊外借册次。从数据的变化趋势看，公共图书馆总流通人次在 2011~2019 年整体处于稳定增长的状态，年均增长率为 11. 61%（以 2011 年为基年），说明公共图书馆的文化传播作用日益加强。2020 年与 2019 年相比，总流通人次下降了 39. 93%，2021 年的总流通人次比 2020 年有所回升，增长了 37. 80%，但总流通人次仍然没有恢复到 2019 年的水平。2011~2021 年，书刊外借册次的变化走势与总流通人次的变化趋势几乎一致。

图 11 反映 2011~2021 年全国文物机构接待观众人次及未成年观众人次。文物机构的发展是文旅融合的一种文化新模态，能够深化观众的文化体验，是今后文化发展的一个重要方向。2011~2019 年，全国文物机构接待观众人次及未成年观众人次整体上均呈现稳步上升趋势。全国文物机构 2020 年接待观众人次和未成年观众人次与 2019 年相比，均大幅度下降，分别下降了 54. 08%和 57. 15%，但是 2021 年与 2020 年相比，全国文物机构接待观众人次和未成年

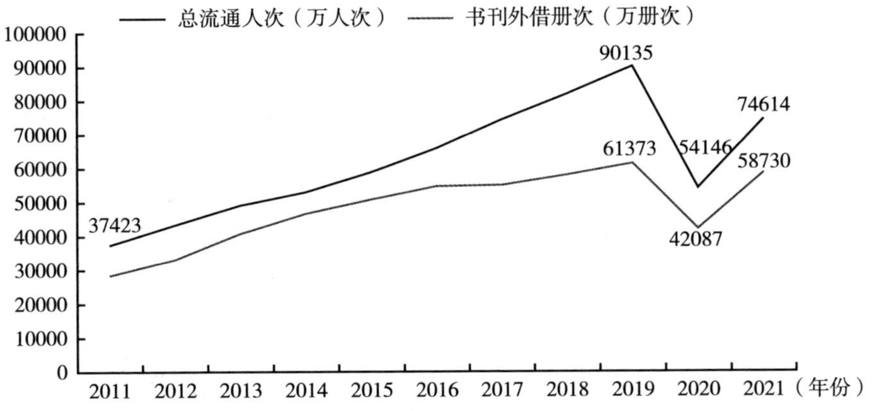

图 10　2011~2021 年全国公共图书馆总流通人次及书刊外借册次

资料来源：《中华人民共和国文化和旅游部 2021 年文化和旅游发展统计公报》，文化和旅游部网站，2022 年 6 月 29 日，https：//zwgk. mct. gov. cn/zfxxgkml/tjxx/202206/t20220629_934328. html。

观众人次均出现了一定程度的回升，分别增长了 37. 25%和 46. 80%。这是全国文物机构发展良好的见证，说明全国文物机构接待观众人次有了恢复性增长，在传播文化、服务社会方面取得了不错的成绩。

图 12 是 2011~2020 年全国群众文化机构举办展览数及举办训练班次的基本情况。2011~2019 年，全国群众文化机构举办展览数除 2014 年有小幅回落外，整体呈现上升趋势。2011~2019 年，全国群众文化机构举办训练班次除 2013 年有小幅回落外，整体呈现稳步上升趋势，其斜率明显比举办展览数的斜率“陡峭”，即可以说明，举办训练班次的年均增长率要高于举办展览数的年均增长率。通过计算可以发现，全国群众文化机构举办展览数在 2011~2019 年的年均增长率为 5. 38%（以 2011 年为基年）；举办训练班次在 2011~2019 年的年均增长率为 12. 77%（以 2011 年为基年）。2020 年与 2019 年相比，举办展览数和举办训练班次均出现明显下降，分别下降了 15. 87%和 24. 77%。因此，在加强疫情防控的前提下，应该尽量减少疫情对基层文化工作的影响。群众文化机构举办展览和训练班依然不能怠慢，这项工作对推动基层群众文化的快速发展起着积极的作用，能够为社会主义精神文明发展贡献力量，有利于传播社会正能量。

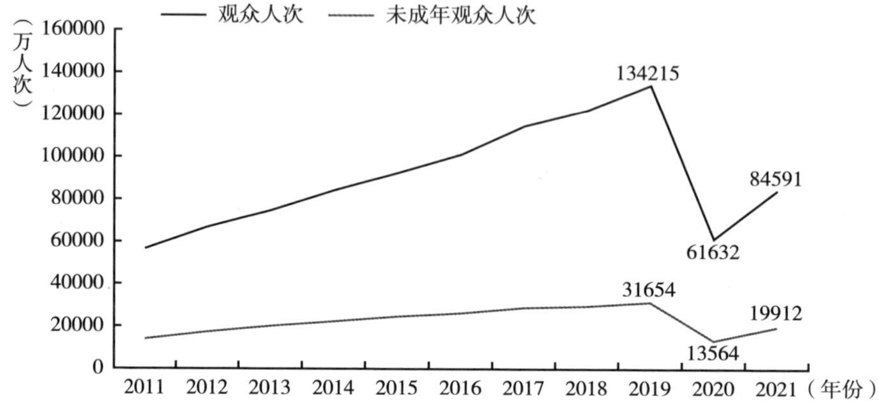

图 11　2011~2021 年全国文物机构接待观众人次及未成年观众人次

资料来源：《中华人民共和国文化和旅游部 2021 年文化和旅游发展统计公报》，文化和旅游部网站，2022 年 6 月 29 日，https：//zwgk. mct. gov. cn/zfxxgkml/tjxx/202206/t20220629_934328. html。

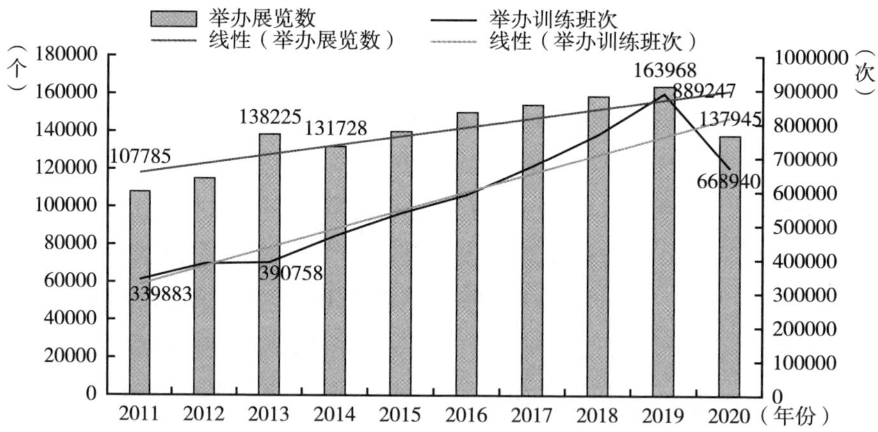

图 12　2011~2020 年全国群众文化机构举办展览数及举办训练班次的基本情况

资料来源：中华人民共和国文化和旅游部编《中国文化文物和旅游统计年鉴 2021》，国家图书馆出版社，2021。

三　中国文化发展取得的成就及其特点

（一）文化建设取得的成就离不开党的领导

2021 年是中国共产党建立一百周年，我国文化事业建设的一个重要内容是围绕建党百年展开的。这么多年来，我国文化建设取得的成就与党的领导是密不可分的，这一点也成为人民群众的广泛共识。实践也证明，社会主义各项建设必须坚持中国共产党的领导才能确保社会主义方向，才能取得一个又一个胜利。

同时，通过建党百年一系列纪念活动以及“四史”教育的开展，人民群众在潜移默化中受到良好的教育，极大增强了民族的自豪感和自信心，在知识上对马克思主义中国化的成果理解更加深刻，在一定程度上有助于反对历史虚无主义和教条主义，以史为鉴，开创未来，紧密团结在以习近平同志为核心的党中央周围，不断增强人民群众的幸福感和安全感。实现第一个百年奋斗目标后，我党在人民群众中的向心力得到了进一步凝聚，在新的征途上，大家齐心协力向着第二个百年奋斗目标前进。

在全面完成脱贫攻坚的任务后，实施乡村振兴战略是全面建设社会主义现代化国家的重要任务。如表 2 所示，被调查者在题项 F23“社会舆论正面引导，有利于增进团结、增长智慧、增加信心、增强斗志”的选择中，选择“同意”和“非常同意”的占比是 90.70%，选择“不清楚”的占比是 5.37%，选择“不同意”和“非常不同意”的占比是 3.93%；被调查者在题项 F24“城乡基本公共文化服务建设（文化广场）的差距越来越小”的选择中，选择“同意”和“非常同意”的占比是 79.54%，选择“不清楚”的占比是 13.03%，选择“不同意”和“非常不同意”的占比是 7.43%；被调查者在题项 F25“美丽乡村建设的普及和达标是美丽中国实现的基础”的选择中，选择“同意”和“非常同意”的占比是 90.25%，选择“不清楚”的占比是 5.85%，选择“不同意”和“非常不同意”的占比是 3.90%。由此可见，乡村振兴战略的实施离不开社会舆论的正面引导，人民群众深刻认识到坚持社会舆论正面引导的重大意义。

表 2　有关乡村振兴战略的调查

单位：%

分类	F23. 社会舆论正面引导，有利于增进团结、增长智慧、增加信心、增强斗志	F24. 城乡基本公共文化服务建设（文化广场）的差距越来越小	F25. 美丽乡村建设的普及和达标是美丽中国实现的基础
	占总体样本比重	占总体样本比重	占总体样本比重
非常不同意	2.42	2.82	2.41
不同意	1.51	4.61	1.49
不清楚	5.37	13.03	5.85
同　意	38.51	40.11	40.35
非常同意	52.19	39.43	49.90
合　计	100.00	100.00	100.00

资料来源：湖北大学高等人文研究院、中华文化发展湖北省协同创新中心“中国文化发展现状调查（2021）”数据库。

（二）基层文化建设逐步加强，文明水平得到有效提升

基层文化在我国文化发展中发挥兜底的作用，具有公共性、基础性、覆盖面广的特点，往往是人民群众关注度最高的，是社会整体文明水平体现的基础。建设好基层文化必须要付出艰辛的努力，基层文化主要内容包含公共卫生、家庭关系、教育文化、生态环境几个方面。

表3 中的所有选项都是对基层公共卫生设施建设和完善情况的评价（多选题，考察人民群众最为关心的公共卫生服务）。被调查者选择有“老年人体检健康档案管理服务”的占比为 77.63%，选择有“0～6 岁接种疫苗服务”的占比为 76.98%，选择有“传染病及突发公共卫生事件联防联控机制”的占比为 74.05%，这三项公共卫生服务被选的占比较高，均达到 70%以上；其次是选择有“高血压患者健康服务”的占比，为 65.86%；选择有“孕产妇健康管理服务”的占比最低，为 48.52%。可以看到，基层公共卫生服务所覆盖的疾病越来越多，设施也日益完善，在老年人体检健康档案管理、幼儿接种疫苗服务和传染病及突发公共卫生事件联防联控上，确实发挥了不可或缺的作用，说明人民群众对于公共卫生服务的关注

度越来越高，反映了社会卫生文明程度的提高，对健康中国的建设意义重大。但是被调查者对“孕产妇健康管理服务”的获得感偏低，说明基层公共卫生服务在孕产妇健康管理方面还不完善，不利于国家提高生育率、提高人口质量。

表 3　对基层公共卫生设施建设和完善情况的评价（多选）

单位：人，%

分类	人数	占样本比重	占选择人次比重
D18A. 传染病及突发公共卫生事件联防联控机制	5749	74.05	21.59
D18B. 高血压患者健康服务	5113	65.86	19.20
D18C. 0~6 岁接种疫苗服务	5977	76.98	22.44
D18D. 老年人体检健康档案管理服务	6027	77.63	22.63
D18E. 孕产妇健康管理服务	3767	48.52	14.14
选择人次总计	26633	—	100.00

资料来源：湖北大学高等人文研究院、中华文化发展湖北省协同创新中心“中国文化发展现状调查（2021）”数据库。

表 4 是被调查者对构建和谐的家庭关系，树立良好的家风认知的认同差异检验结果。题项 F21“构建和谐的家庭关系，树立良好的家风，对社会风气的好转很重要”的均值为 4.39（$t=11.064$，$P<0.001$），显著高于总均值参数；题项 F22“成年子女和父母居住的距离为‘一碗汤’是最美好的距离”的均值为 4.18（$t=-10.093$，$P<0.001$），显著低于总均值参数。检验结果显示，被调查者对题项 F21 的认知度显著高于对题项 F22 的认知度。调查结果说明，传统社会因为人口流动较少，四世同堂的家庭模式很典型，所以家庭关系的紧密程度较高。随着经济社会的发展，家庭关系的紧密程度有所下降，这和现代社会日益“陌生化”有关。由于市场经济的发展，现代社会人口流动空前频繁，传统的熟人社会日益变成现代的陌生人社会。不过传统的和谐家庭理念仍旧对现代社会有所影响，依然占据人们认知的主导地位，这反映了传统文化的影响力，也与中央对传承传统优良家风的提倡有关。

表 4　对构建和谐的家庭关系，树立良好的家风认知的认同（总均值参数 4.288）差异检验结果

题项(变量)	样本数	均值	均值差	t 值	显著(P)
F21. 构建和谐的家庭关系，树立良好的家风，对社会风气的好转很重要	7764	4.39	0.106	11.064	0.000***
F22. 成年子女和父母居住的距离为“一碗汤”是最美好的距离	7764	4.18	−0.106	−10.093	0.000***

注：*** 表示 P<0.001，具有显著性。

资料来源：湖北大学高等人文研究院、中华文化发展湖北省协同创新中心“中国文化发展现状调查（2021）”数据库。

表 5 是对“双减”政策的认知和评价。国家在近年来实行了教育的“双减”政策，由此，本报告对人民群众对“双减”政策的认知程度进行了调查。其中，被调查者同意选项 D28C“使教育回归学校，促使学生德智体全面发展”观点的占比最高，为 79.12%；同意选项 D28D“‘双减’政策应该有边界，不能忽左忽右”观点的占比次之，为 69.68%；同意选项 D28B“明显减轻了学生的校外培训负担”观点的占比为 64.45%；同意选项 D28E“‘双减’政策在短期不能下结论，要进一步观察其效果”观点的占比为 56.76%；同意选项 D28A“明显减轻了学生的作业负担”观点的占比为 55.13%。由此可见，

表 5　对“双减”政策的认知和评价（多选）

单位：人，%

分类	人数	占样本比重	占选择人次比重
D28A. 明显减轻了学生的作业负担	4280	55.13	16.95
D28B. 明显减轻了学生的校外培训负担	5004	64.45	19.82
D28C. 使教育回归学校，促使学生德智体全面发展	6143	79.12	24.33
D28D. “双减”政策应该有边界，不能忽左忽右	5410	69.68	21.43
D28E. “双减”政策在短期不能下结论，要进一步观察其效果	4407	56.76	17.46
选择人次总计	25244	—	100.00

资料来源：湖北大学高等人文研究院、中华文化发展湖北省协同创新中心“中国文化发展现状调查（2021）”数据库。

人民群众对于全面发展的素质教育较为认同，对于“双减”政策产生的效果也有一定程度的认同，说明“双减”政策的实施确实得到人民群众普遍的支持和拥护，可以说教育的治理成效显著，不过效果的持续性尚待进一步观察。

表6是被调查者对生态环境的保护意识和讲文明树新风的现状评价。被调查者在题项F26“无论是城市还是乡村，人们对生态环境的保护意识都在加强”的选择中，选择有“同意”和“非常同意”的占比是89.83%，选择“不清楚”的占6.09%，选择“不同意”和“非常不同意”的占比是4.08%。被调查者在题项F27“无论是城市还是乡村，仍然存在脏乱差难以治理的问题”的选择中，选择“同意”和“非常同意”的占比是76.38%，选择“不清楚”的占13.19%，选择“不同意”和“非常不同意”的占比是10.43%。被调查者在题项F28“在农村，讲文明、讲卫生、讲秩序的生活习惯需要进一步培养”的选择中，选择“同意”和“非常同意”的占比是88.74%，选择“不清楚”的占7.14%，选择“不同意”和“非常不同意”的占比4.12%。数据表明，无论是城市还是乡村，人们对生态环境保护观念的认识在不断加深，环境保护意识的自觉性在增强，从侧面反映了生态文明理念逐渐深入人心。

表6 对生态环境的保护意识和讲文明树新风的现状评价

单位：%

分类	F26. 无论是城市还是乡村，人们对生态环境的保护意识都在加强	F27. 无论是城市还是乡村，仍然存在脏乱差难以治理的问题	F28. 在农村，讲文明、讲卫生、讲秩序的生活习惯需要进一步培养
	占总体样本比重	占总体样本比重	占总体样本比重
非常不同意	2.37	3.54	2.38
不同意	1.71	6.89	1.74
不清楚	6.09	13.19	7.14
同　意	40.10	40.34	43.16
非常同意	49.73	36.04	45.58
合　计	100.00	100.00	100.00

资料来源：湖北大学高等人文研究院、中华文化发展湖北省协同创新中心“中国文化发展现状调查（2021）”数据库。

（三）“四馆”建设丰富了群众文化生活，受到群众广泛关注

“四馆”主要指文化馆、图书馆、博物馆、体育馆。“四馆”建设是紧紧围绕人们的美好生活需要，把公共文化服务体系建设与国家文化发展战略结合在一起的重大举措。表7是对公共文化服务设施和服务水平的评价比较。被调查者在题项G30“基层文化馆的发展，能够满足人们基本的文化艺术需求，值得点赞”的选择中，选择“同意”和“非常同意”的占比是85.98%，选择“不清楚”的占比是9.51%，选择“不同意”和“非常不同意”的占比是4.51%。被调查者在题项G32“近年来，公共文化服务设施和服务明显改善，越来越符合大众的需求”的选择中，选择“同意”和“非常同意”的占比是88.16%，选择“不清楚”的占比是7.65%，选择“不同意”和“非常不同意”的占比是4.19%。被调查者在题项G33“艺术馆建设越来越方便群众文化活动的开展，人们的满意度显著提升”的选择中，选择“同意”和“非常同意”的占比是85.19%，选择“不清楚”的占比是10.12%，选择“不同意”和“非常不同意”的占比是4.69%。被调查者在题项G31“使公共图书馆成为读书、文化展示、信息交流的人性化文化空间还不现实”（这是一个反向调查）

表7　对公共文化服务设施和服务水平的评价比较

单位：%

分类	G30. 基层文化馆的发展，能够满足人们基本的文化艺术需求，值得点赞	G31. 使公共图书馆成为读书、文化展示、信息交流的人性化文化空间还不现实	G32. 近年来，公共文化服务设施和服务明显改善，越来越符合大众的需求	G33. 艺术馆建设越来越方便群众文化活动的开展，人们的满意度显著提升
	占总体样本比重	占总体样本比重	占总体样本比重	占总体样本比重
非常不同意	2.42	3.90	2.46	2.47
不同意	2.09	8.63	1.73	2.22
不清楚	9.51	14.67	7.65	10.12
同　意	39.86	36.82	45.44	41.72
非常同意	46.12	35.97	42.72	43.47
合　计	100.00	100.00	100.00	100.00

资料来源：湖北大学高等人文研究院、中华文化发展湖北省协同创新中心“中国文化发展现状调查（2021）”数据库。

的选择中，选择“同意”和“非常同意”的占比是72.79%，选择“不清楚”的占比是14.67%，选择“不同意”和“非常不同意”的占比是12.53%，选择“同意”和“非常同意”的人数越少，说明公共图书馆成为人性化文化空间越现实，越高反而越不现实。由此可见，国家进行的“四馆”建设虽然还存在继续改进和完善的空间，但总体来说取得了很多成果。

表8是被调查者对身边的群众文艺活动发展状况的认同情况，反映人们对公共文化服务的期盼，同时可以看出人们对群众文艺活动的需求。被调查者同意选项D19C“对老年人群体的文艺活动需求越来越关注”观点的占样本比重是75.61%，同意选项D19D“群众文艺活动对文明素质提升越来越明显”观点的占样本比重是71.29%，同意选项D19A“广场舞活动丰富群众文化生活的作用越来越强”观点的占样本比重是69.28%，同意选项D19B“文化馆在促进群众文艺活动中的作用越来越明显”观点的占样本比重是64.67%，同意选项D19E“网络传播的群众文艺活动有了文化品牌效应”观点的占样本比重是57.46%，而同意选项D19F“‘大家唱’群众歌咏活动影响力越来越强”观点的占样本比重仅为12.88%。由此可见，身边的各项文艺活动在一定程度上满足人民多样化的生活需要，还越来越关注到老年群体的需求，这是社会文明程度提高的反映，是文化高质量发展的重要体现。

表8　对身边的群众文艺活动发展状况的认同（多选）

单位：人，%

分类	人数	占样本比重	占选择人次比重
D19A. 广场舞活动丰富群众文化生活的作用越来越强	5379	69.28	19.73
D19B. 文化馆在促进群众文艺活动中的作用越来越明显	5021	64.67	18.41
D19C. 对老年人群体的文艺活动需求越来越关注	5870	75.61	21.53
D19D. 群众文艺活动对文明素质提升越来越明显	5535	71.29	20.30
D19E. 网络传播的群众文艺活动有了文化品牌效应	4461	57.46	16.36
D19F.“大家唱”群众歌咏活动影响力越来越强	1000	12.88	3.67
选择人次总计	27266	—	100.00

资料来源：湖北大学高等人文研究院、中华文化发展湖北省协同创新中心“中国文化发展现状调查（2021）”数据库。

基层公共文化服务是关涉文化建设的重要内容，也是丰富人民群众物质文化生活的重要举措。如表9所示，被调查者同意选项D20C“可以进行文化社交，传递信息、交流思想”观点的占样本比重是78.74%，同意选项D20D“可以享受人性化的文化环境”观点的占样本比重是71.87%，同意选项D20B“可以看到特色的民俗文化活动及文化空间展示”观点的占样本比重是70.49%，同意选项D20A“可以获取更高级别图书馆的馆藏电子图书”观点的占样本比重是59.14%。可见，基层公共文化服务对促进人们的思想交流、社会交往，让人们享受到人性化的文化关怀、感受到特色民俗文化的魅力，信息化元素的融入对繁荣社会主义文化起着巨大作用。但是被调查者认同选项D20E“可以免费借阅本馆的图书，没有其他服务”的占比为38.14%，认同选项D20F“可以在馆内看书，并没有体验到多样化的服务”观点的占比为15.28%。可见，未来基层公共文化服务还要增加和拓展多样化的服务，经常深入群众进行调研，了解并掌握群众的实际需求，提高服务的精准化水平，不断扩大文化覆盖面。

表9　对公共图书馆提供多样化服务的评价（多选）

单位：人，%

分类	人数	占样本比重	占选择人次比重
D20A. 可以获取更高级别图书馆的馆藏电子图书	4592	59.14	17.73
D20B. 可以看到特色的民俗文化活动及文化空间展示	5473	70.49	21.13
D20C. 可以进行文化社交，传递信息、交流思想	6113	78.74	23.60
D20D. 可以享受人性化的文化环境	5580	71.87	21.54
D20E. 可以免费借阅本馆的图书，没有其他服务	2961	38.14	11.43
D20F. 可以在馆内看书，并没有体验到多样化的服务	1186	15.28	4.58
选择人次总计	25905	—	100.00

资料来源：湖北大学高等人文研究院、中华文化发展湖北省协同创新中心“中国文化发展现状调查（2021）”数据库。

（四）公共文化服务数字化、网络化、智能化，助力乡村振兴战略实施

在实施乡村振兴战略的过程中，信息化带来的数字化、网络化、智能化，给人们的生产、生活带来巨大的变化，譬如“乡村网红”一词的出现就是公

共文化与信息化结合的产物，让人们感受到信息化给生产、生活带来的便捷。表 10 是对近几年各地纷纷推出"乡村网红"的评价。被调查者同意选项 D21B"这是让地方文化走出去，推动乡村文旅融合发展的创新"观点的占比是 79.74%，同意选项 D21D"'乡村网红'翻车的很多，有的'乡村网红'很假，要整治"观点的占比是 66.45%，同意选项 D21E"'乡村网红'需要把握方向，将好事做好"观点的占比是 66.19%，同意选项 D21C"网红直播带货'一夜暴富'被追捧不应提倡"观点的占比是 62.03%，同意选项 D21A"这是巩固拓展脱贫攻坚成果的创新举措"观点的占比最低，为 54.86%。由此可见，信息化、智能化与文化相结合，给人们的物质文化生活带来了巨大影响，是生活空间进一步拓展、实施乡村振兴战略的一种必不可少的渠道，随之也出现了很多新生事物。对于"乡村网红"等新生事物，人们褒贬不一，但总体上一致同意对这些新生事物进行规范管理，使之符合社会主义发展的价值要求。

表 10　对近几年各地纷纷推出"乡村网红"的评价（多选）

单位：人，%

分类	人数	占样本比重	占选择人次比重
D21A. 这是巩固拓展脱贫攻坚成果的创新举措	4259	54.86	16.66
D21B. 这是让地方文化走出去，推动乡村文旅融合发展的创新	6191	79.74	24.22
D21C. 网红直播带货"一夜暴富"被追捧不应提倡	4816	62.03	18.84
D21D."乡村网红"翻车的很多，有的"乡村网红"很假，要整治	5159	66.45	20.18
D21E."乡村网红"需要把握方向，将好事做好	5139	66.19	20.10
选择人次总计	25564	—	100.00

资料来源：湖北大学高等人文研究院、中华文化发展湖北省协同创新中心"中国文化发展现状调查（2021）"数据库。

科技创新元素融入公共文化服务是社会发展的必然趋势，现在已经成为人们生活必不可少的组成部分。表 11 是对公共文化服务（数字化、网络化、智能化）科技创新的认同情况。被调查者同意选项 D22C"公共文化网络平台和政务平台'一体化'服务很有必要"观点的占比是 75.26%，同意选项 D22A"应拓展文化服务智慧应用场景，建立'云图书馆''云艺术馆'"观点的占比是71.66%，同意选项D22B“利用微信平台、短视频开展公共数字文化服务”观点的占比是71.38%，被调查者同意上述三项观点的占样本的比重较高，均已达到70%以上；同意选项D22D“引导推进群众文化活动网络直播、互动体验服务”观点的占比为63.27%，同意选项D22E“鼓励数字文化企业参与免费公益文化场景服务”观点的占比为58.55%；同意选项D22F“数字化、网络化文化产品是‘快餐’，文化消费传统一些好”观点的占比最低，只有14.72%。由此可见，科技创新与公共文化服务的结合使人们的物质文化生活发生越来越大的变化。

表11　对公共文化服务（数字化、网络化、智能化）科技创新的认同（多选）

单位：人，%

分类	人数	占样本比重	占选择人次比重
D22A. 应拓展文化服务智慧应用场景，建立“云图书馆”“云艺术馆”	5564	71.66	20.20
D22B. 利用微信平台、短视频开展公共数字文化服务	5542	71.38	20.12
D22C. 公共文化网络平台和政务平台“一体化”服务很有必要	5843	75.26	21.21
D22D. 引导推进群众文化活动网络直播、互动体验服务	4912	63.27	17.83
D22E. 鼓励数字文化企业参与免费公益文化场景服务	4546	58.55	16.50
D22F. 数字化、网络化文化产品是“快餐”，文化消费传统一些好	1143	14.72	4.15
选择人次总计	27550	—	100.00

资料来源：湖北大学高等人文研究院、中华文化发展湖北省协同创新中心“中国文化发展现状调查（2021）”数据库。

（五）对文化发展的本质特征的认识得到进一步深化，凸显文化的价值引领作用

建设社会主义现代化国家，实现文化强国是一个重要目标。表12是对文化发展的本质特征与中国文化构成底蕴的认知比较。被调查者在题项H41“文化产业在发展中，社会效益应该放在第一位，然后考虑经济效益”的选择中，选择“同意”和“非常同意”占总体样本比重为85.64%，选择“不清楚”的

占比为 9.38%，选择“不同意”和“非常不同意”的比重为 4.98%。被调查者在题项 H43“人们的文物保护和开发意识增强，但是在基层具体落实还是不够”的选择中，选择“同意”和“非常同意”的占比是 84.29%，选择“不清楚”的占比是 10.12%，选择“不同意”和“非常不同意”的占比是 5.59%。由此可见，通过这几年的文化建设，人民群众对文化发展的本质特征与中国文化构成底蕴的整体认知水平有所提高。

表 12　对文化发展的本质特征与中国文化构成底蕴的认知比较

单位：%

分类	H41. 文化产业在发展中，社会效益应该放在第一位，然后考虑经济效益	H43. 人们的文物保护和开发意识增强，但是在基层具体落实还是不够
	占总体样本比重	占总体样本比重
非常不同意	2.55	2.55
不同意	2.43	3.04
不清楚	9.38	10.12
同　意	40.66	43.50
非常同意	44.98	40.79
合　计	100.00	100.00

资料来源：湖北大学高等人文研究院、中华文化发展湖北省协同创新中心“中国文化发展现状调查（2021）”数据库。

电影是文化产品的重要代表，是文化产业必不可少的组成部分，浓缩了文化的思想内涵和价值观念，在社会上具有一定的舆论导向性，是文化建设的重要内容之一。表 13 是对 2021 年电影和专题电视节目的评价。被调查者同意选项 D25C“《长津湖》场面震撼，高歌了革命军人浴血奋战的英雄气概”观点的占样本比重是 88.14%，同意选项 D25B“《中国诗词大会》《典籍里的中国》以创新性手法，传播了优秀传统文化”观点的占样本比重是 83.38%，同意选项 D25A“《觉醒年代》制作质量高，生动展现了革命者的担当精神”观点的占样本比重是 77.06%，同意选项 D25D“《你好，李焕英》运用穿越构思技巧，真实演绎了不同年代的‘两代人’”观点的占样本比重是 68.74%，同意选项 D25E“国产影片在制作质量上，仍然处于较低的水平”观点的占样本比重是

18.89%。由此可见，近年来随着中央对新闻广电、娱乐影视等传媒方面的规范管理，电影行业迎来了一个崭新的发展时期，不过国产影片的制作质量仍旧有较大的提升空间。电影行业需要不断凝练思想的价值内涵和设计艺术性，使得未来我国有越来越多的电影进入国际市场。

表 13　对 2021 年电影和专题电视节目的评价（多选）

单位：人，%

分类	人数	占样本比重	占选择人次比重
D25A.《觉醒年代》制作质量高，生动展现了革命者的担当精神	5983	77.06	22.92
D25B.《中国诗词大会》《典籍里的中国》以创新性手法，传播了优秀传统文化	6474	83.38	24.80
D25C.《长津湖》场面震撼，高歌了革命军人浴血奋战的英雄气概	6843	88.14	26.21
D25D.《你好，李焕英》运用穿越构思技巧，真实演绎了不同年代的“两代人”	5337	68.74	20.45
D25E. 国产影片在制作质量上，仍然处于较低的水平	1467	18.89	5.62
选择人次总计	26104	—	100.00

资料来源：湖北大学高等人文研究院、中华文化发展湖北省协同创新中心“中国文化发展现状调查（2021）”数据库。

（六）文化交流走出国门，拓宽国际新视野

加强国际文化交流是建设文化强国的必经之路。表 14 是对中国文化走出去与文化交流新视野的认知。被调查者在题项 J51“文化品牌打造需要依托国内外文化市场进一步完善，才能实现‘双循环’”的选择中，选择“同意”和“非常同意”的占总体样本比重是 87.50%，选择“不清楚”的比重是 8.08%，选择“不同意”和“非常不同意”的比重是 4.43%。被调查者在题项 J52“中欧班列不仅运出去物质，而且为中国文化走出去打造了全新的路径”的选择中，选择“同意”和“非常同意”的占总体样本比重是 88.86%，选择“不清楚”的占比是 7.30%，选择“不同意”和

“非常不同意”的占总体样本比重是3.84%。被调查者在题项J53“有70多个国家将中文纳入国民教育体系，是对中国文化的认可和实力的证明”的选择中，选择“同意”和“非常同意”的占总体样本比重是90.28%，选择“不清楚”的占比是6.04%，选择“不同意”和“非常不同意”的占总体样本比重是3.67%。由此可见，文化产生的品牌效应离不开国内外文化市场的完善，中国文化正通过各种方式走出国门，像中欧班列就是很好的例子。

表14　对中国文化走出去与文化交流新视野的认知

单位：%

分类	J51. 文化品牌打造需要依托国内外文化市场进一步完善，才能实现“双循环”	J52. 中欧班列不仅运出去物质，而且为中国文化走出去打造了全新的路径	J53. 有70多个国家将中文纳入国民教育体系，是对中国文化的认可和实力的证明
	占总体样本比重	占总体样本比重	占总体样本比重
非常不同意	2.54	2.46	2.43
不同意	1.89	1.38	1.24
不清楚	8.08	7.30	6.04
同　意	42.38	40.21	38.43
非常同意	45.12	48.65	51.85
合　计	100.00	100.00	100.00

资料来源：湖北大学高等人文研究院、中华文化发展湖北省协同创新中心“中国文化发展现状调查（2021）”数据库。

表15是对中国文化对外开放，促进文化交流、人文沟通的认知的调查结果。被调查者在题项D11“‘一带一路’扩大了文化对外开放，促进了文化交流和人文沟通”的选择中，选择“同意”和“非常同意”的占总体样本比重是92.41%，选择“不清楚”的占总体样本比重是5.05%，选择“不同意”和“非常不同意”的占总体样本比重是2.55%。可以看出，被调查者对“一带一路”倡议促进文化交流的认可度很高。被调查者在题项D12“抖音海外版‘TikTok’在海外各国广泛流行，加速了中西方文化交流”的选择中，选择“同意”和“非常同意”的占总体样本比重是80.61%，选择“不清楚”的占

比为 13.88%，选择“不同意”和“非常不同意”的比重为 5.50%。调查数据显示，“一带一路”倡议的提出，意义深远，影响巨大，提高了我国文化在国际上的传播力和感召力，促进了国际社会对中国文化的感知和了解，有利于展现多元文化的碰撞和沟通的价值。此外，诸如“抖音”等民间方式的海外传播也取得了一定效果，有效地扩大了中国文化的国际影响力。

表 15　对中国文化对外开放，促进文化交流、人文沟通的认知

单位：%

分　类	D11.“一带一路”扩大了文化对外开放，促进了文化交流和人文沟通	D12. 抖音海外版“TikTok”在海外各国广泛流行，加速了中西方文化交流
	占总体样本比重	占总体样本比重
非常不同意	1.69	2.52
不同意	0.86	2.98
不清楚	5.05	13.88
同　意	36.12	39.41
非常同意	56.29	41.20
合　计	100.00	100.00

资料来源：湖北大学高等人文研究院、中华文化发展湖北省协同创新中心“中国文化发展现状调查（2021）”数据库。

四　中国文化发展面临的主要问题

（一）对我党历史地位和领导作用的宣传力度尚不够，需要进一步加大

从中国共产党成立的那一刻开始，我党就对文化建设给予了高度重视。当前仍存在舆论宣传力度不够的问题，因此要想不断扩大中国文化的国内外影响，就要加大对我党历史地位和领导作用的宣传力度，不断讲好中国故事，让社会主义先进文化在国内外产生越来越大的影响。下一步工作的重点，应当继续推进马克思主义的本土化和大众化研究进程，加大理论成果的宣传力度，以理服人，尤其是要进一步强化“四史”教育，使人民群众在知识上对马克思

主义中国化有一定的理论储备。

表 16 是对党的十八大以来，文化发展守正创新、思想文化建设取得重大成就的认同。在国家文化软实力提升上，被调查者同意选项 D10C“国家文化软实力的影响力大幅提升”观点的占样本比重为 81.61%，即人们对提升国家文化软实力所取得的成果是肯定的。被调查者同意选项 D10A“中华优秀传统文化得到广泛弘扬”、选项 D10B“互联网建设管理运用不断完善”、选项 D10D“人们在思想上更加团结统一”观点的占样本比重分别为 70.31%、70.21%和 68.23%，结果说明，党的十八大以来，我国文化建设的国际影响力提升明显，有利于中华优秀传统文化的快速传播、运用信息化的管理手段增强中华民族的凝聚力。

表 16　对党的十八大以来，文化发展守正创新、思想文化建设取得重大成就的认同（多选）

单位：人，%

分类	人数	占样本比重	占选择人次比重
D10A. 中华优秀传统文化得到广泛弘扬	5459	70. 31	20. 21
D10B. 互联网建设管理运用不断完善	5451	70. 21	20. 18
D10C. 国家文化软实力的影响力大幅提升	6336	81. 61	23. 45
D10D. 人们在思想上更加团结统一	5297	68. 23	19. 61
D10E. 党在意识形态领域的话语权明显增强	4473	57. 61	16. 56
选择人次总计	27016	—	100. 00

资料来源：湖北大学高等人文研究院、中华文化发展湖北省协同创新中心“中国文化发展现状调查（2021）”数据库。

表 17 是被调查者对乡村振兴战略实施的获得感认同差异检验结果。检验结果显示，被调查者的获得感分为两个级别：一是被调查者对选项 D15B、D15C、D15D 观点的认同均值显著高于总均值参数；二是被调查者对选项 D15A 和选项 D15E 观点的认同均值显著低于总均值参数。从选项所表达的实际意义看，在乡村振兴战略实施中，被调查者对选项 D15B“农村人才培养，让年轻人在广阔天地大有所为”、选项 D15C“培育文明乡风、良好家风、淳朴民风”、选项 D15D“保护自然环境，构建良好生态”的感知度明显高于对

选项 D15A“发展乡村产业，将农业做强”、选项 D15E“党组织在村级组织中的领导作用越来越明显”的感知度。由此可见，实施乡村振兴战略取得了很多成果，在农村人才培养、文明乡风培育、保护生态环境等方面得到了人民群众的广泛认同，但是从“发展乡村产业，将农业做强”，以及“党组织在村级组织中的领导作用越来越明显”看，被调查者对乡村振兴战略实施的获得感不是很强、认同度不是很高，还存在较大的提升空间。

表 17　对乡村振兴战略实施的获得感认同（总均值参数 1.662）差异检验结果

题项(变量)	样本数	均值	均值差	t 值	显著性(P)
D15A. 发展乡村产业,将农业做强	7764	1.58	−0.083	−14.798	0.000***
D15B. 农村人才培养,让年轻人在广阔天地大有所为	7764	1.72	0.062	12.162	0.000***
D15C. 培育文明乡风、良好家风、淳朴民风	7764	1.72	0.056	10.87	0.000***
D15D. 保护自然环境,构建良好生态	7764	1.71	0.048	9.361	0.000***
D15E. 党组织在村级组织中的领导作用越来越明显	7764	1.58	−0.083	−14.73	0.000***

注：*** 表示 $P<0.001$，具有显著性。

资料来源：湖北大学高等人文研究院、中华文化发展湖北省协同创新中心“中国文化发展现状调查（2021）”数据库。

（二）公共文化服务设施和服务需要加以改善

公共文化服务设施和服务是文化建设在实践层面上的重要体现。就目前的发展重点而言，我国的公共文化服务设施和服务主要集中于“四馆”建设方面。表 18 是对公共文化服务设施和服务改善的评价进行差异检验的结果。检验结果显示，被调查者对题项 G30“基层文化馆的发展，能够满足人们基本的文化艺术需求，值得点赞”、题项 G32“近年来，公共文化服务设施和服务明显改善，越来越符合大众的需求”和题项 G33“艺术馆建设越来越方便群众文化活动的开展，人们的满意度显著提升”观点的认同均值不仅显著高于题项 G31，而且显著高于总均值参数。题项 G31“使公共图书馆成为读书、文化展示、信息交流的人性化文化空间还不现实”是一个反向调查。被调查者对该题表达“不认同”有积极的意义，同时说明，使公共图书馆成为读书、文化展示、信息交流的人性化文化空间，既有利于公共图书馆满足不同层次读者的需求，也有利于公共图书馆提升服务质量，丰富服务功能。

表 18　对公共文化服务设施和服务改善的评价（总均值参数 4.158）差异检验结果

题项(变量)	样本数	均值	均值差	t 值	显著性(P)
G30. 基层文化馆的发展，能够满足人们基本的文化艺术需求，值得点赞	7764	4.25	0.094	9.274	0.000***
G31. 使公共图书馆成为读书、文化展示、信息交流的人性化文化空间还不现实	7764	3.92	-0.235	-18.896	0.000***
G32. 近年来，公共文化服务设施和服务明显改善，越来越符合大众的需求	7764	4.24	0.084	8.671	0.000***
G33. 艺术馆建设越来越方便群众文化活动的开展，人们的满意度显著提升	7764	4.22	0.057	5.608	0.000***

注：*** 表示 P<0.001，具有显著性。

资料来源：湖北大学高等人文研究院、中华文化发展湖北省协同创新中心“中国文化发展现状调查（2021）”数据库。

表 19 是对身边的群众文艺活动发展状况的认同进行差异检验的结果。检验结果显示，被调查者对选项 D19C“对老年人群体的文艺活动需求越来越关注”和选项 D19D“群众文艺活动对文明素质提升越来越明显”的认同度显著高于对选项 D19A“广场舞活动丰富群众文化生活的作用越来越强”和选项 D19B“文化馆在促进群众文艺活动中的作用越来越明显”的认同度。而选项 D19B 的均值低于总均值参数，也显著低于其他三项的均值。数据说明，群众文艺活动日益关注老年人的需求，对社会整体文明素质提升的作用明显，然而人们对有些文艺活动的认同度不是很高，像广场舞，还有进一步提升的空间。文化馆在促进群众文艺活动中的作用不是特别明显，人们对其的感知度不高，对群众文艺活动在认知上还存在不足，未来要进一步充分发挥文化馆对群众文艺活动的带动作用。

表 19　对身边的群众文艺活动发展状况的认同（总均值参数 1.702）差异检验结果

题项(变量)	样本数	均值	均值差	t 值	显著性(P)
D19A. 广场舞活动丰富群众文化生活的作用越来越强	7764	1.69	-0.009	-1.755	0.079
D19B. 文化馆在促进群众文艺活动中的作用越来越明显	7764	1.65	-0.055	-10.193	0.000***
D19C. 对老年人群体的文艺活动需求越来越关注	7764	1.76	0.054	11.09	0.000***
D19D. 群众文艺活动对文明素质提升越来越明显	7764	1.71	0.011	2.124	0.034**

注：** 表示 P<0.01，具有显著性；*** 表示 P<0.001，具有显著性。

资料来源：湖北大学高等人文研究院、中华文化发展湖北省协同创新中心“中国文化发展现状调查（2021）”数据库。

（三）基层公共文化建设的覆盖面需要进一步扩大

基层公共文化建设具有惠民性、普及性的特点，是落实国家文化发展战略的“最后一公里”。党的十八大以来，基层公共文化建设取得了很好的效果，确实给人们带来很多实惠和益处，不过由于地区差异、城乡差异等各种因素的存在，基层公共文化建设不够均衡，很多方面需要改善，尤其是要进一步扩大公共文化建设的覆盖面。表 20 是对基层公共卫生设施建设和完善情况的评价进行差异检验的结果。检验结果说明，被调查者对选项 D18D“老年人体检健康档案管理服务”和选项 D18C“0~6 岁接种疫苗服务”观点的认同度显著高于另外两个选项，说明基层公共卫生服务在老年人体检健康档案管理和 0~6 岁接种疫苗服务方面做得很不错。被调查者对选项 D18A“传染病及突发公共卫生事件联防联控机制”的认同均值处在总均值参数水平，可见公共卫生体系这一机制的基层建设是有效果的，还需要进一步加强。而被调查者对选项 D18B“高血压患者健康服务”的认同均值显著低于总均值参数，也显著低于其他三个选项的均值。这说明现在基层公共卫生服务机构对高血压患者的健康服务还存在很大的不足，人民群众的满意度不高。现实状况也是如此，城市的公共卫生设施相对比较完善（城市越发达，完善程度越高），但是基层特别是

表 20　对基层公共卫生设施建设和完善情况的评价（总均值参数 1.736）差异检验结果

题项(变量)	样本数	均值	均值差	t 值	显著性(P)
D18A. 传染病及突发公共卫生事件联防联控机制	7764	1.74	0.004	0.898	0.369
D18B. 高血压患者健康服务	7764	1.66	-0.077	-14.39	0.000***
D18C. 0~6 岁接种疫苗服务	7764	1.77	0.034	7.082	0.000***
D18D. 老年人体检健康档案管理服务	7764	1.78	0.04	8.515	0.000***

注：*** 表示 P<0.001，具有显著性。

资料来源：湖北大学高等人文研究院、中华文化发展湖北省协同创新中心“中国文化发展现状调查（2021）”数据库。

偏远地区，人们居住较为分散，存在公共卫生设施建设耗时长、公共卫生设施不完善的状况。因此，需要进一步扩大公共卫生服务的覆盖面，预防高血压给人们生命健康带来的潜在危害，有利于提高整体国民的健康水平。

厕所是人们基本生活需求当中必不可少的组成部分，也是公共文化建设的重要内容。表 21 是对厕所革命的绩效评价差异检验结果，根据检验结果可以看出，被调查者对选项 D16B“厕所革命已经提升了人们讲卫生的素质”和选项 D16C“厕所革命改变了人们文明生活的习惯”的认知度显著高于对另外一个选项 D16A 的认知度。这说明人们认识到厕所革命的确有利于改善人居环境，有利于提升人们讲卫生的素质，有利于促进人们文明生活习惯的养成。被调查者对选项 D16A“城市、乡村‘如厕难’的状况基本解决”的认同均值显著低于总

表 21　对厕所革命的绩效评价（总均值参数 1.829）差异检验结果

题项(变量)	样本数	均值	均值差	t 值	显著性(P)
D16A. 城市、乡村“如厕难”的状况基本解决	7764	1.75	-0.081	-16.379	0.000***
D16B. 厕所革命已经提升了人们讲卫生的素质	7764	1.85	0.019	4.534	0.000***
D16C. 厕所革命改变了人们文明生活的习惯	7764	1.89	0.062	17.36	0.000***

注：*** 表示 P<0.001，具有显著性。

资料来源：湖北大学高等人文研究院、中华文化发展湖北省协同创新中心“中国文化发展现状调查（2021）”数据库。

均值参数。这说明“如厕难”的状况在整体上虽然得到了缓解，但是还存在一些短板，离达到基本解决的标准还有一些差距，存在要进一步扩大覆盖面的需求。

生态文明理念的形成是人们对自然规律认识的进一步深化。表 22 是对生态环境的保护意识和讲文明树新风的现状评价差异检验结果。通过对 F26“无论是城市还是乡村，人们对生态环境的保护意识都在加强”、F27“无论是城市还是乡村，仍然存在脏乱差难以治理的问题”、F28“在农村，讲文明、讲卫生、讲秩序的生活习惯需要进一步培养”三个题项检验结果的分析比较发现，被调查者对题项 F26 和题项 F28 观点的认同均值不仅显著高于总均值参数，而且显著高于对题项 F27 观点的认同均值。题项 F27 是一个反向调查，认同均值越低说明被调查者选择“不同意”和“非常不同意”的人数越少，即更多的被调查者认为，城乡不存在脏、乱、差难以治理的问题，说明人们对城市市容和农村风貌有很大程度的改观，治理成效显著。脏、乱、差现象的改变对全国文明城市的创建起着积极的推进作用。通过对题项 F26 和题项 F28 观点比较发现，被调查者对题项 F28“在农村，讲文明、讲卫生、讲秩序的生活习惯需要进一步培养”观点的认同均值低于对题项 F26 观点的认同均值，说明在农村，需要对讲文明、讲卫生、讲秩序的生活习惯加大宣传力度，继续提升人们认知认同水平，在治理上应该采取长期有效措施，尽量补齐短板，促进人们养成讲文明、讲卫生、讲秩序的生活习惯。

表 22　对生态环境的保护意识和讲文明树新风的现状评价（总均值参数 4.198）差异检验结果

题项(变量)	样本数	均值	均值差	t 值	显著性(P)
F26. 无论是城市还是乡村,人们对生态环境的保护意识都在加强	7764	4.33	0.133	13.713	0.000***
F27. 无论是城市还是乡村,仍然存在脏乱差难以治理的问题	7764	3.98	−0.214	−18.054	0.000***
F28. 在农村,讲文明、讲卫生、讲秩序的生活习惯需要进一步培养	7764	4.28	0.080	8.250	0.000***

注：*** 表示 $P<0.001$，具有显著性。

资料来源：湖北大学高等人文研究院、中华文化发展湖北省协同创新中心“中国文化发展现状调查（2021）”数据库。

（四）传承和弘扬中华优秀传统文化的力度还要进一步加大

文化是一个民族精神的反映和象征，中华优秀传统文化是中华民族生生不息、不断发展壮大的养分，是中华文明的智慧结晶和精华所在。表 23 是对文化发展的政治性、地方性、传统性、价值引导性认知认同差异检验结果。检验结果发现，被调查者对题项 I48 “文化建设和发展是意识形态领域的价值观引导，是国之大事，不能马虎” 的认同均值高于总均值参数；对题项 I47 “中国优秀传统文化开发和弘扬需要投入更多的人力物力，才能绽放光彩” 的认同均值低于总均值参数；对题项 I46 的认同均值处在总均值水平。由此说明，人们已经认识到意识形态对文化建设和发展的重要性，发挥价值观的引领作用，关乎国家安全和长远发展，甚至文化产品的内容都要坚持社会主义价值导向。未来，推进乡村文旅融合、充分挖掘地方特色资源，需要付出努力。在中华优秀传统文化的传承和弘扬方面，投入的人力物力尚显不够，需要进一步加大对中华优秀传统文化发展的特色人才的培养力度。

表 23　对文化发展的政治性、地方性、传统性、价值引导性认知认同（总均值参数 4.333）差异检验结果

题项（变量）	样本数	均值	均值差	t 值	显著性（P）
I46. 乡村文旅融合发展、地方特色文化挖掘，需要坚持原生态发展原则	7764	4.34	0.003	0.340	0.734
I47. 中国优秀传统文化开发和弘扬需要投入更多的人力物力，才能绽放光彩	7764	4.31	-0.025	-2.602	0.009**
I48. 文化建设和发展是意识形态领域的价值观引导，是国之大事，不能马虎	7764	4.37	0.037	3.883	0.000***

注：** 表示 P<0.01，具有显著性；*** 表示 P<0.001，具有显著性。

资料来源：湖北大学高等人文研究院、中华文化发展湖北省协同创新中心“中国文化发展现状调查（2021）”数据库。

表 24 是被调查者对 2021 年文化自信与文化建设成果的评价差异检验结果。检验结果显示，被调查者对选项 D14A “革命传统文化的继承与开发有了

明显加强”的认同均值高于总均值参数。数据说明，在 2021 年，人们对革命传统文化的继承与开发有了明显加强，加大对红色革命遗址的保护力度、突出红色文化的发展主题，取得了很好的成效。被调查者对选项 D14D“文化建设中仍然存在落实、落细的问题”的认同均值处在总均值水平。数据说明，文化建设在落实、落细上，下的功夫还不够，实践层面还存在一些不完善的地方。被调查者对选项 D14E“社会主义核心价值观已经深入人心”观点的认同均值低于总均值参数。这说明人们对培育践行社会主义核心价值观的深层次意义认识不足，情感投入的自觉性培养力度不够，需要进一步加大社会主义核心价值观在实践层面的宣传落实。

表 24　对 2021 年文化自信与文化建设成果的评价（总均值参数 1.610）差异检验结果

题项（变量）	样本数	均值	均值差	t 值	显著性（P）
D14A. 革命传统文化的继承与开发有了明显加强	7764	1.63	0.018	3.31	0.001***
D14D. 文化建设中仍然存在落实、落细的问题	7764	1.61	-0.004	-0.698	0.485
D14E. 社会主义核心价值观已经深入人心	7764	1.59	-0.016	-2.82	0.005**

注：** 表示 P<0.01，具有显著性；*** 表示 P<0.001，具有显著性。

资料来源：湖北大学高等人文研究院、中华文化发展湖北省协同创新中心“中国文化发展现状调查（2021）”数据库。

对“非遗”保护的认知与评价是文化工作的重要组成部分。表 25 是对该事项进行差异检验的结果。检验结果表明，被调查者对选项 D30A“很多地方剧种只有内容创新、方法更新才能传承下来”的认同均值显著高于总均值参数，说明地方剧种传承必须走与中国实际相结合的道路，与时代同行，地方剧种必须进行创造性转化和创新性发展，否则就不能实现传承发展，被调查者对此的认知度很高。被调查者对选项 D30E“‘非遗’保护的终极目的是服务现实文化生活”的认同均值处在总均值水平，说明被调查者认识到“非遗”保护的终极目的与现实文化生活的重要性，但不深入，还存在可以提升的空间。被调查者对选项 D30F“‘非遗’保护需要政府主导，多方保护主体（社会、个人）参与”的认同均值显著低于总均值参数。这说明在“非遗”保护中，政府主导作用的发挥不是很强，在多方保护方面，不管是社会还是个人，主动性尚待充分调动。政府应该增强对当地“非遗”的识别和发掘，发挥好带头作用，同时应鼓励社会和个体多方保护主体积极参与“非遗”工作。

表 25　对“非遗”保护的认知与评价（总均值参数 1.458）差异检验结果

题项(变量)	样本数	均值	均值差	t 值	显著性(P)
D30A. 很多地方剧种只有内容创新、方法更新才能传承下来	7764	1.50	0.14	25.063	0.000***
D30E.“非遗”保护的终极目的是服务现实文化生活	7764	1.47	0.01	1.685	0.092
D30F.“非遗”保护需要政府主导,多方保护主体(社会、个人)参与	7764	1.31	−0.15	−28.552	0.000***

注：*** 表示 P<0.001，具有显著性。

资料来源：湖北大学高等人文研究院、中华文化发展湖北省协同创新中心“中国文化发展现状调查（2021）”数据库。

表 26 是对文化发展的本质特征与中国文化构成底蕴的认知差异检验结果。被调查者对题项 H42、题项 H44 的认同度显著高于总均值参数。被调查者对题项 H41“文化产业在发展中，社会效益应该放在第一位，然后考虑经济效益”和题项 H43“人们的文物保护和开发意识增强，但是在基层具体落实还是不够”观点的认同均值显著低于总均值参数。结果表明，文化产业在发展中，对社会效益的重视程度不够，应该加强文化产业对社会效益的评估。同时发现当前人们对文物的保护意识不强，在基层具体落实方面做得也不够，下一步要着力提高人们的认识水平，让人们认识到文物浓缩了中华民族智慧，是人类文明进步的重要标志，自觉激发人们的文物保护意识并付诸行动。

表 26　对文化发展的本质特征与中国文化构成底蕴的认知（总均值参数 4.271）差异检验结果

题项(变量)	样本数	均值	均值差	t 值	显著性(P)
H41. 文化产业在发展中,社会效益应该放在第一位,然后考虑经济效益	7764	4.23	-0.040	-3.917	0.000***
H42. 人们对革命历史遗址的保护意识增强,红色文化基地建设和利用水平明显提升	7764	4.33	0.059	6.117	0.000***
H43. 人们的文物保护和开发意识增强,但是在基层具体落实还是不够	7764	4.17	-0.102	-9.819	0.000***
H44. 中国特色社会主义建设倡导的自力更生、艰苦奋斗的先进文化需要大力宣传	7764	4.35	0.083	8.610	0.000***

注：*** 表示 P<0.001，具有显著性。

资料来源：湖北大学高等人文研究院、中华文化发展湖北省协同创新中心“中国文化发展现状调查（2021）”数据库。

（五）公共文化信息化的网络监管力度有待加大

当前，我国公共文化服务体系的建设以政府为主导，社会各方力量广泛参与。表 27 是对 2021 年国家采取的“饭圈”乱象整治“清朗”行动的评价。被调查者同意选项 D24B“对明星道德失范、偷税漏税给予了沉重打击”观点的最多，占样本的比重为 79.83%。被调查者同意选项 D24A“严厉打击了涉及未成年人的不良网络社交行为”、选项 D24C“对网络金融诈骗犯罪给予了精准治理”、选项 D24D“清理了歪曲党史国史军史、鼓吹历史虚无主义等有害信息”观点的占样本的比重分别为 65.08%、68.48%、66.82%。数据说明，上面四个选项中所涉及的主题包括“明星道德失范、偷税漏税”“未成年人的不良网络社交行为”“网络金融诈骗”以及网络中出现的“歪曲党史等有害信息”，确实给人们的生产、生活造成了众多不便，给国家造成了严重危害。近年来，国家的大力整治取得了较好的效果，也赢得了人民群众的普遍认同，还青少年一个干净、纯粹的网络环境。被调查者同意选项 D24E“清理了违规自媒体信息、标题党文章、导向错误的信息”和选项 D24F“‘饭圈’乱象整治需要常态化，不能松一阵紧一阵”

观点的占样本比重不高，分别为 56. 29%和 31. 67%。这说明在清理违规自媒体信息方面以及在整治的措施落实方面还需要继续加强，对于“饭圈”乱象的整治还达不到常态化的程度，存在松一阵紧一阵的情况。尽管由于技术因素，完备的网络监管确实比较困难，但是加强监管是必须坚持的长期策略。

随着社会信息化程度的提高，数字化文化产品可以说已经遍布社会的各个角落，给人们的生活带来极大便利，但其在带来便利的同时存在诸多风险和挑战，应毫不松懈地加强网络监管。表 28 是被调查者对数字化文化产品的便利化、安全性和风险管控的评价。被调查者同意选项 D27B “安装 App 时经常带有恶意插件，让人十分不安” 观点的最多，占样本比重为 75. 49%。被调查者同意选项 D27A “App 侵犯用户隐私的行为需要严格管控” 观点的占样本比重为 73. 76%。这两项占比较高，均已超过 70%。被调查者同意选项 D27C “不同的 App 对于信息流有阻断作用，不利于信息共享” 观点的占样本比重为 66. 72%。被调查者同意选项 D27D “老年人用 App 感到复杂，十分不方便” 观

表 27　对 2021 年国家采取的“饭圈”乱象整治“清朗”行动的评价（多选）

单位：人，%

分类	人数	占样本比重	占选择人次比重
D24A. 严厉打击了涉及未成年人的不良网络社交行为	5053	65. 08	17. 68
D24B. 对明星道德失范、偷税漏税给予了沉重打击	6198	79. 83	21. 68
D24C. 对网络金融诈骗犯罪给予了精准治理	5317	68. 48	18. 60
D24D. 清理了歪曲党史国史军史、鼓吹历史虚无主义等有害信息	5188	66. 82	18. 15
D24E. 清理了违规自媒体信息、标题党文章、导向错误的信息	4370	56. 29	15. 29
D24F. “饭圈”乱象整治需要常态化，不能松一阵紧一阵	2459	31. 67	8. 60
选择人次总计	28585	—	100. 00

资料来源：湖北大学高等人文研究院、中华文化发展湖北省协同创新中心“中国文化发展现状调查（2021）”数据库。

点的占样本比重为69.23%。被调查者同意D27E“有的App常常对老年人有诱导性（欺骗性）消费问题”观点的占样本比重为63.10%。数据说明，人们在普遍使用App的现实情况下，确实面临着一些令人困扰的问题，应采取何种有效的措施应对恶意插件、侵犯用户的隐私权、诱导老年人消费的陷阱、信息流阻碍，从目前看还没有很好的解决方法。从实际情况看，人们使用手机App及其他各种数字化文化产品出现的安全问题具有普遍性，这也是网络监管面临的最大难题，亟待解决。同时设计者在设计手机App过程中，应当充分考虑信息流阻碍以及老年人使用手机不方便的情况，尽量简化程序，便于信息共享，保障老年人的消费环境安全，以免老年人上当受骗，造成重大财物损失。

表28　对数字化文化产品的便利化、安全性和风险管控的评价（多选）

单位：人，%

分类	人数	占样本比重	占选择人次比重
D27A. App侵犯用户隐私的行为需要严格管控	5727	73.76	21.18
D27B. 安装App时经常带有恶意插件，让人十分不安	5861	75.49	21.67
D27C. 不同的App对于信息流有阻断作用，不利于信息共享	5180	66.72	19.16
D27D. 老年人用App感到复杂，十分不方便	5375	69.23	19.88
D27E. 有的App常常对老年人有诱导性（欺骗性）消费问题	4899	63.10	18.12
选择人次总计	27042	—	100.00

资料来源：湖北大学高等人文研究院、中华文化发展湖北省协同创新中心“中国文化发展现状调查（2021）”数据库。

表29是被调查者对大数据整合与风险管理的认知差异检验结果。检验结果显示，被调查者对选项D23B“利用大数据分析打击了侵犯文化创作产权的行为”和选项D23E“创新文化大数据管理，提高数据风险防范能力”的认同均值高于总均值参数，说明大数据分析技术在维护法律权威、保护人民合法权益、风险管控上具有积极意义，而且富有成效。对选项D23A“应该加强文化数据资源版权保护意识”和选项D23D“很有必要建设文化大数据资源‘云’

体系”的认同均值低于总均值参数，说明被调查者对建设文化大数据资源“云”体系的必要性的认识不是很充分，还有很大的提升空间，这说明被调查者对文化大数据资源版权保护意识不是很强，有待加强，下一步应该重视文化大数据资源版权保护。

表 29　对大数据整合与风险管理的认知（总均值参数 1.649）差异检验结果

题项(变量)	样本数	均值	均值差	t 值	显著性(P)
D23A. 应该加强文化数据资源版权保护意识	7764	1.63	-0.021	-3.8	0.000***
D23B. 利用大数据分析打击了侵犯文化创作产权的行为	7764	1.69	0.037	6.996	0.000***
D23D. 很有必要建设文化大数据资源“云”体系	7764	1.62	-0.033	-5.993	0.000***
D23E. 创新文化大数据管理，提高数据风险防范能力	7764	1.67	0.017	3.131	0.002**

注：** 表示 $P<0.01$，具有显著性；*** 表示 $P<0.001$，具有显著性。

资料来源：湖北大学高等人文研究院、中华文化发展湖北省协同创新中心“中国文化发展现状调查（2021）”数据库。

五　推进中国文化建设发展的对策和建议

（一）始终坚持党的领导，充分发挥社会主义核心价值观的引领作用

文化建设与意识形态建设紧密相连，是建设精神文明的核心和灵魂。中国共产党成立后，在革命、建设、改革的各个时期都高度重视文化建设，成就斐然。坚持党对文化建设工作的领导，是我党在历史发展中不断进行总结反思得出的宝贵经验。进入新时代，开启全面建设社会主义现代化国家新征程，要实现文化强国的战略目标，就必须始终坚持党对文化建设各项工作的领导，充分发挥社会主义核心价值观在文化领域的引领作用。文化软实力是综合国力的重要内容，必须始终坚持党的领导，坚持社会主义核心价值观的引领地位。

在信息化、国际化飞速发展的今天，不论是现实社会还是网络社会，都

要不断加强对文化领域的监管和在价值观上的引领。要充分发挥社会主义制度的优势，并将这些优势通过文化的方式在世界上加以传播，从而扩大我国的国际影响力，提升我国的国际话语权，为实现中华民族伟大复兴提供助力。

（二）加快公共文化建设，不断体现人性化关怀

在社会主义社会，发展公共文化事业、完善公共文化服务体系、提高公共文化服务设施质量的最终目的是满足人民群众的精神文化需求。公共文化建设的出发点和落脚点都是为人们谋幸福。人民性是社会主义公共文化建设的本质特征。

近年来，我国不断加快推进公共文化建设，不断完善公共文化服务设施及相关法律体系，为满足人民群众多样化的精神文化需求、实现共同富裕打下了良好基础。总体来看，近年来文化建设成效显著，但是由于地域差异的存在，文化需求和文化供给之间依然存在着“精不精”“好不好”等差别。因此，文化建设必须体现人性化关怀，要针对不同地区、不同人群提供各自适宜的文化产品及文化服务方式，而不是简单地搞“一刀切”，只有这样才能推进公共文化建设，赢得人民群众的广泛认同和赞誉。要丰富公共文化优质产品及其服务方式，尤其要推动“四馆”的高质量发展，不断巩固和提升基层文化服务水平，提升服务的精细化程度，从而更加人性化地满足人民群众的精神文明需求。

（三）继承和弘扬中华优秀传统文化要在实践落实上常抓不懈

近年来，尽管我国在激活优秀传统文化的生命力，推动其创造性转化和创新性发展上做了大量工作，但是“中国文化发展现状调查（2021）”相关数据显示，在取得了巨大成就的同时，中华优秀传统文化的实践落实还存在不足。由此，应当在基层党建及其文化宣贯、“四馆”建设、“非遗”保护、文物保护、遗址开发等各项具体工作中加以落实，要以政府为主导、社会各方面力量积极参与的方式促进中华优秀传统文化与社会实践相结合，从而推动中华优秀传统文化的现代化转换和创新性发展，以服务于社会主义先进文化建设。

（四）科技赋能文化，加强网络监管，推进乡村振兴战略的实施

实施乡村振兴战略是建设现代化经济体系的重要基础，是建设美丽中国的关键举措，是传承中华优秀传统文化的有效途径，是健全现代社会治理格局的固本之策，是实现全体人民共同富裕的必然选择。乡村振兴不是经济单方面的振兴，而是乡村的全面振兴。乡村振兴的总要求是产业兴旺、生态宜居、乡风文明、治理有效、生活富裕，是对乡村经济、文化、生态等多个方面的有机统一。其中，乡风文明是乡村振兴的重要内容，也是文化建设的重要目标。

现代科学技术，尤其是信息化、大数据技术能够有效推进乡村振兴战略的实施，可以说，科技赋能文化是当前文化发展的一个必然趋势。随着信息化、大数据技术的发展，各种新的文化娱乐方式无论是在城市还是在乡村都不断涌现。不过这些方式与社会主义先进文化的传播并非完全一致，有的方式甚至与社会主义核心价值观有所背离，因此加强网络信息监管是必需的。以自媒体为例，自媒体平台的出现给乡村人们的生活带来很多便利。自媒体平台，诸如抖音、快手、微信等使得每个人都可以成为宣传者。在农村信息化普及下的网络空间中，各种自媒体争相出现，带来了新生事物，如“乡村网红”就是近年来出现的典型新生事物。目前，一些“乡村网红”屡屡“翻车”，在自媒体上发表不正当言论，网络空间不是法外之地，“乡村网红”作为社会信息的发布者必须承担相应的社会责任和法律责任。因此，加强网络信息监管在今后一段时间内将是推动文化建设非常重要的举措。只有这样，才能保证社会主义先进文化在网络空间的引领地位，同时还要充分发挥科技赋能文化的作用，推进乡村振兴战略的顺利实施。

（五）推进文化资源数字化，不断完善版权保护等法律保障

“十四五”期间，我国提出公共文化数字化、网络化、智能化取得新突破的建设目标。公共文化数字资源更加丰富，获取方式更加便捷，应用场景也更加丰富。2021 年，我国在文化资源的数字化建设上取得了重要突破，还在文化事业和文化产业上催生了“文旅结合”等新型文化生态。以数字博物馆为例，由于人们有效的旅游时间有限，数字博物馆这一方式使公众可以

获得全方位的实景式的游览体验。可以说，只有将文化资源进行数字化转化和互动开发，才能真正实现优秀文化资源的创造性转化和创新性发展，为“文旅结合”等新型文化生态及其模式的发展提供实际路径。

中共中央办公厅、国务院办公厅印发的《关于推进实施国家文化数字化战略的意见》指出，统筹推进国家文化大数据体系、全国智慧图书馆体系和公共文化云建设的任务。构建文化数字化治理体系、完善文化市场综合执法体系、强化文化数据要素市场交易监管是今后文化建设的重要内容。信息化社会，文化数据资源作为智力成果仍旧面临知识产权侵权的问题，因此，要加强版权保护等法治建设。政府相关部门应该提升网络版权保护的法治化水平，完善相关的法律法规。同时，应该采用道德和法律双重手段加强知识产权保护，建设知识产权强国，从而推动文化资源数字化的健康发展。

参考文献

向勇主编《中国文化产业发展报告（2021~2022）》，社会科学文献出版社，2022。

宋俊华主编《中国非物质文化遗产保护发展报告（2021）》，社会科学文献出版社，2022。

钟栎娜等主编《中国文化与旅游产业发展大数据报告（2021）》，社会科学文献出版社，2021。

《求是网评论员：让更多文物和文化遗产活起来》，学习强国网站，2022 年 7 月 25 日，https：//www. xuexi. cn/lgpage/detail/index. html？ id = 15116095375796029663&amp；item_ id=15116095375796029663。

指数报告

Index Report

B.2
中国文化发展指数发布与评价报告（2021~2022）

卿菁 张玉*

摘　要： 文化是民族凝聚力和创造力的重要源泉，是引领国家和民族胜利前行的强大精神动力，文化发展水平是国家软实力的重要象征。本报告构建了以文化投入、文化生产、文化供给、文化传播、文化消费5个一级指标和36个二级指标为内容的中国文化发展指数评价指标体系，以指数化形式对近两年的全国文化发展状况进行直观分析与评价，以深入分析、评价中国文化发展状况，揭示我国文化发展过程中存在的优势与不足，从而为政府相关部门的政策制定提供科学依据与参照体系。

关键词： 文化发展指数　文化发展　文化建设

* 卿菁，湖北大学公共管理学院副教授、硕士生导师，美国加州大学河滨分校（UCR）访问学者（2012~2013年），主要研究方向为公共文化研究；张玉，湖北大学公共管理学院2021级硕士研究生。

一　文化发展现状与政策梳理

（一）文化发展现状

2021 年是我国现代化建设进程中重要的一年，是具有特殊意义的一年。党的十九届六中全会指出，“我国意识形态领域形势发生全局性、根本性转变，全党全国各族人民文化自信明显增强，全社会凝聚力和向心力极大提升，为新时代开创党和国家事业新局面提供了坚强思想保证和强大精神力量”①。文化对于国家的经济发展和政治稳固的重要性不言而喻，文化兴国运兴，文化强民族强。文化是民族凝聚力和创造力的重要源泉，是引领国家和民族胜利前行的强大精神动力，是国家实力的象征与体现，也成为国家稳定发展的重要力量。文化不仅为社会发展提供智力支持，也推动社会实践发展，促进社会整体进步。

“十四五”时期是开启全面建设社会主义现代化国家新征程的第一个五年，我国仍处于重要战略机遇期。在“十四五”时期，我国经济社会发展主要目标之一是，“社会主义核心价值观深入人心，人民思想道德素质、科学文化素质和身心健康素质明显提高，公共文化服务体系和文化产业体系更加健全，人民精神文化生活日益丰富，中华文化影响力进一步提升，中华民族凝聚力进一步增强”②。基于该目标，准确把握当前中国文化发展状况，深刻了解中国文化建设中存在的问题和薄弱环节，是有效促进文化事业和文化产业繁荣发展的必要举措，对推动建设社会主义文化强国也具有重要意义。

（二）2021年中国文化相关重要政策法规文件

2021 年是党和国家历史上具有里程碑意义的一年，我国进入新发展阶段。为实现中华民族伟大复兴的中国梦，党和政府及有关部门在受疫情持续冲击、全球经济不容乐观的大背景下出台了一系列重要指导性政策文件，从宏观角度

① 《中国共产党第十九届中央委员会第六次全体会议公报》，《奋斗》2021 年第 Z2 期。

② 《中华人民共和国国民经济和社会发展第十四个五年规划和 2035 年远景目标纲要》，中国政府网，2021 年 3 月 13 日，http：//www. gov. cn/xinwen/2021-03/13/content_ 5592681. htm。

为文化发展指明方向，优化发展环境。党中央、国务院及有关政府部门在2021年发布的文化相关重要政策法规文件如表1所示。

表1　2021年中国文化相关重要政策法规文件一览

发布时间	发布机构	政策法规名称
2021年1月	文化和旅游部	《关于发布2021年第一批文化和旅游行业标准的公告》
2021年1月	交通运输部办公厅、公安部办公厅、商务部办公厅、文化和旅游部办公厅、应急管理部办公厅、国家市场监管总局办公厅	《关于进一步加强和改进旅游客运安全管理工作的指导意见》
2021年2月	文化和旅游部、国家发展改革委、国家体育总局	《冰雪旅游发展行动计划（2021—2023年）》
2021年2月	文化和旅游部	《关于进一步用好地方政府专项债券 推进文化和旅游领域重大项目建设的通知》
2021年2月	文化和旅游部	《文化市场综合执法行政处罚裁量权适用办法》
2021年3月	文化和旅游部、国家发展改革委、财政部	《关于推动公共文化服务高质量发展的意见》
2021年3月	文化和旅游部	《关于加强文化和旅游市场信用监管有关事项的通知》
2021年4月	中共中央办公厅、国务院办公厅	《关于加强社会主义法治文化建设的意见》
2021年4月	文化和旅游部、中央文明办	《2021年文化和旅游志愿服务工作方案》
2021年4月	文化和旅游部	《关于实施文化艺术职业教育和旅游职业教育提质培优行动计划的通知》
2021年5月	文化和旅游部	《“十四五”文化产业发展规划》
2021年5月	中央宣传部、国家发展改革委、教育部、科技部、民政部、财政部、人力资源和社会保障部、文化和旅游部、国家文物局	《关于推进博物馆改革发展的指导意见》
2021年5月	文化和旅游部	《“十四五”文化和旅游市场发展规划》
2021年5月	文化和旅游部	《“十四五”非物质文化遗产保护规划》
2021年5月	农业农村部办公厅、中国农业银行办公厅	《关于加强金融支持乡村休闲旅游业发展的通知》
2021年6月	文化和旅游部	《“十四五”公共文化服务体系建设规划》

续表

发布时间	发布机构	政策法规名称
2021 年 6 月	文化和旅游部	《加强导游队伍建设和管理工作行动方案(2021—2023 年)》
2021 年 6 月	国务院办公厅	《关于文化市场综合行政执法有关事项的通知》
2021 年 6 月	文化和旅游部	《“十四五”艺术创作规划》
2021 年 6 月	文化和旅游部、民政部、财政部、人力资源和社会保障部、国家税务总局、国家市场监管总局	《关于营造更好发展环境 支持民营文艺表演团体改革发展的实施意见》
2021 年 7 月	文化和旅游部	《关于推进旅游商品创意提升工作的通知》
2021 年 7 月	文化和旅游部	《关于开展第一批国家级夜间文化和旅游消费集聚区建设工作的通知》
2021 年 8 月	中共中央办公厅、国务院办公厅	《关于进一步加强非物质文化遗产保护工作的意见》
2021 年 8 月	文化和旅游部	《关于做好文化和旅游市场政务服务“好差评”工作的通知》
2021 年 8 月	文化和旅游部	《网络表演经纪机构管理办法》
2021 年 9 月	文化和旅游部、中央宣传部、国家发展改革委、财政部、人力资源和社会保障部、国家市场监管总局、国家文物局、国家知识产权局	《关于进一步推动文化文物单位文化创意产品开发的若干措施》
2021 年 9 月	中共中央办公厅、国务院办公厅	《关于在城乡建设中加强历史文化保护传承的意见》
2021 年 9 月	文化和旅游部	《关于规范演出经纪行为加强演员管理促进演出市场健康有序发展的通知》
2021 年 9 月	国家发展改革委	《关于印发全国特色小镇规范健康发展导则的通知》
2021 年 10 月	文化和旅游部	《关于简化跨地区巡演审批程序的通知》
2021 年 10 月	文化和旅游部	《关于用好旅游服务质量保证金政策进一步支持旅行社恢复发展的通知》
2021 年 10 月	文化和旅游部	《关于从严从紧抓好文化和旅游行业疫情防控工作的紧急通知》
2021 年 10 月	文化和旅游部	《旅游景区恢复开放疫情防控措施指南(2021 年 10 月修订版)》

续表

发布时间	发布机构	政策法规名称
2021 年 11 月	国务院办公厅	《“十四五”文物保护和科技创新规划》
2021 年 11 月	文化和旅游部	《关于进一步优化文化和旅游系统政务服务便民热线的通知》
2021 年 11 月	文化和旅游部	《国家旅游科技示范园区管理办法（暂行）》
2021 年 11 月	文化和旅游部	《关于加强网络文化市场未成年人保护工作的意见》
2021 年 12 月	文化和旅游部	《演出经纪人员管理办法的通知》
2021 年 12 月	文化和旅游部	《关于推动国家级文化产业园区高质量发展的意见》

资料来源：文化和旅游部网站；中国政府网；农业农村部网站。

通过对文化相关政策法规文件进行梳理和分析可以发现，2021 年我国文化政策的总体布局延续了 2020 年文化建设的总体布局，把文化建设摆在更加突出的位置，呈现以下几个特点。第一，重视文旅融合发展。2021 年出台了多项有关文化和旅游方面的文件，助推文旅融合发展热潮，如《冰雪旅游发展行动计划（2021—2023 年）》和《关于加强金融支持乡村休闲旅游业发展的通知》，为冰雪旅游和乡村休闲旅游的发展提供了难得的机遇。文旅融合发展在激发文化发展活力的同时，彰显我国的文化自信。第二，文化发展路径更加清晰。2021 年作为“十四五”规划的开局之年，文化发展战略性文件有所增加，且具有针对性。从《“十四五”非物质文化遗产保护规划》到《“十四五”艺术创作规划》，皆是对文化发展具体领域做出的明确指示，使文化和艺术创作生态更加良好。第三，更加重视文化产业发展。围绕文化强国的建设目标，我国继续助力文化产业的高质量发展，如《关于推动国家级文化产业园区高质量发展的意见》和《“十四五”文化产业发展规划》，其中，文化资源的保护传承和变革创新、产业和科技的深度融合等为文化产业发展提供了不竭动力。文化产业发展是促进经济与文化良性互动的重要途径，是增强综合国力的推动力量。

总的来看，2021 年党和政府颁布的一系列文化政策法规文件既有对以往文化发展路线的贯彻和延续，也有对文化发展的革新和突破，持续做出新的重要引领。

二　基于实地调查的文化发展现状分析

为了在微观层面了解和掌握人们对当前文化发展的获得感、认同感、满意度以及综合性的相关评价，分析和突破文化发展瓶颈，在2021年底至2022年初，湖北大学高等人文研究院以及中华文化发展湖北省协同创新中心共同开展了“中国文化发展现状调查（2021）”。此次调查的有效样本规模达7764人，涉及31个省（区、市）的333个地市，样本性别比为48.17：51.83，样本年龄划分为19岁及以下、20~29岁、30~39岁、40~49岁、50~59岁、60岁及以上，所占的比重分别为3.46%、38.15%、29.82%、14.17%、11.48%、2.92%，总的来看，样本有较强的代表性。以下从党的十八大以来文化发展的绩效认同评价、文化建设对文化自信的提升、公共文化投入的获得感、文化生产的满意度、文化供给的充足度和适合度、文化传播的感知度与影响力、文化消费的潜力等方面进行分析，以此对宏观数据所反映的问题做进一步的解读。

（一）党的十八大以来文化发展总体评价

本次问卷调查设计了“对党的十八大以来，文化发展守正创新、思想文化建设取得重大成就的认同”的多选题。按照被调查者对该题选项认同的比重由高到低排序可知，在被调查者中，认同“国家文化软实力的影响力大幅提升”观点的比重为81.61%；认同“中华优秀传统文化得到广泛弘扬”观点的比重为70.31%；认同“互联网建设管理运用不断完善”观点的比重为70.21%；认同“人们在思想上更加团结统一”观点的比重为68.23%；认同“党在意识形态领域的话语权明显增强”观点的比重为57.61%（见表2）。数据至少可以说明，文化发展对国家文化软实力的影响力的助推作用得到了人们普遍的肯定；在文化建设和发展中，人们对中华优秀传统文化的继承与弘扬有了普遍的感知；人们对互联网建设管理的完善有了普遍的认可；在思想文化建设中，被调查者认为人们在思想上更加团结统一。此外，被调查者对“党在意识形态领域的话语权明显增强”观点的感知度相对偏低，需要进一步提升。

表 2　对党的十八大以来，文化发展守正创新、思想文化建设取得重大成就的认同（多选）

单位：人，%

分类	人数	占样本比重
D10A. 中华优秀传统文化得到广泛弘扬	5459	70. 31
D10B. 互联网建设管理运用不断完善	5451	70. 21
D10C. 国家文化软实力的影响力大幅提升	6336	81. 61
D10D. 人们在思想上更加团结统一	5297	68. 23
D10E. 党在意识形态领域的话语权明显增强	4473	57. 61
选择人次总计	27016	—

资料来源：湖北大学高等人文研究院、中华文化发展湖北省协同创新中心“中国文化发展现状调查（2021）”数据库。

从对2021年文化自信与文化建设成果的评价看，在被调查者中，认同“中国特色社会主义文化建设有了新的发展”观点的比重为79. 80%；认同“优秀传统文化的继承和弘扬成效显著”观点的比重为72. 54%；认同“革命传统文化的继承与开发有了明显加强”观点的比重为62. 82%；认同“文化建设中仍然存在落实、落细的问题”观点的比重为60. 61%；认同“社会主义核心价值观已经深入人心”观点的比重为59. 43%（见表3）。可以看出，首先，

表 3　对2021年文化自信与文化建设成果的评价（多选）

单位：人，%

分类	人数	占样本比重
D14A. 革命传统文化的继承与开发有了明显加强	4877	62. 82
D14B. 优秀传统文化的继承和弘扬成效显著	5632	72. 54
D14C. 中国特色社会主义文化建设有了新的发展	6196	79. 80
D14D. 文化建设中仍然存在落实、落细的问题	4706	60. 61
D14E. 社会主义核心价值观已经深入人心	4614	59. 43
D14F. 中国共产党在各级组织中的领导明显加强	2075	26. 73
选择人次总计	28100	—

资料来源：湖北大学高等人文研究院、中华文化发展湖北省协同创新中心“中国文化发展现状调查（2021）”数据库。

在被调查者中，近八成的被调查者认为中国特色社会主义文化建设具有活力并得到发展；其次，优秀传统文化和革命传统文化的继承与弘扬得到了多数被调查者的认同；最后，部分被调查者认为文化建设仍有不足之处。

（二）文化投入现状

在此次调查中，对“城乡基本公共文化服务建设（文化广场）的差距越来越小”观点的认同统计显示：被调查者同意“城乡基本公共文化服务建设（文化广场）的差距越来越小”这一观点的比重达到40.11%；非常同意“城乡基本公共文化服务建设（文化广场）的差距越来越小”这一观点的比重达到39.43%；不清楚“城乡基本公共文化服务建设（文化广场）的差距越来越小”这一观点的比重达到13.03%；不同意和非常不同意“城乡基本公共文化服务建设（文化广场）的差距越来越小”这一观点的比重分别为4.61%和2.82%；同意和非常同意“城乡基本公共文化服务建设（文化广场）的差距越来越小”这一观点的比重达到了79.54%，仅有2.82%的被调查者表示非常不同意该观点（见表4）。由数据可知，在被调查者中，多数人认为城市与乡村的基本公共文化服务建设（文化广场）不断加强，其差距在逐步缩小，基本公共文化服务供给质量不断提升；少数人对“城乡基本公共文化服务建设

表4　对“城乡基本公共文化服务建设（文化广场）的差距越来越小”观点的认同统计

单位：人，%

分　类	样本数	占总体样本比重	占有效样本比重	累计有效比重
非常不同意	219	2.82	2.82	2.82
不同意	358	4.61	4.61	7.43
不清楚	1012	13.03	13.03	20.47
同　意	3114	40.11	40.11	60.57
非常同意	3061	39.43	39.43	100.00
合　计	7764	100.00	100.00	—

资料来源：湖北大学高等人文研究院、中华文化发展湖北省协同创新中心“中国文化发展现状调查（2021）”数据库。

（文化广场）的差距越来越小”观点的认同度偏低，需要坚持推进基本公共文化服务均等化。

（三）文化生产现状

文化生产作为具体的文化实践形态[①]，在满足人民日益增长的精神文化需求方面发挥着重要作用。本次调查对“近年来，公共文化服务设施和服务明显改善，越来越符合大众的需求”这一观点进行调研，结果显示：被调查者同意“近年来，公共文化服务设施和服务明显改善，越来越符合大众的需求”这一观点的比重为45.44%；非常同意“近年来，公共文化服务设施和服务明显改善，越来越符合大众的需求”这一观点的比重为42.72%；不清楚、不同意和非常不同意该观点的比重分别为7.65%、1.73%和2.46%（见表5）。由数据可知，人们认为近年来，公共文化服务设施和服务逐步改善明显，公共文化服务设施逐步满足公众多样化需求；仅少数人持相反的态度。

表5　对“近年来，公共文化服务设施和服务明显改善，越来越符合大众的需求”观点的认同统计

单位：人，%

分　类	样本数	占总体样本比重	占有效样本比重	累计有效比重
非常不同意	191	2.46	2.46	2.46
不同意	134	1.73	1.73	4.19
不清楚	594	7.65	7.65	11.84
同　意	3528	45.44	45.44	57.28
非常同意	3317	42.72	42.72	100.00
合　计	7764	100.00	100.00	—

资料来源：湖北大学高等人文研究院、中华文化发展湖北省协同创新中心“中国文化发展现状调查（2021）”数据库。

（四）文化供给现状

文化供给主要表现为向社会和市场提供文化商品和文化服务。从本次

① 颜玉凡、张治萍：《新时代建构文化自信的三重维度》，《长白学刊》2022年第1期。

“对公共图书馆提供多样化服务的评价”的调查结果看，78.74%的被调查者认为在公共图书馆可以进行文化社交，传递信息、交流思想；71.87%的被调查者认为在公共图书馆可以享受人性化的文化环境；70.49%的被调查者认为在公共图书馆可以看到特色的民俗文化活动及文化空间展示；59.14%的被调查者认为在公共图书馆可以获取更高级别图书馆的馆藏电子图书；38.14%的被调查者认为在公共图书馆可以免费借阅本馆的图书，没有其他服务；15.28%的被调查者认为在公共图书馆可以在馆内看书，并没有体验到多样化的服务（见表6）。由数据可以看出，人们对公共图书馆这一基层公共文化服务设施持有不同观点，大多数受访者认为其发挥了多样化、正向、利民的作用，给予人们丰富、美好的体验。

表6　对公共图书馆提供多样化服务的评价（多选）

单位：人，%

分类	人数	占样本比重
D20A. 可以获取更高级别图书馆的馆藏电子图书	4592	59.14
D20B. 可以看到特色的民俗文化活动及文化空间展示	5473	70.49
D20C. 可以进行文化社交,传递信息、交流思想	6113	78.74
D20D. 可以享受人性化的文化环境	5580	71.87
D20E. 可以免费借阅本馆的图书,没有其他服务	2961	38.14
D20F. 可以在馆内看书,并没有体验到多样化的服务	1186	15.28
选择人次总计	25905	—

资料来源：湖北大学高等人文研究院、中华文化发展湖北省协同创新中心“中国文化发展现状调查（2021）”数据库。

在本次调查中，对“基层文化馆的发展，能够满足人们基本的文化艺术需求，值得点赞”观点的认同统计结果显示：被调查者非常同意“基层文化馆的发展，能够满足人们基本的文化艺术需求，值得点赞”这一观点的比重为46.12%；被调查者同意“基层文化馆的发展，能够满足人们基本的文化艺术需求，值得点赞”这一观点的比重为39.86%；被调查者不清楚、不同意和非常不同意“基层文化馆的发展，能够满足人们基本的文化艺术需求，值得点赞”这一观点的比重分别为9.51%、2.09%和2.42%（见表7）。由数据可以看出，在基层公共文化服务中，人们对基层文化馆在满足群众文化艺术需求、提高群众文化素质等方面有较高的认可度，同时，基层文化馆为民众的文化生活提供了一个优良的环境。

表7　对“基层文化馆的发展，能够满足人们基本的文化艺术需求，值得点赞”观点的认同统计

单位：人，%

分　类	样本数	占总体样本比重	占有效样本比重	累计有效比重
非常不同意	188	2.42	2.42	2.42
不同意	162	2.09	2.09	4.51
不清楚	738	9.51	9.51	14.01
同　意	3095	39.86	39.86	53.88
非常同意	3581	46.12	46.12	100.00
合　计	7764	100.00	100.00	—

资料来源：湖北大学高等人文研究院、中华文化发展湖北省协同创新中心“中国文化发展现状调查（2021）”数据库。

（五）文化传播现状

文化传播对于促进文化发展繁荣具有重要的作用。在本次调查中，对“‘一带一路’扩大了文化对外开放，促进了文化交流和人文沟通”观点的认同统计结果显示：被调查者非常同意和同意“‘一带一路’扩大了文化对外开放，促进了文化交流和人文沟通”这一观点的比重分别为56.29%和36.12%；在被调查者中，不清楚、不同意和非常不同意上述观点的占比分别为5.05%、0.86%和1.69%（见表8）。由数据可以看出，作为文化传播的重要途径之一，人们对“一带一路”促进了文化交流和人文沟通有较高的认可度，也表现出对扩大对外开放对促进文化传播效果日益明显的巨大作用的认同。

表8 对"'一带一路'扩大了文化对外开放，促进了文化交流和人文沟通"观点的认同统计

单位：人，%

分　类	样本数	占总体样本比重	占有效样本比重	累计有效比重
非常不同意	131	1.69	1.69	1.69
不同意	67	0.86	0.86	2.55
不清楚	392	5.05	5.05	7.60
同　意	2804	36.12	36.12	43.71
非常同意	4370	56.29	56.29	100.00
合　计	7764	100.00	100.00	—

资料来源：湖北大学高等人文研究院、中华文化发展湖北省协同创新中心"中国文化发展现状调查（2021）"数据库。

对"中欧班列不仅运出去物质，而且为中国文化走出去打造了全新的路径"观点的认同统计结果显示：分别有48.65%和40.21%的被调查者非常同意和同意"中欧班列不仅运出去物质，而且为中国文化走出去打造了全新的路径"这一观点；7.30%的被调查者不太清楚"中欧班列不仅运出去物质，而且为中国文化走出去打造了全新的路径"这一观点；分别有2.46%和1.38%的被调查者非常不同意和不同意"中欧班列不仅运出去物质，而且为中国文化走出去打造了全新的路径"这一观点（见图1）。由数据可以看出，人们对中欧班列的物质运输和文化宣扬作用给予较大肯定，其也是文化传播路径的一大创新，展现出文化传播路径对文化交流的推动作用，仅极少数人对此表示相反态度或不甚了解。

（六）文化消费现状

文化消费主要为满足人民群众的精神文化需求而进行的消费。本次调查了2021年公众在影视剧院、音像游戏、文旅等方面的消费支出情况，调查结果显示：42.38%的被调查者的文化消费在1000元以内；29.75%的被调查者的文化消费为1000～2999元；16.14%的被调查者的文化消费为3000～4999元；8.24%和3.49%的被调查者的文化消费分别为5000～10000元和10000元以上（见表9）。总体上看，1000元以内和1000～2999元是多数公众文化消费的经

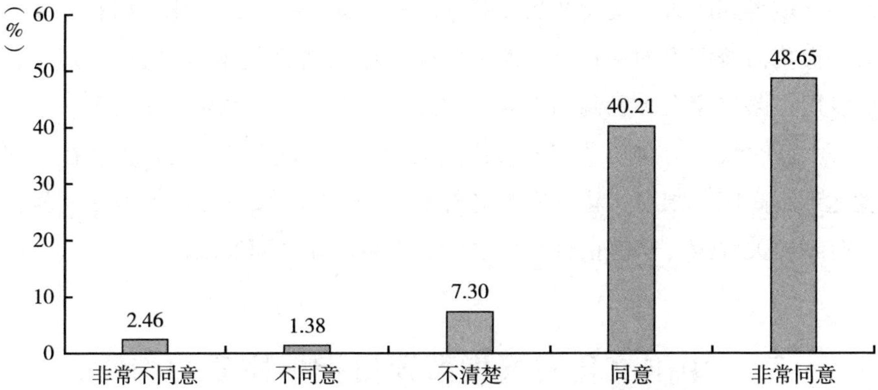

图 1　对“中欧班列不仅运出去物质，而且为中国文化走出去打造了全新的路径”观点的认同统计

资料来源：湖北大学高等人文研究院、中华文化发展湖北省协同创新中心“中国文化发展现状调查（2021）”数据库。

济区间，公众文化消费需求不足，文化中端消费水平不高、文化高消费支出较低，表明公众的文化消费潜力仍有待进一步激活。

表 9　2021 年公众在影视剧院、音像游戏、文旅等方面的消费支出

单位：人，%

分　类	样本数	占总体样本比重	占有效样本比重	累计有效比重
1000 元以内	3290	42. 38	42. 38	42. 38
1000~2999 元	2310	29. 75	29. 75	72. 13
3000~4999 元	1253	16. 14	16. 14	88. 27
5000~10000 元	640	8. 24	8. 24	96. 51
10000 元以上	271	3. 49	3. 49	100. 00
合　计	7764	100. 00	100. 00	—

资料来源：湖北大学高等人文研究院、中华文化发展湖北省协同创新中心“中国文化发展现状调查（2021）”数据库。

2021 年，虽然我国多数地区受到了疫情及自然灾害等因素影响，但总的来看，当前文化发展继续保持良好态势，我国文化投入力度持续加大，文化市场发展环境得到改善，文化产品和服务的质量逐步提升，文化传播和普及力度加大，文化消费潜力加快释放，人民精神文化生活日益丰富多彩。与此同时，文化发展道路仍存在多种制约因素，如经济实力不强、城乡文化发展水平存在差距等。新时代，为实现“建成文化强国、教育强国”“国民素质和社会文明程度达到新高度，国家文化软实力显著增强”① 的远大目标，各地区需积极落实、落细相关政策，坚持推进文化事业和文化产业全面发展。

三　中国文化发展指数评价指标体系的构建

（一）中国文化发展指数概述

中国文化发展指数是衡量文化领域发展程度的一种数据标准，可对文化发展状况做出定量描述分析和比较，其具体原理为将多个评价指标以一定的得分规则计算整合成一个最终得分。该指数主要用于准确、客观地衡量和反映一个国家或地区相应的文化发展水平及文化发展状况。中国文化发展指数为中国文化发展起到持续提供富有前瞻性、指向性、可操作性的战略预测、政策建议的重要作用。中国文化发展指数以 31 个省（区、市）的文化发展现状为对象，系统梳理各地文化发展过程中所涵盖指标的状况，对当前文化发展总体状况做出科学、合理、全面的综合评价。借此，以探寻和把握文化发展过程中的难点和重点，从而做出具体、宏观的科学决策及制定微观的科学规划来提升国家文化建设水平，推动我国文化建设高质量发展。

进入中国特色社会主义新时代，文化发展和文化建设的地位愈加重要。通过基本的客观衡量构建中国文化发展指数，能够准确度量各地区文化发展状况和总结各地区文化发展特征规律，直观了解政府所提供的公共文化服务状况，助推公共文化服务体系更加完善。中国文化发展指数既是对当前国家文化发展水平做出的概括性描述与总结，也是评估文化发展状况的一项重要参数，为中央和地方政府在文化领域制定相关发展规划和发展战略时提供决策依据，有助

① 郝振省、宋嘉庚：《从文化强国的远景目标看“十四五”时期出版业的发展指向》，《现代出版》2021 年第 5 期。

于我国在文化竞争中抢占文化制高点。构建中国文化发展指数，究其根本原因是，保障人民群众的文化权利，满足其日益增长的精神文化需要，让人民群众共享文化发展成果，提高人民群众对文化发展的满意度与认可度，更有利于推动发展中国特色社会主义文化，建设文化强国。

（二）中国文化发展指数评价指标的选取

本报告以31个省（区、市）的文化发展实际指标数据为基础，拟建立一个客观、系统的中国文化发展指数评价指标体系。该报告具体参照《中国统计年鉴2021》、《中国文化及相关产业统计年鉴2021》和《中国文化文物和旅游统计年鉴2021》中的统计数据类目，首先围绕“文化投入”和“文化生产”两个方面，其次聚焦“文化供给”、“文化传播”和“文化消费”三个方面，以这五个维度来衡量和反映当前文化发展的整体态势。考虑到文化发展有自身特点，在选取构建中国文化发展指数的指标时，本报告遵循全面性、科学性、可比性、独立性和可操作性原则。全面性原则指所选取的指标能较为完整的反映出评价对象多方面特点；科学性原则指所选取的指标是科学合理的，能够反映出城市和乡村的公共文化服务和文化产业的发展水平；可比性原则指每一个评价对象在纵向和横向上可以进行比较；独立性原则指每个指标的选取有其限定的范围，各个指标不交叉选取；可操作性原则指中国文化发展指数的指标选取是具体的、明确的、可操作的，且具体相关数据来自权威和专业渠道。本报告的一级指标设置为文化投入、文化生产、文化供给、文化传播和文化消费，下设二级指标36个（见表10）。

1. 文化投入

文化投入能够反映政府对文化的投入力度，有效促进文化事业和文化产业的发展，是文化发展和繁荣的有效支撑和助推力量，也是实现人民基本文化权益的基本保障。本报告将通过文化和旅游事业费占财政支出比重、人均文化和旅游事业费、文化和旅游机构从业人员数、文化市场经营机构资产总计、文化市场经营机构从业人员数5个二级指标来反映31个省（区、市）的文化投入状况。

表 10　中国文化发展指数评价指标体系

一级指标	二级指标
文化投入	文化和旅游事业费占财政支出比重(%) 人均文化和旅游事业费(元) 文化和旅游机构从业人员数(人) 文化市场经营机构资产总计(千元) 文化市场经营机构从业人员数(人)
文化生产	博物馆机构数(个) 文化馆机构数(个) 公共图书馆机构数(个) 群众文化机构数(个) 公有制艺术表演场馆机构数(个) 艺术表演团体剧团数(个) 艺术表演团体演出收入(万元) 文化市场经营机构数(个) 文化市场经营机构营业收入(千元) 娱乐场所营业收入(千元)
文化供给	人均公共图书馆藏书量(册/件) 群众文化机构组织活动次数(次) 博物馆文物藏品数(件/套) 博物馆基本陈列展览数(个) 有线广播电视实际用户数占家庭总户数比重(%) 发行图书总印数(万册) 发行报纸总印数(万份) 发行期刊总印数(万册)
文化传播	艺术表演团体国内演出观众人次(万人次) 博物馆参观人次(万人次) 公共图书馆总流通人次(万人次) 群众文化机构文化服务惠及人次(万人次) 广播电视节目综合人口覆盖率(%) 对外、对港澳台出访文化交流活动项目(个) 对外、对港澳台出访文化交流活动参与交流人员数(人次) 对外、对港澳台文化交流演出活动次数(场次) 对外、对港澳台文化交流演出活动参与交流人员数(人次)
文化消费	公共图书馆人均购书费(元) 群众文化机构业务活动专项经费(千元) 居民人均文化娱乐消费支出占人均消费支出比重(%) 居民人均文化娱乐消费支出(元)

2. 文化生产

文化生产的最终目标是服务于人民群众，满足人民日益增长的精神文化需求。文化生产有物质生产和精神生产双重属性，主要包括生产文化产品、提供文化服务和创造社会财富等多个方面。文化生产能够反映出地区为社会公众提供文化、娱乐产品以及文化服务的条件和能力，且文化生产力已经成为综合国力的构成要素之一。本报告将通过博物馆机构数、文化馆机构数、公共图书馆机构数、群众文化机构数、公有制艺术表演场馆机构数、艺术表演团体剧团数、艺术表演团体演出收入、文化市场经营机构数、文化市场经营机构营业收入和娱乐场所营业收入，共计10个二级指标来测评31个省（区、市）的文化生产状况。

3. 文化供给

文化供给与文化需求相对应，是文化生产部门以及相关服务部门在一定时期内向社会、市场所提供的文化商品与服务的数量。文化供给水平关乎人民的幸福指数，高品质的文化供给是人民群众精神文化生活的新期待。本报告将通过人均公共图书馆藏书量、群众文化机构组织活动次数、博物馆文物藏品数、博物馆基本陈列展览数、有线广播电视实际用户数占家庭总户数比重、发行图书总印数、发行报纸总印数、发行期刊总印数8个二级指标来反映31个省（区、市）的文化供给水平。

4. 文化传播

文化传播，即文化扩散，在文化建设中占有举足轻重的地位。地区的文化扩散水平、文化辐射能力均通过文化传播得以反映，文化成果的储存、传承也离不开文化传播。此外，其具有社会沟通、社会教化、社会平衡和文化增值等重要作用。本报告将通过艺术表演团体国内演出观众人次，博物馆参观人次，公共图书馆总流通人次，群众文化机构文化服务惠及人次，广播电视节目综合人口覆盖率，对外、对港澳台出访文化交流活动项目，对外、对港澳台出访文化交流活动参与及交流人员数，对外、对港澳台文化交流演出活动次数，对外、对港澳台文化交流演出活动参与交流人员数9个二级指标来反映31个省（区、市）的文化扩散效果。

5. 文化消费

文化消费是指人们占有、欣赏、享用和使用精神文化类产品和精神文化行为劳务的非物质追求活动。虽然物质消费是文化消费的重要依托，但文化消费需求是随着社会生产力水平的变动而发生变动的。文化消费水平能够直观、突出地反映出一个国家或地区的物质文明和精神文明的程度。本报告将通过公共图书馆人均购书费、群众文化机构业务活动专项经费、居民人均文化娱乐消费支出占人均消费支出比重、居民人均文化娱乐消费支出 4 个二级指标来反映 31 个省（区、市）的文化消费水平。

四　中国文化发展指数实证分析

基于构建的中国文化发展指数评价指标体系，本部分依据相关统计资料和数据，运用归一化分析法、主成分分析法对中国文化发展指数进行实证分析。

（一）中国文化发展统计数据

依据《中国统计年鉴 2021》《中国文化文物与旅游统计年鉴 2021》和《中国文化及相关产业统计年鉴 2021》，可以得到 31 个省（区、市）以上指标的具体统计数据（见表 11 至表 15）。

表 11　中国 31 个省（区、市）文化投入统计数据

省(区、市)	文化和旅游事业费占财政支出比重(%)	人均文化和旅游事业费(元)	文化和旅游机构从业人员数(人)	文化市场经营机构资产总计(千元)	文化市场经营机构从业人员数(人)
北京	0.65	211.5	138673	489300822	92736
天津	0.42	96.11	31639	56662780	16497
河北	0.39	47.43	128659	5781810	33585
山西	0.54	78.62	80779	5194155	35546
内蒙古	0.56	123.00	65234	1761816	11595
辽宁	0.30	42.07	113335	11909129	25364
吉林	0.50	86.37	37498	2804416	12340
黑龙江	0.39	65.95	58758	4242876	14861
上海	0.60	194.47	105822	187845425	56537

续表

省(区、市)	文化和旅游事业费占财政支出比重(%)	人均文化和旅游事业费（元）	文化和旅游机构从业人员数(人)	文化市场经营机构资产总计（千元）	文化市场经营机构从业人员数(人)
江苏	0.63	101.55	186796	33254892	76858
浙江	0.84	131.70	216855	109637096	133876
安徽	0.30	36.88	123643	14309628	74853
福建	0.64	80.82	109432	19999551	63993
江西	0.35	50.90	92957	8620469	32725
山东	0.45	49.55	244574	25375128	58558
河南	0.32	33.49	173147	13408372	95198
湖北	0.51	74.95	107203	23988303	38590
湖南	0.41	52.35	215884	78807989	72368
广东	0.63	87.87	232547	343156289	242237
广西	0.52	64.29	95090	8588690	32944
海南	0.42	82.16	49310	5427053	18197
重庆	0.47	71.98	76647	10445441	49271
四川	0.46	62.19	343717	17917730	82541
贵州	0.43	64.03	75309	10347376	42059
云南	0.51	74.89	95037	10150852	50396
西藏	0.51	309.71	13605	6353952	9824
陕西	0.45	67.14	118445	6205038	34906
甘肃	0.44	73.71	68658	7967355	22890
青海	0.59	193.44	20055	1004578	6012
宁夏	0.64	130.93	21562	566016	3311
新疆	0.50	106.41	60242	2849233	12701

资料来源：国家统计局编《中国统计年鉴2021》，中国统计出版社，2021；国家统计局社会科技和文化产业统计司、中宣部文化体制改革和发展办公室编《中国文化及相关产业统计年鉴2021》，中国统计出版社，2021；中华人民共和国文化和旅游部编《中国文化文物和旅游统计年鉴2021》，国家图书出版社，2021。表12至表15、表21至表32相同，此后不赘。

表 12　中国 31 个省（区、市）文化生产统计数据

省（区、市）	博物馆机构数（个）	文化馆机构数（个）	公共图书馆机构数（个）	群众文化机构数（个）	公有制艺术表演场馆机构数（个）	艺术表演团体剧团数（个）	艺术表演团体演出收入（万元）	文化市场经营机构数（个）	文化市场经营机构营业收入（千元）	娱乐场所营业收入（千元）
北京	80	20	23	356	13	393	31319	2567	395798019	469444
天津	71	17	27	262	25	113	7246	1708	63034083	316936
河北	148	180	176	2458	70	770	22626	5734	1282561	567646
山西	159	130	128	1541	81	827	37633	4675	1410812	400944
内蒙古	172	120	117	1205	17	204	2804	2837	672339	340801
辽宁	65	123	129	1477	30	186	6415	4535	2310944	644903
吉林	107	79	66	989	23	104	5130	3348	1037707	379359
黑龙江	191	142	103	1387	26	82	2406	4193	1106661	296218
上海	107	24	23	242	31	315	48844	3077	93742928	2029159
江苏	367	116	120	1371	113	620	57265	19571	16555565	3151858
浙江	406	102	104	1446	67	1236	95738	11213	65493683	4894180
安徽	230	123	131	1628	40	2334	91481	12153	7910048	1334844
福建	132	98	97	1220	37	558	37283	5966	15757598	2914365
江西	172	120	114	1859	42	380	17050	4278	2711434	1186380
山东	577	158	154	1979	87	1566	33004	15477	8164965	993175
河南	336	205	166	2683	132	2391	52859	16932	5187107	933524
湖北	214	125	117	1424	48	441	13639	8348	26083386	856514
湖南	122	146	143	2379	56	631	33691	9594	34176339	1855769
广东	296	144	148	1763	45	475	40817	15831	206380094	5769014
广西	142	125	116	1300	12	78	14686	3428	3474687	1121736
海南	35	23	24	242	7	102	18191	1882	5203181	462413
重庆	105	41	43	1071	19	1265	36002	6086	8695748	1257073
四川	258	207	207	4438	35	725	36405	17268	8786225	2761471
贵州	92	99	100	1701	5	200	14550	6486	5521344	2124656
云南	161	149	149	1603	12	270	20269	6661	3413190	2249968
西藏	8	82	81	779	14	87	1021	1089	1091581	614760
陕西	309	122	117	1483	66	591	42253	5747	3174305	722759
甘肃	226	104	104	1450	18	347	24523	3127	1662527	641939
青海	24	54	50	442	15	122	2790	624	297353	123896
宁夏	54	27	27	272	3	30	2074	642	222032	149261
新疆	81	116	107	1237	12	124	402	2224	567140	287238

表 13　中国 31 个省（区、市）文化供给统计数据

省(区、市)	人均公共图书馆藏书量(册/件)	群众文化机构组织活动次数(次)	博物馆文物藏品数(件/套)	博物馆基本陈列展览数(个)	有线广播电视实际用户数占家庭总户数比重(%)	发行图书总印数(万册)	发行报纸总印数(万份)	发行期刊总印数(万册)
北京	1.43	27418	2192500	360	109.35	23445	29418	2334
天津	1.57	13718	761363	406	88.25	9485	19621	2648
河北	0.46	40653	409994	715	25.56	34137	102409	3908
山西	0.62	39817	1445779	462	31.92	11033	213427	1997
内蒙古	0.85	16284	1183832	643	23.42	6322	24449	1129
辽宁	1.06	15570	530401	382	38.84	15226	57487	6372
吉林	0.94	10142	646423	474	60.06	27255	57398	3878
黑龙江	0.74	13785	1002934	759	39.42	8804	32898	2487
上海	3.25	40235	2086603	888	135.09	49509	69175	6214
江苏	1.24	83206	2025066	2071	60.55	70039	192499	10936
浙江	1.53	122326	1511944	2417	77.09	41513	181008	6430
安徽	0.58	44633	908842	1198	36.55	31793	56092	3485
福建	1.11	16144	745277	1001	63.51	13620	69515	2017
江西	0.63	28047	601851	925	41.68	27050	75566	7959
山东	0.69	117743	4607278	3072	47.89	53288	155035	7110
河南	0.41	63711	1200736	1429	22.66	41154	132314	6799
湖北	0.76	27991	2137113	1069	57.29	29561	57194	7052
湖南	0.59	31846	648179	516	31.66	48269	72306	9549
广东	0.93	54739	2531279	2276	66.57	43448	153310	9887
广西	0.60	31729	387903	540	45.66	31375	47814	3499
海南	0.66	3111	175897	165	53.39	7021	16951	307
重庆	0.62	27026	596494	637	48.81	13475	17614	3203
四川	0.52	56093	4588431	1132	29.92	34996	104858	5131
贵州	0.43	19394	192149	325	62.27	13052	23339	1436
云南	0.50	24937	1566085	904	29.14	17018	31242	1869
西藏	0.68	20561	72012	25	29.08	1649	9501	246
陕西	0.55	24667	3852109	1120	56.47	20190	44348	3034
甘肃	0.73	17593	564617	1173	19.57	9593	34347	7971

续表

省(区、市)	人均公共图书馆藏书量(册/件)	群众文化机构组织活动次数(次)	博物馆文物藏品数(件/套)	博物馆基本陈列展览数(个)	有线广播电视实际用户数占家庭总户数比重(%)	发行图书总印数(万册)	发行报纸总印数(万份)	发行期刊总印数(万册)
青海	0.98	6913	74172	69	66.87	1288	7891	262
宁夏	1.11	10172	346058	189	47.97	7948	8926	380
新疆	0.59	38745	223485	239	40.12	18521	45569	1037

表 14　中国 31 个省（区、市）文化传播统计数据

省(区、市)	艺术表演团体国内演出观众人次(万人次)	博物馆参观人次(万人次)	公共图书馆总流通人次(万人次)	群众文化机构文化服务惠及人次(万人次)	广播电视节目综合人口覆盖率(%)	对外、对港澳台出访文化交流活动项目(个)	对外、对港澳台出访文化交流活动参与交流人员数(人次)	对外、对港澳台文化交流演出活动次数(场次)	对外、对港澳台文化交流演出活动参与交流人员数(人次)
北京	2642.05	818.53	412.8	937.04	100.00	4	208	4	249
天津	778.72	521.25	758.9	321.45	100.00	2	157	2	157
河北	3341.50	897.31	857.3	1554.28	99.83	3	86	3	86
山西	3589.09	1310.49	989.2	1657.99	99.65	—	—	—	—
内蒙古	1043.29	788.69	743.7	820.08	99.68	3	102	2	89
辽宁	473.63	678.60	1561.9	1078.95	99.41	7	309	8	311
吉林	368.53	332.51	414.8	434.18	99.50	1	25	1	25
黑龙江	143.22	2675.36	396.1	539.57	99.86	3	68	3	68
上海	559.12	1235.93	668.3	1269.55	100.00	1	59	1	59
江苏	3114.87	5396.45	9046.7	4440.50	100.00	6	76	1	20
浙江	6966.40	3076.53	8460.9	7063.60	99.84	5	128	625	2727
安徽	9555.11	1453.97	2391.8	2251.99	99.90	—	—	—	—
福建	3372.02	1193.74	1660.1	896.77	99.85	5	89	4	242
江西	1904.71	3238.67	1396.4	1402.73	99.51	2	42	2	42
山东	15084.73	3525.13	3574.5	5565.63	99.59	6	80	3	75
河南	12351.51	3191.01	2526	2733.93	99.58	5	144	1	75
湖北	6067.20	1380.29	1292.9	1684.53	99.82	14	51	2	34
湖南	3231.48	3394.24	3117.6	2382.92	99.74	1	3	—	—

续表

省（区、市）	艺术表演团体国内演出观众人次（万人次）	博物馆参观人次（万人次）	公共图书馆总流通人次（万人次）	群众文化机构文化服务惠及人次（万人次）	广播电视节目综合人口覆盖率（%）	对外、对港澳台出访文化交流活动项目（个）	对外、对港澳台出访文化交流活动参与交流人员数（人次）	对外、对港澳台文化交流演出活动次数（场次）	对外、对港澳台文化交流演出活动参与交流人员数（人次）
广东	1689.91	2494.08	5493.8	4879.94	99.98	7	191	9	298
广西	505.64	1241.80	1162.8	1824.73	99.15	2	9	1	3
海南	884.21	181.39	309.4	263.99	99.23	—	—	—	—
重庆	1734.07	1751.45	1190.2	1831.77	99.51	6	82	4	68
四川	1431.33	3753.36	1744.4	2314.41	99.33	5	59	—	—
贵州	580.70	1904.31	705.00	1967.61	97.51	2	30	1	28
云南	1598.14	937.21	1073.1	1688.82	99.38	3	125	3	125
西藏	365.65	18.44	26.4	478.95	99.23	—	—	—	—
陕西	3174.23	2242.09	825.2	1238.50	99.62	5	60	2	60
甘肃	1681.20	1748.66	587.9	1000.23	99.41	7	300	7	300
青海	173.63	118.48	106.2	601.09	99.11	1	33	1	33
宁夏	135.06	335.47	338.7	429.48	99.94	4	78	3	78
新疆	330.34	202.59	246.0	771.83	98.85	2	30	1	30

表 15　中国 31 个省（区、市）文化消费统计数据

省（区、市）	公共图书馆人均购书费（元）	群众文化机构业务活动专项经费（千元）	居民人均文化娱乐消费支出占人均消费支出比重（%）	居民人均文化娱乐消费支出（元）
北京	3.40	334977	3.13	1217.8
天津	5.04	50680	2.93	833.5
河北	0.61	127275	2.59	467.6
山西	1.65	85168	2.48	390.9
内蒙古	1.53	111288	2.75	543.9
辽宁	1.12	51425	2.84	586.4
吉林	1.38	75573	2.50	432.7
黑龙江	0.70	79886	2.33	397.5
上海	6.20	871039	3.45	1468.8

续表

省(区、市)	公共图书馆人均购书费(元)	群众文化机构业务活动专项经费(千元)	居民人均文化娱乐消费支出占人均消费支出比重(%)	居民人均文化娱乐消费支出(元)
江苏	1.78	594081	2.59	679.5
浙江	3.91	909694	2.77	866.9
安徽	1.26	150394	2.42	456.2
福建	2.24	236665	1.91	480.0
江西	1.04	162638	2.48	444.6
山东	1.01	345053	3.72	779.4
河南	0.70	163793	2.19	353.9
湖北	1.29	196495	2.20	422.7
湖南	0.79	170806	3.46	726.1
广东	2.48	1349546	2.74	779.5
广西	0.94	150944	2.16	352.9
海南	1.54	66103	1.86	353.4
重庆	1.24	211993	2.93	635.5
四川	0.74	408233	2.42	478.7
贵州	0.60	206006	2.46	365.6
云南	0.52	231022	2.49	418.7
西藏	1.38	77887	1.20	158.5
陕西	1.89	115680	2.50	435.2
甘肃	1.30	132691	2.57	416.5
青海	2.21	131237	2.28	416.3
宁夏	1.33	38286	2.45	428.9
新疆	0.39	93983	1.80	296.7

（二）中国文化发展指数测算与分析

以下采用主成分分析法来分析各地文化建设综合情况，以构建中国文化发展指数评价指标体系综合评价模型。

（1）中国文化发展指数评价指标主成分分析

对 31 个省（区、市）文化发展指数评价指标进行主成分分析，得到结果如表 16 至表 20 所示。

表 16　文化投入主成分载荷系数、得分系数、特征值

	主成分载荷系数		主成分得分系数	
	文化人员投入 F_{A1}	文化经费投入 F_{A2}	文化人员投入 F_{A1}	文化经费投入 F_{A2}
文化市场经营机构从业人员数	0.929	0.432	—	0.034
文化和旅游机构从业人员数	0.888	0.441	—	-0.165
人均文化和旅游事业费	—	0.881	-0.206	0.499
文化和旅游事业费占财政支出比重	—	0.813	0.038	0.424
文化市场经营机构资产总计	—	0.619	0.237	0.290
特征值	2.127	1.889	—	—

对主成分分析得到的因子载荷矩阵进行计算，以每个主成分所对应的特征值占所提取主成分总的特征值之和的比重为权重，得出综合得分。计算公式如下（后文均按此思路计算）：

$$F = \frac{\lambda_1 F_1 + \lambda_2 F_2}{\lambda_1 + \lambda_2}$$

其中，F_i 为各个主成分得分，λ_i 为各个主成分特征值，F 为综合得分。

计算可得：

$$\begin{aligned} \text{文化投入 } F_A &= (2.127F_1+1.889F_2) \div (2.127+1.889) \\ &= 0.530F_1+0.470F_2 \end{aligned}$$

表 17　文化生产主成分载荷系数、得分系数、特征值

	主成分载荷系数			主成分得分系数		
	文化机构生产 F_{B1}	文化演艺生产 F_{B2}	文化市场生产 F_{B3}	文化机构生产 F_{B1}	文化演艺生产 F_{B2}	文化市场生产 F_{B3}
公共图书馆机构数	0.945	—	—	0.339	-0.122	0.008
文化馆机构数	0.937	—	—	0.328	-0.101	-0.051
群众文化机构数	0.910	—	—	0.333	-0.132	0.043
艺术表演团体剧团数	—	0.897	—	-0.169	0.421	-0.226

续表

	主成分载荷系数			主成分得分系数		
	文化机构生产 F_{B1}	文化演艺生产 F_{B2}	文化市场生产 F_{B3}	文化机构生产 F_{B1}	文化演艺生产 F_{B2}	文化市场生产 F_{B3}
艺术表演团体演出收入	—	0.824	—	-0.177	0.322	0.122
公有制艺术表演场馆机构数	—	0.799	—	-0.067	0.323	-0.185
博物馆机构数	—	0.718	—	0.007	0.210	0.013
文化市场经营机构数	—	0.657	—	0.100	0.103	0.162
娱乐场所营业收入	—	—	0.810	0.133	-0.137	0.577
文化市场经营机构营业收入	—	—	0.744	-0.077	-0.086	0.535
特征值	3.471	3.315	1.544	—	—	—

计算可得：

$$文化生产\ F_B=(3.471F_1+3.315F_2+1.544F_3)\div(3.471+3.315+1.544)$$
$$=0.417F_1+0.398F_2+0.185F_3$$

表 18　文化供给主成分载荷系数、得分系数、特征值

	主成分载荷系数		主成分得分系数	
	文化供给数量 F_{C1}	文化供给效率 F_{C2}	文化供给数量 F_{C1}	文化供给效率 F_{C2}
博物馆基本陈列展览数	0.918	—	0.220	-0.041
群众文化机构组织活动次数	0.902	—	0.216	-0.030
发行图书总印数	0.875	—	0.201	0.067
发行报纸总印数	0.853	—	0.208	-0.074
发行期刊总印数	0.786	—	0.187	-0.008
博物馆文物藏品数	0.674	—	0.157	0.029
有线广播电视实际用户数占家庭总户数比重	—	0.959	-0.034	0.517
人均公共图书馆藏书量	—	0.949	-0.024	0.510
特征值	4.230	1.878	—	—

计算可得：

$$文化供给\ F_C=(4.230F_1+1.878F_2)\div(4.230+1.878)$$
$$=0.693F_1+0.307F_2$$

表 19　文化传播主成分载荷系数、得分系数、特征值

	主成分载荷系数			主成分得分系数		
	文化场馆传播 F_{D1}	对外演出传播 F_{D2}	对外出访与电视传播 F_{D3}	文化场馆传播 F_{D1}	对外演出传播 F_{D2}	对外出访与电视传播 F_{D3}
博物馆参观人次	0.879	—	—	0.395	-0.161	-0.035
群众文化机构文化服务惠及人次	0.811	—	—	0.268	0.091	-0.045
公共图书馆总流通人次	0.754	—	—	0.240	0.100	-0.029
艺术表演团体国内演出观众人次	0.740	—	—	0.333	-0.134	-0.035
对外、对港澳台文化交流演出活动参与交流人员数	—	0.971	—	-0.146	0.466	0.024
对外、对港澳台文化交流演出活动次数	—	0.969	—	-0.113	0.467	-0.082
对外、对港澳台出访文化交流活动参与交流人员数	—	—	0.893	-0.167	0.044	0.629
对外、对港澳台出访文化交流活动项目	—	—	0.817	0.090	-0.144	0.548
特征值	2.728	2.417	1.518	—	—	—

计算可得：

$$文化传播\ F_D = (2.728F_1 + 2.417F_2 + 1.518F_3) \div (2.728 + 2.417 + 1.518)$$
$$= 0.409F_1 + 0.363F_2 + 0.228F_3$$

表 20　文化消费主成分载荷系数、得分系数、特征值

	主成分载荷系数		主成分得分系数	
	公共文化消费 F_{E1}	居民文化消费 F_{E2}	公共文化消费 F_{E1}	居民文化消费 F_{E2}
居民人均文化娱乐消费支出	0.858	—	0.646	-0.330
公共图书馆人均购书费	0.801	—	0.493	-0.105
群众文化机构业务活动专项经费	—	0.966	-0.370	0.845
居民人均文化娱乐消费支出占人均消费支出比重	—	0.723	0.166	0.354
特征值	1.833	1.576		

计算可得：

$$\text{文化消费}\ F_E = (1.833F_1 + 1.576F_2) \div (1.833 + 1.576) = 0.538F_1 + 0.462F_2$$

（2）中国文化发展指数评价指标模型综合得分

计算中国文化发展指数总分和各个一级指标得分，结果如表 21 所示。

表 21　中国文化发展指数得分

省(区、市)	文化投入	文化生产	文化供给	文化传播	文化消费	总分
北京	1.876	-0.548	0.224	-0.061	1.182	2.672
天津	-0.458	-0.806	-0.184	-0.309	0.828	-0.930
河北	-0.452	0.333	-0.187	-0.178	-0.319	-0.803
山西	-0.202	0.103	-0.128	-0.358	-0.290	-0.874
内蒙古	-0.237	-0.306	-0.694	-0.285	-0.047	-1.569
辽宁	-0.687	-0.226	-0.308	0.203	-0.080	-1.098
吉林	-0.474	-0.519	-0.214	-0.560	-0.293	-2.061
黑龙江	-0.658	-0.232	-0.549	-0.255	-0.499	-2.192
上海	0.756	-0.440	1.470	-0.362	2.352	3.777
江苏	0.510	0.834	1.635	0.935	0.380	4.294
浙江	1.501	0.882	1.530	2.279	1.182	7.373
安徽	-0.415	0.611	-0.074	-0.087	-0.272	-0.238
福建	0.228	0.049	-0.190	-0.048	-0.225	-0.186
江西	-0.589	-0.029	-0.018	-0.120	-0.288	-1.044
山东	0.076	0.881	1.643	0.855	0.610	4.065
河南	-0.181	1.147	0.357	0.512	-0.537	1.298
湖北	-0.149	0.042	0.220	0.306	-0.351	0.068
湖南	0.152	0.374	0.120	0.007	0.311	0.964
广东	2.189	0.930	1.162	0.764	1.145	6.190
广西	-0.244	-0.219	-0.282	-0.321	-0.519	-1.585
海南	-0.568	-0.842	-0.881	-0.652	-0.590	-3.533
重庆	-0.269	-0.296	-0.488	-0.007	0.126	-0.933
四川	0.430	1.117	0.469	0.119	-0.165	1.970
贵州	-0.399	-0.145	-0.666	-0.257	-0.413	-1.880

续表

省（区、市）	文化投入	文化生产	文化供给	文化传播	文化消费	总分
云南	−0. 147	0. 123	−0. 481	−0. 137	−0. 348	−0. 989
西藏	−0. 043	−0. 639	−1. 025	−0. 674	−1. 040	−3. 420
陕西	−0. 315	0. 178	0. 040	−0. 075	−0. 181	−0. 353
甘肃	−0. 479	−0. 179	−0. 365	0. 230	−0. 257	−1. 050
青海	−0. 158	−0. 810	−0. 812	−0. 573	−0. 219	−2. 573
宁夏	−0. 209	−0. 931	−0. 744	−0. 385	−0. 349	−2. 617
新疆	−0. 383	−0. 435	−0. 579	−0. 509	−0. 835	−2. 742

五　中国文化发展指数结果分析

（一）中国文化发展指数的排名分析

根据中国文化发展总体建设情况，对 31 个省（区、市）文化发展指数进行排名，得到各地排名情况（见表 22）。

表 22　中国文化发展指数排名

省（区、市）	文化发展总况		文化投入 F_A		文化生产 F_B		文化供给 F_C		文化传播 F_D		文化消费 F_E	
	得分	排名	得分	排名	得分	排名	得分	排名	得分	排名	得分	排名
浙江	7. 373	1	1. 501	3	0. 882	4	1. 530	3	2. 279	1	1. 182	3
广东	6. 190	2	2. 189	1	0. 930	3	1. 162	5	0. 764	4	1. 145	4
江苏	4. 294	3	0. 510	5	0. 834	6	1. 635	2	0. 935	2	0. 380	7
山东	4. 065	4	0. 076	9	0. 881	5	1. 643	1	0. 855	3	0. 610	6
上海	3. 777	5	0. 756	4	−0. 440	24	1. 470	4	−0. 362	25	2. 352	1
北京	2. 672	6	1. 876	2	−0. 548	26	0. 224	8	−0. 061	13	1. 182	2
四川	1. 970	7	0. 430	6	1. 117	2	0. 469	6	0. 119	9	−0. 165	12
河南	1. 298	8	−0. 181	14	1. 147	1	0. 357	7	0. 512	5	−0. 537	28
湖南	0. 964	9	0. 152	8	0. 374	8	0. 120	10	0. 007	10	0. 311	8
湖北	0. 068	10	−0. 149	12	0. 042	14	0. 220	9	0. 306	6	−0. 351	24
福建	−0. 186	11	0. 228	7	0. 049	13	−0. 190	17	−0. 048	12	−0. 225	15
安徽	−0. 238	12	−0. 415	23	0. 611	7	−0. 074	13	−0. 087	15	−0. 272	17

续表

省（区、市）	文化发展总况		文化投入 F_A		文化生产 F_B		文化供给 F_C		文化传播 F_D		文化消费 F_E	
	得分	排名	得分	排名	得分	排名	得分	排名	得分	排名	得分	排名
陕西	-0.353	13	-0.315	20	0.178	10	0.040	11	-0.075	14	-0.181	13
河北	-0.803	14	-0.452	24	0.333	9	-0.187	16	-0.178	18	-0.319	21
山西	-0.874	15	-0.202	15	0.103	12	-0.128	14	-0.358	24	-0.290	19
天津	-0.930	16	-0.458	25	-0.806	28	-0.184	15	-0.309	22	0.828	5
重庆	-0.933	17	-0.269	19	-0.296	21	-0.488	23	-0.007	11	0.126	9
云南	-0.989	18	-0.147	11	0.123	11	-0.481	22	-0.137	17	-0.348	22
江西	-1.044	19	-0.589	29	-0.029	15	-0.018	12	-0.120	16	-0.288	18
甘肃	-1.050	20	-0.479	27	-0.179	17	-0.365	21	0.230	7	-0.257	16
辽宁	-1.098	21	-0.687	31	-0.226	19	-0.308	20	0.203	8	-0.080	11
内蒙古	-1.569	22	-0.237	17	-0.306	22	-0.694	27	-0.285	21	-0.047	10
广西	-1.585	23	-0.244	18	-0.219	18	-0.282	19	-0.321	23	-0.519	27
贵州	-1.880	24	-0.399	22	-0.145	16	-0.666	26	-0.257	20	-0.413	25
吉林	-2.061	25	-0.474	26	-0.519	25	-0.214	18	-0.560	28	-0.293	20
黑龙江	-2.192	26	-0.658	30	-0.232	20	-0.549	24	-0.255	19	-0.499	26
青海	-2.573	27	-0.158	13	-0.810	29	-0.812	29	-0.573	29	-0.219	14
宁夏	-2.617	28	-0.209	16	-0.931	31	-0.744	28	-0.385	26	-0.349	23
新疆	-2.742	29	-0.383	21	-0.435	23	-0.579	25	-0.509	27	-0.835	30
西藏	-3.420	30	-0.043	10	-0.639	27	-1.025	31	-0.674	31	-1.040	31
海南	-3.533	31	-0.568	28	-0.842	30	-0.881	30	-0.652	30	-0.590	29

中国文化发展指数的整体排名依次为：浙江、广东、江苏、山东、上海、北京、四川、河南、湖南、湖北、福建、安徽、陕西、河北、山西、天津、重庆、云南、江西、甘肃、辽宁、内蒙古、广西、贵州、吉林、黑龙江、青海、宁夏、新疆、西藏、海南。

其中，浙江、广东、江苏、山东、上海、北京、四川、河南、湖南、湖北10个省（市）名列前茅，表明上述地区的文化发展水平较高。这与其经济发展水平有一定相关性，展现出经济文化齐驱并进的良好发展趋势，同时表现出其丰富优质的文化资源和繁荣活跃的文化市场，以及较强的文化辐射带动作用和较高的文化消费水平。

在排名中，福建、安徽、陕西、河北、山西、天津、重庆、云南、江西、甘肃、辽宁 11 个省（市）处居中位次；内蒙古、广西、贵州、吉林、黑龙江、青海、宁夏、新疆、西藏和海南 10 个省（区）排名靠后，其文化发展水平相较于其他省份相对滞后，主要体现在文化投入力度不够大、文化生产能力相对较弱、文化供给水平相对较低、文化传播影响力不足、文化消费能力不强等多个方面。对于以上不足之处，上述地区应积极主动利用和把握自身发展条件与发展优势，结合当地文化资源，激发文化发展潜力，扬长补短，进一步提升当地文化发展整体水平。

从中国文化发展指数评价指标体系的 5 个一级指标来看，31 个省（区、市）的排名情况如表 23 至表 27 所示。

从文化投入指数排名来看，广东、北京、浙江、上海、江苏排名前列，表明其文化投入力度比其他地区较大，而江西、黑龙江、辽宁 3 个省的排名靠后，体现出该省份文化投入力度不够大，需要加以着重关注。

表 23　文化投入指数排名

省（区、市）	文化人员投入 F_{A1}		文化经费投入 F_{A2}		文化投入 F_A	
	得分	排名	得分	排名	得分	排名
广东	3.161	1	1.092	6	2.189	1
北京	1.160	4	2.682	1	1.876	2
浙江	1.480	3	1.523	4	1.501	3
上海	0.016	11	1.591	3	0.756	4
江苏	0.655	8	0.346	9	0.510	5
四川	1.662	2	-0.960	27	0.430	6
福建	0.136	10	0.331	10	0.228	7
湖南	0.983	5	-0.785	24	0.152	8
山东	0.927	6	-0.883	25	0.076	9
西藏	-1.769	31	1.904	2	-0.043	10
云南	-0.114	13	-0.184	16	-0.147	11
湖北	-0.120	15	-0.181	15	-0.149	12
青海	-1.354	30	1.190	5	-0.158	13
河南	0.836	7	-1.329	31	-0.181	14
山西	-0.346	21	-0.040	12	-0.202	15
宁夏	-1.141	29	0.841	7	-0.209	16
内蒙古	-0.808	27	0.407	8	-0.237	17

续表

省(区、市)	文化人员投入 F_{A1}		文化经费投入 F_{A2}		文化投入 F_A	
	得分	排名	得分	排名	得分	排名
广西	-0.236	18	-0.254	17	-0.244	18
重庆	-0.232	17	-0.310	18	-0.269	19
陕西	-0.120	14	-0.533	22	-0.315	20
新疆	-0.786	25	0.071	11	-0.383	21
贵州	-0.291	20	-0.521	21	-0.399	22
安徽	0.349	9	-1.277	30	-0.415	23
河北	-0.025	12	-0.934	26	-0.452	24
天津	-0.787	26	-0.088	14	-0.458	25
吉林	-0.852	28	-0.047	13	-0.474	26
甘肃	-0.540	22	-0.411	20	-0.479	27
海南	-0.735	24	-0.380	19	-0.568	28
江西	-0.258	19	-0.963	28	-0.589	29
黑龙江	-0.667	23	-0.647	23	-0.658	30
辽宁	-0.185	16	-1.253	29	-0.687	31

从文化生产指数排名中可以看出，河南、四川、广东、浙江、山东5个省名次靠前，表明上述地区具有较强的文化生产能力，对以上地区的政治、经济、社会产生一定的积极影响，而青海、海南、宁夏3个省（区）排名较为靠后，表明上述地区的文化产品和服务的供给应紧紧围绕人民群众的文化需要，综合提升文化生产力。

表24　文化生产指数排名

省(区、市)	文化机构生产 F_{B1}		文化演艺生产 F_{B2}		文化市场生产 F_{B3}		文化生产 F_B	
	得分	排名	得分	排名	得分	排名	综合得分	排名
河南	0.851	6	2.521	1	-1.141	31	1.147	1
四川	2.794	1	-0.513	20	0.842	5	1.117	2
广东	1.033	3	-0.322	15	3.389	1	0.930	3

续表

省(区、市)	文化机构生产 F_{B1}		文化演艺生产 F_{B2}		文化市场生产 F_{B3}		文化生产 F_B	
	得分	排名	得分	排名	得分	排名	综合得分	排名
浙江	-0.348	22	1.732	4	1.826	3	0.882	4
山东	0.651	7	1.830	3	-0.642	27	0.881	5
江苏	0.207	16	1.527	5	0.756	6	0.834	6
安徽	-0.454	24	2.167	2	-0.338	16	0.611	7
湖南	0.898	5	-0.111	13	0.235	10	0.374	8
河北	1.225	2	-0.047	10	-0.858	29	0.333	9
陕西	0.002	19	0.713	6	-0.576	21	0.178	10
云南	0.963	4	-0.879	27	0.388	9	0.123	11
山西	0.032	17	0.678	7	-0.971	30	0.103	12
福建	-0.090	20	-0.055	11	0.587	7	0.049	13
湖北	0.319	13	-0.096	12	-0.286	14	0.042	14
江西	0.418	10	-0.358	17	-0.330	15	-0.029	15
贵州	0.396	11	-0.976	29	0.421	8	-0.145	16
甘肃	0.022	18	-0.280	14	-0.415	18	-0.179	17
广西	0.385	12	-0.888	28	-0.141	11	-0.219	18
辽宁	0.496	8	-0.856	26	-0.498	19	-0.226	19
黑龙江	0.433	9	-0.740	24	-0.637	24	-0.232	20
重庆	-1.190	26	0.634	8	-0.283	13	-0.296	21
内蒙古	0.282	14	-0.767	25	-0.640	25	-0.306	22
新疆	0.228	15	-1.033	31	-0.641	26	-0.435	23
上海	-1.679	30	0.260	9	0.847	4	-0.440	24
吉林	-0.412	23	-0.605	21	-0.577	22	-0.519	25
北京	-1.973	31	-0.338	16	2.212	2	-0.548	26
西藏	-0.340	21	-1.004	30	-0.528	20	-0.639	27
天津	-1.481	29	-0.372	18	-0.221	12	-0.806	28
青海	-0.945	25	-0.694	22	-0.757	28	-0.810	29
海南	-1.439	28	0.424	19	-0.394	17	-0.842	30
宁夏	-1.283	27	-0.703	23	-0.629	23	-0.931	31

在文化供给指数排名中，排名靠前的分别是山东、江苏、浙江、上海和广东，表明以上 5 个地区的文化供给水平较高，以优质的文化产品和服务满足人民群众的精神文化需要。青海、海南、西藏则排名较为靠后，其文化供给能力受经济水平、地缘区位、人口分布不均等因素影响，文化供给水平仍需着力提升。

表 25　文化供给指数排名

省(区、市)	文化供给数量 F_{C1}		文化供给效率 F_{C2}		文化供给 F_C	
	得分	排名	得分	排名	得分	排名
山东	2.540	1	-0.384	19	1.643	1
江苏	2.169	2	0.430	6	1.635	2
浙江	1.818	3	0.878	4	1.530	3
上海	0.336	8	4.030	1	1.470	4
广东	1.571	4	0.238	9	1.162	5
四川	1.003	6	-0.736	26	0.469	6
河南	1.005	5	-1.106	31	0.357	7
北京	-0.475	21	1.801	2	0.224	8
湖北	0.294	9	0.053	11	0.220	9
湖南	0.432	7	-0.585	24	0.120	10
陕西	0.115	14	-0.130	14	0.040	11
江西	0.173	11	-0.449	20	-0.018	12
安徽	0.145	12	-0.569	23	-0.074	13
山西	0.190	10	-0.845	29	-0.128	14
天津	-0.904	27	1.441	3	-0.184	15
河北	0.144	13	-0.936	30	-0.187	16
福建	-0.463	20	0.427	7	-0.190	17
吉林	-0.440	19	0.295	8	-0.214	18
广西	-0.265	16	-0.319	17	-0.282	19
辽宁	-0.410	18	-0.078	12	-0.308	20
甘肃	-0.162	15	-0.821	28	-0.365	21
云南	-0.355	17	-0.764	27	-0.481	22
重庆	-0.587	22	-0.264	16	-0.488	23
黑龙江	-0.633	24	-0.360	18	-0.549	24
新疆	-0.625	23	-0.476	21	-0.579	25
贵州	-0.891	26	-0.159	15	-0.666	26
内蒙古	-0.751	25	-0.566	22	-0.694	27

续表

省（区、市）	文化供给数量 F_{C1}		文化供给效率 F_{C2}		文化供给 F_C	
	得分	排名	得分	排名	得分	排名
宁夏	-1.168	28	0.215	10	-0.744	28
青海	-1.372	31	0.453	5	-0.812	29
海南	-1.224	30	-0.109	13	-0.881	30
西藏	-1.210	29	-0.605	25	-1.025	31

浙江、江苏、山东、广东和河南在文化传播指数排名中居于前五，表明这5个省具有强大的文化传播力、文化辐射力、文化渗透力，以及日益频繁的境内外文化交流。青海、海南、西藏3个省（区）的文化传播能力相对较弱，排名靠后，表明这3个省（区）需要做好文化传播，推动文化交流与发展，提升地区形象吸引力。

表 26　文化传播指数排名

省（区、市）	文化场馆传播 F_{D1}		对外演出传播 F_{D2}		对外出访与电视传播 F_{D3}		文化传播 F_D	
	得分	排名	得分	排名	得分	排名	得分	排名
浙江	0.966	4	5.210	1	-0.030	17	2.279	1
江苏	2.522	2	-0.338	25	0.115	14	0.935	2
山东	2.621	1	-0.675	30	0.122	12	0.855	3
广东	0.909	6	0.246	2	1.330	4	0.764	4
河南	1.527	3	-0.664	29	0.566	6	0.512	5
湖北	0.581	9	-0.851	31	1.653	3	0.306	6
甘肃	-0.717	22	-0.051	14	2.375	2	0.230	7
辽宁	-1.051	30	0.193	3	2.470	1	0.203	8
四川	0.740	8	-0.511	28	0.010	16	0.119	9
湖南	0.953	5	-0.303	23	-1.195	28	0.007	10
重庆	-0.012	12	-0.284	21	0.445	7	-0.007	11
福建	-0.230	16	-0.088	16	0.342	9	-0.048	12
北京	-0.818	23	0.050	5	1.120	5	0.061	13
陕西	0.148	11	-0.427	27	0.084	15	-0.075	14

续表

省(区、市)	文化场馆传播 F_{D1}		对外演出传播 F_{D2}		对外出访与电视传播 F_{D3}		文化传播 F_D	
	得分	排名	得分	排名	得分	排名	得分	排名
安徽	0.828	7	-0.293	22	-1.400	31	-0.087	15
江西	0.370	10	-0.347	26	-0.639	22	-0.120	16
云南	-0.501	19	0.027	6	0.258	10	-0.137	17
河北	-0.307	18	-0.109	18	-0.058	18	-0.178	18
黑龙江	-0.244	17	-0.313	24	-0.182	19	-0.255	19
贵州	-0.102	14	-0.159	20	-0.691	23	-0.257	20
内蒙古	-0.717	21	-0.050	13	0.115	13	-0.285	21
天津	-1.067	31	0.109	4	0.386	8	-0.309	22
广西	-0.229	15	-0.098	17	-0.841	26	-0.321	23
山西	-0.013	13	-0.152	19	-1.305	30	-0.358	24
上海	-0.523	20	-0.024	10	-0.611	21	-0.362	25
宁夏	-0.961	27	-0.069	15	0.147	11	-0.385	26
新疆	-0.881	24	-0.029	12	-0.605	20	-0.509	27
吉林	-0.895	25	-0.016	9	-0.826	25	-0.560	28
青海	-1.002	29	0.025	7	-0.756	24	-0.573	29
海南	-0.903	26	-0.024	11	-1.202	29	-0.652	30
西藏	-0.994	28	0.014	8	-1.195	27	-0.674	31

上海、北京、浙江、广东、天津在文化消费指数排名中居于前五，上述地区处于东部地区，地理位置优越，经济发展较快，为文化消费提供了优越、便利的条件，促进了文化市场的繁荣发展。海南、新疆、西藏则排名靠后，文化消费不足，消费需求不够大。

表 27　文化消费指数排名

省(区、市)	公共文化消费 F_{E1}		居民文化消费 F_{E2}		文化消费 F_E	
	得分	排名	得分	排名	得分	排名
上海	2.926	1	1.684	3	2.352	1
北京	0.789	5	1.641	4	1.182	2

续表

省(区、市)	公共文化消费 F_{E1}		居民文化消费 F_{E2}		文化消费 F_E	
	得分	排名	得分	排名	得分	排名
浙江	2.283	3	-0.101	15	1.182	3
广东	2.681	2	-0.643	25	1.145	4
天津	0.687	6	0.992	5	0.828	5
山东	-0.780	29	2.229	1	0.610	6
江苏	0.815	4	-0.126	17	0.380	7
湖南	-1.086	31	1.937	2	0.311	8
重庆	-0.497	20	0.853	6	0.126	9
内蒙古	-0.535	22	0.522	8	-0.047	10
辽宁	-0.858	30	0.827	7	-0.080	11
四川	0.022	10	-0.383	22	-0.165	12
陕西	-0.275	13	-0.071	13	-0.181	13
青海	0.027	9	-0.505	23	-0.219	14
福建	0.578	7	-1.159	28	-0.225	15
甘肃	-0.521	21	0.049	10	-0.257	16
安徽	-0.363	15	-0.166	19	-0.272	17
江西	-0.469	19	-0.077	14	-0.288	18
山西	-0.444	17	-0.109	16	-0.290	19
吉林	-0.555	24	0.011	11	-0.293	20
河北	-0.773	28	0.210	9	-0.319	21
云南	-0.536	23	-0.130	18	-0.348	22
宁夏	-0.621	26	-0.032	12	-0.349	23
湖北	-0.111	12	-0.630	24	-0.351	24
贵州	-0.572	25	-0.228	20	-0.413	25
黑龙江	-0.696	27	-0.270	21	-0.499	26
广西	-0.355	14	-0.710	27	-0.519	27
河南	-0.437	16	-0.654	26	-0.537	28
海南	-0.098	11	-1.163	29	-0.590	29
新疆	-0.456	18	-1.277	30	-0.835	30
西藏	0.230	8	-2.519	31	-1.040	31

（二）中国文化发展指数地区发展状况对比分析

我国幅员辽阔，各个地区在总体发展状况存在差异的同时，文化发展状况各有不同。为深入探究各个地区的文化发展状况及其文化发展差异程度，本报告依照经济地带的划分标准，将31个省（区、市）分为东部地区、中部地区、西部地区和东北地区。北京、天津、河北、上海、江苏、浙江、福建、山东、广东和海南共10个省（市）属于东部地区；中部地区包含了山西、安徽、江西、河南、湖北和湖南6个省（市）；内蒙古、广西、重庆、四川、贵州、云南、西藏、陕西、甘肃、青海、宁夏和新疆12个省（区、市）隶属于西部地区；东北地区的3个省分别是辽宁、黑龙江、吉林。

从表28可以看出，在文化投入方面，东部地区的多个指标高于全国水平，如文化和旅游事业费占财政支出比重（高于全国水平34.09%）、人均文化和旅游事业费（高于全国水平18.94%）、文化和旅游机构从业人员数（高于全国水平8.33%）、文化市场经营机构资产总计（高于全国水平109.55%）、文化市场经营机构从业人员数（高于全国水27.27%）。这表明东部地区的文化投入水平较高、文化产业比较发达、文化市场比较活跃，处于领先地位。

东北地区和中部地区的文化投入水平在全国范围内处于靠后位置，所涵盖的多个指标均低于全国水平，在文化市场经营机构资产总计、文化市场经营机构从业人员数两个指标上呈现较大差距。这表明东北地区和中部地区在文化投入方面仍存在不足之处，文化市场经营机构发展处于弱势地位且人员参与度不高，因此政府需要营造良好的市场环境与投资环境，鼓励及吸引人员、资金的流入，提升文化投入整体水平。

西部地区的文化投入水平在全国范围内居于次位，其中，文化和旅游事业费占财政投入比重、人均文化和旅游事业费、文化和旅游机构从业人员数三个指标均高于全国水平，表明西部地区文化和旅游事业费投入总量相对可观，而文化市场经营机构资产总计、文化市场经营机构从业人员数低于全国水平，表明该地区文化产业发展资金不足、文化经济效益产出效果不明显。

表 28　文化投入地区发展对比

	文化和旅游事业费占财政支出比重（%）	人均文化和旅游事业费（元）	文化和旅游机构从业人员数（每万人/人）	文化市场经营机构资产总计（每人/元）	文化市场经营机构从业人员数（每万人/人）
东部	0.59	91.68	26	2261.80	14
东北	0.38	60.78	21	192.94	5
中部	0.40	50.57	22	396.01	10
西部	0.49	78.75	28	219.70	9
全国	0.44*	77.08*	24	1079.34	11

注：附＊数值摘录于中华人民共和国文化和旅游部编《中国文化文物和旅游统计年鉴 2021》，国家图书出版社，2021。

从表 29 整体来看，东部地区、中部地区与西部地区高于全国水平的指标个数一致，指标重合度不高。东部地区的文化市场经营机构营业收入（高于全国水平 120.02%）与娱乐场所营业收入（高于全国水平 28.73%）居于全国首位，表明东部地区文化市场繁荣。该地区的文化馆机构数、公共图书馆机构数、群众文化机构数和艺术表演团体剧团数指标则低于全国水平，东部地区经济发达的同时吸引大量人口流入聚集，人均机构数降低。东部地区需增设文化活动中心，增添群众文娱活动场所，提升文化生产力。

中部地区在艺术表演团体相关指标中表现优异，其中，艺术表演团体剧团数高于全国水平（54.38%），该地区文化联系紧密，戏曲剧种丰富，演出活动较多，但从文化市场经营机构营业收入（低于全国水平 69.71%）、娱乐场所营业收入（低于全国水平 39.31%）指标可以看出，该地区文化市场不够景气、经济效益较低。中部地区应从多方面综合着手，改善市场经营环境，激发市场活力，提高经济产出。

西部地区的文化生产水平次于东部和中部地区。其在博物馆机构数、公共图书馆机构数、群众文化机构数多个指标上居全国第一位，在群众的社会公共文化生活中发挥了重要作用。该地区在艺术表演团体相关指标、文化市场经营机构营业收入指标上逊色于全国水平，文化产业整体发展水平不高，需要依托现有文化机构，加大文化产出，增强文化机构的产出带动作用。

东北地区的整体文化生产水平居于靠后位置，除文化馆机构数居全国第一位、公共图书馆机构数与群众文化机构数高于全国水平外，其余指标均远低于全国水平，表现不佳。这表明东北地区的文化事业和文化产业发展落后，东北地区需要重点聚焦文化生产领域，推动解放和发展文化生产力。

表 29　文化生产地区发展对比

	博物馆机构数（每百万人/个）	文化馆机构数（每百万人/个）	公共图书馆机构数（每百万人/个）	群众文化机构数（每百万人/个）	公有制艺术表演场馆机构数（每百万人/个）	艺术表演团体剧团数（每百万人/个）	艺术表演团体演出收入（每人/元）	文化市场经营机构数（每万人/个）	文化市场经营机构营业收入（每人/元）	娱乐场所营业收入（每人/元）
东部	3.93	1.56	1.59	20.09	0.88	10.89	6.95	1.47	1544.10	38.22
东北	3.69	3.50	3.03	39.22	0.80	3.79	1.42	1.23	45.35	13.44
中部	3.38	2.33	2.19	31.59	1.09	19.22	6.76	1.54	212.59	18.02
西部	4.26	3.25	3.18	44.33	0.60	10.55	5.16	1.47	98.10	32.36
全国	3.86	2.35	2.27	30.94	0.86	12.45	6.13	1.47	701.81	29.69

从表 30 来看，在文化供给方面，东部地区仍保持领先地位，在人均公共图书馆藏书量、群众文化机构组织活动次数、博物馆基本陈列展览数、发行图书总印数、发行报纸总印数、有线广播电视实际用户数占家庭总户数比重六个指标上居全国第一位，表现出东部地区丰富的文化馆藏资源和多样的文化活动，以及优质的文化产品供给。

整体上看，东北地区和西部地区的文化供给水平次于东部地区。东北地区人均公共图书馆藏书量（高于全国水平 10.71%）指标排名靠前，西部地区的博物馆文物藏品数（高于全国水平 16.48%）指标排名靠前，其余指标均低于全国水平，尤其是发行图书总印数（低于全国水平 37.69%）、发行报纸总印数（低于全国水平 49.02%）、发行期刊总印数（低于全国水平 47.22%）指标均居于末位。这体现了东北地区和西部地区出版物供需失衡、品种结构失调的薄弱之处，需要增加文化存量资源、扩大优质文化产品供给，以高质量文化供给服务全民精神生活。

中部地区文化供给水平则相对落后于其他三个地区，该地区多个指标均远远落后于全国水平。这表明该地区需推动文化活动有效开展、营造良好的群众文化氛围、加大文化供给，丰富群众文化选择，进一步提升文化产品和服务的供给水平。

表 30　文化供给地区发展对比

	人均公共图书馆藏书量（每人/册/件）	群众文化机构组织活动次数（每万人/次）	博物馆文物藏品数（每万人/件/套）	博物馆基本陈列展览数（每百万人/个）	有线广播电视实际用户数占家庭总户数比重（%）	发行图书总印数（每人/册）	发行报纸总印数（每人/份）	发行期刊总印数（每人/册）
东部	1.09	9.20	302.07	23.69	70.18	6.12	17.52	0.92
东北	0.93	4.02	221.86	16.44	43.25	5.22	15.04	1.30
中部	0.57	6.48	190.49	15.36	37.32	5.18	16.65	1.01
西部	0.59	7.68	356.27	18.26	40.05	4.58	10.44	0.76
全国	0.84	7.71	305.86	19.63	54.81	7.35	20.48	1.44

从表 31 来看，在文化传播方面，东部地区相较于中部、西部与东北地区表现比较优异，其优越的地理位置和发达的外向型经济为文化传播提供便利。东部地区在艺术表演团体国内演出观众人次，公共图书馆总流通人次，群众文化机构文化服务惠及人次，广播电视节目综合人口覆盖率，对外、对港澳台文化交流演出活动次数，对外、对港澳台文化交流演出活动参与交流人员数指标上领先于全国水平。但同时，受新冠肺炎疫情的持续影响，全国各地对外文化交流活动次数大幅度减少，文化出访交流活动受阻，多数文化交流转为线上开展，新兴的数字文化产品不断出现，丰富了文化传播方式。中部地区的文化传播水平总体上逊色于东部地区，其在艺术表演团体国内演出观众人次（高于全国水平 59.85%）指标上居于全国首位，表明中部地区虽然有一定的群众基础，但仅限于地区内部文化交流，在对外文化交流方面处于劣势。东北地区和西部地区整体上文化传播水平相对落后。两地区在艺术表演团体国内演出观众人次、公共图书馆总流通人次等指标上表现不佳。同样的，受新冠肺炎疫情影响，群众参与文化活动的次数减少，对外文化交流活动项目与次数也呈现急剧下降趋势。东北地区和西部地区需优化传播形态、调整传播渠道，进一步提升地区文化传播能力。

表 31　文化传播地区发展对比

	艺术表演团体国内演出观众人次(每百人/次)	博物馆参观人次(每百人/次)	公共图书馆总流通人次(每百人/次)	群众文化机构文化服务惠及人次(每百人/次)	广播电视节目综合人口覆盖率(%)	对外、对港澳台出访文化交流活动项目(每百万人/个)	对外、对港澳台出访文化交流活动参与交流人员数(每百万人/次)	对外、对港澳台文化交流演出活动次数(每百万人/场次)	对外、对港澳台文化交流演出活动参与交流人员数(每百万人/次)
东部	68.10	34.27	55.36	48.18	99.86	0.07	1.90	1.16	6.93
东北	10.03	37.52	24.15	20.89	99.58	0.11	4.09	0.12	4.11
中部	100.69	38.33	32.14	33.24	99.70	0.06	0.66	0.01	0.41
西部	33.29	39.27	22.84	39.07	99.17	0.10	2.37	0.07	2.12
全国	62.99	37.29	38.34	39.89	99.59	0.15	4.44	0.53	5.24

从表 32 来看，在文化消费方面，东部地区持续领先于其他地区，在多个指标上占据首位，体现了该地区发达的经济水平对文化消费的较大刺激和群众对文化消费的需求与习惯，有利于进一步激发市场消费活力。

中部地区、西部地区和东北地区在公共图书馆人均购书费、群众文化机构业务活动专项经费、居民人均文化娱乐消费支出占人均消费支出比重、居民人均文化娱乐消费支出四个指标上均低于全国水平。三个地区均需要加快经济发展，提升居民总体收入水平，加大公共文化服务投入，增强群众文化消费的便捷性，推动文化消费的长期发展，提升地区文化消费能力与水平。

表 32　文化消费地区发展对比

	公共图书馆人均购书费(元)	群众文化机构业务活动专项经费(每人/元)	居民人均文化娱乐消费支出占人均消费支出比重(%)	居民人均文化娱乐消费支出(元)
东部	2.25	8.66	2.84	752.23
东北	1.05	2.11	2.57	487.90
中部	1.04	2.55	2.56	464.54
西部	0.99	4.98	2.37	434.83
全国*	1.60*	5.62	2.68*	569*

注：附＊数值分别摘录于中华人民共和国文化和旅游部编《中国文化文物和旅游统计年鉴 2021》，国家图书出版社，2021；国家统计局社会科技和文化产业统计司、中宣部文化体制改革和发展办公室编《中国文化及相关产业统计年鉴 2021》，中国统计出版社，2021。

由于疫情防控形势严峻复杂，各地区实行相应的交通和区域管制，人员流动减少，对线下文化产业影响颇为明显。首先，相较于2020年，2021年文化市场经营资产总值遭到“拦腰折断”，艺术表演团体演出收入也出现大幅度下降；其次，文化传播受疫情影响较为严重，如博物馆参观人次、公共图书馆总流通人次等指标皆降半数，尤其是对外出访文化交流人数和对外演出人数两个指标皆遭到了剧烈冲击；最后，在文化消费方面，2021年的居民人均文化娱乐消费支出占人均消费支出比重达到了2020年的2倍以上，同时，居民人均文化娱乐消费支出出现明显增长。这表明，线上文化发展迎来难得的机遇，数字化文化发展进程加快。公众文化消费需求的转变促使文化产品和服务提质升级，推动文化行业向高质量方向发展。

（四）“十三五”期间中国文化发展指数主要指标发展状况对比分析

为更清晰地了解“十三五”期间中国文化发展指数主要指标发展状况，本报告对文化投入、文化生产、文化供给、文化传播和文化消费的主要指标进行纵向对比分析。本报告分别选取了文化和旅游事业费占财政支出比重，人均文化和旅游事业费，群众文化机构数，群众文化机构组织活动次数，群众文化机构文化服务惠及人次，对外、对港澳台出访文化交流活动项目，居民人均文化娱乐消费支出占人均消费支出比重，公共图书馆人均购书费等8个主要指标进行测评，通过以上主要指标的具体对比分析，可以更加直观地呈现近些年全国文化发展变化情况和文化发展趋势，总结其在文化发展过程中的不足之处，以期为今后的文化发展提供参考。

随着国民经济的持续增长，各级政府在文化投入方面不断加大力度，文化和旅游事业费占财政支出比重这一指标总体上呈现持续增长态势。文化和旅游事业费占财政支出比重在2019年达到最大，为0.45%，2020年比上年回落0.01个百分点（见图2）。2015~2020年，文化和旅游事业费占财政支出比重年均增长速度为2.44%。

从人均文化和旅游事业费这一指标来看，人均文化和旅游事业费连续5年呈正增长，截至2020年末，人均文化和旅游事业费为77.08元，呈小幅增长趋势，人均文化和旅游事业费增长速度在2019年达到最快，为14.34%（见图

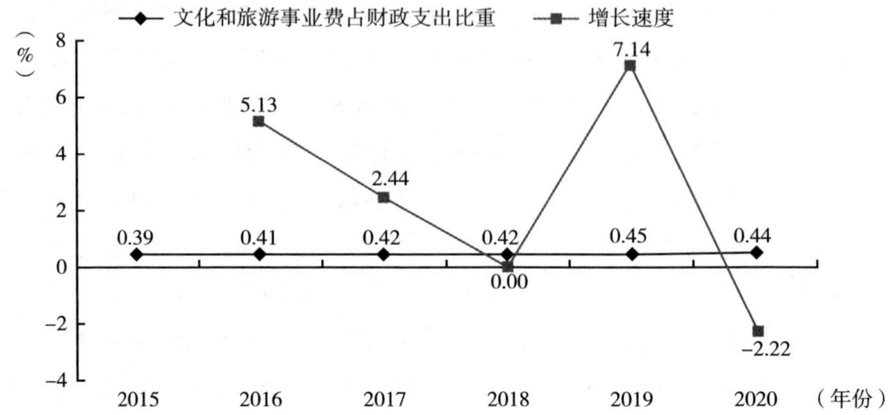

图 2　2015~2020 年文化和旅游事业费占财政支出比重及其增长速度

资料来源：2015~2021 年《中国统计年鉴》；2015~2021 年《中国文化及相关产业统计年鉴》；2015~2021 年《中国文化文物和旅游统计年鉴》。

3）。同时，2015~2020 年的年均增长速度为 9.18%，增长速度表现比较亮眼。整体来看，“十三五”期间的文化投入总量在不断增长。

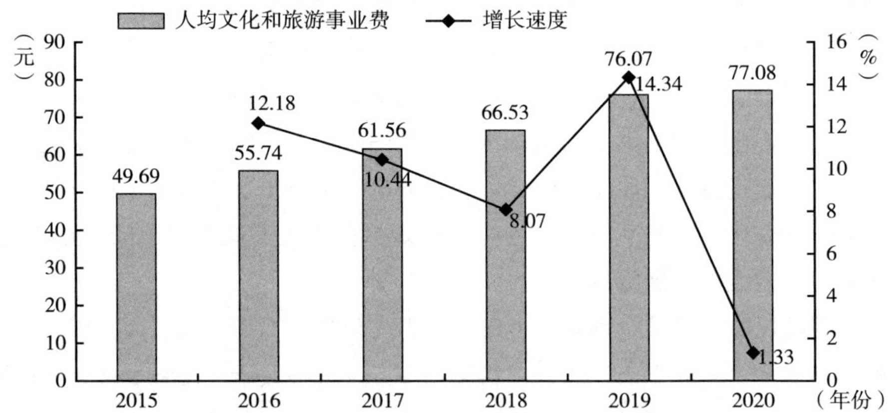

图 3　2015~2020 年人均文化和旅游事业费及其增长速度

资料来源：2015~2021 年《中国统计年鉴》；2015~2021 年《中国文化及相关产业统计年鉴》；2015~2021 年《中国文化文物和旅游统计年鉴》。

在文化生产方面，本报告选取了群众文化机构数这一指标进行测评。自2016 年始，群众文化机构数保持平稳小幅增长，至 2019 年逐渐回落，在 2020

年达到最低值，为 43687 个。2015～2020 年，群众文化机构数年均增长速度为-0. 27%，增长速度总体上也表现出波动下降趋势。其中，相较于 2018 年，2019 年和 2020 年群众文化机构数的增长速度下降较为明显，分别下降了 0. 96%、0. 79%（见图 4）。新冠疫情的发生和全球经济下行压力，在一定程度上对文化生产领域的正常运行产生影响，使群众文化机构数下降。

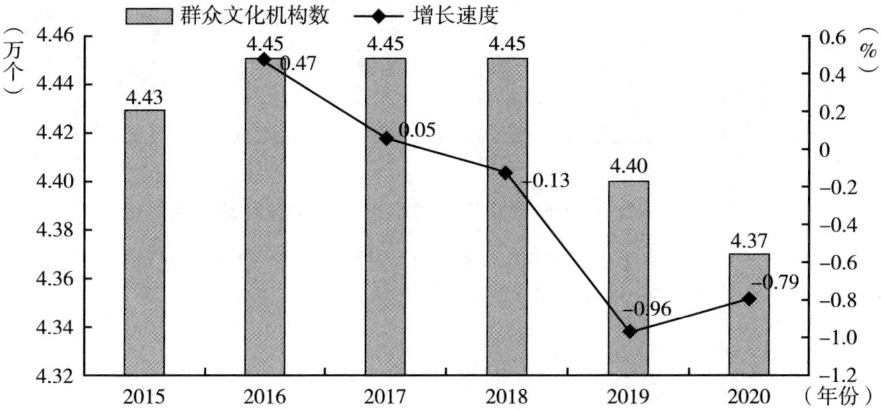

图 4　2015～2020 年群众文化机构数及其增长速度

资料来源：2015～2021 年《中国统计年鉴》；2015～2021 年《中国文化及相关产业统计年鉴》；2015～2021 年《中国文化文物和旅游统计年鉴》。

从图 5 来看，群众文化机构组织活动次数这一指标的整体趋势为先升后降，其中在 2019 年达到最高值，为 135. 95 万次，2020 年比 2019 年减少了 27. 06 万次。2015～2020 年，群众文化机构组织活动次数年均增长速度为 2. 55%，其增长速度在前四年呈连续正向增长，尤其是在 2018 年增速较快，达到了 10. 50%，群众文化机构组织活动发展较好，活跃程度较高。但总体来看，其呈波动下降趋势，主要因为 2020 年该指标明显降低，较大程度是受新冠疫情影响，多数民众文化活动举办受限，线下活动举办次数大大减少。

在“十三五”期间，群众文化机构文化服务惠及人次最高达到 787. 16 百万人次，2015～2020 年的年均增长速度为 0. 54%。同样的，群众文化机构文化服务惠及人次的增长速度在前四年呈连续正向增长，2019 年达到了 11. 54%（见图 6）。2020 年受疫情冲击，群众文化机构文化服务惠及人次出现明显下降，但长远来看，该指标在今后有望回升。

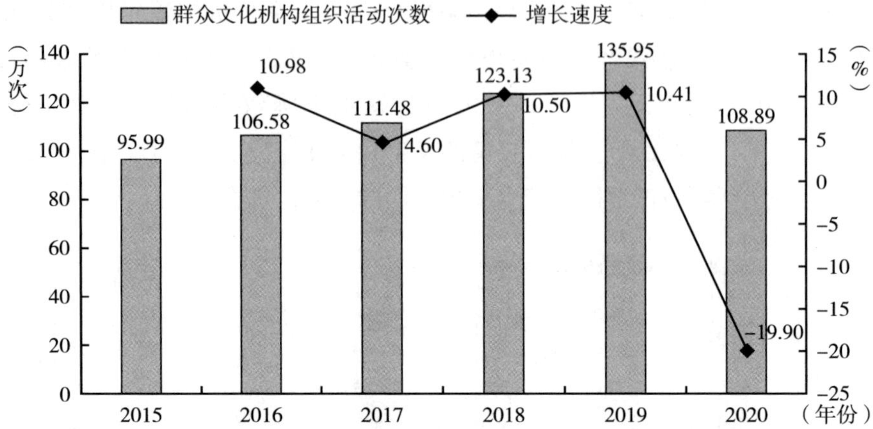

图 5　2015~2020 年群众文化机构组织活动次数及其增长速度

资料来源：2015~2021 年《中国统计年鉴》；2015~2021 年《中国文化及相关产业统计年鉴》；2015~2021 年《中国文化文物和旅游统计年鉴》。

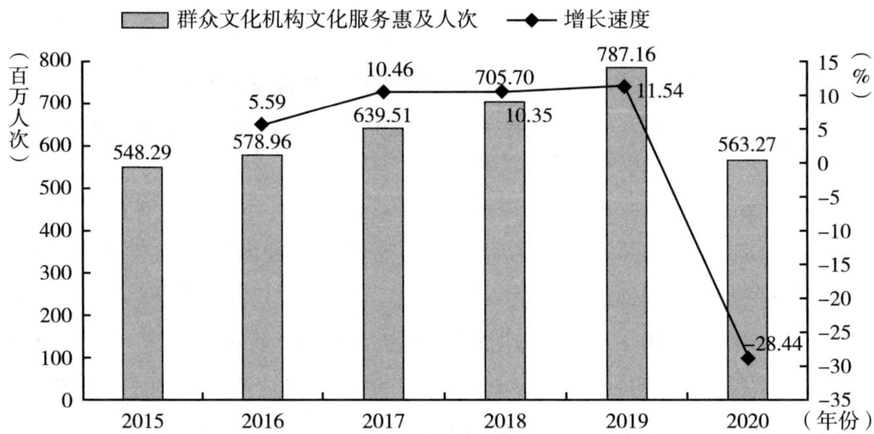

图 6　2015~2020 年群众文化机构文化服务惠及人次及其增长速度

资料来源：2015~2021 年《中国统计年鉴》；2015~2021 年《中国文化及相关产业统计年鉴》；2015~2021 年《中国文化文物和旅游统计年鉴》。

在文化传播方面，2015~2020 年我国对外、对港澳台出访文化交流活动项目总体上表现为先升后降的态势。2020 年该指标数据与往年差距较大，对外、对港澳台出访文化交流活动项目仅有 216 个，约为上一年的 1/10（见图 7）。

疫情之下，对外文化交流活动不畅，线下交流出访受较大影响，同时文化交流的载体比较少，交流形式需向多元化发展。

图 7　2015~2020 年对外、对港澳台出访文化交流活动项目及其增长速度

资料来源：2015~2021 年《中国统计年鉴》；2015~2021 年《中国文化及相关产业统计年鉴》；2015~2021 年《中国文化文物和旅游统计年鉴》。

在文化消费方面，2015~2020 年，居民人均文化娱乐消费支出占人均消费支出比重呈逐步下降趋势，尤其是 2019 年后降幅明显，2020 年的比重最小，仅为 2.68%（见图 8），2015~2020 年的年均增长速度为-11.15%。居民人均文化娱乐消费支出占人均消费支出比重下降主要受人们消费倾向变化、消费不足、居民总体收入水平不高，以及传统接触式的线下消费减少等几方面影响。

公共图书馆人均购书费这一指标整体趋势表现为先小幅度上升后下降的态势，增长速度呈波动下降趋势，2015~2020 年的年均增长速度为 2.27%。2018 年公共图书馆人均购书费最高，为 1.77 元，2020 年公共图书馆人均购书费为 1.60 元，比上一年减少了 0.08 元，下降 4.76%（见图 9）。总的来看，2019 年、2020 年公共图书馆人均购书费逐年降低，该指标数据表现不太优异。

2020 年，是全面建成小康社会的收官之年，文化和旅游“十三五”规划主要目标基本达到、重点任务基本完成，该规划实施取得丰硕成果，补短板、强弱项、增效能成果显著，在全面推进中解决重点难题、在高速增长中紧抓质量效益，做到了稳中有进，进中提质。“十三五”期间，我国文化发展状况总

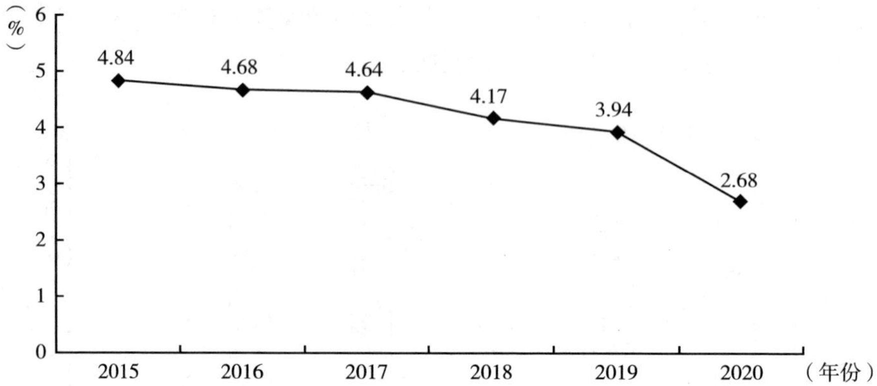

图 8　2015~2020 年居民人均文化娱乐消费支出占人均消费支出比重

资料来源：2015~2021 年《中国统计年鉴》；2015~2021 年《中国文化及相关产业统计年鉴》；2015~2021 年《中国文化文物和旅游统计年鉴》。

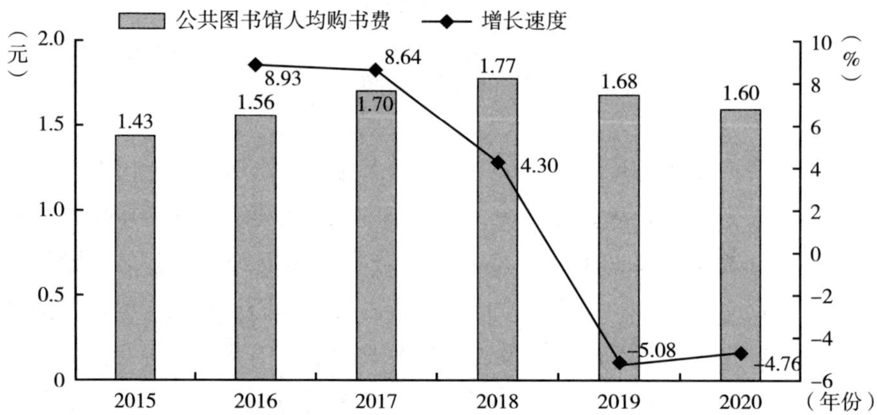

图 9　2015~2020 年公共图书馆人均购书费及其增长速度

资料来源：2015~2021 年《中国统计年鉴》；2015~2021 年《中国文化及相关产业统计年鉴》；2015~2021 年《中国文化文物和旅游统计年鉴》。

体上呈蓬勃发展趋势。在这黄金五年发展期间，我国文化产业规模不断扩大，文化产业迎来飞跃，文化发展逐步提质升级。同时，文化和旅游事业费占财政支出比重、人均文化和旅游事业费不断提高，为今后“十四五”时期的文化事业发展起到重要推动作用。从上述相关图表来看，首先，“十三五”期间对外文化交流活动项目的增长速度逐年降低，我国文化“走出去”的行动略有不足，文化传播过程中仍存在诸多问题，如文化交流活动次数略少、文化交流形式不够多样化等。其次，居民人均文化娱乐消费支出占人均消费支出比重逐年缓慢降低，居民文化消费潜力需进一步挖掘。

“十四五”时期，我国进入新发展阶段，在文化事业和文化产业方面提出了新的目标、新的要求。2021 年作为“十四五”的开局之年，在新目标之下，首先，文化产业应进一步激活和提升国内文化消费的潜力，使文化消费助力经济发展，推动社会效益与经济效益的双向提升。其次，要发挥优势，积极合作，着力加强对外文化交流和增强文化创新能力，扩大国际影响力。最后，应坚持科技赋能文化产业，助力其转型升级，这不仅涉及人民群众精神文化需要，也关乎文化发展生产力以及国家文化软实力的提升。总的来看，为有效推动中国文化发展和文化建设，构建合理、准确的中国文化发展指数是实现把我国建设成为社会主义文化强国这一伟大目标不可或缺的重要工作。

参考文献

江畅、孙伟平、戴茂堂主编《文化建设蓝皮书：中国文化发展报告（2020）》，社会科学文献出版社，2020。

郝立新：《新时代文化发展的重大成就和宝贵经验》，《中国人民大学学报》2021 年第 6 期。

于爱国、张伟锋：《我国基本公共文化服务发展水平区域差距研究》，《艺术百家》2018 年第 2 期。

朱波、郭瑛：《文化小康内涵、评价体系构建及指数编制——基于中部六省数据的实证研究》，《经济问题》2017 年第 8 期。

分类报告

Segment Reports

B.3
中国文化生产报告（2021~2022）

陶文佳　周子晗　陈　雪*

摘　要： 基于对近两年中国文化生产状况的分析发现，我国文化生产领域的发展总体状况持续向好，较为稳定。我国在文化生产中做出了如下的成绩：文化体制改革平稳进行，文化产业发展态势向好；文化及相关产业在国民经济中的重要性持续提升，文化产品进出口保持平稳的势态；互联网文化产业逐渐在促进我国文化生产中扮演更加重要的角色。“十三五”以来，我国文化生产取得了重要成就，但还存在一些问题，突出表现为文化批发和零售业表现出一定的发展颓势、公共文化产品和服务品质还需稳步提升、网吧行业的生存空间持续缩窄、“双减”政策对在线教育造成了一定冲击。要解决这些问题，需要根据“十四五”规划重视文化

* 陶文佳，哲学博士，湖北大学哲学学院副教授、硕士生导师，中华文化发展湖北省协同创新中心副研究员，湖北省道德与文明研究中心副研究员，主要研究方向为16~18世纪哲学、当代政治哲学、当代伦理学；周子晗，湖北大学哲学学院2020级硕士研究生；陈雪，湖北大学哲学学院2021级硕士研究生。

产业的数字化发展，对于网吧以及在线教育等行业予以合理引导、扶持，使之发挥服务社会主义建设的重要作用。具体来说，这需要政府、互联网基础设施建设提供商、在线教育软件供应商、教育业等多方通力合作，为我国教育信息化建设提供切实保障。

关键词： 文化生产　网吧行业　在线教育

一　中国文化生产总体状况

（一）文化生产领域相关政策法规文件

2020~2021年，党中央、国务院和文化相关部门发布的文化生产领域的主要政策法规文件共计54份。从文件的类型来看，有涉及文化生产宏观领域的发展战略性文件（包括规划、计划和发展纲要），指导性的法规类文件（包括法律、规定、管理办法），调节类文件（包括指导意见和通知）（见表1）。

表1　2020~2021年中国文化生产领域的重要政策法规文件一览

发布时间	发布机构	政策法规名称
2020年4月	文化和旅游部	《国家全域旅游示范区验收、认定和管理实施办法（试行）》和《国家全域旅游示范区验收标准（试行）》
2020年4月	文化和旅游部	《关于开展“中华优秀传统艺术传承发展计划”2020年度戏曲专项扶持工作的通知》
2020年6月	文化和旅游部	《2020年文化和旅游志愿服务工作方案》
2020年6月	国务院办公厅	《公共文化领域中央与地方财政事权和支出责任划分改革方案》
2020年6月	国家知识产权局	《关于进一步加强知识产权维权援助工作的指导意见》
2020年7月	文化和旅游部	《“庆祝中国共产党成立100周年舞台艺术精品创作工程”工作方案》
2020年7月	文化和旅游部	《关于统筹做好乡村旅游常态化疫情防控和加快市场复苏有关工作的通知》

续表

发布时间	发布机构	政策法规名称
2020 年 8 月	文化和旅游部	《在线旅游经营服务管理暂行规定》
2020 年 9 月	中共中央办公厅、国务院办公厅	《关于加快推进媒体深度融合发展的意见》
2020 年 9 月	文化和旅游部	《关于深化“放管服”改革促进演出市场繁荣发展的通知》
2020 年 9 月	国家发展改革委、文化和旅游部	《太行山旅游业发展规划(2020—2035 年)》
2020 年 11 月	文化和旅游部	《关于启用游戏游艺设备内容审核系统　做好游戏游艺设备电子标识管理工作的通知》
2020 年 11 月	文化和旅游部	《关于推动数字文化产业高质量发展的意见》
2020 年 12 月	文化和旅游部	《关于进一步优化营商环境 推动互联网上网服务行业规范发展的通知》
2021 年 1 月	文化和旅游部	《关于遴选推出“建党百年百条精品红色旅游线路”的通知》
2021 年 2 月	文化和旅游部	《关于开展“云游合家欢　就地过大年”——全国旅游宣传推广活动的通知》
2021 年 2 月	文化和旅游部、国家发展改革委、国家体育总局	《冰雪旅游发展行动计划(2021—2023 年)》
2021 年 2 月	文化和旅游部	《文化市场综合执法行政处罚裁量权适用办法》
2021 年 2 月	文化和旅游部	《关于举办 2021 年全国舞台艺术优秀剧目网络演播活动的通知》
2021 年 2 月	文化和旅游部	《关于进一步用好地方政府专项债券推进文化和旅游领域重大项目建设的通知》
2021 年 3 月	文化和旅游部	《关于进一步加强剧院等演出场所、上网服务场所、娱乐场所常态化疫情防控工作的通知》
2021 年 3 月	文化和旅游部	《关于开展 2021 年“中国旅游日”活动的通知》
2021 年 3 月	文化和旅游部	《关于加强文化和旅游市场信用监管有关事项的通知》
2021 年 4 月	文化和旅游部	《关于实施全国戏曲表演领军人才培养计划的通知》
2021 年 4 月	文化和旅游部、中央文明办	《2021 年文化和旅游志愿服务工作方案》
2021 年 4 月	文化和旅游部	《2021 年全国基层文化和旅游公共服务队伍培训工作计划》
2021 年 4 月	文化和旅游部	《“十四五”文化和旅游科技创新规划》
2021 年 4 月	文化和旅游部	《“十四五”文化和旅游发展规划》

续表

发布时间	发布机构	政策法规名称
2021 年 4 月	文化和旅游部、中国人民银行、中国银行保险监督管理委员会	《关于抓好金融政策落实　进一步支持演出企业和旅行社等市场主体纾困发展的通知》
2021 年 5 月	国家知识产权局、公安部	《关于加强协作配合强化知识产权保护的意见》
2021 年 5 月	文化和旅游部	《“十四五”文化产业发展规划》
2021 年 5 月	文化和旅游部	《“十四五”文化和旅游市场发展规划》
2021 年 5 月	文化和旅游部	《“十四五”非物质文化遗产保护规划》
2021 年 5 月	文化和旅游部	《关于调整娱乐场所和互联网上网服务营业场所审批有关事项的通知》
2021 年 6 月	文化和旅游部	《关于加强政策扶持进一步支持旅行社发展的通知》
2021 年 6 月	文化和旅游部	《文化和旅游市场信用管理规定（征求意见稿）》
2021 年 6 月	文化和旅游部	《“十四五”公共文化服务体系建设规划》
2021 年 6 月	文化和旅游部、民政部、财政部等	《关于营造更好发展环境 支持民营文艺表演团体改革发展的实施意见》
2021 年 6 月	文化和旅游部	《“十四五”艺术创作规划》
2021 年 7 月	中共中央办公厅、国务院办公厅	《关于进一步减轻义务教育阶段学生作业负担和校外培训负担的意见》
2021 年 7 月	文化和旅游部	《关于推进旅游商品创意提升工作的通知》
2021 年 7 月	文化和旅游部	《关于贯彻落实〈国家基本公共服务标准（2021 年版）〉的通知》
2021 年 8 月	文化和旅游部	《关于全面加强当前疫情防控工作的紧急通知》
2021 年 8 月	文化和旅游部	《关于积极应对新冠肺炎疫情进一步加强跨省旅游管理工作的通知》
2021 年 8 月	文化和旅游部	《关于进一步加强文艺工作者教育管理和道德建设的通知》
2021 年 8 月	中共中央办公厅、国务院办公厅	《关于进一步加强非物质文化遗产保护工作的意见》
2021 年 9 月	国家互联网信息办公室	《关于加强互联网信息服务算法综合治理的指导意见》
2021 年 9 月	文化和旅游部	《关于进一步加强政策宣传落实　支持文化和旅游企业发展的通知》
2021 年 10 月	文化和旅游部、教育部、人力资源和社会保障部	《中国非物质文化遗产传承人研修培训计划实施方案（2021—2025）》

续表

发布时间	发布机构	政策法规名称
2021 年 10 月	文化和旅游部	《关于从严从紧抓好文化和旅游行业疫情防控工作的紧急通知》
2021 年 10 月	国家知识产权局、司法部	《关于加强知识产权纠纷调解工作的意见》
2021 年 10 月	文化和旅游部	《旅游景区恢复开放疫情防控措施指南(2021 年 10 月修订版)》
2021 年 11 月	文化和旅游部	《国家旅游科技示范园区管理办法(暂行)》
2021 年 12 月	文化和旅游部办、人力资源和社会保障部、国家乡村振兴局综合司	《关于持续推动非遗工坊建设助力乡村振兴的通知》

资料来源：中国政府网，http：//www.gov.cn/；工业和信息化部网站，http：//www.miit.gov.cn/；财政部网站，http//www.mof.gov.cn/index.htm；文化和旅游部网站，http：//zwgk.mct.gov.cn/？classInfoId=12；国家统计局网站，http：//www.stats.gov.cn/；国家互联网信息办公室网站，http：//www.cac.gov.cn/；国家文物局网站，http：//www.ncha.gov.cn/。

通过对这些政策法规文件的进一步梳理可知，2020~2021 年我国文化生产领域的重要政策法规文件呈现如下特点。第一，文化和旅游相关部门接连出台了一系列与文化产业发展相关的“十四五”规划，如《“十四五”文化和旅游发展规划》《“十四五”文化和旅游科技创新规划》《“十四五”文化和旅游市场发展规划》《“十四五”文化产业发展规划》《“十四五”非物质文化遗产保护规划》《“十四五”公共文化服务体系建设规划》和《“十四五”艺术创作规划》等，以上规划不仅从宏观上为“十四五”期间我国文化产业发展提供了总思路和总方针，还确定了一些具体的定量目标，如培育 100 个以上线上演播项目、培育 20 个左右精品旅游演绎项目、建设 30 个左右国家文化产业和旅游产业融合发展示范区等，体现出“十四五”期间我国文化发展的新方向和新目标。第二，法规类文件主要针对文旅市场的监管问题，如 2021 年 2 月的《文化市场综合执法行政处罚裁量权适用办法》和 2021 年 6 月的《文化和旅游市场信用管理规定（征求意见稿）》。文化市场综合执法监督局发布的政策解读，提了五个重要的调整，分别是明确适用范围、明确责任主体、细化裁量基准、调整适用规则、加强裁量监督。第三，调节类文件主要聚焦于新兴文化产业特别是互联网、游戏相关产业，同时继续对知识产权领域的知识产权保护与纠纷、红色文旅及“非遗”

传承等相关领域保持关注，为这些领域的发展提供了及时的政策引领。值得注意的是，2020~2021年，我国还连续出台了两个与互联网上网服务行业相关的通知，落实互联网上网服务行业营业主体的准入政策，调整相关营业场所审批程序，以推动上网服务行业转型升级和规范发展。2018~2019年、2019~2020年的报告①已经指出，我国以网吧为代表的互联网上网服务行业出现了显著的经营困境，前述两个通知体现出文化主管部门对这一问题的重视。

此外，文化和旅游部延续了2020年针对新冠疫情的政策指引和安排，从关于新冠疫情相关的通知数量和内容上可以看到，文化和旅游行业虽然在疫情发生后面临相当大的困难，但是对于疫情防控仍然以从严从紧、具体落实的态度高度重视相关工作，并针对不同的情境提出不同的预案，为文化和旅游行业的发展提供了有力的指导。2020~2021年，文化和旅游部连续发布关于旅游业相关疫情防控指南，如2020年7月发布的《关于统筹做好乡村旅游常态化疫情防控和加快市场复苏有关工作的通知》和2021年10月发布的《关于从严从紧抓好文化和旅游行业疫情防控工作的紧急通知》，以促进文化和旅游行业在做好防疫工作的同时寻找新的行业增长点，实现行业复苏。

（二）文化生产发展概况

本报告依据2020年文化及相关产业发展规模、文化及相关产业固定资产投资情况、文化产品进出口这三个方面的相关数据，以及文化和旅游部对我国2021年文化及相关产业部分数据的初步统计，对2020~2021年我国文化生产的整体发展状况进行回顾。

1. 文化及相关产业发展规模

文化及相关产业发展规模、文化生产的整体状况与其增长速度是文化生产发展的重要内容，本报告将通过文化及相关产业增加值及其占GDP比重、按类别分文化及相关产业法人单位基本情况以及按类别分文化及相关产业固定资

① 陶文佳、尤银波、武雷：《中国文化生产报告2019》，载江畅、孙伟平、戴茂堂主编《文化建设蓝皮书：中国文化发展报告（2020）》，社会科学文献出版社，2020；陶文佳、武雷、周子晗：《中国文化生产报告2020》，载江畅、孙伟平、戴茂堂主编《文化建设蓝皮书：中国文化发展报告（2021）》，社会科学文献出版社，2021。

产投资增速这三个方面来衡量2020~2021年我国文化生产发展概况。2020年文化及相关产业增加值为44945亿元，比2019年增加约600亿元，文化及相关产业增加值占GDP比重为4.43%，比2019年减少0.07个百分点（见表2）。然而也应注意到，2020年文化及相关产业增加值的增速与其占GDP比重的增速均比2019年有所下降，占GDP比重呈现负增长，与文化及相关产业增加值占GDP比重为5%的预期目标仍然存在不小的差距。2020年，我国GDP增速有所降低，文化产业受疫情冲击影响显著，文化产业的发展与成为国民经济支柱性产业的目标仍然有不小的距离。

表2　2014~2020年文化及相关产业增加值及其占GDP比重

单位：亿元，%

年份	增加值	增速	占GDP比重	增速
2014	24538	12.20	3.81	3.30
2015	27235	11.00	3.95	3.67
2016	30785	13.00	4.12	4.30
2017	35427	12.79	4.26	3.40
2018	41171	11.56	4.48	5.16
2019	44363	14.52	4.50	0.45
2020	44945	1.31	4.43	-1.56

资料来源：国家统计局社会科技和文化产业统计司、中宣部文化体制改革和发展办公室编《中国文化及相关产业统计年鉴2021》，中国统计出版社，2021。

2020年我国文化及相关产业年末从业人员为1893.79万人，比上一年减少了29.48万人，减幅为1.53%，资产总计和营业收入分别是274156.99亿元和139004.60亿元，比上一年分别增加了27927.78亿元和3979.45亿元，增幅分别为11.34%和2.95%，年末从业人员人均营业收入达到73.40万元，比上一年增加了3.19万元，增幅为4.54%。可以看到，2020年虽然我国文化及相关产业年末从业人员有一定减少，但是资产总计、营业收入、年末从业人员人均营业收入都有所增长，说明文化及相关产业在从业人员数量减少的情况下，人均生产效率有所提升。在不同类别方面，2020年我国文化制造业年末从业人员共计582.92万人，比上一年减少了17.73万人，资产总计43313.91亿元，营业收入达到 44645.38 亿元，比上一年分别增加了 2162.73 亿元和 211.02 亿元，文化制造业年末从业人员人均营业收入则有 76.59 万元，比上一年增加了 2.61 万元；2020 年我国文化批发和零售业年末从业人员共计 163.17 万人，比上一年减少了 1.07 万人，资产总计 19577.88 亿元，比上一年增加了 476.10 亿元，营业收入 23179.26 亿元，比上一年减少了 1101.65 亿元，文化批发和零售业年末从业人员人均营业收入则有 142.06 万元，比上一年减少了 5.78 万元；2020 年我国文化服务业年末从业人员共计 1147.70 万人，比上一年减少了 10.68 万人，资产总计 211265.20 亿元，营业收入达到 71179.96 亿元，比上一年分别增加了 25288.95 亿元和 4870.08 亿元，文化服务业年末从业人员人均营业收入则有 62.02 万元，比上一年增加了 4.78 万元（见表 3）。可以看到，文化及相关产业整体营业收入呈现增长态势时，只有文化批发和零售业的营业收入比上一年减少了，减幅为 4.54%，其人均营业收入也有所降低，这一情况很有可能与文化产品线下销售渠道受疫情的影响有关。而文化服务业的营业收入比上一年增长 7.34%，比营业收入总计的增幅要高出 4.39 个百分点，在疫情之下逆势增长，体现出这一行业的潜力。

表 3　2020 年按类别分文化及相关产业法人单位基本情况

单位：万人，亿元

类别	年末从业人员		资产总计		营业收入	
	2019 年	2020 年	2019 年	2020 年	2019 年	2020 年
总计	1923.27	1893.79	246229.21	274156.99	135025.15	139004.60
文化制造业	600.65	582.92	41151.18	43313.91	44434.36	44645.38
文化批发和零售业	164.24	163.17	19101.78	19577.88	24280.91	23179.26
文化服务业	1158.38	1147.70	185976.25	211265.20	66309.88	71179.96

资料来源：国家统计局社会科技和文化产业统计司、中宣部文化体制改革和发展办公室编《中国文化及相关产业统计年鉴 2021》，中国统计出版社，2021。

2. 文化及相关产业固定资产投资情况

2020 年已经是根据《文化及相关产业分类（2018）》调整文化及相关产业类别的第三年，按照新的分类方法统计，我国文化及相关产业固定资产总投资增速为-5.30%，比 2019 年 1.10%的增速下降了 6.40 个百分点。其中，文化装备生产投资增速最快，为 12. 20%；其次是文化投资运营，其投资增速为 12. 00%。另外，2020 年还出现了固定资产投资负增长的产业，分别为新闻信息服务，其投资增速为-17. 80%；文化辅助生产和中介服务，其投资增速为-14. 30%；文化消费终端生产，其投资增速为-9. 70%；文化娱乐休闲服务，其投资增速为-8. 80%；文化传播渠道，其投资增速为-6. 00%，与 2019 年相同；创意设计服务，其投资增速为-4. 60%（见表 4）。在 9 类文化产业中，只有两类文化产业的固定资产投资实现了正增长，有 7 类文化产业的固定资产投资出现了负增长。

表 4　2019~2020 年按类别分文化及相关产业固定资产投资增速

单位：%

年份	总计	新闻信息服务	内容创作生产	创意设计服务	文化传播渠道	文化投资运营	文化娱乐休闲服务	文化辅助生产和中介服务	文化装备生产	文化消费终端生产
2019	1. 10	-14. 30	-4. 50	7. 80	-6. 00	16. 90	-0. 30	11. 50	-7. 10	12. 90
2020	-5. 30	-17. 80	-2. 50	-4. 60	-6. 00	12. 00	-8. 80	-14. 30	12. 20	-9. 70

资料来源：国家统计局社会科技和文化产业统计司、中宣部文化体制改革和发展办公室编《中国文化及相关产业统计年鉴 2021》，中国统计出版社，2021。

对比 2019 年和 2020 年的情况可以发现，文化装备生产的固定资产投资在疫情背景下出现了逆势增长的情况，其固定资产投资从 2019 年的下降 7. 10%扭转为 2020 年的增长 12. 20%，成为本年度固定资产投资实现从下降到增长的唯一领域，体现出其强劲的发展势头，文化投资运营虽然在 2020 年的固定资产投资增速有所放缓，但仍然实现了超过两位数的增长，其增长率为 12. 00%，内容创作生产的固定资产投资虽然仍然处于下降中，但下降的速度有所放缓，这一产业展现出一定的韧劲。以上三个产业在疫情之下的发展值得作为文化发展领域的重点研究对象，了解与明确它们的发展潜力与吸引力，就有可能使它们成为我国"十四五"期间文化产业发展的潜在增长点。另外，文化消费终端生产的固定资产投资在 2019 年增长 12. 90%后，在 2020 年出现明显下降，下降 9. 70%；文化辅助生产和中介服务的固定资产投资从 2019 年的增长 11. 50%到 2020 年的下降 14. 30%，情况同样不容乐观；创意设计服务的固定资产投资情况存在不小的问题，从 2019 年的增长 7. 80%到 2020 年的下降

4.60%。这几个之前投资形势较好的产业在2020年的投资都出现了明显下降，对这些产业的发展将会产生不利影响。新闻信息服务的固定资产投资继2019年下降14.30%后，在2020年又下降了17.80%，说明这一产业的固定资产投资形势仍然十分严峻。新闻信息服务产业有可能陷入发展困境，需要持续关注。

3. 文化产品进出口

2020年我国文化产品进出口总额为1086.90亿美元，与2019年相比呈下降态势，降幅为2.48%。其中，出口额为972.00亿美元，比2019年减少了26.90亿美元，增长-2.69%；进口额在2020年有所下降，为114.90亿美元，比2019年减少了0.80亿美元，增长-0.69%；贸易差额为857.10亿美元，比2019年减少了26.10亿美元，增长-2.96%（见表5）。

表5　2012~2020文化产品进出口情况

单位：亿美元，%

年份	进出口总额	出口额	进口额	贸易差额	增长率		
					进出口总额	出口	进口
2012	887.53	766.53	120.99	645.54	32.20	31.68	35.56
2013	1070.77	898.58	172.19	726.39	20.65	17.23	42.32
2014	1273.70	1118.32	155.38	962.94	18.95	24.45	-9.76
2015	1013.20	870.90	142.30	728.60	-20.45	-22.10	-8.40
2016	881.50	784.90	96.60	688.30	-13.00	-9.90	-32.10
2017	971.16	881.85	89.31	792.54	10.17	12.40	-7.58
2018	1023.80	925.30	98.50	826.80	5.42	4.90	10.30
2019	1114.50	998.90	115.70	883.20	8.86	7.90	17.40
2020	1086.90	972.00	114.90	857.10	-2.48	-2.69	-0.69

资料来源：国家统计局社会科技和文化产业统计司、中宣部文化体制改革和发展办公室编《中国文化及相关产业统计年鉴2021》，中国统计出版社，2021。

如图1所示，2020年我国文化产品的进出口总额呈现下降趋势，进出口总额的下降主要表现在出口额下降，进口额虽然有所下降，但是并不明显，贸易差额比上一年有所减少。但是，中华人民共和国海关总署发布的

2020 年 12 月全国进出口总值表和 2021 年 12 月全国进出口总值表显示，2020 年 1~12 月累计进出口总值为 46462.6 亿美元，1~12 月累计同比增长 1.5%，2021 年 1~12 月累计进出口总值为 60514.9 亿美元，1~12 月累计同比增长 30%。[①] 由此可以发现，2021 年无论是在累计进出口总值上还是在累计同比上都有较大的增长。因此，2020 年和 2021 年总体情况的对比在一定程度上反映了，2020 年我国文化产品进出口的下降趋势主要受新冠肺炎疫情的影响，到了 2021 年，这一趋势已经有所缓和。

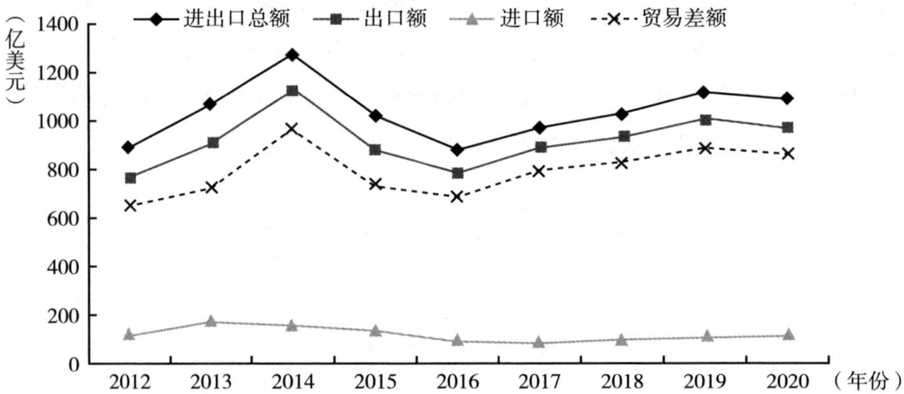

图 1　2012~2020 年文化产品进出口情况

资料来源：国家统计局社会科技和文化产业统计司、中宣部文化体制改革和发展办公室编《中国文化及相关产业统计年鉴 2021》，中国统计出版社，2021。

二　中国文化生产细分产业基本情况

（一）各细分产业概况

2020 年是执行《文化及相关产业分类（2018）》标准的第三年，各细分产业的具体企业单位数、从业人员数等统计数据在历经两年的调整之后，依然出现了许多变化。2020 年我国文化生产三个产业的总体情况基本如下，从按类别分规模以上文化及相关产业企业单位数的降序排列来看，最多的是文化服

① 数据来源于国家海关总署网站。

务业，其企业单位数为 33251 个，占文化及相关产业企业单位总数的 52.03%，相较于 2019 年增加了 1765 个；排第二位的是文化制造业，其企业单位数为 19479 个，占文化及相关产业企业单位总数的 30.48%，相较于 2019 年增加了 195 个；文化批发和零售业仍然居于末位，其企业单位数为 11183 个，占文化及相关产业企业单位总数的 17.50%，相较于 2019 年增加了 721 个。2020 年按类别分规模以上文化及相关产业企业的年末从业人员数较 2019 年也有不同程度的变化。2020 年，年末从业人员数最多的仍然是文化制造业，为 3844794 人，较 2019 年减少了 140394 人；接着是文化服务业，为 3526524 人，较 2019 年增加了 43976 人；文化批发和零售业的年末从业人员数仍居于末位，仅有 511205 人，较 2019 年减少了 18592 人。

2020 年按类别分规模以上文化及相关产业企业的利润总额有不同程度的变化。2020 年文化服务业的利润总额最高，达到了 59537131 万元，占文化及相关产业企业利润总额的 68.84%，较 2019 年增加了 7233288 万元；排第二位的是文化制造业，其利润总额为 21246613 万元，占文化及相关产业企业利润总额的 24.57%，较 2019 年增加了 84955 万元；文化批发和零售业的利润总额为 5702818 万元，较 2019 年增加了 296570 万元，仅占文化及相关产业企业利润总额的 6.59%，是三个产业中占比最低的。从具体产业大类来看，利润总额排名靠前的产业分别为内容创作生产、新闻信息服务、文化传播渠道，对应的利润总额分别是 30494675 万元、14553388 万元和 13758111 万元；利润总额排名较靠后的产业分别是文化娱乐休闲服务（-1248142万元）、文化投资运营（1235396 万元）和文化装备生产（2986828 万元）（见表 6）。

表 6　2020 年按类别分规模以上文化及相关产业企业基本情况

类别	企业单位数（个）	企业单位数增加值（个）	年末从业人员数（人）	年末从业人员增加值（人）	资产总计（万元）	利润总额（万元）	利润总额增加值（万元）
总计	63913	2678	7882523	11246	1562013617	86486562	7614813
文化制造业	19479	195	3844794	-140394	350962184	21246613	84955
文化批发和零售业	11183	721	511205	-18592	127847327	5702818	296570
文化服务业	33251	1765	3526524	43976	1083204106	59537131	7233288
具体产业大类							

续表

类别	企业单位数（个）	企业单位数增加值（个）	年末从业人员数（人）	年末从业人员增加值（人）	资产总计（万元）	利润总额（万元）	利润总额增加值（万元）
一、新闻信息服务	2191	—	512265	—	180721800	14553388	—
二、内容创作生产	12621	—	1701432	—	320174357	30494675	—
三、创意设计服务	11400	—	1025073	—	171943774	8206041	—
四、文化传播渠道	8110	—	713626	—	202328407	13758111	—
五、文化投资运营	455	—	37613	—	164880987	1235396	—
六、文化娱乐休闲服务	4342	—	427888	—	132303412	-1248142	—
七、文化辅助生产和中介服务	11832	—	1383076	—	195399248	9677080	—
八、文化装备生产	2986	—	589792	—	56069889	2986828	—
九、文化消费终端生产	9976	—	1491758	—	138191743	6823184	—

资料来源：国家统计局社会科技和文化产业统计司、中宣部文化体制改革和发展办公室编《中国文化及相关产业统计年鉴 2021》，中国统计出版社，2021。

根据文化生产领域企业单位数、资产总计和利润总额这三个方面的数据，可以得出 2020~2021 年的文化生产发展有以下几个方面的特点。第一，企业单位数占比最高的产业为文化服务业，虽然其年末从业人员数有所增加，但其年末从业人员数的占比依旧排第二位。更重要的一点是，2020 年仅有文化服务业的年末从业人员数呈正增长，因此，文化服务业作为一个生产效率较高的产业，提供了更多的就业岗位，对我国文化生产领域的作用不可忽视。第二，虽然文化制造业的年末从业人员数和占比都是最高的，但其利润总额不算太高，在其他两个产业利润增速明显上升的情况下，文化制造业在获取利润上的弱势就更明显了。从文化服务业和文化制造业的年末从业人员的人均利润来看，文化制造业的人均利润较文化服务业低。同样，从企业单位数与利润总额的比重来看，文化制造业的企业平均利润总额比文化服务业也更低。文化制造业的企业平均利润总额和年末从业人员的人均利润虽然不是最低，但是其呈现的生产效率问题值得关注。第三，文化批发和零售业在企业单位数、年末从业人员数和利润总额这三个方面仍然都处于三个产业中的末尾。文化批发和零售业的企业平均利润总额与文化制造业和文化服务业的有明显差距，如果计算年末从业人员的人均利润，这一产业的表现则比较出色，虽低于文化服务业，但明显高于文化制造业。从上述这些情况来看，文化批发和零售业虽然目前在三个产业中的占比不算高，但已经展现出一定的发展潜力。在具体产业大类中十分值得注意的是文化娱乐休闲服务业。这一产业的企业单位数、年末从业人员数都不算少，但利润总额却排倒数第一位，而且整个具体产业里仅有其利润总额呈现负增长。作为我国民众精神生活重要组成部分，文化娱乐休闲服务业对于人民群众精神需求的满足、文化获得感的增强以及社会主义核心价值观的深入人心都有重要的意义，然而这个产业的发展情况却不容乐观，在上年的数据中排倒数第二位，2020 年则是仅有的利润总额为负增长的产业，从这两年的表现来看，这恐怕不只是疫情的原因。如何推动这个产业发展，给这个产业带来发展动力和增长点，是值得进一步分析的问题。

（二）互联网文化产业发展情况

近年来，随着“互联网+”“大数据”“人工智能”“物联网”以及相关一系列技术的发展，数字文化产业迎来了更多的发展机遇。党的十九大以来，我国加快推进数字文化产业的发展，推动互联网、人工智能和实体经济之间的深度融合，加强互联网内容建设，建立网络综合治理体系，通过一系列的净网行动来营造清朗的网络空间。在一系列政策的扶持下，我国数字文化产业取得了长足的进步。但与此同时，一些较为传统的数字文化产业却遭遇了发展瓶颈。本部分将通过国内网吧行业、知识付费等新兴数字文化产业的发展来分析互联网文化产业的发展情况。

1. 网吧行业发展情况

2020 年，我国网吧行业的机构数、从业人员数、资产总计、营业收入及营业利润额继续呈下降趋势。2020 年，机构数为 106165 个，比 2019 年减少 10642 个，降幅为 9. 11%；从业人员数为 247148 人，较 2019 年减少 64711 人，降幅为 20. 75%；资产总计为 3853536 万元，较 2019 年减少 1005360 万元，降幅为 20. 69%；营业收入为 1815333 万元，较 2019 年减少 628611 万元，降幅为 25. 72%；营业利润额为-171908 万元，较 2019 年减少 588787 万元，降幅为 141. 24%（见表 7）。

表 7　2014~2020 年国内网吧行业经营基本情况

年份	机构数（个）	从业人员数（人）	资产总计（万元）	营业收入（万元）	营业利润额（万元）
2014	129368	452368	7431831	4479929	1962960
2015	134847	480260	6939291	4009643	1302975
2016	141587	488298	7484979	4323160	1312916
2017	143434	440853	6947788	3825868	1071760
2018	124266	346686	5592315	2946316	767578
2019	116807	311859	4858896	2443944	416879
2020	106165	247148	3853536	1815333	-171908

资料来源：国家统计局社会科技和文化产业统计司、中宣部文化体制改革和发展办公室编《中国文化及相关产业统计年鉴 2021》，中国统计出版社，2021。

2020 年国内网吧行业经营状况仍然呈现衰落态势，机构数、从业人员数、资产总计、营业收入、营业利润额等都出现下降。其中，营业利润额的下降趋势尤为明显，首次出现亏损。2021 年，由于新冠疫情继续对各行各业造成冲击，网吧行业经营仍旧困难。随着智能手机和个人电脑等的进一步普及，网吧的生存空间将进一步缩小。目前，许多大城市的网吧除了在对电脑配置及网络速度要求较高的电子竞技类活动方面还有一席生存之地外，其大部分传统功能已经被智能手机与个人电脑取代。同时，我国 5G 基础设施建设的迅猛发展、智能手机的不断更新、个人电脑硬件水平的不断提升，都可能会让网吧继续丧失生存空间。因此，这一行业需要尽快转型，不论是从业者还是文化管理部门，都要关注这一行业所面临的各项困难，及早制定相应的规划与对策，促进该行业平稳转型。

2. 互联网文化产业发展概况

2021 年，我国的网民规模达 10.32 亿人，较 2020 年新增 9300 万人，增幅为 9.90%；我国手机网民规模达 10.29 亿人，较 2020 年新增 4300 万人，增幅为 4.36%。在城乡网民分布方面，2021 年城镇网民占 72.40%，较 2020 年上升了 3.70 个百分点；农村网民占 27.60%，较 2020 年下降了 3.70 个百分点（见表 8）。

表 8　2017~2021 年网民规模及上网方式的变化

单位：亿人，%

年份	网民规模		城乡网民规模	
	网民规模	手机网民规模	城镇网民所占的比重	农村网民所占的比重
2017	7.72	7.53	70.30	29.70
2018	8.29	8.17	73.30	26.70
2019	8.72	8.97	72.10	27.90
2020	9.39	9.86	68.70	31.30
2021	10.32	10.29	72.40	27.60

资料来源：《第 49 次〈中国互联网络发展状况统计报告〉》，中国互联网络信息中心网站，2022 年 2 月 25 日，http：//www.cnnic.net.cn/n4/2022/0401/c88-1131.html。

我国网民的规模仍然保持不断扩大的趋势，手机网民规模的增速相当可观，说明智能手机的普及确实使网民规模大幅扩大。与此同时，城乡网民所占的比重处于动态波动中，2021 年城镇网民与农村网民所占的比重与 2019 年相近，而 2020 年城乡网民所占的比重出现一定波动，农村网民所占的比重由 2019 年的 27.90%上升到 2020 年的 31.30%，到了 2021 年，这一比重又回到了与前几年相近的水平。从中国城乡网民的占比来看，农村网民所占的比重始终在 30%左右，农村网络普及率有待进一步提高，而 2020 年农村网民所占的比重突然提升，可能与新冠疫情有关。许多在城市打工甚至长住的居民因春节回乡受疫情影响而留在农村，使得农村地区的网络需求增多，加上随后全国中小学采取了在线网课的上课形式，更进一步刺激了更多长住农村居民的上网需求。然而，农村网民所占的比重在 2021 年有所回落，说明我国广大农村居民对于互联网的使用还较为有限，互联网文化产业所能提供相关设施的销售和服务在农村地区都还有很大的提升空间，是否以及如何将互联网文化产业从一二线城市下沉到广大农村地区，将会是未来五年甚至更长时间这一产业能否真正成为文化生产环节中重要一环的关键。

互联网文化产业的另一个发展潜力巨大的核心行业是知识付费行业，这一行业近年来依旧保持不错的发展势头。2019 年 11 月中共中央办公厅、国务院办公厅印发的《关于强化知识产权保护的意见》提出力争到 2022

年，侵权易发多发现象得到有效遏制的目标；2021 年 5 月国家知识产权局与公安部印发的《关于加强协作配合强化知识产权保护的意见》与 2021 年 10 月国家知识产权局与司法部印发的《关于加强知识产权纠纷调解工作的意见》表明，我国知识产权保护相关的法律法规得到进一步完善。随着知识产权保护的各项新政策出台，知识付费行业将会有更多的发展机会。我国知识付费行业用户规模在 2020 年达到了 4.18 亿人，较 2019 年增加了 0.62 亿人，增幅为 17.42%；其市场规模在 2020 年达到了 392.00 亿元，较 2019 年增加了 114.00 亿元，增幅为 41.01%（见表 9）。由此可见，知识付费行业作为新兴数字文化产业，市场前景较好，2019~2020 年，其市场规模依然保持增长，虽然 2020 年的增幅要低于 2019 年的，但是就整个知识付费行业市场规模的发展来说，增长率已经保持在一个较高的水平，知识付费行业已经由一个新生行业逐渐走上发展正轨，成为互联网文化服务产品的重要提供者。

表 9　2017~2020 年中国知识付费行业基本情况

年份	用户规模(亿人)	增长率(%)	市场规模(亿元)	增长率(%)
2017	1.88	102.15	49.10	82.53
2018	2.92	55.32	148.30	202.04
2019	3.56	21.92	278.00	87.46
2020	4.18	17.42	392.00	41.01

资料来源：中投产业研究院《2022~2026 年中国知识付费行业深度调研及投资前景预测报告》。

三　重点行业的发展前景与对策

2020~2021 年中国文化生产各具体行业的“十四五”规划集中出台，为我国文化生产下一个五年的发展指明了方向，将会对我国文化生产产生重要影响。然而，这种影响的长期效果还需要进一步观察，因此，本报告仅集中关注前几年已经有所注意的网吧行业的衰落与互联网文化产业中在“双减”政策影响下面临困境的在线教育行业的问题，并根据分析提出相应的对策。

（一）网吧行业的发展前景与对策

1. 发展状况与前景

2020~2021年，网吧经营状况呈现衰落态势的问题不仅得到了主流媒体和网络媒体的关注，而且相关部门连续出台了两个与之相关的通知，希望能够通过这些指导性意见推动网吧行业的转型和发展。2020年12月，文化和旅游部发布了《关于进一步优化营商环境 推动互联网上网服务行业规范发展的通知》（以下简称《通知》），针对互联网上网服务行业新业态缺乏规范管理以及部分场所仍然违规接纳未成年人等问题，对互联网上网服务行业进行了进一步规范，并对这一行业的转型提出了建议。第一，拓展上网服务场所的服务功能，即将互联网上网服务与其他服务如拓展训练、电子竞技、电子商务、快递寄存等相结合，丰富这些服务场所的服务内容；第二，推动这些互联网上网服务场所积极参与公共文化服务，使其成为国家和地方政府部门购买公共服务的对象；第三，推动互联网服务等级评定标准的落地，提升服务质量和水平，增强互联网服务企业的活力。

2021年3月，《工人日报》以《一年倒闭超1.2万家，网吧路在何方》为题报道了网吧这一行业的发展困境，特别是从2020年至2021年3月的公开数据可以看到，其间，吊销和注销的网吧相关企业达到了12888家，而到2021年2月，全国仍在营业的网吧仅有12.4万家，这就意味着退出网吧行业的企业数接近10%。该报道认为，一方面，随着互联网的发展，多数家庭已经拥有家庭电脑和手机，基本上网服务功能已经不需要去网吧就能实现，而对年轻人曾经颇有吸引力地去网吧组队打游戏，随着当时的消费主力进入社会和家庭，他们已经不再以这种方式进行娱乐和社交；另一方面，手机游戏的出现大大冲击了这一需求，因此，不少更年轻的“00后”更习惯在手机上而非电脑上打游戏，网吧本身所能提供的上网服务不再具有吸引力。不仅如此，网吧的经营成本不断飙升，网吧行业为了抓住游戏这一风口转型成为“网咖”，在硬件配置上投资较高，即便成功升级后，他们仍然面临与更加专业、揽客能力更强的电竞馆的竞争。因此，网吧从业者即便主动转型，目前所面临的困难也非常大。

随着《外商投资准入特别管理措施（负面清单）（2020年版）》等规定的出台，外国及我国港澳台投资者已获得互联网上网服务经营权，传统的网吧行业将面临更大的挑战。将网吧行业与电竞业相结合固然是一条可行的出路，但是会遇到极大的挑战，特别是电竞业近年来发展势头较为迅猛，国内外都出现了一批较为成熟、资金和管理实力都颇强的企业，以地方性个体经营为主的网吧在竞争中不占优势，也不一定能够为电竞业提供更有吸引力的硬件和场地，因此仅从网咖这一个方向转型成功的可能性有限。总体来说，网吧作为互联网服务提供者，目前所提供的几乎所有上网服务都能够被家庭电脑、手机甚至是专业的游戏设备取代，因此网吧行业必须拓宽思路，提升服务质量和水平，才有可能真正绝地求生。

2. 对策与建议

第一，网吧行业可以通过增加服务内容的方式维系生存，如《通知》中所提到的快递寄存、线下试用甚至是打印、复印等服务，形成“网吧+”模式，令网吧成为附近社区不可或缺的枢纽之一。第二，网吧行业能够通过积极参与公共文化服务来找到一条新的发展道路。根据湖北大学高等人文研究院“中国文化发展现状调查（2021）”数据库发现，人们对于公共文化服务的数字化、网络化和智能化问题十分关注，被调查者认同在公共文化服务方面需要增强其数字化、网络化和智能化转型（见表10）。由此可见，群众对公共文化服务中网络化的要求不仅存在，且有较高的期待，提升公共文化服务的数字化水平，将会增强与提升人民群众对公共文化服务的获得感和满意程度。同时被调查者对“数字化、网络化文化产品是‘快餐’，文化消费传统一些好”观点的认同度很低，说明人们对公共文化产品的科技创新而且不断迭代的长期性趋势感受很深，即公共文化在发展中，数字化、网络化的文化产品已经被广泛接受。

此外，被调查者对“鼓励数字文化企业参与免费公益文化场景服务”观点的认同度相对较低，即人们对数字文化企业的公益性服务信心不足，有可能是因为人们还未意识到数字文化企业参与公共文化服务的可行性和优势，毕竟数字文化企业通常被认为是商业企业，与政府主导的公共文化服务领域有较大的差异。但是，我国已经在政府购买文化服务上积累了不少成功经验，因此，在公共文化服务领域进行这样的创新性尝试是可行的。表 11 中对公共文化服务（数字化、网络化、智能化）科技创新的认同差异检验结果表明，被调查者对“引导推进群众文化活动网络直播、互动体验服务”观点的认同度显著低于其他选项。数据说明，人们对引导推进群众文化活动网络直播、互动体验服务的新形式还存在疑虑，或者说，群众文化活动网络直播、互动体验服务的新形式还需要继续探索，在“遍地开花”的基础上要出精品，在推动人们消费文化产品的同时增强互动体验。

表 10 对公共文化服务（数字化、网络化、智能化）科技创新的认同（多选）

单位：人，%

分类	人数	占样本比重	占选择人次比重
D22A. 应拓展文化服务智慧应用场景，建立“云图书馆”“云艺术馆”	5564	71. 66	20. 20
D22B. 利用微信平台、短视频开展公共数字文化服务	5542	71. 38	20. 12
D22C. 公共文化网络平台和政务平台“一体化”服务很有必要	5843	75. 26	21. 21
D22D. 引导推进群众文化活动网络直播、互动体验服务	4912	63. 27	17. 83
D22E. 鼓励数字文化企业参与免费公益文化场景服务	4546	58. 55	16. 50
D22F. 数字化、网络化文化产品是“快餐”，文化消费传统一些好	1143	14. 72	4. 15
选择人次总计	27550	—	100. 00

资料来源：湖北大学高等人文研究院、中华文化发展湖北省协同创新中心“中国文化发展现状调查（2021）”数据库。

表 11 对公共文化服务（数字化、网络化、智能化）科技创新的认同（总均值参数 1. 704）差异检验结果

题项(变量)	样本数	均值	均值差	t 值	显著性(P)
D22A. 应拓展文化服务智慧应用场景，建立“云图书馆”“云艺术馆”	7764	1. 72	0. 013	2. 472	0. 000***
D22B. 利用微信平台、短视频开展公共数字文化服务	7764	1. 71	0. 010	1. 912	0. 000***
D22C. 公共文化网络平台和政务平台“一体化”服务很有必要	7764	1. 75	0. 049	9. 918	0. 000***
D22D. 引导推进群众文化活动网络直播、互动体验服务	7764	1. 63	−0. 071	−13. 038	0. 000***

注：*** 表示 $P<0.001$，具有显著性。

资料来源：湖北大学高等人文研究院、中华文化发展湖北省协同创新中心“中国文化发展现状调查（2021）”数据库。

（二）“双减”政策影响下的在线教育行业发展情况及建议

中国知识付费相关行业在近几年有了迅速发展，我国互联网用户规模的不断扩大、智能手机用户数量的不断提升、互联网基础设施的不断完善，都为借助互联网开展各类知识付费服务提供了坚实的物质基础。根据艾媒咨询对中国知识付费行业的深入研究和预测，2023 年中国知识付费行业用户规模可能达到 5.72 亿人（见图 2）。不仅如此，大众对于知识付费的接受度有了较大的提升，从整体来说，知识付费行业发展潜力巨大。

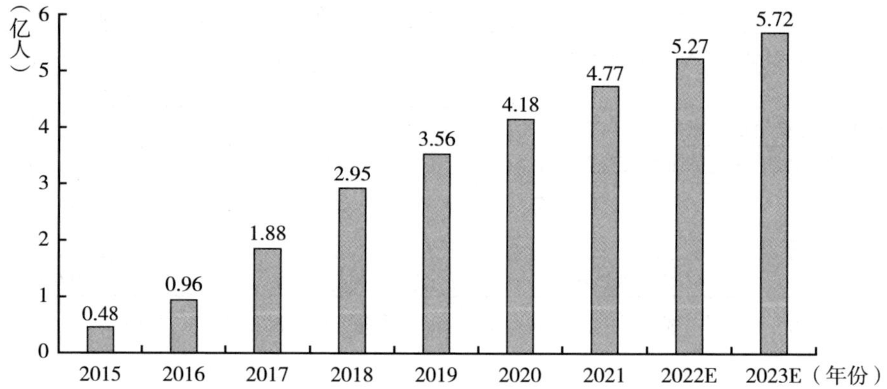

图 2　2015~2023 年中国知识付费行业用户规模及预测

资料来源：《2022 年中国知识付费行业市场发展趋势：2023 年市场规模将突破 1800 亿元》，艾媒网，2022 年 6 月 7 日，http：//www.iimedia.cn/c1020/85954.html。

1.发展状况与前景

2021 年发布的《关于进一步减轻义务教育阶段学生作业负担和校外培训负担的意见》对知识付费行业中的在线教育领域产生了较大的冲击。由于篇幅所限，本报告仅对“双减”政策对在线教育的影响和给在线教育带来的机遇进行分析。根据“中国文化发展现状调查（2021）”数据库发现，被调查者对于“双减”政策的目标，即“使教育回归学校，促使学生德智体全面发展”观点的认同度较高，认同人数占比 79.12%，同时有 64.45%的被调查者认为，“双减”政策“明显减轻了学生的校外培训负担”。但是，有些被调查者对于这一政策“明显减轻了学生的作业负担”的认同度并不高，占比为

55.13%。不仅如此，不少被调查者对于“双减”政策仍然持观望态度，有56.76%的被调查者表示对“‘双减’政策在短期不能下结论，需要进一步观察其效果”，同时有69.68%的被调查者认为“‘双减’政策应该有边界，不能忽左忽右”，这体现出人们对于这一政策的延续性和中长期效果还是感到担忧（见表12）。

表12　对“双减”政策的认知和评价（多选）

单位：人，%

分类	人数	占样本比重	占选择人次比重
D28A. 明显减轻了学生的作业负担	4280	55.13	16.95
D28B. 明显减轻了学生的校外培训负担	5004	64.45	19.82
D28C. 使教育回归学校，促使学生德智体全面发展	6143	79.12	24.33
D28D.“双减”政策应该有边界，不能忽左忽右	5410	69.68	21.43
D28E.“双减”政策在短期不能下结论，需要进一步观察其效果	4407	56.76	17.46
选择人次总计	25244	—	100.00

资料来源：湖北大学高等人文研究院、中华文化发展湖北省协同创新中心“中国文化发展现状调查（2021）”数据库。

自从2018年教育部印发《教育信息化2.0行动计划》并提出到2022年基本实现“三全两高一大”的发展目标之后，“互联网+教育”模式就成为文化生产中的一个热点，在线教育在短时间内迅猛发展。中国科学院大数据挖掘与知识管理重点实验室课题组的《2020年中国在线教育网课市场白皮书暨2021年前瞻报告》指出，2020年在线教育从最初的小众领域变为主流，网课平台获得了巨量的新用户，家长群体对于在线网课的认知度和接受度都有显著提升，在线教育这一行业在2020年获得了大量投资，其投资总额是之前所有年份的总和。

然而，2021年的义务教育“双减”政策对在线教育中的数个门类产生了巨大影响。在线教育按照课程内容可分为学前教育、K12教育、高等教育、技能培训等，其中K12教育相关行业在“双减”政策落地之后受到了较大冲击，学前教育也受到了一定的影响，与此同时，素质教育、职业教育等行业则获得了新的发展机遇。2021 年，在线教育融资情况良好，其中职业教育、Steam 教育的融资金额占比较高，而占比最低的是高等教育，说明社会教育资本还基本未进入高等教育赛道，互联网巨头等主要布局在职业教育和 Steam 教育（见图 3）。

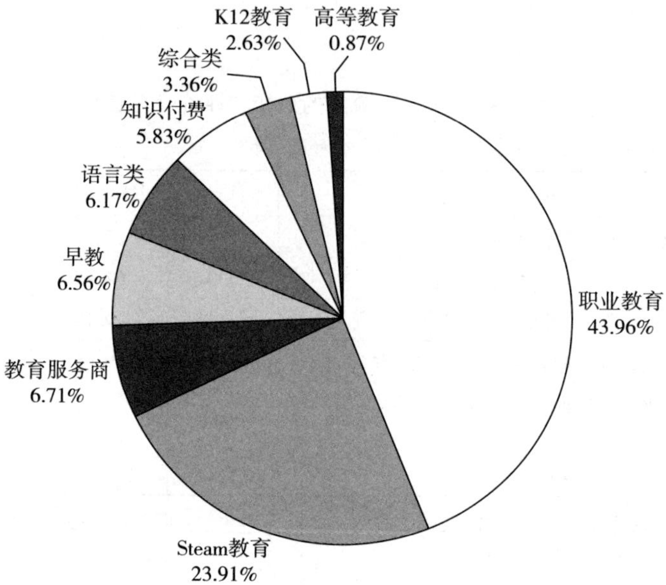

图 3　2021 年中国互联网在线教育融资金额分布情况

资料来源：中商产业研究院。

因此，虽然“双减”政策使在线教育行业中的一些门类特别是 K12 教育受到了冲击，导致整个行业的整体增速有所放缓，但是从投资规模来看，这一行业的前景总体还是光明的。

本报告对线上教学效果进行调查发现，人们对于线上教学的效果认可度不高，不论是对教学方法、教学手段，还是对线上学习的内容、效果、形式甚至网络程序，都有较多的负面评价，赞同“线上教学的网络程序，需进一步完善”的占比达到 61.59%（见表 13）。

将线上教学存在的几个问题进行更加具体的比较分析发现，对于线上教学的硬件环境，即网络程序的完善程度的满意度比较低，而线上学习内容的贫乏和教学形式的单调这两个问题更加突出。不论任何教育，从具体的教学来看，

表 13　对线上教学的评价（多选）

单位：人，%

分类	人数	占样本比重	占选择人次比重
D29A. 线上教学方法、教学手段需要创新	5606	72.21	21.62
D29B. 线上学习的内容需要丰富	5296	68.21	20.43
D29C. 线上学习达不到理想的效果	5038	64.89	19.43
D29D. 线上教学形式单调，需要丰富教学形式	5206	67.05	20.08
D29E. 线上教学的网络程序，需进一步完善	4782	61.59	18.44
选择人次总计	25928	—	100.00

资料来源：湖北大学高等人文研究院、中华文化发展湖北省协同创新中心“中国文化发展现状调查（2021）”数据库。

内容和形式都是教学的重中之重，而在线上教学中，这两个方面的问题都十分明显，导致人们认为线上学习的效果不够理想（见表 14）。

表 14　对线上教学的评价（总均值参数 1.654）差异检验结果

题项（变量）	样本数	均值	均值差	t 值	显著性（P）
D29B. 线上学习的内容需要丰富	7764	1.68	0.028	5.321	0.000***
D29C. 线上学习达不到理想的效果	7764	1.65	-0.005	-0.943	0.346
D29D. 线上教学形式单调，需要丰富教学形式	7764	1.67	0.017	3.099	0.002**
D29E. 线上教学的网络程序，需进一步完善	7764	1.62	-0.038	-6.898	0.000***

注：** 表示 $P<0.01$，具有显著性；*** 表示 $P<0.001$，具有显著性。

资料来源：湖北大学高等人文研究院、中华文化发展湖北省协同创新中心“中国文化发展现状调查（2021）”数据库。

通过以上分析可以看到，在线教育行业即便受到“双减”政策的冲击，在整体上并未出现之前担心的问题，仍然保持平稳发展态势。虽然行业的整体发展值得关注，但教育界和在线教育行业真正需要关心的并不是量的增长，而是借助在线教育这一工具使我国教育水平实现质的提升。因此，需要重新回到教育本身，通过不断探索适合在线教育的学习特点，关注学生在进行在线学习时认知、心理、习惯等方面的不同之处，并有针对性地丰富在线教育的内容和形式，只有这样才能真正为在线教育奠定坚实的基础。

2. 对策建议

本报告认为，提升我国教育信息化水平，发展在线教育，亟待解决的核心问题有两个。第一，重视在线教育的相关理论研究。在线教育在我国整体教育中的占比已经近50%，成为教育的重要形式，虽然在线教育实践多，但相关理论研究十分少，国内外对这一领域的教学原理研究都还处于起步阶段，甚至有不少教育学者将在线教育视为一种疫情下不得已采取的暂时性方法。然而，不论是从在线教育行业本身的发展来看，还是从我国教育事业的大局来看，在线教育将成为信息化教育的重要组成部分，因此，对这一新兴教育类型的跨学科研究将会为提升教育质量提供关键的理论支撑。第二，提升在线教育的教学效果。不论是大中小学安排的在线教育，还是在线教育行业提供的学习内容，都存在学生学习效果不理想的情况。当我国的信息化基础设施已经能够为民众提供较好的在线教育硬件支持时，不论是在线教育 App 和客户端的开发这些技术环节，还是在线课程内容和形式的多样化拓展，都将成为真正决定我国教育信息化工作和保证在线教育行业稳定发展的关键性因素。因此，各方都应以提升在线教育的教学效果为目标，从多个方向共同努力，为在线教育行业，为我国教育事业的信息化、现代化发展做出应有的贡献。

为此，本报告提出以下建议。第一，各级教育主管部门重视和强调教育信息化的理论研究，将在线教育视为我国各级教育活动的重要一环而非特殊情况下的补充与辅助；可以以开展一些与之密切相关的课题申报等活动为抓手，推动教育工作者对相关问题的分析和理论研究，由此形成具有中国特色的在线教育理论。第二，加强教师的在线教育技能培训。不论是在线教育行业的从业者还是奋斗在大中小学里的教师，都未受到有关在线教育的教学特点、技巧等方面的系统性训练，不论是对在线教育 App 和客户端等软件环境的熟悉程度还是对在线教学内容构成的熟悉程度，都完全依赖于教师本人，这些内容在高校师范教育专业的教育中并未得到体现，因此建立在线教育的相关培训体系迫在眉睫。第三，在线教育的特殊性决定了在线教育必定是一个多行业共同合作的事业，需要打破互联网基础设施建设方、在线教育软件提供方、在线教育内容提供商与公共教育系统之间的壁垒，形成各方共同合作、共同努力的态势，只有在文化、教育、商业、信息等部门的通力协作下，才有可能真正实现教育信息化、现代化，走有中国特色的教育事业之路。

参考文献

《高举中国特色社会主义伟大旗帜　为全面建设社会主义现代化国家而团结奋斗》，《人民日报》2022 年 11 月 1 日。

秦开凤、张陈一轩：《新发展格局下数字文化消费的内涵、潜力与发展路径》，《东岳论丛》2022 年第 12 期。

向勇：《完善重大文化产业项目带动战略的协同机制》，《人民论坛》2022 年第 23 期。

唐夕：《数字技术拓展传统文化产业发展新途径》，《中国社会科学报》2022 年 12 月 14 日。

B.4

中国公共文化服务发展报告（2021~2022）

周鸿雁　高　念　周　蜜*

摘　要： 近年来，我国公共文化服务取得进一步发展，主要表现为：政策供给提出了新的发展要求，并在以往的基础上将制度规范更加细化；公共文化服务基础设施更加完善，公共文化服务水平明显提升；城乡基层公共文化服务差距进一步缩小；非物质文化遗产及地方特色文化保护意识有所增强；公共文化服务数字化覆盖面更广、内容更丰富。但还存在着基层公共文化服务能力与影响力不足、对特殊人群的公共文化服务需求关注不够、基层非物质文化遗产与文物保护落实不充分、乡村振兴系列活动仍需加强引导与监督等问题。为此，我国需进一步改善基层公共文化服务，打造特色文化品牌；重视特殊人群的文化服务需求，运用数字化改善服务；进一步增强非物质文化遗产和文物的保护与宣传，推动人人参与保护；推进乡村振兴，监管“乡村网红”，实现城乡公共文化服务均等化。

关键词： 公共文化服务　数字化　乡村振兴

本报告是基于国家相关机构公布的数据对2020~2021年公共文化服务的总体供给情况以及四个基本领域供给情况进行分析，对公共文化服务体系建设进行初步了解，并结合湖北大学高等人文研究院、中华文化发展湖北省协同创

* 周鸿雁，哲学博士，湖北大学公共管理学院教授，中华文化发展湖北省协同创新中心研究员，主要研究方向为公共伦理和公共文化服务；高念，湖北大学公共管理学院公共管理专业2020级硕士研究生；周蜜，湖北大学公共管理学院公共管理专业2020级硕士研究生。

新中心“中国文化发展状况调查（2021）”数据库与往年数据，了解我国公共文化服务所取得的主要成就，分析存在的主要问题，提出相应对策，以期为实现公共文化服务高质量发展提供实证数据支持。

一　中国公共文化服务供给基本情况

（一）中国公共文化服务供给总体情况

1. 公共文化服务政策法规供给情况

政策法规的出台是对我国现阶段公共文化服务发展的指引，对公共文化服务的进一步发展与文化服务工作的落实有着重要意义。结合以往出台的政策法规，为进一步完善公共文化服务体系，在落实“十四五”规划总体要求的基础上，我国对公共文化服务提出了新要求，做了更细化的制度规范，主要体现在以下几个方面①。

一是关于基本公共文化服务的新标准。2015 年，中共中央办公厅、国务院办公厅印发的《国家基本公共文化服务指导标准（2015—2020 年）》对“十三五”时期公共文化服务体系建设发挥了重要作用。2021 年 4 月 21 日，国务院新闻办公室举行《国家基本公共服务标准（2021 年版）》发布会，进一步明确了目前阶段我国基本公共文化服务的主要范围，包括公共文化设施免费开放、送戏曲下乡、收听广播、观看电视、观赏电影、读书看报、少数民族文化服务和残疾人文化体育服务等八个方面内容，同时明确了各个方面的服务对象、服务内容、服务标准、目标责任和牵头单位，为各级政府履职尽责和人民群众享有相应权利提供了重要依据。

二是关于文化产业发展的政策法规。这主要体现在文化产业发展的政策法规引导和政府对文化产业和事业的促进及监管作用两个方面，具体的政策法规包括《关于营造更好发展环境 支持民营文艺表演团队改革发展的实施意见》《关于高质量打造新时代文化高地推进共同富裕示范区建设行动方案（2021—2025 年）》《关于推动国家级文化产业园区高质量发展的意见》《“十四五”

① 这几个方面的政策法规主要来自文化和旅游部网站、财政部网站、国家文物局网站。

文化产业发展规划》《文化产业发展专项资金管理办法》《关于进一步推动文化文物单位文化创意产品开发的若干措施》《关于推动文化产业赋能乡村振兴的意见》。所发布的相关政策法规为文化产业发展提供法律保障、制度支持，为文化产业和事业的发展保驾护航，这有助于加强文化市场的综合执法管理，规范文化市场综合行为。

三是关于公共文化服务基础设施建设、公共文化服务机构的人事管理制度与活动开展安排。首先是一系列关于公共图书馆、博物馆、美术馆等基础文化设施的发展意见与管理办法等，具体包括《关于推动公共文化服务高质量发展的意见》《关于推进博物馆改革发展的指导意见》《公共图书馆馆藏文献信息处置管理办法》等。除此之外，财政部还下达了2021年中央支持地方公共文化服务体系建设补助资金预算，博物馆纪念馆免费开放补助资金预算，公共图书馆、美术馆、文化馆（站）、科技馆免费开放补助资金预算的通知等。其次是一系列关于公共文化服务机构的人事管理制度与活动开展安排，具体包括《关于开展2021年全国美术馆专业人员培训工作的通知》《关于深化图书资料专业人员职称制度改革的指导意见》《关于实施2022年全国美术馆青年策展人扶持计划的通知》《关于下达2021年文化人才专项经费预算的通知》《关于开展2022年“高层次文博行业人才提升计划”的通知》《关于实施全国戏曲表演领军人才培养计划的通知》《关于举办第九届中国京剧艺术节的通知》等。最后值得一提的是，新出台的《“十四五”公共文化服务体系建设规划》对公共文化服务所面临的新形势进行了研判，针对短板和问题进行了简要分析，提出了深刻认识公共文化服务在新的社会发展阶段的特征、要求、规律，并明确了下一阶段公共文化服务的指导思想、基本原则、发展目标。

四是关于非物质文化遗产和文物保护的通知、规划、方案与管理办法。具体包括《关于进一步加强非物质文化遗产保护工作的意见》《中国非物质文化遗产传承人研修培训计划实施方案（2021—2025）》《关于持续推动非遗工坊建设助力乡村振兴的通知》《关于加强民间收藏文物管理 促进文物市场有序发展的意见》《国家非物质文化遗产保护资金管理办法》《关于下达2021年非物质文化遗产保护资金预算的通知》《国有文物资源资产管理暂行办法》《关于加强国家文物保护资金管理的意见》《文物保护标准编写工作手册（试用版）》《关于坚决遏制滥建山寨文物之风的通知》《关于做好2021年文物保护国家标准立项工作的通知》《关于加强桥梁文物防灾减灾工作的意见》《中国石窟寺考古中长期计划（2021—2035年）》《关于文物保护工程资质管理制度改革的通知》《革命文物保护利用片区工作规划编制要求》《大遗址保护利用“十四五”专项规划》《革命文物保护利用“十四五”专项规划》《关于加强新时代革命文物工作的通知》《关于开展第二批国家文物保护利用示范区创建工作的通知》《“十四五”非物质文化遗产保护规划》《“十四五”石窟寺保护利用专项规划》《文物统计管理办法（试行）》《全国重点文物保护单位申报遴选规定》《关于颁布文物修复师国家职业技能标准的通知》等。

五是公共文化服务数字化建设的加强。这主要体现在出台了进一步推动互联网最新科技成果与公共文化服务深度融合的实施方案和指导意见，具体包括《关于开展2021年度国家文化和旅游科技创新工程项目推荐工作的通知》《“十四五”文化和旅游科技创新规划》《关于文物一体化在线政务服务平台及文物“互联网+监管”系统上线运行的通知》《国家文物局 中国移动通信集团有限公司关于深化“博物馆在移动”合作的通知》等。

六是新冠疫情中的工作安排。这主要体现在公共图书馆、文化馆（站）、博物馆、艺术表演场馆等公共文化组织为响应国家防疫号召而出台的一系列防疫措施指南，主要包括《关于进一步加强剧院等演出场所、上网服务场所、娱乐场所常态化疫情防控工作的通知》《关于从严从紧抓好文化和旅游行业疫情防控工作的紧急通知》《公共图书馆、文化馆（站）疫情防控措施指南（2021年11月修订版）》等。这些政策的出台确保我国在特殊时期仍然提供公共文化服务，满足人们的精神文化需求。

2. 全国文化文物机构及从业人员情况

全国文化文物机构及从业人员数在2018~2019年经过短暂下滑后，2020年开始出现明显增长。至2020年底，全国文化文物机构数为31.66万个，较上一年增长了2.89万个；从业人员数为340.27万人，较上一年增长了107.75万人（见图1）。2020年全国文化文物机构及从业人员的增长量创下了近十年的新高。

2020年，在我国四个主要公共文化服务机构中，文物机构的数量有较为明显的增长，比上一年增加了752个，增速为7.12%；艺术机构中艺术表演场馆的数量比上一年增加了54个，增速为1.99%；公共图书馆的数量持续呈现

图 1　2011~2020 年全国文化文物机构及从业人员情况

资料来源：中华人民共和国文化部编《中华人民共和国文化部 2017 年文化发展统计公报》，中国统计出版社，2018；国家统计局编《中国统计年鉴 2019》，中国统计出版社，2019；国家统计局编《中国统计年鉴 2020》，中国统计出版社，2020；国家统计局编《中国统计年鉴 2021》，中国统计出版社，2021。

缓慢增长，增速为 0.50%；艺术机构中艺术表演团体的数量比上一年减少 214 个，开始出现负增长；群众文化机构的数量在上一年负增长的基础上继续以较为缓慢的速度减少（见表 1）。

表 1　2019~2020 年全国主要公共文化服务机构的发展情况

单位：个，%

指标		2019 年	2020 年	增长速度
公共图书馆		3196	3212	0.50
群众文化机构		44073	43687	-0.88
文物机构		10562	11314	7.12
艺术机构	艺术表演团体	17795	17581	-1.20
	艺术表演场馆	2716	2770	1.99

资料来源：中华人民共和国文化和旅游部编《中国文化文物和旅游统计年鉴 2021》，国家图书馆出版社，2021。

2020 年全国主要文化服务人员结构的各项指标均呈现正增长的发展趋势，展现了我国对文化人才队伍建设的重视。文物机构的文化服务人员各项指标发展势态最好，其高级职称和中级职称的增速分别为 9.49%和 4.80%，均高于其他两个主要文化服务机构各项指标的增速；群众文化机构中高级职称的文化服务人员的增速次之，较2019年增长了5.99%；公共图书馆中高级职称与中级职称的文化服务人员的增速分别为1.25%和1.77%，与其他两个主要文化服务机构不同，其中级职称的文化服务人员的增速略高于高级职称的文化服务人员的增速（见表2）。

表2　2019~2020年全国主要文化服务人员结构

单位：个，%

指标		2019年	2020年	增长速度
公共图书馆	高级职称	6966	7053	1.25
	中级职称	18540	18868	1.77
群众文化机构	高级职称	6675	7075	5.99
	中级职称	17503	17969	2.66
文物机构	高级职称	10112	11072	9.49
	中级职称	21149	22165	4.80

资料来源：中华人民共和国文化和旅游部编《中国文化文物和旅游统计年鉴2020》，国家图书馆出版社，2020；中华人民共和国文化和旅游部编《中国文化文物和旅游统计年鉴2021》，国家图书馆出版社，2021。

从整体上看，2020年我国公共文化服务在基层服务设施与高素质人才队伍的建设上有较好发展，全国文化文物机构数与从业人员数呈现较快的增长，在主要公共文化服务机构的建设中，文物机构在机构数与人才队伍的建设上发展态势最好，公共图书馆的建设发展较为稳定。

3. 公共文化服务财政投入情况

对于公共文化服务财政投入，在这里用全国人均文化和旅游事业费、中央对地方文化和旅游项目的补助资金两个指标进行分析。从全国人均文化和旅游事业费上看，2011~2020年全国人均文化和旅游事业费一直呈现增长趋势，而增长速度总体呈放缓趋势。2020年全国人均文化和旅游事业费为77.08元，较上一年增长了1.01元，增速为1.33%，可见其增速相较往年极为缓慢，且是近十年最慢的（见图2）。

2020年的全国文化和旅游事业费与2019年相比有所上涨，从1065.75亿元增长到1088.26亿元，同比增长2.11%；2020年全国文化和旅游事业费占

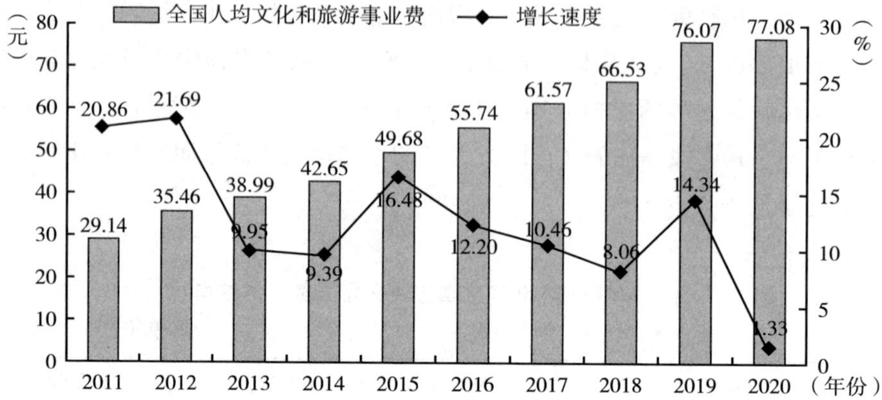

图 2　2011~2020 年全国人均文化和旅游事业费及增长速度

资料来源：中华人民共和国文化和旅游部编《中华人民共和国文化和旅游部 2020 年文化和旅游发展统计公报》，中国统计出版社，2021。

财政总支出的比重为 0.44%，与 2019 年的相比下跌了 0.01 个百分点，这是自 2011 年开始上升后的首次下降（见图 3）。

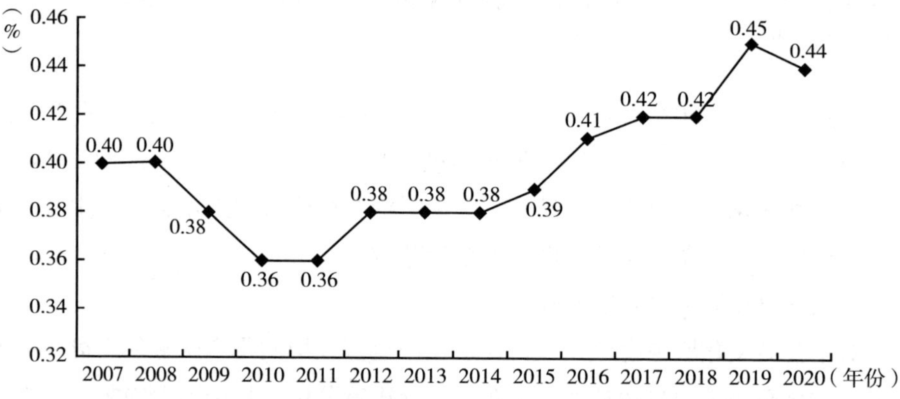

图 3　2007~2020 年全国文化和旅游事业费占财政总支出的比重

资料来源：中华人民共和国文化和旅游部编《中华人民共和国文化和旅游部 2019 年文化和旅游发展统计公报》，中国统计出版社，2020；中华人民共和国文化和旅游部编《中国文化文物和旅游统计年鉴 2021》，国家图书馆出版社，2021。

从全国文化和旅游事业费的城乡分布上看，财政投入仍向县及县以下地方倾斜。2020 年县以上和县及县以下的文化和旅游事业费分别为 501.00 亿元和 587.30 亿元，后者相较 2019 年的投入费用与所占的比重均有所上升，但前者相较 2019 年的投入费用与所占的比重均有所下降，其所占的比重降低了 2.50 个百分点；从东、中、西部地区上看，2020 年东部地区、中部地区与西部地区的文化和旅游事业费比 2019 年均有所增加，分别为 491.60 亿元、269.80 亿元和 301.60 亿元，东部地区和西部地区所占的比重比 2019 年略有上升，分别上升了 0.20 个百分点和 1.60 个百分点，而中部地区所占的比重有所下降，下降幅度不太明显（见表 3）。

表 3　2015~2020 年全国文化和旅游事业费按城乡和区域分布情况

指标	区域	2015 年	2016 年	2017 年	2018 年	2019 年	2020 年
总量（亿元）	全国	682.97	770.69	855.80	928.33	1065.02	1088.30
	县以上	352.84	371.00	398.35	424.96	516.91	501.00
	县及县以下	330.13	399.68	457.45	503.37	548.11	587.30
	东部地区	287.87	333.62	381.71	416.24	478.15	491.60
	中部地区	164.27	184.80	213.30	232.71	265.31	269.80
	西部地区	193.87	218.17	230.70	242.93	277.97	301.60
所占的比重（%）	全国	100.00	100.00	100.00	100.00	100.00	100.00
	县以上	51.70	48.10	46.50	45.80	48.50	46.00
	县及县以下	48.30	51.90	53.50	54.20	51.50	54.00
	东部地区	42.10	43.30	44.60	44.80	44.90	45.10
	中部地区	24.10	24.00	24.90	25.10	24.90	24.80
	西部地区	28.40	28.30	27.00	26.20	26.10	27.70

资料来源：中华人民共和国文化部编《中华人民共和国文化部 2016 年文化发展统计公报》，中国统计出版社，2017；中华人民共和国文化和旅游部编《中华人民共和国文化和旅游部 2019 年文化发展统计公报》，中国统计出版社，2020；中华人民共和国文化和旅游部编《中华人民共和国文化和旅游部 2020 年文化和旅游发展统计公报》，中国统计出版社，2021。

2020 年中央对地方文化和旅游项目的补助资金为 54.92 亿元，与 2019 年相比大幅度下降，下降了 45.62%（见图 4）。近十年，2020 年中央对地方文化和旅游项目的补助资金下降速度最快，可能是受到疫情防控影响，地方文化和旅游项目的开展受限，国家减少了对其资金补助。

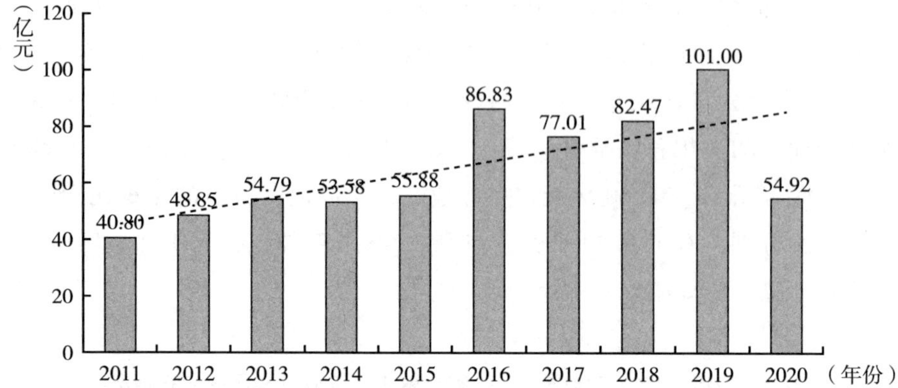

图 4　2011~2020 年中央对地方文化和旅游项目的补助资金

资料来源：中华人民共和国文化和旅游部编《中华人民共和国文化和旅游部 2019 年文化和旅游发展统计公报》，中国统计出版社，2020；中华人民共和国文化和旅游部编《中华人民共和国文化和旅游部 2020 年文化和旅游发展统计公报》，中国统计出版社，2021。

根据以上数据的分析，我国 2020 年公共文化服务财政投入仍保持上涨态势，但从增长速度与占财政总支出的比重上看有所下滑；从财政投入上看，国家财政投入的重心仍在县及县以下，西部地区的国家财政投入增长幅度最大。

（二）中国公共文化服务基本领域的供给情况

1. 公共图书馆

从全国公共图书馆资源发展基本情况上看，相较 2019 年的增长速度，2020 年的增长速度整体上呈现放缓的趋势。2020 年全国公共图书馆人均藏量、阅览室座席数与总藏量增长速度较快，分别增长 6.33%、6.21%和 6.07%；平均每万人公共图书馆建筑面积的增长速度次之，为 4.20%；供读者使用电子阅览室终端数和人均购书费在 2019 年与 2020 年连续两年出现负增长（见表 4）。

表 4　2019~2020 年全国公共图书馆资源发展基本情况

指标	2019 年	2020 年	增长速度（%）	
			2019 年	2020 年
机构数（个）	3196	3212	0.63	0.50
从业人员数（人）	57796	57980	0.34	0.32

续表

指标	2019 年	2020 年	增长速度(%)	
			2019 年	2020 年
总藏量(万册)	111181	117930	7. 20	6. 07
供读者使用电子阅览室终端数(万台)	14. 57	14. 37	-0. 41	-1. 37
阅览室座席数(万个)	119. 07	126. 47	6. 62	6. 21
人均藏量(册)	0. 79	0. 84	6. 76	6. 33
人均购书费(元)	1. 68	1. 60	-5. 36	-4. 76
平均每万人公共图书馆建筑面积(平方米)	121. 40	126. 50	6. 12	4. 20

资料来源：中华人民共和国文化和旅游部编《中国文化文物和旅游统计年鉴 2020》，国家图书馆出版社，2020；中华人民共和国文化和旅游部编《中国文化文物和旅游统计年鉴 2021》，国家图书馆出版社，2021。

2020 年，公共图书馆资源使用率开始大幅度下降，且与 2019 年的正增长趋势相反，均为负增长趋势。与 2019 年相比，2020 年公共图书馆的总流通人次减少了 35989 万人次，下降幅度最大，为 39. 93%；书刊文献外借人次、书刊文献外借册次、举办活动次数与参加活动人次的增长速度分别为-34. 36%、-31. 42%、-23. 00%和-21. 27%（见表 5）。

表 5　2019~2020 年公共图书馆资源使用基本情况

指标	2019 年	2020 年	增长速度(%)	
			2019 年	2020 年
总流通人次(万人次)	90135	54146	9. 88	-39. 93
书刊文献外借人次(万人次)	26609	17467	3. 08	-34. 36
书刊文献外借册次(万册次)	61373	42087	5. 80	-31. 42
举办活动次数(次)	195732	150713	9. 32	-23. 00
参加活动人次(万人次)	11786	9279	10. 70	-21. 27

资料来源：中华人民共和国文化和旅游部编《中国文化文物和旅游统计年鉴 2020》，国家图书馆出版社，2020；中华人民共和国文化和旅游部编《中国文化文物和旅游统计年鉴 2021》，国家图书馆出版社，2021。

2. 群众文化机构

在2020年全国群众文化机构的各项数据中，实际使用房屋建筑面积与每万人拥有群众文化设施建筑面积相较2019年以较为缓慢的速度增长，增长率分别为3.53%和2.67%。除此之外，其他数据均呈负增长，其中文化服务惠及人次和提供文化服务次数两项数据的变化幅度较大、降速较快，分别下降了28.44%和21.40%，其次为计算机数与从业人员数，分别下降了3.41%和2.63%；全国群众文化机构数以缓慢的速度减少（见表6）。

表6　2019~2020年全国群众文化机构发展基体情况

指标	2019年	2020年	增长速度(%)
机构数(个)	44073	43687	-0.88
从业人员数(人)	190068	185076	-2.63
实际使用房屋建筑面积(万平方米)	4518.20	4677.88	3.53
计算机数(台)	401169	387491	-3.41
提供文化服务次数(万次)	245.11	192.65	-21.40
文化服务惠及人次(万人次)	78716	56327.04	-28.44
每万人拥有群众文化设施建筑面积(平方米)	322.70	331.30	2.67

资料来源：中华人民共和国文化和旅游部编《中国文化文物和旅游统计年鉴2020》，国家图书馆出版社，2020；中华人民共和国文化和旅游部编《中国文化文物和旅游统计年鉴2021》，国家图书馆出版社，2021。

2020年全国群众文化机构活动开展情况不容乐观，活动次数和服务人次均呈现负增长。2020年全国群众文化机构共举办192.65万次活动，提供服务56327.04万人次，增长速度分别为-21.40%和-28.44%；从活动次数上看，举办训练班的活动次数下降幅度最大，为24.78%，其次为组织公益性讲座和组织文艺活动的次数；从服务人次上看，举办展览的服务人次的增长速度变化最大，为-30.27%，组织文艺活动和举办训练班的服务人次下降速度次之。其中，举办训练班的活动次数的下降速度和举办展览的服务人次的下降速度均超过了2020年全国群众文化机构开展活动次数和服务人次的总体下降速度（见表7）。

表 7　2019~2020 年全国群众文化机构活动开展情况

指标	活动次数(万次)		服务人次(万人次)		增长速度(%)	
	2019 年	2020 年	2019 年	2020 年	2020 年活动次数	2020 年服务人次
举办展览	16.40	13.79	12465	8692.36	-15.91	-30.27
组织文艺活动	135.95	108.89	60137	43134.40	-19.90	-28.27
组织公益性讲座	3.84	3.06	710	565.74	-20.31	-20.32
举办训练班	88.92	66.89	5404	3931.26	-24.78	-27.25
合计	245.11	192.65	78716	56327.04	-21.40	-28.44

资料来源：中华人民共和国文化和旅游部编《中华人民共和国文化和旅游部 2019 年文化文物和旅游发展统计公报》，中国统计出版社，2020；中华人民共和国文化和旅游部编《中华人民共和国文化和旅游部 2020 年文化文物和旅游发展统计公报》，中国统计出版社，2021。

3. 文物机构

2020 年，全国文物机构数与从业人员数相较 2019 年有所增长，机构数增长了 752 个，增长速度为 7.12%，从业人员数增长了 1.34 万人，增长速度为 8.26%；文物藏品数、接待观众数与举办陈列展览均出现了负增长，尤其是接待观众数，相较上一年下降超半数，举办陈列展览减少了 1778 个，增长速度为-5.79%，文物藏品数下降速度较缓慢（见表 8）。

表 8　2019~2020 年全国文物机构发展基本情况

指标	2019 年	2020 年	增长速度(%)
机构数(个)	10562	11314	7.12
从业人员数(万人)	16.23	17.57	8.26
文物藏品数(万件/套)	5130.19	5089.10	-0.80
接待观众数(万人次)	131670	61631.70	-53.19
举办陈列展览(个)	30702	28924	-5.79

资料来源：中华人民共和国文化和旅游部编《中国文化文物和旅游统计年鉴 2020》，国家图书馆出版社，2020；中华人民共和国文化和旅游部编《中国文化文物和旅游统计年鉴 2021》，国家图书馆出版社，2021。

2020 年，全国非物质文化遗产机构数从 2019 年的负增长转变为正增长，全国非物质文化遗产发展状况得到改善；从业人员数在 2019 年的负增长基础上降幅变大，增长速度为-3.45%；举办演出场次及举办民俗活动场次均从2019年的正增长转变为负增长，且下降速度较快，与2019年的增长速度相比，2020年举办演出场次下降了31.73个百分点，举办民俗活动场次下降了28.87个百分点（见表9）。

表9　2019~2020年全国非物质文化遗产工作基本情况

指标	2019年	2020年	增长速度(%)	
			2019年	2020年
机构数(个)	2453	2455	-0.57	0.08
从业人员数(人)	17032	16444	-1.62	-3.45
举办演出场次(场次)	71903	56117	9.78	-21.95
举办民俗活动场次(场次)	16987	12227	0.85	-28.02

资料来源：中华人民共和国文化和旅游部编《中华人民共和国文化和旅游部2019年文化和旅游发展统计公报》，中国统计出版社，2020；中华人民共和国文化和旅游部编《中华人民共和国文化和旅游部2020年文化和旅游发展统计公报》，中国统计出版社，2021。

4. 艺术机构

2020年，全国艺术表演团体的从业人员数发展态势良好，增速为5.97%，扭转了2019年的负增长态势。除从业人员数有所增长外，其他指标的增长速度均呈下滑趋势。其中，剧团数、国内演出观众人次与2019年相比，转为了负增长，剧团数增速比2019年放缓了5.12个百分点，国内演出观众人次同比下降了27.69%，增速比2019年放缓了32.33个百分点；演出场次较2019年减少了73.60万场次，增速为-24.8%；2020年全国文化和旅游部门所属艺术表演团体共组织政府采购公益演出13.38万场次，增长速度在2019年负增长的基础上持续放缓（见表10）。

从2019~2020年全国艺术表演场馆发展基本情况上看，2020年机构数的增长速度相较2019年有所下降，但仍保持增长趋势；座席数呈良好发展态势，较2019年的增长速度加快了8.61个百分点。除机构数与座席数呈正向发展趋势外，其他指标的增长速度均有所下降，演（映）出场次的增长速度从2019年的1.42%转变为2020年的-54.21%，增速回落了55.63个百分点，变化幅度最大；其次为观众人次的变化幅度，2020年观众人次相较2019年减少了

表 10　2019~2020 年全国艺术表演团体发展基本情况

指标	2019 年	2020 年	增长速度(%)	
			2019 年	2020 年
剧团数(个)	17795	17581	3.92	-1.20
从业人员数(万人)	41.23	43.69	-0.98	5.97
演出场次(万场次)	296.80	223.20	-5.01	-24.80
国内演出观众人次(万人次)	123019.54	88951.81	4.64	-27.69
政府采购公益演出(万场次)	15.73	13.38	-2.66	-14.94

资料来源：中华人民共和国文化和旅游部编《中华人民共和国文化和旅游部 2019 年文化和旅游发展统计公报》，中国统计出版社，2020；中华人民共和国文化和旅游部编《中国文化文物和旅游统计年鉴 2021》，国家图书馆出版社，2021。

6496 万人次，增长速度为-51.72%；2020 年从业人员数相较 2019 年略有下降，减少了 2525 人，同比增速为-3.92%（见表 11）。

表 11　2019~2020 年全国艺术表演场馆发展基本情况

指标	2019 年	2020 年	增长速度(%)	
			2019 年	2020 年
机构数(个)	2716	2770	9.60	1.99
从业人员数(人)	64482	61957	25.26	-3.92
座席数(万个)	181.87	187.89	-5.30	3.31
演(映)出场次(万场次)	128.40	58.80	1.42	-54.21
观众人次(万人次)	12561	6065	-10.87	-51.72

资料来源：国家统计局编《中国统计年鉴 2019》，中国统计出版社，2019；国家统计局编《中国统计年鉴 2020》，中国统计出版社，2020；国家统计局编《中国统计年鉴 2021》，中国统计出版社，2021。

截至 2020 年底，全国公共美术馆的机构数共 618 个，增速为 10.55%；从业人员数增加至 5467 人，增长速度为 8.99%；举办展览次数与总参观人次均为负增长，其中总参观人次急速下降，增长速度为-47.12%（见表 12）。

公共文化服务的基本领域在场地的供给与从业人员数方面，有较好的发展，但在活动举办场次与接待观众人次方面，均呈现了大幅度的下降趋势。

表 12　2019～2020 年全国公共美术馆发展基本情况

指标	2019 年	2020 年	增长速度(%)
机构数(个)	559	618	10.55
从业人员数(人)	5016	5467	8.99
举办展览次数(次)	7268	5988	-17.61
总参观人次(万人次)	4136	2187	-47.12

资料来源：中华人民共和国文化和旅游部编《中华人民共和国文化和旅游部 2019 年文化和旅游发展统计公报》，中国统计出版社，2020；中华人民共和国文化和旅游部编《中华人民共和国文化和旅游部 2020 年文化和旅游发展统计公报》，中国统计出版社，2021。

二　中国公共文化服务取得的主要成就及存在的主要问题

（一）中国公共文化服务取得的主要成就

1. 公共文化服务设施和服务明显改善，群众满意度提高

近两年，全国人均文化和旅游事业费持续增加，从我国公共文化服务基本领域的供给情况看，机构数与从业人员数在总体上保持正增长，公共文化服务体系建设持续向纵深发展。表 13 的数据显示，被调查者对“基层文化馆的发展，能够满足人们基本的文化艺术需求，值得点赞”这一观点的不认同度为 4.51%，认同度为 85.98%；在“近年来，公共文化服务设施和服务明显改善，越来越符合大众的需求”这一观点上，2021 年的问卷调查数据显示认同度达到了 88.16%，与“中国文化发展现状调查（2020）”的数据相比，虽然“同意”与“非常同意”的占比下降了 1.91 个百分点，“非常不同意”与“不同意”的占比上涨了 1.36 个百分点，但波动幅度较小，且 2021 年“非常同意”的占比比 2020 年上升了 17.51 个百分点；对“艺术馆建设越来越方便群众文化活动的开展，人们的满意度显著提升”不认同度为 4.69%，认同度达到了 85.19%。由以上分析可知，人们对我国公共文化服务设施完善和服务水平提升在总体上的认同度较高，满意度有所提高。

表 13　对公共文化服务设施完善和服务水平提升的评价比较

单位：%

分类	G30. 基层文化馆的发展，能够满足人们基本的文化艺术需求，值得点赞	G32. 近年来，公共文化服务设施和服务明显改善，越来越符合大众的需求		G33. 艺术馆建设越来越方便群众文化活动的开展，人们的满意度显著提升
	占总体样本比重	占总体样本比重		占总体样本比重
		2020 年	2021 年	
非常不同意	2.42	0.50	2.46	2.47
不同意	2.09	2.33	1.73	2.22
不清楚	9.51	7.10	7.65	10.12
同　意	39.86	64.86	45.44	41.72
非常同意	46.12	25.21	42.72	43.47
合　计	100.00	100.00	100.00	100.00

资料来源：湖北大学高等人文研究院、中华文化发展湖北省协同创新中心“中国文化发展现状调查（2020）”数据库；湖北大学高等人文研究院、中华文化发展湖北省协同创新中心“中国文化发展现状调查（2021）”数据库。

2. 持续推进基层公共文化服务标准化、均等化，城乡差距进一步缩小

为解决我国城乡基本公共文化服务标准化、均等化问题，截至 2020 年底，所有公共图书馆、文化馆（站）、美术馆和 90%以上的博物馆已实行免费开放，村级综合性文化服务中心 57.54 万个；2021 年春节期间，通过网络联动开展全国“村晚”活动，线上线下累计参与人次达 1.24 亿；戏曲进乡村、“非遗”扶贫就业工坊等文化惠民项目持续推进。[①] 从财政供给上，政府加大了对基层公共文化事业费的支持力度，我国对县及县以下的文化和旅游事业费的投入持续增加，2020 年投入所占的比重为 54.00%，且超过了对城市投入所占的比重，在此基础上，我国城乡基本公共文化服务的差距也有所缩小。

由表 14 的数据可知，在 2021 年的问卷调查中，被调查者对“城乡基本公共文化服务建设（文化广场）的差距越来越小”观点表示“非常同意”的占

① 唐伯侬：《国新办发布会：持续推动公共文化服务标准化、均等化建设》，中国旅游新闻网，2021 年 8 月 27 日，http://www.ctnews.com.cn/news/content/2021-08/27/content_110746.html。

比为 39.43%，2020 年被调查者对“居住在城市比居住在农村更能享受优质的公共文化服务”观点表示“非常同意”的占比为 29.01%。2021 年与 2020 年相比较，非常同意“城乡基本公共文化服务建设（文化广场）的差距越来越小”观点的占比比非常同意“居住在城市比居住在农村更能享受优质的公共文化服务”观点的占比高出 10.42 个百分点。因此，从两年的数据对比中可以看出，人们认同我国城乡基本公共文化服务的差距越来越小。

表 14　对城乡基本公共文化服务差距认同度的纵向比较

单位：%

分类	F24. 城乡基本公共文化服务建设（文化广场）的差距越来越小（2021 年）	居住在城市比居住在农村更能享受优质的公共文化服务（2020 年）
	占总体样本比重	占总体样本比重
非常不同意	2.82	1.08
不同意	4.61	7.37
不清楚	13.03	9.26
同　意	40.11	53.28
非常同意	39.43	29.01
合　计	100.00	100.00

资料来源：湖北大学高等人文研究院、中华文化发展湖北省协同创新中心“中国文化发展现状调查（2020）”数据库；湖北大学高等人文研究院、中华文化发展湖北省协同创新中心“中国文化发展现状调查（2021）”数据库。

针对“城乡基本公共文化服务建设（文化广场）的差距越来越小”观点上的认同差异，本报告进行了差异检验。表 15 显示，城市和农村的被调查者对“城乡基本公共文化服务建设（文化广场）的差距越来越小”观点的认同无显著性差异，进一步验证了人们认同我国城乡基本公共文化服务的差距越来越小。需要提及的是，虽然我国在城乡基本公共文化服务差距进一步缩小上取得了不错的成效，但是仍有 4.61%的被调查者表示不同意“城乡基本公共文化服务建设（文化广场）的差距越来越小”，有 13.03%的被调查者对待此观点的态度不明确，因此，在基层公共文化服务标准化、均等化的道路上仍需继续努力。

表 15　对“城乡基本公共文化服务建设（文化广场）的差距越来越小”观点认同的差异检验

题项(变量)	分类	个案数	平均值	标准偏差	t 值	显著性(P)
F24 城乡基本公共文化服务建设（文化广场）的差距越来越小	城市的被调查者	5036	4.10	0.967	1.059	0.29
	农村的被调查者	2728	4.07	0.997		

资料来源：湖北大学高等人文研究院、中华文化发展湖北省协同创新中心“中国文化发展现状调查（2021）”数据库。

3. “非遗”、地方特色文化保护意识加强，坚持“守正”底线

我国是入选《联合国教科文组织人类非物质文化遗产代表作名录》项目最多的国家，为了保护好、传承好、利用好非物质文化遗产，我国出台了一系列的规划、意见、通知以及对“非遗”传承人的培训方案等。表 16 是 2021 年问卷调查中被调查者对“非遗”保护的认知与评价差异检验结果。“‘非遗’保护，要致力于原生态和本真性”的均值为 1.74，显著高于总体均值；“红色‘非遗’文化保护，需要特别关注和传承”的均值为 1.69，高于总体均值；“很多地方剧种只有内容创新、方法更新才能传承下来”的均值显著低于总体均值。这一结果显示，对地方剧种进行开发和传承时不能过度创新，只有在创新发展中保持剧种的本真和地方戏剧的特色，才能在开发的基础上保存、弘扬其原本价值。

表 16　对“非遗”保护的认知与评价（总均值参数 1.679）差异检验结果

题项(变量)	样本数	均值	均值差	t 值	显著性(P)
D30A. 很多地方剧种只有内容创新、方法更新才能传承下来	7764	1.60	-0.081	-14.642	0.000***
D30C. “非遗”保护，要致力于原生态和本真性	7764	1.74	0.066	13.337	0.000***
D30D. 红色“非遗”文化保护，需要特别关注和传承	7764	1.69	0.015	2.887	0.004**

注：** 表示 P<0.01，具有显著性；*** 表示 P<0.001，具有显著性。

资料来源：湖北大学高等人文研究院、中华文化发展湖北省协同创新中心“中国文化发展现状调查（2021）”数据库。

在2021年问卷调查中设计了“乡村文旅融合发展、地方特色文化挖掘，需要坚持原生态发展原则”的单选题。表17的数据显示，人们对“乡村文旅融合发展、地方特色文化挖掘，需要坚持原生态发展原则”的认同度很高，“同意”与“非常同意”的占比达89.85%，而“不同意”与“非常不同意”的占比为3.98%。从以上数据的分析可发现，人们对“非遗”、地方特色文化的保护意识较强，认同保护要先“守正”，再传承与创新。

表17 对“乡村文旅融合发展、地方特色文化挖掘，需要坚持原生态发展原则”观点的认同统计

单位：人，%

分 类	样本数	占总体样本比重	占有效样本比重	累计有效比重
非常不同意	187	2.41	2.41	2.41
不同意	122	1.57	1.57	3.98
不清楚	479	6.17	6.17	10.15
同 意	3081	39.68	39.68	49.83
非常同意	3895	50.17	50.17	100.00
合 计	7764	100.00	100.00	—

资料来源：湖北大学高等人文研究院、中华文化发展湖北省协同创新中心“中国文化发展现状调查（2021）”数据库。

4. 文博行业数字化转型，引领公共文化服务科技创新

由于云计算、互联网和大数据等技术的发展，公共文化服务数字化已经成为大势所趋。2021年4月，文化和旅游部发布《“十四五”文化和旅游科技创新规划》以推动公共文化服务数字化的发展；2022年5月22日，中共中央办公厅、国务院办公厅印发《关于推进实施国家文化数字化战略的意见》以推动形成线上线下融合互动、立体覆盖的文化服务供给体系。在2021年问卷调查中设计了“对公共文化服务（数字化、网络化、智能化）科技创新的认同”多选题。表18显示，只有14.72%的被调查者认为“数字化、网络化文化产品是‘快餐’，文化消费传统一些好”，这表明人们更渴求公共文化服务与科技相融合，获取更优质的文化服务；对“公共文化网络平台和政务平台‘一体化’服务很有必要”的认同度最高，为75.26%；对“应拓展文化服务智慧应

用场景，建立‘云图书馆’‘云艺术馆’”和“利用微信平台、短视频开展公共数字文化服务”的认同度次之，分别为71.66%和71.38%；对“引导推进群众文化活动网络直播、互动体验服务”的认同度为63.27%；对“鼓励数字文化企业参与免费公益文化场景服务”的认同度为58.55%。由以上数据可知，人们期望公共文化服务的数字化可以带来更多元化、更便利、更优质的文化服务，以此实现文化获取的多样化与个性化。

表18　对公共文化服务（数字化、网络化、智能化）科技创新的认同（多选）

单位：人，%

分类	人数	占样本比重	占选择人次比重
D22A. 应拓展文化服务智慧应用场景，建立“云图书馆”“云艺术馆”	5564	71.66	20.20
D22B. 利用微信平台、短视频开展公共数字文化服务	5542	71.38	20.12
D22C. 公共文化网络平台和政务平台“一体化”服务很有必要	5843	75.26	21.21
D22D. 引导推进群众文化活动网络直播、互动体验服务	4912	63.27	17.83
D22E. 鼓励数字文化企业参与免费公益文化场景服务	4546	58.55	16.50
D22F. 数字化、网络化文化产品是“快餐”，文化消费传统一些好	1143	14.72	4.15
选择人次总计	27550	—	100.00

资料来源：湖北大学高等人文研究院、中华文化发展湖北省协同创新中心“中国文化发展现状调查（2021）”数据库。

2020年8月，国家公共文化云经过改版升级，极大提高了移动端服务性能与应用体验。截至2021年8月，国家公共文化云访问量已累计达到8.09亿次；全民艺术普及资源总库数字资源量达到1258个TB，内容覆盖了文化的多个门类。[1] 除国家公共文化云外，云上春晚、云上广场舞、云演出等一批精

① 王彬：《公共文化服务大数据高质量发展：在实践中寻求正确“打开方式”》，《中国文化报》2021年12月6日，第3版。

彩的线上网络活动持续开展，使文化在网络“火”起来，河南2021年春晚将5G+AR（增强现实）技术与古典舞《唐宫夜宴》相融合，播放量超过20亿次。文化产业数字化作为国家文化数字化战略的重要组成部分，也得到较好的发展，《2021年中国网络文学版权保护与发展报告》显示，2021年我国数字文化产业规模达7841.6亿元，同比增长14.70%。在政务平台“一体化”的建设上，文化和旅游部已建立“文化和旅游部政务服务部门”，并将服务推送至“全国一体化在线政务服务平台”，以满足群众对服务便利化的需求。

值得关注的是我国文博行业数字化的发展。2020年，我国进一步推动文博行业数字化的发展，云直播、云展览、小程序、小游戏等数字化产品相继出现，文博单位与腾讯合作，运用腾讯的AR、VR（虚拟现实）、AI（人工智能）与云计算的核心能力，打造了“数字故宫”“数字秦陵”“云游敦煌”等一批“网红”小程序，使受众足不出户，便可享受文化盛宴。“云游敦煌”小程序上线仅24小时，用户浏览量就超出200万次，2020年的用户浏览量已突破3500万次。① 2020年，中国国家博物馆举办“国博邀您云看展”活动，近一个月吸引6100余万名观众。② 2021年12月，河南博物院发布的1万份数字藏品在1秒内售空。③ 文博行业数字化的发展既拉进了群众与文物的距离，也让“沉寂”的文物成功“出圈”。

（二）中国公共文化服务存在的主要问题

1. 基层公共文化服务能力及影响力有待加强

（1）群众文艺活动品牌效应不佳

为提高国民整体素质，推动群众文化的繁荣发展，2017年5月4日，文化部印发了《“十三五”时期繁荣群众文艺发展规划》，这是群众文艺工作方

① 《云游敦煌，数字时代下的文化传承》，腾讯网，2021年2月12日，https：//new.qq.com/omn/20210212/20210212A0328P00.html。

② 《好展好课云上见 宅家打卡览国博》，中国国家博物馆网站，2020年2月24日，https：//www.chnmuseum.cn/zx/gbxw/202002/t20200226_201491.shtml。

③ 杨霄：《河南博物院数字藏品首发，1万份数字“妇好鸮尊”上线售罄》，大河财立方，2021年12月16日，https：//app.dahecube.com/nweb/pc/article.html？artid＝114693？recid＝1。

面的首个五年规划，在“十三五”期间，群众文化有了明显发展；2021 年 6 月 10 日文化和旅游部印发了《“十四五”公共文化服务体系建设规划》，该规划仍然将“繁荣群众文艺”列为主要任务之一，提出了要广泛开展群众文艺创作和活动，形成一批具有影响力的城乡群众文化品牌；2022 年发布的“中央一号文件”首次提及村歌、“村晚”、广场舞。表 19 数据显示，被调查者“对老年人群体的文艺活动需求越来越关注”这一观点认同度最高，在样本中占比为 75.61%；其次，有 71.29%的被调查者认同“群众文艺活动对文明素质提升越来越明显”；之后为对“广场舞活动丰富群众文化生活的作用越来越强”“文化馆在促进群众文艺活动中的作用越来越明显”的认同度，所占样本的比重分别为 69.28%和 64.67%。而对“‘大家唱’群众歌咏活动影响力越来越强”这一观点的认同度较低，占比仅为 12.88%。这表明，文艺活动在人们内部的吸引力与影响力并不强，“十四五”期间有必要通过丰富文艺活动内容、加大宣传与支持力度等措施提升群众参与度，增强文艺活动在全社会的影响力。另外，被调查者对“网络传播的群众文艺活动有了文化品牌效应”这一观点的认同度不高，占样本的比重为 57.46%，说明在“十四五”期间，应该继续举办群众喜闻乐见的优质文艺活动，并不断进行创新，实现老活动新做法，逐步发挥品牌效应。

表 19　对身边的群众文艺活动发展状况的认同（多选）

单位：人，%

分类	人数	占样本比重	占选择人次比重
D19A. 广场舞活动丰富群众文化生活的作用越来越强	5379	69.28	19.73
D19B. 文化馆在促进群众文艺活动中的作用越来越明显	5021	64.67	18.41
D19C. 对老年人群体的文艺活动需求越来越关注	5870	75.61	21.53
D19D. 群众文艺活动对文明素质提升越来越明显	5535	71.29	20.30
D19E. 网络传播的群众文艺活动有了文化品牌效应	4461	57.46	16.36
D19F.“大家唱”群众歌咏活动影响力越来越强	1000	12.88	3.67
选择人次总计	27266	—	100.00

资料来源：湖北大学高等人文研究院、中华文化发展湖北省协同创新中心“中国文化发展现状调查（2021）”数据库。

表 20 显示，“广场舞活动丰富群众文化生活的作用越来越强”“文化馆在促进群众文艺活动中的作用越来越明显”的均值显著低于总体均值。作为人们自发产生的广场舞，一方面因场地占用与噪音扰民等问题一直饱受争议，需要相关部门采取刚柔并济的措施，另一方面因疫情管控，广场舞这类群众聚集性活动的开展受到限制，公众无法参与其中，因此在丰富群众文化生活上的效果有所降低。文化馆作为基础的公共文化服务机构，被调查者对其的认同度不高可能受疫情防控影响，这表明国家推动公共文化服务数字化建设的重要性，网络平台使居民足不出户也能参与文艺活动，在家便能感受到文化的魅力。

表 20　对身边的群众文艺活动发展状况的认同（总均值参数 1.702）差异检验结果

题项(变量)	样本数	均值	均值差	t 值	显著性(P)
D19A. 广场舞活动丰富群众文化生活的作用越来越强	7764	1.69	-0.009	-1.755	0.079
D19B. 文化馆在促进群众文艺活动中的作用越来越明显	7764	1.65	-0.055	-10.193	0.000***
D19C. 对老年人群体的文艺活动需求越来越关注	7764	1.76	0.054	11.09	0.000***
D19D. 群众文艺活动对文明素质提升越来越明显	7764	1.71	0.011	2.124	0.034*

注：* 表示 P<0.05，具有显著性；*** 表示 P<0.001，具有显著性。

资料来源：湖北大学高等人文研究院、中华文化发展湖北省协同创新中心“中国文化发展现状调查（2021）”数据库。

（2）公共文化服务供给的人性化与多样化有待提升

在新时代的背景下，人们对公共文化服务提出了高质量发展的要求，已不再满足于基本公共文化需求，更多升级为对人性化与多样化服务的需求。从表 21 对“使公共图书馆成为读书、文化展示、信息交流的人性化文化空间还不现实”观点的认同统计可知，被调查者对这一观点不认同的占比为 12.53%，而认同的占比为 72.79%，这表明了公共图书馆在人性化的发展上还存在一定的问题，人们对公共图书馆的现代化要求不高，或对其发展没有信心。如何增强群众文艺活动的公益性、便利性、科技性是一个值得研究的问题，社会文明、人们素质的提升还需靠群众文艺活动的广泛开展。

表 21　对“使公共图书馆成为读书、文化展示、信息交流的人性化文化空间还不现实”观点的认同统计

单位：人，%

分　类	样本数	占总体样本比重	占有效样本比重	累计有效比重
非常不同意	303	3.90	3.90	3.90
不同意	670	8.63	8.63	12.53
不清楚	1139	14.67	14.67	27.20
同　意	2859	36.82	36.82	64.03
非常同意	2793	35.97	35.97	100.00
合　计	7764	100.00	100.00	—

资料来源：湖北大学高等人文研究院、中华文化发展湖北省协同创新中心“中国文化发展现状调查（2021）”数据库。

表 22 是 2021 年问卷调查中关于“对公共图书馆提供多样化服务的评价”。被调查者对公共图书馆“可以进行文化社交，传递信息、交流思想”的认可度最高，占比为 78.74%；其次为认同“可以享受人性化的文化环境”的占比，占比 71.87%；被调查者认同“可以看到特色的民俗文化活动及文化空间展示”的占比为 70.49%。而对“可以获取更高级别图书馆的馆藏电子图书”的认同度并不高，占比 59.14%，这表明多数公共图书馆还未实现跨区域共享资源。同时，有 15.28%的被调查者认为在公共图书馆除能看书外，没有其他多样化服务。这一方面表明公共图书馆对活动开展的宣传力度不够，导致人们对活动的参与度不高，另一方面表明仍然有部分公共图书馆存在服务内容单一、服务方式死板、服务质量不到位等问题。这可以通过招募志愿者满足人们的个性化需求、加强图书馆内部基础设施建设与环境改造等方式增强居民在图书馆接受文化熏陶、享受文化生活时的满足感与幸福感，更好地落实基层公共文化服务。

表 22 对公共图书馆提供多样化服务的评价（多选）

单位：人，%

分类	人数	占样本比重	占选择人次比重
D20A. 可以获取更高级别图书馆的馆藏电子图书	4592	59.14	17.73
D20B. 可以看到特色的民俗文化活动及文化空间展示	5473	70.49	21.13
D20C. 可以进行文化社交，传递信息、交流思想	6113	78.74	23.60
D20D. 可以享受人性化的文化环境	5580	71.87	21.54
D20E. 可以免费借阅本馆的图书，没有其他服务	2961	38.14	11.43
D20F. 可以在馆内看书，并没有体验到多样化的服务	1186	15.28	4.58
选择人次总计	25905	—	100.00

资料来源：湖北大学高等人文研究院、中华文化发展湖北省协同创新中心“中国文化发展现状调查（2021）”数据库。

为进一步了解公共图书馆提供多样化服务的情况，本报告对部分认可度较高的选项进行了差异检验（见表 23）。被调查者普遍认为，公共图书馆提供的服务方便了文化社交，为社会各界传递信息、交流思想提供了稳定可靠的平台，这表明我国基层公共文化服务建设已经取得了一定成效，真正做到了为人民谋福利。但是表中另外两项“可以看到特色的民俗文化活动及文化空间展示”“可以享受人性化的文化环境”的均值都低于总均值，这表明公共图书馆提供的服务还需要不断丰富其内容，比如为适应我国地域广、民族多的基本国情，利用图书馆的文化优势，提供更多富有地方特色、民族特色的文化文艺活

表 23 对公共图书馆提供多样化服务的评价（总均值参数 1.737）差异检验结果

题项（变量）	样本数	均值	均值差	*t* 值	显著性（P）
D20B. 可以看到特色的民俗文化活动及文化空间展示	7764	1.70	-0.032	-6.197	0.000***
D20C. 可以进行文化社交，传递信息、交流思想	7764	1.79	0.05	10.842	0.000***
D20D. 可以享受人性化的文化环境	7764	1.72	-0.018	-3.586	0.000***

注：*** 表示 $P<0.001$，具有显著性。

资料来源：湖北大学高等人文研究院、中华文化发展湖北省协同创新中心“中国文化发展现状调查（2021）”数据库。

动与文化空间展示，完善图书馆基础设备并利用现代化技术优化文化环境。[①]在公共文化服务的升级改造中应始终坚持以人民为中心，要促进文化环境更加便利化、数字化、人性化。

2. 对特殊人群的公共文化服务需求关注不够

特殊人群虽在公共文化服务对象中所占的比重较小，但满足特殊人群的公共文化需求，更能体现公共文化服务均等化水平。由表 24“对老年人共享数字文化产品与避免‘数字鸿沟’的认同”可知，被调查者关于“老龄化程度越来越高，社会对老年人的精神文化需求关注亟待提高”的认同度为 90.01%，认同“手机 App 操作复杂，不方便老年人等特殊人群的使用，数字鸿沟仍然在扩大”的被调查者占比达 89.41%，这表明了在社会层面，对特殊人群的公共文化服务需求还存在关注不够等问题。老年人、残疾人、幼儿等特殊人群的特殊性决定了他们在知识更新、技术学习、活动参与等方面存在一定的困难，更多地处于被动接受文化的状态。由此也可看出，我国亟须改善对特殊人群的公共文化服务供给现状。例如可以通过了解其公共文化服务诉求，提供有针对性的公共文化服务内容，同时需要加强基础设施的便利化、数字化建设，以提高特殊人群在公共文化服务中的参与度。这不仅需要政府给予制度与

表 24　对老年人共享数字文化产品与避免“数字鸿沟”的认同

单位：%

分类	G29. 老龄化程度越来越高，社会对老年人的精神文化需求关注亟待提高	I35. 手机 App 操作复杂，不方便老年人等特殊人群的使用，数字鸿沟仍然在扩大
	占总体样本比重	占总体样本比重
非常不同意	2.38	1.84
不同意	1.51	1.94
不清楚	6.09	6.80
同　意	39.82	47.41
非常同意	50.19	42.00
合　计	100.00	100.00

资料来源：湖北大学高等人文研究院、中华文化发展湖北省协同创新中心“中国文化发展现状调查（2021）”数据库。

① 王曼：《新形势下公共图书馆参与民俗文化建设思考》，《图书馆工作与研究》2022 年第 2 期。

财政支持，还需要社会多方力量的帮助，在全社会的共同努力下实现公共文化服务均等化。①

3. 基层非物质文化遗产与文物保护落实存在问题

目前，随着公众素质的普遍提升与文物保护宣传力度的加大，人们对于非物质文化遗产与各种文物的保护意识不断增强，认为“非遗”保护需要坚持文化的原生态和本真性，坚持“守正”底线，先守正后创新，但在具体落实上还存在问题。表 25 为对“非遗”保护的认知与评价差异检验结果，被调查者对“地方民俗、礼仪、传统节庆的“非遗”保护，需要开展一定的活动传承”的认可度虽然很高，但“‘非遗’保护的终极目的是服务现实文化生活”和“‘非遗’保护需要政府主导，多方保护主体（社会、个人）参与”的均值显著低于总均值。前者表明“非遗”保护的最终成果转换还未落实，其成果应由全社会共享，应落实到满足广大民众的公共文化需求、提高社区公共文化服务水平；后者表明人们对“非遗”保护的主体身份缺乏思考与认识，在“非遗”保护的过程中可能存在主体单一、公众的参与程度不高等问题，也可能存在认为“非遗”保护是政府的事而与个人无关的错误认知，究其原因可能是对“非遗”的宣传与保护工作仍未落到实处。

表 25　对“非遗”保护的认知与评价（总均值参数 1.535）差异检验结果

题项(变量)	样本数	均值	均值差	t 值	显著性(P)
D30B. 地方民俗、礼仪、传统节庆的“非遗”保护,需要开展一定的活动传承	7764	1.83	0.30	25.063	0.000***
D30E. “非遗”保护的终极目的是服务现实文化生活	7764	1.47	-0.07	1.685	0.000***
D30F. “非遗”保护需要政府主导,多方保护主体(社会、个人)参与	7764	1.31	-0.23	-28.552	0.000***

注：*** 表示 P<0.001，具有显著性。

资料来源：湖北大学高等人文研究院、中华文化发展湖北省协同创新中心“中国文化发展现状调查（2021）”数据库。

① 李少惠：《推动公共文化服务高质量发展》，《中国社会科学报》2022 年 12 月 20 日。

在2021年问卷调查中，被调查者对“人们的文物保护和开发意识增强，但是在基层具体落实还是不够”观点的认同统计如表26所示。不认可的被调查者仅占5.59%，而认可的被调查者占到了84.29%，同时有10.12%的被调查者对该观点表示不清楚、不了解。因此，如何有效引导人们增强文物保护和开发的意识，如何落实基层文物的保护工作，让人人都参与文物保护工作仍是亟待解决的问题。

表26　对“人们的文物保护和开发意识增强，但是在基层具体落实还是不够”观点的认同统计

单位：人，%

分　类	样本数	占总体样本比重	占有效样本比重	累计有效比重
非常不同意	198	2.55	2.55	2.55
不同意	236	3.04	3.04	5.59
不清楚	786	10.12	10.12	15.71
同　意	3377	43.50	43.50	59.21
非常同意	3167	40.79	40.79	100.00
合　计	7764	100.00	100.00	—

资料来源：湖北大学高等人文研究院、中华文化发展湖北省协同创新中心“中国文化发展现状调查（2021）”数据库。

4.“乡村网红”助力乡村振兴系列活动缺乏引导管理

乡村发展需要乡村文化的振兴，而基于数字技术发展诞生的“乡村网红”更是传播乡村文化、推进乡村振兴的强劲动力，但在实际发展过程中，“乡村网红”的短板也日益显露。在2021年问卷调查中，被调查者对“对于近几年各地纷纷推出‘乡村网红’的评价”如表27所示。被调查者对“这是让地方文化走出去，推动乡村文旅融合发展的创新”这一观点的认同度最高，占样本的比重为79.74%，这说明“乡村网红”在一定程度上能助力地方文化的传播与乡村旅游业的发展；被调查者对“这是巩固拓展脱贫攻坚成果的创新举措”观点的认同度最低，这说明“乡村网红”这一新生事物还未完全实现与巩固脱贫攻坚成果的有机融合。因此，在推广“乡村网红”过程中，应通过宣传当地乡土文化、推广特色文化文艺产品等方式继续深化乡村振兴，以实际行动巩固脱贫攻坚成果、助力城乡公共文化服务一体化，为乡村振兴注入新鲜血液。

表 27　对近几年各地纷纷推出“乡村网红”的评价（多选）

单位：人，%

分类	人数	占样本比重	占选择人次比重
D21A. 这是巩固拓展脱贫攻坚成果的创新举措	4259	54.86	16.66
D21B. 这是让地方文化走出去，推动乡村文旅融合发展的创新	6191	79.74	24.22
D21C. 网红直播带货“一夜暴富”被追捧不应提倡	4816	62.03	18.84
D21D. “乡村网红”翻车的很多，有的“乡村网红”很假，要整治	5159	66.45	20.18
D21E. “乡村网红”需要把握方向，将好事做好	5139	66.19	20.10
选择人次总计	25564	—	100.00

资料来源：湖北大学高等人文研究院、中华文化发展湖北省协同创新中心“中国文化发展现状调查（2021）”数据库。

对近几年各地纷纷推出“乡村网红”的评价结果显示（见表 28），“‘乡村网红’翻车的很多，有的‘乡村网红’很假，要整治”“‘乡村网红’需要

表 28　对于近几年各地纷纷推出“乡村网红”的评价（总均值参数 1.624）差异检验结果

题项(变量)	样本数	均值	均值差	t 值	显著性(P)
D21A. 这是巩固拓展脱贫攻坚成果的创新举措	7764	1.55	-0.075	-13.357	0.000***
D21C. 网红直播带货“一夜暴富”被追捧不应提倡	7764	1.62	-0.004	-0.672	0.502
D21D. “乡村网红”翻车的很多，有的“乡村网红”很假，要整治	7764	1.66	0.04	7.553	0.000***
D21E. “乡村网红”需要把握方向，将好事做好	7764	1.66	0.038	7.059	0.000***

注：*** 表示 $P<0.001$，具有显著性。

资料来源：湖北大学高等人文研究院、中华文化发展湖北省协同创新中心“中国文化发展现状调查（2021）”数据库。

把握方向，将好事做好”这两个观点的均值高于总体均值，“网红直播带货‘一夜暴富’被追捧不应提倡”这一观点的均值与总体均值无显著差别，“这是巩固拓展脱贫攻坚成果的创新举措”这一观点的均值为1.55，显著低于总体均值。由此不难看出，我国目前急需对“乡村网红”的发展进行引导与管控，亟待加强对“乡村网红”价值观的正确引导与宣扬；要利用“乡村网红”传播广、效率高等优势，引导“乡村网红”的流量消费，同时重视“乡村网红”传播内容质量参差不齐的弊端，绝不能为谋求短期利益而危害乡村文化与经济的长远发展。

三　中国公共文化服务发展的对策与建议

（一）继续改善基层公共文化服务，打造特色文化品牌

基层公共文化服务与群众紧密联系，对基层生活品质的改善尤为重要。目前，图书馆、博物馆、文化馆、美术馆等基层公共文化服务机构发展迅速，广大群众对各类文物、文学、艺术等的文化需求提出更高要求，而基层公共文化服务的改善需要资源配置的高位统筹。① 因此，要持续推进有关公共文化服务资金、设施、人员等方面的政策出台与落实，以满足新需求。首先，完善公共文化服务设施网络，加快公共文化服务提质升级。一是加快文体中心建设，完善“四馆”的功能，在规范的约束下更好地发挥文化馆在促进群众文艺活动中的作用；二是不断推进文体中心的社会化运营和改造升级，在实现公共文化服务设施的标准化与均等化发展的基础上，更有针对性地了解当地群众的需求，逐步打造具有地方特色的文化品牌。其次，持续提升服务质量，促进公共文化服务高质量发展。一是在机制建设上，落实“菜单式”与“订单式”公共文化服务到每个社区与村庄，推动公共文化服务供给与群众需求精准对接；二是在服务内容上，进一步加大文化建设资金投入，给各地各区提供多元化文化活动、创意产品、演艺精品，提升群众对我国公共文化服务场所、内容等供给的信心与期望值。与此同时，要做好公共文化服务设

① 林拓：《塑造基层：公共文化服务的地域根植性建构》，《行政论坛》2021年第5期。

施的运营与维护工作，为各类惠民文化活动提供必要的场所与设备，全方位提高基层文化阵地的便民、惠民服务效能。最后，实施一系列保障措施，保障公共文化服务体系建设。一是出台促进文化产业发展的政策，通过公益性文化活动进行补贴或扶持文化团队等方式，吸引社会多方力量参与；二是积极运用群众反馈与评价机制，对群众意见进行回复，改善公共文化服务质量，做到文化供给与群众需求精准对接，提升群众满意度；三是强化人才保障，通过提高工资报酬等激励方式引进优秀人才，探索符合新时代发展需求的文化人才交流模式与机制，积极动员社会力量参与进来，打造更为“人性化的文化环境”。

（二）做好特殊人群的文化服务，推动数字化发展

博物馆、美术馆、图书馆、文化馆等公共文化服务机构在满足特殊人群文化服务需求方面应积极发挥带头作用。要做好特殊人群的文化服务，第一，更加重视特殊人群的文化权益与诉求，积极组织和提供相应的文化服务活动与内容，如在图书馆等公共文化场馆设置缓坡、扶手、盲道、盲文辅助器、助听器等无障碍设施与工具，为特殊人群获取公共文化服务提供便利。第二，适当加大和扩大文化阵地的优惠开放力度与范围，使其更好地覆盖更多的特殊人群，通过潜移默化的影响调动群众积极性，主动参与公共文化服务。第三，创新活动内容与活动形式，实现文化服务的多元化供应，吸引特殊人群主动参与，如可以打造有地域特色的文化服务内容，提升公共文化服务的吸引力与效能，同时传承并弘扬本地特色文化。第四，健全公共文化服务体系的基础设施与供给路径，加强数字化建设，为特殊人群提供更为便捷与人性化的服务。

要破解以往公共文化服务资源共享难题，消除“数字鸿沟”与“信息孤岛”，以数字化技术的交互性、便捷性、高效性特点，对公共文化服务资源的利用效率、共享范围等进行提高和扩大，这有利于解决我国公共文化服务领域现存问题，提升文化传播效益、促进城乡资源共享、扩大文化服务供给。各级政府应主导各单位各部门因地制宜地制定实施方案，并引入激励机制，促使其将数字化建设作为日常工作任务、将数字化服务列入行业规范，实现公共数字文化服务体系的有效运转，切实为人民群众谋福利。

（三）进一步加大对非物质文化遗产和文物的保护与宣传

文化遗产承载着民族精神，铭刻着历史命脉与民族记忆。据调查，目前存在群众对非物质文化遗产保护的参与程度不高、具体落实不够等问题，为推动人人参与文化遗产保护，激活文化遗产的内在生命力，将文化遗产与群众日常生活相融合，有效的文化遗产保护与宣传措施必不可少。首先，要保障和健全公众参与文化遗产保护的权益与路径。从相关政策法规出发，相关部门主动发布文化遗产相关信息，确保信息的公开透明，保障公众对相关内容的知情权；探索方便公众参与文化遗产保护的方式与路径，保障公众在文化遗产保护中的参与权；健全公众参与文化遗产保护的公益诉讼制度，强化公众监督力量，制止文化遗产保护的不合理、不合法行为，保障公众参与的监督权。其次，要加大对文化遗产保护的宣传力度。相关部门需要定期多渠道开展文化遗产保护宣传、培训等活动，宣传其价值，强化其与公众的情感纽带，传播正确的保护理念，增强人人参与文化遗产保护的意识。要进一步推进非物质文化遗产进社区、进校园，将非物质文化遗产、文物与旅游相结合，以教育、旅游激活文化遗产价值，缩小文化遗产与群众间的距离，使文化遗产与群众生活密切联系，增强群众的文化遗产保护参与感，树立文化遗产保护责任意识。另外，还应将自身拥有的文化资源与文化创意产业相结合，开创好玩又好看的特色文创产品，在满足广大群众文化需求的同时，有利于建立文化遗产与人民群众生活间的纽带，培养群众尤其是当代青年群体主动了解文化遗产的兴趣，增强文化自信，使人人参与文化遗产保护。最后，人才培养是关键。文化遗产的保护传承需要既有高度责任感又有专业知识的人才，我国应更有计划、有针对性地培养该方面的人才。

（四）推进乡村振兴，监管“乡村网红”，实现城乡文化服务均等化

在乡村振兴战略实施的背景下，“乡村网红”迅速发展，凭借自身独特优势为乡村振兴做出重要贡献。[①] 缩小城乡公共文化服务差距，实现城乡文化服

① 旦正项欠、彭毛多杰：《网红效应对乡村振兴的影响与实践战略分析》，《农业经济》2022年第10期。

务均等化，仍需在乡村振兴战略实施的背景下，借助“乡村网红”的力量。

首先，持续加强农村基础文化设施建设。一要坚持标准化建设，除基层的公共文化服务设施建设外，需进一步全方位构建县（市）、乡（镇）、村屯三级文体中心体系，满足群众基本文化需求，为乡村文化的传播与乡村振兴奠定基础。二要利用数字信息平台整合公共文化资源，为公众参与公共文化活动提供线上渠道，可通过“乡村网红”直播宣传、发送文惠卡、免费或折扣开放文化场所等方式提高群众的参与积极性，努力营造“全民参与”的公共文化氛围。三要合理规划布局与监管，确保公共文化服务设施建设的便利性，提高村民文化活动参与度，有效利用资源，同时要贯彻可持续发展理念，实现因地制宜，长远规划。

其次，建设乡村公共文化服务专门人才队伍，实现城乡人才供给的均衡。文化人才是推动公共文化服务体系建设不可或缺的基本要素之一，只有让真正优秀的文化人才成为“乡村网红”，才能又快又稳地推动乡村振兴。为深刻理解党的二十大对全面建设社会主义现代化国家做出的战略部署，全面把握“推进文化自信自强，铸就社会主义文化新辉煌”的深刻内涵，各地区要激励广大干部群众以自信自强、守正创新、踔厉奋发、勇毅前行的精神状态投入公共文化服务的高质量发展。为此，要定期开展基层公共文化队伍培训，提升公务员专业水平与综合素质，通过严格的选拔让热爱公共文化服务的村民、乡村文艺骨干以及基层文艺工作者等优秀的组织或个人成为“乡村网红”的标杆，还要健全基层公共文化人才管理机制，规范基层公共文化人才的选拔、引进、培训和考核，改善基层文化工作者的工作待遇，充分调动其工作的主动性与积极性。对于“乡村网红”存在的问题与乱象，相关部门应加强监管，尽量将“乡村网红”纳入公共文化服务队伍，激发基层文化活力。

最后，要提供更加丰富的公益性文化产品，实现城乡文化资源共享。一是文化产品的供给应适应乡村发展、为农民所喜闻乐见；二是积极挖掘和利用好当地特色文化资源，可以与保护地区非物质文化遗产工作相结合，推动文化创新，例如利用互联网技术将现代元素融入地方戏曲，开展 VR 戏曲体验活动等，不让地方传统特色和自身优质资源迷失于现代化的发展洪流中；三是加强城乡文化交流，积极促进乡村特色文化与城市优秀文化的融合，实现文化的双向流动，引导城市优秀文化流向乡村，激发村民对公共文化服务的向往与热情。

B.5
中国文化国内传播和影响力报告（2021~2022）

黄 妍　张 涵　杨文倩*

摘　要：　近两年，中国文化传播取得了一系列成就，主要体现在三个方面：一是政府相关部门制定了关于文化传播工作的“十四五”发展规划文件，“深化融媒改革”“文化数字化”“社会效益优先”成为“十四五”期间文化传播工作的新重点；二是融媒改革进入数字化、网络化、智能化时期，传媒工作成为国家治理体系中的重要一环；三是文娱行业、新闻行业、网络平台的文化传播秩序得到了深度有效的治理。但目前中国文化国内传播仍存在一些亟须解决的问题：一是新媒体的用户体验亟待优化，安全性和便利性的难题仍然存在；二是自媒体传播乱象的治理效果有待提升；三是电影供给方式与民众的观影方式偏好之间存在偏差。为了取得更好效果，新媒体产品的开发应该重视用户满意度、便利性等“软性指标”的检测。除了思想引领外，管理部门应该从技术层面对自媒体进行精准约束；电影从业人员应该通过主动融入网络院线等方式，适应中国电影产业数字化发展的新趋势。

关键词：　媒体深度融合　文化数字化　文化传播秩序

* 黄妍，湖北大学高等人文研究院院长助理，中华文化发展湖北省协同创新中心副研究员，湖北大学哲学学院讲师，主要研究方向为西方哲学及伦理学；张涵，湖北大学哲学学院 2019 级本科生；杨文倩，湖北大学哲学学院 2019 级本科生。

本报告拟考察2021年中国文化国内传播的发展及其影响力状况，总结其主要成就，预测其发展前景，分析其中存在的问题，并提出对策和建议。

一　中国文化国内传播总体发展概况

2021年是“十四五”规划的开局之年。“十四五”规划作为全面建成小康社会后的第一个五年规划，也是开启全面建设社会主义现代化国家新征程的第一个五年规划，对我国文化事业和文化产业的发展做出总体性的规划。本报告将从“媒体深度融合”“数字化战略”“文化产业的社会效益”等方面对“十四五”规划及相关政策对我国文化传播工作的重要部署进行总结和梳理。

（一）媒体融合建设进入深度融合阶段

“十四五”规划提出，要“推进媒体深度融合，实施全媒体传播工程，做强新型主流媒体，建强用好县级融媒体中心”，这意味着以媒体融合为核心的媒体改革工作已经进入媒体深度融合阶段。近年来，围绕“媒体深度融合”的发展主题，相关部门出台了一系列指导性文件。2020年9月，中共中央办公厅、国务院办公厅印发了《关于加快推进媒体深度融合发展的意见》，提出了要从重要意义、目标任务、工作原则三个方面明确媒体深度融合发展的总体要求，提出了“推动传统媒体和新兴媒体在体制机制、政策措施、流程管理、人才技术等方面加快融合步伐，尽快建成一批具有强大影响力和竞争力的新型主流媒体，逐步构建网上网下一体、内宣外宣联动的主流舆论格局，建立以内容建设为根本、先进技术为支撑、创新管理为保障的全媒体传播体系”。2020年11月，国家广播电视总局印发了《关于加快推进广播电视媒体深度融合发展的意见》，提出了“力争用1至2年时间，新型传播平台和全媒体人才队伍建设取得明显进展，主流舆论引导能力、精品内容生产和传播能力、信息和服务聚合能力、先进技术引领能力、创新创造活力大幅提升。用2至3年时间，在重点领域和关键环节的改革创新取得实质突破”的发展目标。2022年4月，中共中央宣传部首次就出版融合发展领域专门发布《关于推动出版深度融合发展的实施意见》，该项政策围绕加快推动出版深度融合发展，构建数字时代新型出版传播体系，坚持系统推进与示范引领相结合的总体思路，从战略谋划、内容建设、技术支撑、重点项目、人才队伍、保障体系等六个方面提出二十项主要措施，对新时代推动出版深度融合发展做出全面安排，为出版单位探索融合发展新模式、新业态、新领域提供行动指引。从上述政策来看，未来我国融媒工作将在“坚持移动优先，坚持科学布局，坚持改革创新”基本方针的前提下，加速推动传统媒体和新兴媒体在政策、制度、管理、流程、人才、技术等多方面的深度融合。

（二）“数字化战略”成为文化工作的新重点

“十四五”规划着重强调了在未来的文化工作中要加快数字化发展，明确提出了文化领域的两个“数字化战略”，即“推动公共文化数字化建设”和“实施文化产业数字化战略”。这意味着“数字化战略”已经被纳入“十四五”时期的顶层设计和规划。

近年来，促进文化与数字技术的融合一直都是我国文化事业和文化产业新的发展趋势。2017 年，习近平总书记提出全面实施国家大数据战略，强调“要坚持以人民为中心的发展思想，推进‘互联网+教育’‘互联网+医疗’‘互联网+文化’等，让百姓少跑腿、数据多跑路，不断提升公共服务均等化、普惠化、便捷化水平”①。2019 年，科技部、中宣部等联合发布《关于促进文化和科技深度融合的指导意见》，明确贯彻国家大数据战略，加强顶层设计，加快国家文化大数据体系建设。2020 年 11 月，文化和旅游部出台《关于推动数字文化产业高质量发展的意见》，指出要从“加强内容建设”“加快新型基础设施建设”“推动技术创新和应用”“激发数据资源要素潜力”“培育市场主体”“构建产业标准体系”六个方面进一步夯实数字文化产业发展基础，从“促进优秀文化资源数字化”“深化融合发展”“发展平台经济”“培育云演艺业态”“丰富云展览业态”“发展沉浸式业态”“提升数字文化装备实力”“满足新兴消费需求”八个方面培育数字文化产业新型业态；提出“到

① 《习近平：实施国家大数据战略加快建设数字中国》，人民网，2017 年 12 月 9 日，http://cpc.people.com.cn/n1/2017/1209/c64094-29696290.html。

2025年，培育20家社会效益和经济效益突出、创新能力强、具有国际影响力的领军企业，各具特色、活力强劲的中小微企业持续涌现，打造五个具有区域影响力、引领数字文化产业发展的产业集群，建设200个具有示范带动作用的数字文化产业项目”的发展目标。2021年6月，文化和旅游部发布《“十四五”文化和旅游发展规划》，明确提出要“推广‘互联网+公共文化’，推动数字文化工程转型升级、资源整合，统筹推进智慧图书馆、公共文化云服务体系建设。丰富公共数字文化资源，推动将相关文化资源纳入国家文化大数据体系。优化国家公共文化云服务平台，广泛开展数字化网络化服务。大力发展云展览、云阅读、云视听，推动公共文化服务走上‘云端’、进入‘指尖’。加强公共文化机构和数字文化企业的对接合作，拓宽数字文化服务应用场景和传播渠道”。2022年5月，中共中央办公厅、国务院办公厅印发了《关于推进实施国家文化数字化战略的意见》，强调各地政府要把推进实施国家文化数字化战略列入重要议事日程，因地制宜制定具体实施方案，相关部门要细化政策措施。该意见明确提出了关联形成中华文化数据库、形成国家文化专网、搭建文化数据服务平台、探索数字化转型升级的有效途径、发展数字化文化消费新场景、提升公共文化服务数字化水平、培育新型文化企业、构建文化数字化治理体系等国家文化数字化战略的八项重点任务。

（三）文化产业的社会效益居首要地位

“十四五”规划多次强调了文化产业的意识形态属性，指出“坚持把社会效益放在首位、社会效益和经济效益相统一”，明确了文化产业是满足人民群众精神文化需要的重要载体。2015年，中共中央办公厅、国务院办公厅印发了《关于推动国有文化企业把社会效益放在首位、实现社会效益和经济效益相统一的指导意见》，指出“正确处理社会效益和经济效益、社会价值和市场价值的关系，当两个效益、两种价值发生矛盾时，经济效益服从社会效益、市场价值服从社会价值，越是深化改革、创新发展，越要把社会效益放在首位”。从中央到地方，各级政府积极响应落实该指导意见，相继制定了《图书出版单位社会效益评价考核试行办法》《中央企业综合绩效评价管理暂行办法》《中央企业综合绩效评价实施细则》《新华书店社会效益考核评价办法》

《国有文艺院团社会效益评价考核试行办法》《国有影视企业社会效益评价考核试行办法》《网络文学出版服务单位社会效益评估试行办法》等量化考核办法，将战略管理、风险控制、人力资源、行业影响、社会贡献等纳入社会效益的直接或间接测量指标。2021 年，中宣部、中国记协正式印发《媒体社会责任报告制度实施办法》《媒体社会责任报告评议指标》，从政治责任、阵地建设责任、服务责任、人文关怀责任、文化责任、安全责任、道德责任、保障权益责任、合法经营责任九个方面，对媒体社会责任的内涵与外延进行界定。同时对各项评价指标进行量化赋值，通过新闻道德委员会评分的方式督促新闻媒体加强行业自律。媒体社会责任报告制度从 2014 年开始实施，已经持续实施了 8 年，参与发布社会责任报告的主体从最初的 11 家媒体发展到 18 家中央媒体、16 家全国性行业类媒体以及全国各省（区、市）和新疆生产建设兵团的 70 多家主要新闻媒体。黑龙江、湖北、青海、陕西、宁夏、浙江等省（区）的发布范围下沉至市级媒体，海南实现了省、市、县三级媒体全覆盖。[①] 这种由媒体每年定期自觉公开发布履行社会责任情况报告的监督方式，有效地强化了新闻媒体的社会责任意识，提高了从业人员的职业道德素养，提升了新闻媒体的社会公信力。

（四）文化传播的政策法规

中国文化传播方面的政策法规主要集中在几个方面：第一，规划性文件，随着“十四五”规划的发布，各部门围绕“提高社会文明程度”“提升公共文化服务水平”“健全现代文化产业体系”三个发展要求，密集出台了相关行业的“十四五”发展规划；第二，行业法规及规范性文件，相关文件主要从影视制作、演员合同规范、经纪机构管理等多个方面促进影视行业健康发展；第三，建设性政策文件，主要为账户管理、服务算法、主体责任、平台分级、内容审核、直播管理等多个方面的治理性和管理性的文件（见表 1）。

① 《中国记协媒体社会责任报告工作有声有色》，中国记协网，2021 年 12 月 10 日，http：//www.zgjx.cn/2021-12/10/c_ 1310364617.htm。

表1　2021~2022年中国文化传播重要政策法规

发布时间	发布机构	政策法规名称
规划性文件		
2021年6月	文化和旅游部	《“十四五”文化和旅游发展规划》
2021年9月	中共中央、国务院	《知识产权强国建设纲要(2021—2035年)》
2021年9月	中共中央办公厅、国务院办公厅	《关于加强网络文明建设的意见》
2021年10月	国家广播电视总局	《广播电视和网络视听“十四五”科技发展规划》
2021年11月	国家电影局	《“十四五”中国电影发展规划》
2021年12月	国家版权局	《版权工作“十四五”规划》
2021年12月	国家新闻出版署	《出版业“十四五”时期发展规划》
2022年2月	国家广播电视总局	《“十四五”中国电视剧发展规划》
2022年4月	中共中央宣传部	《关于推动出版深度融合发展的实施意见》
2022年5月	中共中央办公厅、国务院办公厅	《关于推进实施国家文化数字化战略的意见》
行业法规及规范性文件		
2020年8月	国家版权局	《关于版权行政执法工作中证据审查和认定问题的通知(征求意见稿)》
2021年1月	国家互联网信息办公室	《互联网用户公众账号信息服务管理规定》
2021年3月	国家广播电视总局	《中华人民共和国广播电视法(征求意见稿)》
2021年6月	人力资源和社会保障部、国家新闻出版署	《关于深化新闻专业技术人员职称制度改革的指导意见》
2021年8月	国家广播电视总局	《广播电视行政处罚程序规定(征求意见稿)》
2021年9月	国家互联网信息办公室、中央宣传部、教育部、科学技术部、工业和信息化部、公安部、文化和旅游部、国家市场监督管理总局、国家广播电视总局	《关于加强互联网信息服务算法综合治理的指导意见》
2021年9月	国家互联网信息办公室	《关于进一步压实网站平台信息内容管理主体责任的意见》
2021年10月	国家发展改革委、商务部	《市场准入负面清单(2021年版)》(征求意见稿)
2021年10月	国家互联网信息办公室	《互联网新闻信息稿源单位名单》
2021年10月	国家市场监督管理总局	《互联网平台分类分级指南(征求意见稿)》《互联网平台落实主体责任指南(征求意见稿)》
2021年12月	国家广播电视总局	《电视剧母版制作规范》
2021年12月	国家广播电视总局	《广播电视行政处罚听证规则》
2021年12月	中国网络视听节目服务协会	《网络短视频内容审核标准细则》(2021)

续表

发布时间	发布机构	政策法规名称
2021 年 11 月	国家广播电视总局办公厅	《广播电视基层政务公开标准指引》
2022 年 1 月	中国广播电视社会组织联合会	《关于深入贯彻落实〈关于进一步规范播音员主持人职业行为和社会活动管理的意见〉的倡议》
2022 年 3 月	国家电影局、国家发展改革委、自然资源部、生态环境部、住房和城乡建设部、国家广播电视总局	《关于促进影视基地规范健康发展的意见》
2022 年 4 月	国家广播电视总局网络视听节目管理司、中共中央宣传部出版局	《关于加强网络视听节目平台游戏直播管理的通知》
2022 年 4 月	中国广播电视社会组织联合会、中国网络视听节目服务协会	《电视剧网络剧摄制组生产运行规范（试行）》
2022 年 4 月	国家新闻出版署、人力资源和社会保障部、国家广播电视总局、国家互联网信息办公室	《新闻专业技术人员继续教育暂行规定》
2022 年 5 月	中央文明办、文化和旅游部、国家广播电视总局、国家互联网信息办公室	《关于规范网络直播打赏 加强未成年人保护的意见》
2022 年 5 月	中国广播电视社会组织联合会 中国网络视听节目服务协会	《演员聘用合同示范文本（试行）》
2022 年 5 月	国家广播电视总局办公厅	《广播电视和网络视听领域经纪机构管理办法》
2022 年 5 月	国家广播电视总局科技司、国际司	《广播电视和网络视听节目对外译制规范》（报批稿）
建设性政策文件		
2020 年 3 月	国家广播电视总局	《关于发布〈超高清晰度电视信号实时串行数字接口　第 1 部分：多链路 10Gbit/s 光接口（10 比特字容器）〉等五项广播电视和网络视听行业标准的通知》
2021 年 5 月	国家广播电视总局办公厅	《关于印发〈广播电视和网络视听工程建设行业标准管理办法〉的通知》
2021 年 5 月	国家广播电视总局办公厅	《关于印发〈广播电视基础设施自然灾害灾后恢复重建指导意见〉的通知》
2021 年 6 月	国家广播电视总局	《关于发布〈网络视听收视大数据技术规范　第 1 部分：总体要求〉等四项广播电视和网络视听行业标准的通知》
2021 年 6 月	国家广播电视总局、应急管理部	《应急广播管理暂行办法》

续表

发布时间	发布机构	政策法规名称
2021 年 7 月	国家电影局	《数字电影存档母版技术规范(DY/T 5-2021)》《数字电影放映用还音设备技术要求和测量方法(DY/T 6-2021)》
2021 年 8 月	国家广播电视总局	《关于发布〈广播电视钢塔桅防腐蚀保护涂装〉等两项广播电视和网络视听行业标准的通知》
2021 年 8 月	国家广播电视总局	《关于发布〈网络视听节目视频格式命名及参数规范〉一项广播电视和网络视听行业标准的通知》
2021 年 9 月	国家新闻出版署	《关于批准发布〈知识关联服务编码〉等 16 项行业标准的通知》
2021 年 10 月	国家广播电视总局	《关于发布〈广播电视工程设计图形符号和文字符号〉等两项工程建设行业标准的通知》
2021 年 10 月	国家广播电视总局	《关于发布〈广播电视台融合媒体云平台　总体架构〉等两项广播电视和网络视听行业标准的通知》
2021 年 12 月	国家广播电视总局	《VR 视频系统节目制作和交换用视频参数值》
2021 年 12 月	国家广播电视总局	《广播电视传输网络系统安装工程预算定额》
2022 年 1 月	国家广播电视总局	《关于推进智慧广电乡村工程建设的指导意见》
2022 年 1 月	国家广播电视总局科技司	《高动态范围电视系统显示适配元数据技术要求》
2022 年 1 月	国家广播电视总局	《电视演播室场景设施设计标准》
2022 年 1 月	国家广播电视总局	《关于推动新时代纪录片高质量发展的意见》
2022 年 4 月	国家新闻出版署	《国家新闻出版署关于发布〈数字教材术语〉等 9 项行业标准立项计划的通知》

资料来源：国家新闻出版署网站、国家广播电视总局网站、国家电影局网站、中国网络视听节目服务协会网站、中国记协网。

从统计结果来看，2021 年有关“网络空间治理”和“网络文明建设”的文化传播政策法规出台数量最多，共计 16 项。2021 年与密集出台的政策法规相配套的是，国家以前所未有的力度对网络传播行业的乱象进行治理，开展集中式的治理行动。“十四五”期间，随着文化传播方式不断向数字化、网络化、智能化发展，加强网络文明建设、规范网络传播秩序将成为我国文化传播工作的重要一环。

二　中国文化国内传播各细分行业发展现状及影响力

本部分拟分新闻行业、电视业、电影业和网络视听业这四大板块来具体考察和描述2021年中国文化国内传播各细分行业的发展现状及其影响力。

（一）新闻行业发展现状及影响力

1. 我国新闻行业发展现状

从报纸生产状况方面来看，2020年我国报业总体仍然呈“减产减量”的态势。根据国家新闻出版署的相关统计数据，2020年，全国共出版报纸1810种，平均期印数15692.99万份，每种平均期印数8.67万份，总印数289.14亿份，总印张654.69亿印张，定价总金额366.43亿元。① 与2019年相比，报纸种数降低2.22%，平均期印数降低9.31%，总印数降低8.96%，总印张降低17.81%，定价总金额降低6.62%。而根据《中国新闻事业发展报告（2022年发布）》的统计结果，2020年平均期印数排名前十的综合类报纸分别是《人民日报》《新华每日电讯》《参考消息》《光明日报》《经济日报》《南方日报》《都市快报》《环球时报》《半岛都市报》以及《钱江晚报》。②

2021年的报纸生产状况可以根据报纸印刷量和新闻纸用量来分析。中国报业协会印刷工作委员会的统计结果显示，2021年全国报纸总印刷量为608亿对开印张，较2020年的600亿对开印张增加8亿对开印张，环比上升1.28%，自2012年起，全国报纸总印刷量连续9年下降，这是首次出现环比

① 《2020年全国新闻出版业基本情况》，国家新闻出版署网站，2021年12月16日，https：//www.nppa.gov.cn/nppa/contents/764/102440.shtml。

② 《中国新闻事业发展报告（2022年发布）》，中国记协网，2022年5月16日，http：//www.zgjx.cn/2022-05/16/c_ 1310592108.htm。

上升的情况；2021 年耗用新闻纸 137 万吨，较 2020 年的 135 万吨增长 1.48%。[①] 由此可以看出，2021 年报纸生产状况出现小幅度增长。

从新闻行业的从业人员情况来看，截至 2021 年，新闻从业人员持证记者有 194263 名，比 2019 年的 232830 名减少了 38567 名，降低了 16.56%；在 2020~2021 年新闻行业的媒体构成中，融媒体中心占 9.90%，报纸占 36.10%，期刊占 2.23%，通讯社占 1.50%，电台、电视台和新闻电影制片厂占 48.58%，新闻网站占 1.69%。[②] 对比 2019 年媒体构成情况，报纸占 35.21%，期刊占 2.73%，通讯社占 1.20%，电台、电视台和新闻电影制片厂占 60.19%，新闻网站占 0.66%。[③] 2020~2021 年，报纸、通讯社、新闻网站的从业人员占比都有上升，期刊与电台、电视台和新闻电影制片厂的从业人员占比均有所下降。

从报业融媒的进展来看，随着报业与互联网的深度融合，新闻行业已经进入全媒体时代。截至 2021 年，我国网络新闻用户数持续增长，网民规模达到 10.32 亿人，网络新闻用户规模达到 7.71 亿人，互联网信息服务单位共 3208 家。[④] 主流新闻媒体通过入驻哔哩哔哩、抖音、百度、微博等互联网平台，进一步加深了与互联网平台之间的融合。截至 2021 年 11 月，人民日报新媒体覆盖用户总量超 6.5 亿人，微信公众号用户订阅量突破 4050 万人，“人民日报”客户端累计下载量达 2.73 亿人。[⑤] 在庆祝建党百年、北京冬奥会和冬残奥会的相关报道中，网络新闻媒体采用“5G+4/8K 直播”等方式实现了制播超清化、移动化和智能化，达到良好的传播效果。

从行业规范建设方面来看，2021 年国家主管部门加大了对新闻行业的治理力度，其中网络新闻行业的传播秩序得到了有效的管理和约束。2021 年 9

---

① 《全国报纸总印刷量 10 年来首次环比上升》，国家新闻出版署网站，2022 年 3 月 30 日，https：//www.nppa.gov.cn/nppa/contents/280/103725.shtml。

② 《一图速览！〈中国新闻事业发展报告（2022 年发布）〉》，中国记协网，2022 年 5 月 16 日，http：//www.zgjx.cn/2022-05/16/c_ 1310594629.htm。

③ 《中国新闻事业发展报告（2020 年发布）》，中国记协网，2020 年 12 月 21 日，http：//www.zgjx.cn/2020-12/21/c_ 139600961.htm。

④ 《第 49 次〈中国互联网络发展状况统计报告〉》，中国互联网络信息中心网站，2022 年 2 月 25 日，http：//www.cnnic.net.cn/hlwfzyj/hlwxzbg/hlwtjbg/202202/P020220311493378715650.pdf。

⑤ 《一图速览！〈中国新闻事业发展报告（2022 年发布）〉》，中国记协网，2022 年 5 月 16 日，http：//www.zgjx.cn/2022-05/16/c_ 1310594629.htm。

月，国家互联网信息办公室、工业和信息化部等九部门联合印发了《关于加强互联网信息服务算法综合治理的指导意见》，该意见旨在从算法技术上对互联网信息传播、分发等行为进行更为规范化的管理，建立“导向正确、公平公正、公开透明、安全可控、自主创新”的算法生态规范，有效约束不合理算法，维护网络空间的传播秩序、市场秩序和社会秩序。2021 年 10 月，国家互联网信息办公室公开发布了最新版《互联网新闻信息稿源单位名单》，为广大网络新闻用户提供了可靠、权威的新闻资讯来源，有效遏制了网络假新闻的泛滥。

2. 新闻行业的国内影响力现状

新闻行业的影响力主要体现在新闻阅读率、媒体公信力和新媒体的用户体验上，以下从这三个方面分别进行考察。

（1）新闻阅读率

2020 年，我国成年国民报纸阅读率仍然呈持续下降的总体态势。2020 年我国成年国民报纸阅读率为 25.5%，较 2019 年的 27.6%下降了 2.1 个百分点；2020 年纸质报纸的人均阅读量为 15.36 期（份），较 2019 年的 16.33 期（份）减少了 0.97 期（份）；2020 年我国成年国民日均阅读时长为 5.71 分钟，较 2019 年的 6.08 分钟减少了 0.37 分钟（见图 1）。

（2）媒体公信力

从媒体公信力排行来看，2020~2021 年报纸的影响力仍然高于新媒体。根据“2021 中国现代信用发展指数”调查结果，公众心中公信力较强的前四名媒体类型分别是传统媒体的报纸、广播、杂志和电视，与 2020 年、2019 年的调查结果基本一致，微博、户外广告媒体、网络自媒体、手机报和微信的排名较靠后。[①] 就新闻的可靠性、权威性而言，报纸的公信力仍然领先于新媒体。

但随着传统主流媒体陆续进驻网络平台，传统主流媒体的网络版依然具有较强公信力。根据“2021 中国现代信用发展指数”调查结果，人民网、新华网、中国网等传统主流媒体的网络版成为受访者最信赖的信源。而在全

① 《2021 媒体公信力调查：传统媒体仍是“信息正餐”》，“小康杂志社”百家号，2021 年 8 月 13 日，https://baijiahao.baidu.com/s?id=1707961673338856396&wfr=spider&for=pc。

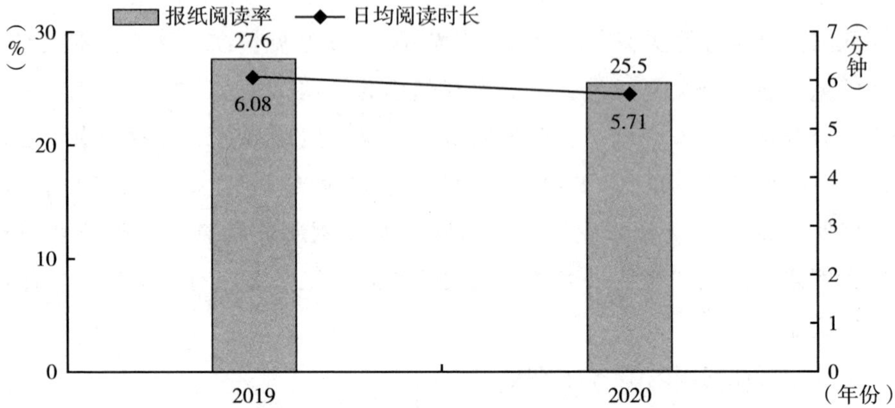

图 1　2019~2020 年我国成年国民报纸阅读率、日均阅读时长情况

资料来源：《第十八次全国国民阅读调查成果发布》，国家新闻出版署网站，2021 年 4 月 26 日，https：//www. nppa. gov. cn/nppa/contents/280/75981. shtml。

国报纸品牌价值排行榜上，《人民日报》的品牌价值尤为突出，排名第一，排名第二至第十的报纸依次是《光明日报》《中国青年报》《参考消息》《南方日报》《环球时报》《经济日报》《南方都市报》《扬子晚报》《广州日报》（见表 2）。

表 2　2021 年全国报纸品牌价值排行榜 TOP10

排名	报纸品牌	排名	报纸品牌
1	《人民日报》	6	《环球时报》
2	《光明日报》	7	《经济日报》
3	《中国青年报》	8	《南方都市报》
4	《参考消息》	9	《扬子晚报》
5	《南方日报》	10	《广州日报》

资料来源：《2021 媒体公信力调查：传统媒体仍是"信息正餐"》，"小康杂志社"百家号，2021 年 8 月 13 日，https：//baijiahao. baidu. com/s？id=1707961673338856396&wfr=spider&for=pc。

（3）新媒体的用户体验

在传统报业"减产减量"的同时，新闻行业的数字化改革蓬勃发展。"十四五"期间，我国的融媒改革将进入一个新阶段，随着整个社会加速朝数字化、网络化、智能化方向发展，文化和数字技术的深度融合成为当前新闻融媒工作的一个关键点。随着新媒体的制播技术不断更新，有效、便利、安全的用户体验决定着新媒体的传播效果与传播影响力。

针对目前我国民众对数字化文化产品的“便利化、安全性和风险管控”方面的用户体验，“中国文化发展现状调查（2021）”在问卷中设置了“对数字化文化产品的便利化、安全性和风险管控的评价”题目，并分别对便利化、安全性和风险管控的数据进行差异比较与组间差异分析。

从“对数字化文化产品的安全性和风险管控的评价”的差异比较看，被调查者对“安装 App 时经常带有恶意插件，让人十分不安”的认同度显著高于“App 侵犯用户隐私的行为需要严格管控”和“老年人用 App 感到复杂，十分不方便”（见表 3）。数据说明，在数字化文化产品的安全性和风险管控的诸多问题中，人们对恶意插件最为在意，或者说对其不满程度最高，对恶意插件的管控需要更强的措施和更大的力度。

从“对数字化文化产品的便利化的评价”的差异比较来看，被调查者对“老年人用 App 感到复杂，十分不方便”的认同度显著低于“不同的 App 对于信息流有阻断作用，不利于信息共享”和“有的 App 常常对老年人有诱导性（欺骗性）消费问题”的观点（见表 4）。数据说明，在文化数字化时代，在一系列政策和措施的推动下，老年人能够感受到使用手机的便利性，但是如何从技术上、认知上进一步帮助老年人降低“数字门槛”，缩小“数字鸿沟”，是数字化文化产品需要进一步关注的问题。

表 3　对数字化文化产品的安全性和风险管控的评价（总均值参数 1.728）差异检验结果

题项(变量)	样本数	均值	均值差	t 值	显著性(P)
D27A. App 侵犯用户隐私的行为需要严格管控	7764	1.74	0.010	1.93	0.054
D27B. 安装 App 时经常带有恶意插件，让人十分不安	7764	1.75	0.027	5.509	0.000***
D27D. 老年人用 App 感到复杂，十分不方便	7764	1.69	-0.036	-6.816	0.000***

注：*** 表示 $P<0.001$，具有显著性。

资料来源：湖北大学高等人文研究院、中华文化发展湖北省协同创新中心“中国文化发展现状调查（2021）”数据库。

表 4 对数字化文化产品的便利化的评价（总均值参数 1.663）差异检验结果

题项(变量)	样本数	均值	均值差	t 值	显著性(P)
D27C. 不同的 App 对于信息流有阻断作用，不利于信息共享	7764	1.67	0.004	0.782	0.434
D27D. 老年人用 App 感到复杂，十分不方便	7764	1.69	0.029	5.593	0.000***
D27E. 有的 App 常常对老年人有诱导性(欺骗性)消费问题	7764	1.63	-0.032	-5.845	0.000***

注：*** 表示 P<0.001，具有显著性。

资料来源：湖北大学高等人文研究院、中华文化发展湖北省协同创新中心“中国文化发展现状调查（2021）”数据库。

以上数据分析结果显示，在数字化时代，传统报业的产量、影响力不可避免地逐渐减少、减弱，新媒体、数字新闻将成为新闻信息的主流传播途径和方式，然而新媒体能否获得广大民众的信任和依赖，新媒体产品能否提供有效、便利、安全的用户体验，都是值得深思的问题。

（二）电视业发展现状及影响力

1. 我国电视业发展现状

本报告从生产总量、覆盖规模、行业规范和从业人员规范四个方面考察我国电视业的发展状况。

从生产总量来看，2021 年全国制作广播节目时间 812.71 万小时，同比下降 1.01%；播出时间 1589.49 万小时，同比增长 0.55%。2021 年全国制作电视节目时间 305.96 万小时，同比下降 6.79%；播出时间 2013.99 万小时，同比增长 1.29%。2021 年全国制作发行电视剧 194 部 6736 集，制作发行部数同比下降 3.96%。[①]2021 年全国电视剧拍摄制作备案公示的剧目为 498 部 16485 集，与 2020 年全国电视剧拍摄制作备案公示的剧目 670 部 23519 集相比，分别下降 25.67%和 29.91%。从电视剧题材来看，2020 年当代题材 469 部 15811 集，分别占 70.00%和 67.23%；2021 年当代题材

① 《国家广播电视总局：2021 年全国广播电视行业统计公报》，中文互联网数据资讯网，2022 年 4 月 26 日，http://www.199it.com/archives/1425055.html。

376 部 12220 集，分别占 75.50%、74.13%。[①]从数据来看，我国电视剧的产量呈现逐年减少的趋势，当代题材的占比逐年上升。由此可见，在电视剧的生产和制作中，反映当下人们实际生活的现实性题材越来越受到重视。

从覆盖规模来看，持续推进广播电视重点惠民工程，使广播电视节目综合人口覆盖率稳步提升。截至 2021 年底，全国广播节目综合人口覆盖率 99.48%，全国电视节目综合人口覆盖率 99.66%，分别比 2020 年提高了 0.10 个百分点和 0.07 个百分点。农村广播节目综合人口覆盖率 99.26%，农村电视节目综合人口覆盖率 99.52%，分别比 2020 年提高了 0.09 个百分点和 0.07 个百分点。农村有线广播电视实际用户数 0.67 亿户，在有线网络未通达的农村地区直播卫星用户 1.48 亿户，同比增长 0.68%；高清和超高清用户 1.09 亿户，同比增长 7.92%；智能终端用户 3325 万户，同比增长 11.39%；有线电视双向数字实际用户数 9701 万户，同比增长 1.57%，高清超高清视频点播用户 3992 万户，占点播用户的比重达 95.3%；全国交互式网络电视（IPTV）用户数超过 3 亿户，互联网电视（OTT）用户数 10.83 亿户，互联网视频年度付费用户数 7.1 亿户，互联网音频年度付费用户数 1.5 亿户，短视频上传用户数超过 7 亿户。[②]

从行业规范来看，2021~2022 年相关部门出台了多部旨在依法管理广播电视传播活动、提升广播电视节目质量、扩大覆盖范围、增强技术能力和服务效能的规划性文件和规范性文件。2021 年 3 月，国家广播电视总局发布《中华人民共和国广播电视法（征求意见稿）》，从业务准入、制作播放、传输覆盖、公共服务、扶持促进、安全保障、监督管理、法律责任八个方面对在中华人民共和国境内的广播电视传播活动进行约束和管理。2022 年 2 月，国家广播电视总局发布《“十四五”中国电视剧发展规划》，从“推进新时代电视剧精品创作”“建设高标准电视剧市场体系”“创新推进国际传播与国际合作”“建设高质量电视剧人才队伍”等方面对“十四

① 国家广播电视总局电视剧电子政务平台，https：//dsj.nrta.gov.cn/tims/site/views/applications.shanty？appName=note。

② 《国家广播电视总局：2021 年全国广播电视行业统计公报》，中文互联网数据资讯网，2022 年 4 月 26 日，http：//www.199it.com/archives/1425055.html。

五”时期的电视剧事业发展进行顶层设计和系统谋划。该规划还提出了两个发展目标：“‘十四五’期间每年推出10余部思想精深、艺术精湛、制作精良的主题电视剧精品”“‘十四五’期间打造10~15家具有较强创作生产能力的电视剧企业”。2022年4月，国家广播电视总局正式施行《电视剧母版制作规范》，该规范是中华人民共和国广播电视和网络视听的推荐性行业标准，对电视剧母版时长、署名、图像、声音、字幕、封装格式、制作质量等进行了技术量化和统一规范，进一步引导提升电视剧制作水准及规范化水平。

从从业人员规范来看，2022年1月，中央宣传部办公厅、国家广播电视总局办公厅印发《关于进一步规范播音员主持人职业行为和社会活动管理的意见》，要求全国广播电视播音员主持人约束自身言行，提出了“加强政治理论学习，不断提高政治素养”“坚持正确职业志向，努力提高职业技能和节目质量”“坚定人民立场，坚守人民情怀”等方面的主持人行为规范。2022年3月，中国文联发布《中国文艺工作者职业道德公约（修订稿）》，从“坚持爱国为民”“坚定文化自信”“潜心创作耕耘”“追求德艺双馨”“倡导团结向上”“引领社会风尚”六个方面加强全国广大文艺工作者的职业道德和文艺行风的建设。该公约进一步强调，文艺工作者应坚决抵制偷逃税、涉“黄赌毒”等违法违规、失德失范行为，反对炫富竞奢、见利忘义，摒弃畸形审美。

针对国家有关部门对文娱行业内的不良风气开展一系列治理行动，“中国文化发展现状调查（2021）”在问卷中设置了“有道德劣迹和违法前科的艺人不应该再出现在各类传播平台上”“对于青少年中的饭圈文化，应该以主流文艺评论进行正面引导”两个问题。

被调查者对“有道德劣迹和违法前科的艺人不应该再出现在各类传播平台上”观点表示“同意”的占有效样本比重为32.10%；认为“非常同意”的占有效样本比重为56.85%。换言之，对“限制有道德劣迹和违法前科的艺人出现在各类传播平台上”表示正向认同（选择“同意”和“非常同意”）的占有效样本的88.95%（见表5）。

表5　对“有道德劣迹和违法前科的艺人不应该再出现在各类传播平台上”观点的认同统计

单位：人，%

分　类	样本数	占总体样本比重	占有效样本比重	累计有效比重
非常不同意	207	2.67	2.67	2.67
不同意	155	2.00	2.00	4.66
不清楚	496	6.39	6.39	11.05
同　意	2492	32.10	32.10	43.15
非常同意	4414	56.85	56.85	100.00
合　计	7764	100.00	100.00	—

资料来源：湖北大学高等人文研究院、中华文化发展湖北省协同创新中心“中国文化发展现状调查（2021）”数据库。

被调查者对“对于青少年中的饭圈文化，应该以主流文艺评论进行正面引导”观点表示“同意”的占有效样本比重为37.61%；表示“非常同意”的占有效样本比重为51.78%。换言之，被调查者对“以主流文艺评论正面引导青少年中的饭圈文化”表示正向认同（选择“同意”和“非常同意”）的占有效样本的89.39%（见表6）。

表6　对“对于青少年中的饭圈文化，应该以主流文艺评论进行正面引导”观点的认同统计

单位：人，%

分　类	样本数	占总体样本比重	占有效样本比重	累计有效比重
非常不同意	185	2.38	2.38	2.38
不同意	133	1.71	1.71	4.10
不清楚	506	6.52	6.52	10.61
同　意	2920	37.61	37.61	48.22
非常同意	4020	51.78	51.78	100.00
合　计	7764	100.00	100.00	—

资料来源：湖北大学高等人文研究院、中华文化发展湖北省协同创新中心“中国文化发展现状调查（2021）”数据库。

根据数据分析结果可知，两个题项观点的认同度都很高，说明当前我国民众对文娱行业的治理表示了充分拥护的态度，也说明整治是顺应民心的选择。从目前来看，文娱行业发展还存在诸多问题，民众对打击“劣迹艺人”“饭圈乱象”的高度认可显示出民众对开展文娱领域综合治理、规范文艺工作者的职业道德和优良行风、全面规范“饭圈文化”“粉丝后援”等活动的向往和期盼。

2. 电视业的国内影响力现状

电视业对国内广大受众的影响力可以从收视时长、总体收视率以及热门收视题材这三个方面进行考察。

从收视时长来看，2021 年我国电视业仍然保持巨大的传播影响力。2021 年我国电视观众平均收视时长与 2020 年相比有所缩短，但总体仍保持上升趋势；2021 年人均收视时长与 2019 年、2020 年相比均有所缩短。

2021 年我国电视观众平均收视时长（按电视观众总数计算）为 257 分钟，2020 年为 269 分钟，2019 年为 253 分钟；2021 年人均收视时长（按总人口计算）为 118 分钟，2020 年为 132 分钟，2019 年为 124 分钟（见图 2）。

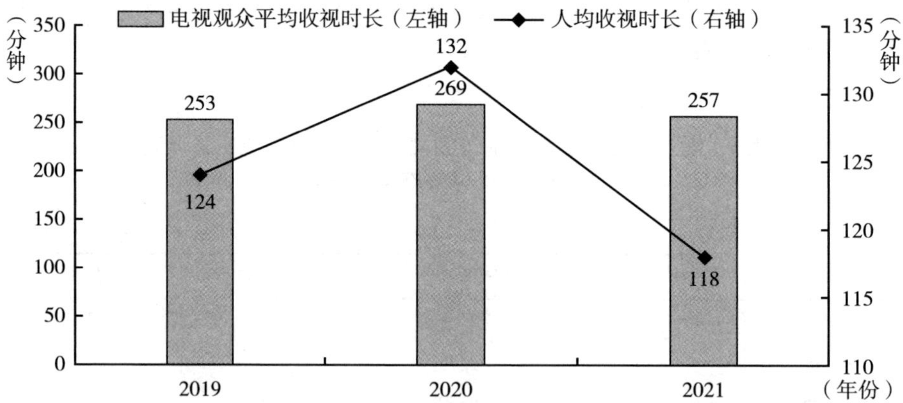

图 2　2019~2021 年我国电视观众平均收视时长和人均收视时长

资料来源：《中国视听大数据 2021 年收视年表》，“中国试听大数据”百家号，2022 年 1 月 19 日，https://baijiahao.baidu.com/s?id=1722363546600642540&wfr=spider&for=pc。

从总体收视率来看，2021 年上星频道共播出电视剧 702 部次，其中收视率 1%以上的电视剧有 88 部次，比 2020 年多 7 部次；收视率为 0.5%~1%的电视剧有 87 部次；收视率低于 0.5%的电视剧有 527 部次。①

从热门收视题材来看，当代题材电视剧仍然是热门收视的主流。2021 年收视率超过 1.5%的热门电视剧有 10 部，按收视率从高到低依次为《跨过鸭绿江》《大决战》《妈妈在等你》《代号·山豹》《红旗渠》《亲爱的孩子们》《香山叶正红》《叛逆者》《对手》《绝密使命》，其中电视剧《跨过鸭绿江》的总收视率排名第一，达到 2.691%。在收视率超过 1.5%的 10 部热门电视剧中，有 1 部现代题材、3 部近代题材、3 部当代题材、3 部重大革命题材（见表 7）。

表 7　2021 年收视率排名前十的电视剧及其题材一览

排名	电视剧	题材
1	《跨过鸭绿江》	重大革命
2	《大决战》	重大革命
3	《妈妈在等你》	当代
4	《代号·山豹》	近代
5	《红旗渠》	现代
6	《亲爱的孩子们》	当代
7	《香山叶正红》	重大革命
8	《叛逆者》	近代
9	《对手》	当代
10	《绝密使命》	近代

资料来源：《中国视听大数据 2021 年收视年表》，“中国视听大数据”百家号，2022 年 1 月 19 日，https：//baijiahao. baidu. com/s？id=1722363546600642540&wfr=spider&for=pc。

以上数据说明，当代题材的电视剧继续占据热门收视的主流地位。不仅如此，2021 年红色革命题材，尤其是建党百年主题的电视剧受到了观众的热烈欢迎和青睐。广大观众对这一题材的喜爱，说明当前社会主义精神文明建设卓有成效，社会主义核心价值观逐渐深入人心。

① 《中国视听大数据 2021 年收视年表》，“中国试听大数据”百家号，2022 年 1 月 19 日，https：//baijiahao. baidu. com/s？id=1722363546600642540&wfr=spider&for=pc。

（三）电影业发展现状及影响力

1. 电影业发展现状

2021 年我国电影业发展现状可以从总体发展状况、影院经营情况、院线经营情况三个方面进行考察。

2021 年，电影业逐渐复苏，我国电影业的总体发展状况比 2020 年有所好转。但是疫情所带来的负面影响、电影业自身发展危机仍然存在，因此，我国电影发展的相关数据仍低于 2019 年的数据。

2021 年，国产电影总产量、累计票房、在映银幕数量均高于 2020 年的数据。从国产电影总产量来看，2021 年国产电影总产量为 740 部，2020 年为 650 部，增长了 13.8%；从累计票房来看，2021 年中国电影市场累计票房 472.58 亿元，较 2020 年的 204.2 亿元增长了 131.4%，较 2019 年恢复了 73.7%；从在映银幕数量来看，2021 年在映银幕数量为 7.50 万块，2020 年为 7.29 万块，2019 年为 6.90 万块（见图 3）。

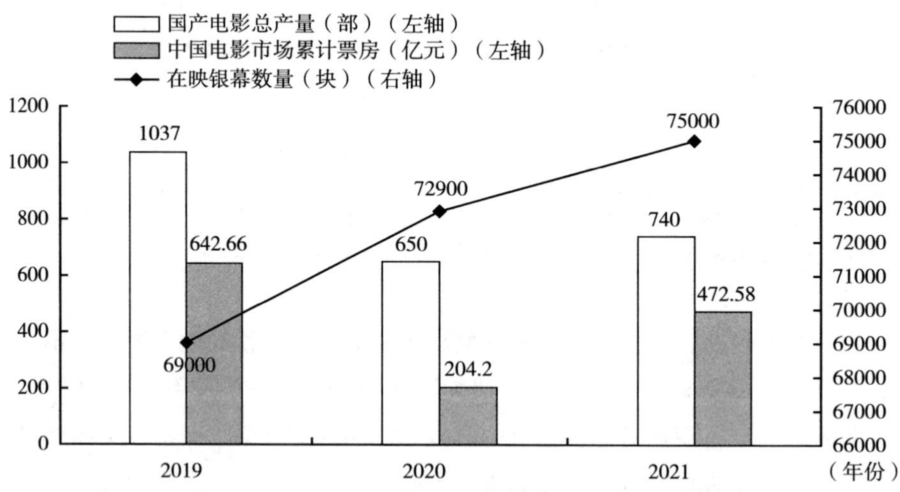

图 3　2019～2021 年国产电影总产量、中国电影市场累计票房及在映银幕数量

资料来源：《2020 年中国电影市场放映报告》，“艺恩数据”微信公众号，2022 年 1 月 6 日，https://mp.weixin.qq.com/s/y9dP22FKU8onznQ6UaXgXA。

从影院经营情况来看，2021 年全国在映影院 1.23 万家，较 2020 年增长 2.1%；2021 年全国日均排映场次 33.6 万，较 2019 年略有下降。从影院票房集中度来看，2021 年影院票房集中度下滑严重，年票房 300 万元以下的影院近六成，是 2019 年的 1.3 倍。从观影人数、排映场次与影院日均收入来看，2021 年观影人数 11.4 亿，较 2019 年下降 33%；排映场次 1.2 亿，较 2019 年下降 5%；2021 年单影院日均收入 9512 元，单厅日均收入 1562 元，较 2019 年均下降 33%。① 由此可见，影院日均收入与 2019 年相比仍然处于大幅下降的状态。

从院线经营情况来看，2021 年我国电影院线仍然呈现市场向“头部院线”集中发展的趋势，市场集中度基本保持稳定，票房前十强的头部院线市占率保持在 67%，但头部院线内部梯队分化日益明显。其中，万达院线处于第一梯队，市占率保持持续增长；大地、中影南方等第二梯队与第三梯队院线，则出现了市占率增长放缓甚至下降的情况。2021 年，各院线票房较 2020 年有明显回升，但相较于 2019 年的数据，仅有华人、博纳两条院线票房实现了大幅度的增长，增长率分别为 89%、55%。2021 年，院线票房同比增长率前十五强的其余院线（华人、博纳、天津银光除外）较 2019 年均有所下降。从院线影院规模来看，2021 年院线影院规模集中度提高，大地院线、中影数字院线分别居影院规模的第一名和第二名，其中大地院线的影院数为 1162 家，中影数字院线的影院数为 1027 家，其余院线的影院数均在 1000 家以下。②

2. 电影业的国内影响力现状

2021 年我国电影业的国内影响力可以从票房收益情况、国产电影的票房排名、主旋律电影的票房、观影方式偏好四个方面进行考察。

从票房收益情况来看，2021 年新上映国产片 487 部，累计票房 400.7 亿元，贡献大盘 84.8%；2020 年新上映国产片 246 部，累计票房 171.4 亿元，贡献大盘 84.0%；2019 年新上映国产片 440 部，累计票房 411.2 亿元，贡献大盘 64.1%。2021 年新上映国产片票房比 2020 年的 171.4 亿元大幅提升 133.8%，

① 《2020 年中国电影市场放映报告》，“艺恩数据” 微信公众号，2022 年 1 月 6 日 https：//mp. weixin. qq. com/s/y9dP22FKU8onznQ6UaXgXA。

② 《2021 中国电影市场报告》，“艺恩数据” 微信公众号，2022 年 1 月 20 日，https：//mp. weixin. qq. com/s/t-SfFbbHAy3dOTAUHqJkqA。

较 2019 年的 411.2 亿元则下降了 2.6%。①

从国产电影的票房排名来看，国产片逐渐占领票房高地。2021 年排名前三的电影票房均超过 45 亿元，其中，国产片总票房冠军《长津湖》达到 57.8 亿元，被誉为迄今为止最成功的主旋律商业电影。②

2021 年进入电影票房排行榜前十强的国产电影数量为 8 部，2020 年电影票房排行榜前十强均为国产电影，2019 年有 8 部国产电影进入电影票房排行榜前十强，2018 年有 6 部国产电影进入电影票房排行榜前十强（见图 4）。2018~2021 年，国产电影在电影票房排行榜前十强的占比整体上呈现增长的趋势。

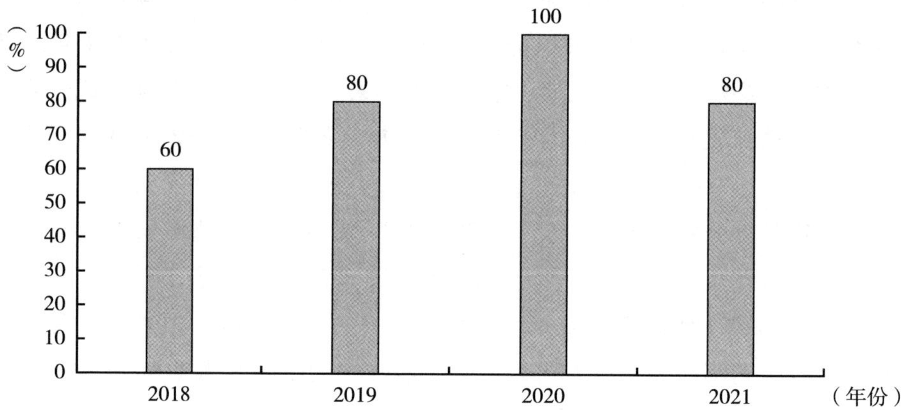

图 4 2018~2021 年国产电影在电影票房排行榜前十强中的占比

资料来源：《2021 中国电影市场报告》，“艺恩数据”微信公众号，2022 年 1 月 20 日，https://mp.weixin.qq.com/s/t-SfFbbHAy3dOTAUHqJkqA。

从主旋律电影的票房来看，2021 年有 4 部主旋律电影的票房超过 10 亿元，分别是《长津湖》（57.8 亿元）、《我和我的父辈》（14.8 亿元）、《中国医生》（13.3 亿元）、《悬崖之上》（11.9 亿元）；2020 年有 3 部主旋律电影的票房超过 10 亿元，分别为《八佰》（31 亿元）、《我和我的家乡》（28 亿元）

① 《2021 中国电影市场报告》，“艺恩数据”微信公众号，2022 年 1 月 20 日，https://mp.weixin.qq.com/s/t-SfFbbHAy3dOTAUHqJkqA。

② 《2021 中国电影市场报告》，“艺恩数据”微信公众号，2022 年 1 月 20 日，https://mp.weixin.qq.com/s/t-SfFbbHAy3dOTAUHqJkqA。

和《金刚川》（11 亿元）；2019 年有 3 部主旋律电影的票房超过 10 亿元，分别为《我和我的祖国》（31 亿元）、《中国机长》（29 亿元）和《烈火英雄》（17 亿元）。①

针对民众对国产电影与国外电影的质量与内容的偏好，“中国文化发展现状调查（2021）”也在问卷中设计了一组问题：“近年来，国产电影类型越来越多，内容制作精良，我非常喜欢看国产电影”“老电影用现代科技手段复原，既体现了电影的历史时代特征，又有现代美感”“相对具有政治意义的电影而言，我更喜欢豆瓣和知乎上推荐的外国电影”。对这三个题项认同差异的分析数据显示，被调查者对这三种不同观点的认同有显著差异。使用单变量 t 检验分析方法进行检验，检验结果表明：被调查者对三个题项认同的总均值参数为 3.986，其中认同“近年来，国产电影类型越来越多，内容制作精良，我非常喜欢看国产电影”观点的均值为 4.08，显著高于总均值参数；认同“老电影用现代科技手段复原，既体现了电影的历史时代特征，又有现代美感”观点的均值为 4.28，显著高于总均值参数；认同“相对具有政治意义的电影而言，我更喜欢豆瓣和知乎上推荐的外国电影”观点的均值为 3.60，显著低于总均值参数（见表 8）。数据说明，在被调查者中，有相当一部分人并不一定喜欢网络平台推荐的国外影片，并且对国产电影的认可度要高于国外电影。此外，人们对利用科技手段将“老片新作”的做法认可度最高，人们对国产电影有了很强的信心，这是一个可喜的现象，需要相关职能部门进一步出台措施鼓励国产电影进一步提高质量。

表 8　对国产电影质量评价与中外电影内容的偏好（总均值参数 3.986）差异检验结果

题项(变量)	样本数	均值	均值差	t 值	显著(P)
近年来,国产电影类型越来越多,内容制作精良,我非常喜欢看国产电影	7764	4.08	0.091	7.967	0.000***
老电影用现代科技手段复原,既体现了电影的历史时代特征,又有现代美感	7764	4.28	0.294	29.681	0.000***

① 《2021 中国电影市场报告》，“艺恩数据”微信公众号，2022 年 1 月 20 日，https：//mp.weixin.qq.com/s/t-SfFbbHAy3dOTAUHqJkqA。

续表

题项(变量)	样本数	均值	均值差	t值	显著(P)
相对具有政治意义的电影而言,我更喜欢豆瓣和知乎上推荐的外国电影	7764	3. 60	-0. 386	-26. 542	0. 000***

注：*** 表示 P<0. 001，具有显著性。

资料来源：湖北大学高等人文研究院、中华文化发展湖北省协同创新中心“中国文化发展现状调查（2021）”数据库。

（四）网络视听业发展现状及影响力

1. 我国网络视听业发展现状

2021 年，我国网络视听行业的发展可从三个方面进行考察。

第一，网络视频产业已经成为网络文化产业的核心支柱，网络视频用户已经成为我国网络用户的绝对主流。截至 2021 年 12 月，我国网民规模为 10. 32 亿人，互联网普及率达 73. 0%，我国手机网民规模为 10. 29 亿人，网民中使用手机上网的比重为 99. 7%；我国网络视频（含短视频）用户规模达 9. 75 亿人，占网民整体的 94. 5%。①

第二，短视频行业发展迅速，行业格局变化显著。2021 年，我国短视频行业仍然保持迅猛的发展势头，短视频行业在保持行业规模持续扩大的同时，与电商、教育、新闻等多个行业不断融合，汇聚力量，共谋发展。截至 2021 年 12 月，我国短视频用户规模为 9. 34 亿人，占网民整体的 90. 5%。② 2021 年，短视频行业不断进知识传播与农业、文旅业等传统行业相结合，新兴行业与传统行业的碰撞与融合催生了行业的新业态，创造了更多的经济价值，也激发了产业活力。

① 《第 49 次〈中国互联网络发展状况统计报告〉》，中国互联网络信息中心网站，2022 年 2 月 25 日，http：//www. cnnic. cn/hlwfzyj/hlwxzbg/hlwtjbg/202202/t20220225 _ 71727. htm；《2021 年中国网络视听发展研究报告》，中国网络视听节目服务协会网站，2021 年 6 月，http：//www. cnsa. cn/attach/0/2112271351275360. pdf。

② 《第 49 次〈中国互联网络发展状况统计报告〉》，中国互联网络信息中心网站，2022 年 2 月 25 日，http：//www. cnnic. cn/hlwfzyj/hlwxzbg/hlwtjbg/202202/t20220225 _ 71727. htm；《2021 年中国网络视听发展研究报告》，中国网络视听节目服务协会网站，2021 年 6 月，http：//www. cnsa. cn/attach/0/2112271351275360. pdf。

第三，政府部门加大了清朗网络空间的治理力度，保障了网络视频行业的高质量发展。一方面，《网络短视频内容审核标准细则》（2021）、《关于加强网络视听节目平台游戏直播管理的通知》、《电视剧网络剧摄制组生产运行规范（试行）》、《关于规范网络直播打赏 加强未成年人保护的意见》等规范性文件的出台，针对网络视频、直播活动等建立了长效监管机制，切实规范了网络视频行业的传播秩序，有效遏制了网络视频行业的诸多乱象，保证了网络视频行业的有序发展，进一步推进了清朗网络空间的建设。另一方面，2021 年 12 月，中央网信办违法和不良信息举报中心组织了第八批共 450 家网站平台向社会公开举报受理方式。① 2022 年 3 月，国家网信办部署开展“清朗”系列专项行动，具体包括“打击网络直播、短视频领域乱象”“MCN 机构信息内容乱象整治”“打击网络谣言”“2022 年暑期未成年人网络环境整治”“整治应用程序信息服务乱象”“规范网络传播秩序”“2022 年算法综合治理”“2022 年春节网络环境整治”“打击流量造假、黑公关、网络水军”“互联网用户账号运营专项整治行动”十个方面的专项清理行动②，针对影响面广、危害性大的乱象开展整治。

2. 网络视听业的国内影响力现状

本报告从平台文化传播范围和民众的认可度两个方面对 2021 年的网络视听业的国内影响力进行考察。

第一，网络视频平台与新闻、电商、教育等领域的融合继续加深，向多元化发展。以短视频头部平台“抖音”为例，根据《2021 抖音数据报告》的相关内容，2021 年抖音在知识传播、“非遗”传承、文旅复苏、农产品上行等方面做出了积极的贡献。其中，2021 年抖音通过推出视频合集等功能、打造名师名校直播公开课等形式促进知识体系化传播；2021 年高校抖音开播 14463 场次，高校公开课观看总时长为 145 万小时；2021 年国家级“非遗”项目抖音覆盖率为 99.42%，相关视频数量同比增长 149%，传统文化类主播收入同比增长

① 《中央网信办违法和不良信息举报中心组织第八批 450 家网站平台向社会统一公布举报受理方式》，环球网，2021 年 12 月 1 日，https://mbd.baidu.com/newspage/data/landingsuper?rs=3357401436&ruk=DdOWVKylP0ZRYgHT-2pTCA&isBdboxFrom=1&pageType=1&context=%7B%22nid%22%3A%22news_9902973830370132409%22,%22sourceFrom%22%3A%22bjh%22%7D。

② 《整治网络谣言等网络乱象，国家出手!》，中国记协网，2021 年 3 月 17 日，http://www.zgjx.cn/2022-03/17/c_1310518450.htm。

101%；179.3 万款农特产卖向全国，每天通过抖音电商售出的图书超过 45 万本。①

第二，网络视频平台的“清朗”工作取得成效。针对政府部门近年来的网络净化工作，“中国文化发展现状调查（2021）”通过对“严厉打击了涉及未成年人的不良网络社交行为”“对网络金融诈骗犯罪给予了精准治理”“清理了歪曲党史国史军史、鼓吹历史虚无主义等有害信息”“清理了违规自媒体信息、标题党文章、导向错误的信息”这四个题项认同的差异分析发现，被调查者对这四种不同观点的认同有显著差异。使用单变量 t 检验分析方法进行检验，检验结果表明：被调查者对四个题项认同的总均值参数为 1.642，其中，认同“对网络金融诈骗犯罪给予了精准治理”观点的均值为 1.68，认同“清理了歪曲党史国史军史、鼓吹历史虚无主义等有害信息”观点的均值为 1.67，均高于总均值参数；认同“清理了违规自媒体信息、标题党文章、导向错误的信息”观点的均值为 1.56，显著低于总均值参数（见表 9）。

表 9　对网络文化整治（总均值参数 1.642）的差异检验结果

题项(变量)	样本数	均值	均值差	t 值	显著性(P)
D24A. 严厉打击了涉及未成年人的不良网络社交行为	7764	1.65	0.009	1.631	0.103
D24C. 对网络金融诈骗犯罪给予了精准治理	7764	1.68	0.043	8.122	0.000***
D24D. 清理了歪曲党史国史军史、鼓吹历史虚无主义等有害信息	7764	1.67	0.026	4.905	0.000***
D24E. 清理了违规自媒体信息、标题党文章、导向错误的信息	7764	1.56	-0.079	-14.058	0.000***

注：*** 表示 P<0.001，具有显著性。

资料来源：湖北大学高等人文研究院、中华文化发展湖北省协同创新中心“中国文化发展现状调查（2021）”数据库。

基于上述数据分析结果可以得出，当前民众对网络文化整治行动中的“对网络金融诈骗犯罪给予了精准治理”“清理了歪曲党史国史军史、鼓吹历

① 《2021 抖音数据报告》，抖音，2022 年 1 月 6 日，https：//www.douyin.com/video/7049648739257945351。

史虚无主义等有害信息”予以肯定，而对于“清理了违规自媒体信息、标题党文章、导向错误的信息”则保持较低的认同度。这说明当前自媒体传播乱象的治理工作还需要更加深入、更加细致。

三　中国文化国内传播的成就、问题及对策

（一）主要成就

2021~2022年，中国文化国内传播的成就及影响力主要表现在如下几方面。

第一，政府相关部门制定了关于文化传播工作的“十四五”发展规划文件，包括《“十四五”文化和旅游发展规划》《广播电视和网络视听“十四五”科技发展规划》《“十四五”中国电影发展规划》《版权工作“十四五”规划》《出版业“十四五”时期发展规划》《“十四五”中国电视剧发展规划》。这些文件对我国“十四五”期间文化传播领域各个行业的发展方向和目标做出了总体筹划。“深化融媒改革”“文化数字化”“社会效益优先”将成为“十四五”期间文化传播工作的新重点。

第二，融媒改革进入数字化、网络化、智能化时期。随着我国的新闻行业进入全媒体时代，全国各级报纸加速数字化转型，传统报业与互联网之间正在进行深度融合，用户体验不断优化，传播效果不断加强。随着国家文化数字化战略的实施，传媒工作成为国家治理体系中的重要一环，媒体融合正逐步由内容、方式、平台等单一方面的创新和转型，转变为集合生产创作、文化消费、价值理念等多个维度的国家发展战略。

第三，文娱行业、新闻行业、网络平台的文化传播秩序得到了深度有效的治理。2021~2022年，相关部门采取了一系列治理措施，出台了一揽子具有指导性、针对性的行业规范类文件；严厉打击了文娱行业中“高薪片酬”“争夺番位”“剧集注水”“艺人失德”“偷税漏税”“阴阳合同”等不合理现象，引导文娱工作者在内容创造和传播活动中坚持正确导向、引领文明风尚，促进文艺生态的健康发展；遏制了新闻行业中的“假新闻”“点击率至上”“泛娱乐化”等恶劣风气，维护了文化传播行业的传播秩序、市场秩序和社会秩序；

明确了网络平台应承担的主体责任，针对网络直播、网络游戏中青少年沉迷、价值观误导等问题采取了有力措施，有效遏制了网络传播乱象的泛滥、蔓延，进一步营造清朗网络空间。

（二）存在的问题

2021~2022 年中国文化国内传播的工作也存在一些亟待解决的问题，主要有如下几点。

第一，新媒体的用户体验亟待优化。随着数字技术的基础设施不断完善、新技术新业态新消费的不断发展，新型主流媒体通过成立“全媒体中心”“中央厨房”，进驻网络传播平台等融合实践，逐渐获得了广大民众的信任。但包括新媒体应用在内的数字文化产品普遍存在“在安装和使用的过程中带有恶意插件”“复杂的程序让老年人无法操作”等安全性和便利性的问题。

第二，自媒体传播乱象的治理效果还不尽如人意。根据“中国文化发展现状调查（2021）”的相关数据，民众对“清理了违规自媒体信息、标题党文章、导向错误的信息”的工作成效认同度偏低。这说明自媒体泛滥带来的虚假信息、涉黄低俗、宣扬仇恨、恶意营销等传播乱象仍然困扰着广大民众。如何有效监管当下的自媒体是当前我国文化传播工作中亟待解决的问题。

第三，电影供给方式与民众的观影方式偏好之间存在偏差。当前，民众的观影需求仍然存在，只是民众对观影方式的选择更为慎重。从“中国文化发展现状调查（2021）”对民众观影方式偏好的调查结果来看，当前民众更倾向选择线上观影的方式。当前，我国电影的主流供给方式是影院购票观影，而当下民众更愿意选择居家线上观影，上述事实表明，我国电影业存在供需途径的差异。如何突破差异，更好地为广大人民群众服务是我国电影业所面临的迫在眉睫的问题。

（三）对策

针对上述问题，本报告提出如下对策。

第一，新媒体产品的开发应该重视用户满意度、便利性等“软性指标”

的检测。新媒体在向民众提供更加便捷的服务的同时，存在内容质量不高、信息泄露、网络侵权、版权纠纷等亟待规范化整改的问题，以及老年人的“数字鸿沟”问题。因此，在新媒体产品的开发过程中，首先应该坚持正确的价值导向，守正创新，强化数字文化企业的主体责任意识，始终把社会效益放到首位；其次应该全面透彻地了解我国新媒体用户的年龄、性别、职业等构成特点，从人民实际的文化需求和文化消费偏好出发进行更为精准的产品设计。

第二，管理部门应该从技术层面对自媒体进行精准约束。如 2022 年 3 月，新浪微博开启了显示用户“IP 属地”功能，评论区 IP 属地的显示无法由用户主动开启或关闭，随后豆瓣、小红书、百度等社交媒体平台也上线了相同的功能。2022 年 6 月出台的《互联网用户账号信息管理规定》对 IP 地址的归属地公开规则进行了细化的明确规定，这意味着互联网信息服务提供者展示用户账号 IP 地址已经成为一项正式的合规义务。从技术层面制定的管理措施能够有效地遏制假冒账号、虚假信息、网络暴力等网络传播乱象。

第三，电影从业人员应该主动融入网络院线。在文化数字化时代，以网络平台搭建新的电影市场，通过数字化的新形态去获得票房，已经成为中国电影产业发展的新趋势。发展网络院线，意味着内容制作者将有更为广阔的商业渠道，意味着院线片方将有更具潜力的票房增长空间，意味着广大观众将获得更多的电影资源以满足自身的观影需求。因此，“院网融合”将会成为未来并驾齐驱的电影发行模式。

B.6
中国文化国际传播与影响力报告（2021~2022）

李家莲　向文杰*

摘　要： 本报告以国际文化产品的贸易总量和总金额为参考，以传统纸质文化产品、电子文化产品、版权引进与输出等文化贸易活动为考察对象，对中国文化国际传播的整体状况予以考察。目前，传统纸媒行业发展遇到了较大挑战，文化产品数量有待增加、质量有待提高。我国文学、艺术教育发展受国外文化影响较深，版权引进主要受美国、英国、日本影响，国际视野有待进一步拓展，网络文化水平参差不齐，亟待监管和引导。为了更好地进行中国文化的国际传播，应当深化对自身文化传统和现代网络文化的研究，拓展国际性视野，广泛吸收国外优秀文化，并对互联网文化进行深刻的研究和探索，同时给予一定的政策扶持和引导，以提升中国文化的国际影响力和认同度。

关键词： 中国文化　文化产品　国际传播

通过考察2020~2021年中国文化国际传播与影响力现状，本报告分析了其中存在的问题并提出了相应的解决方案，以期扩大中国文化在国际社会中的传播效果和影响力，深化国际文化交流与合作。

---

* 李家莲，湖北大学哲学学院教授、博士生导师，主要研究方向为17~18世纪的英国道德情感主义哲学；向文杰，湖北大学哲学学院2020级硕士研究生。

一　中国文化国际传播与影响力现状

为了分析2020~2021年中国文化国际传播与影响力现状，本报告将重点考察以传统纸质文化产品、电子文化产品、版权引进与输出、电视节目进出口、“一带一路”及抖音等网络软件、孔子学院及旅游业为媒介的中国文化国际传播与影响力现状，试图以此为基础分析中国文化国际传播过程中存在的问题，并提出有针对性的解决方案。

（一）以传统纸质文化产品为媒介的中国文化国际传播与影响力现状

《中国统计年鉴2021》的相关数据显示，2020年我国图书出口总量为665.64万册，进口总量为3223.69万册，图书出口总金额为2803.55万美元，进口总金额为23137.8万美元，进口总量为出口总量的4.84倍，进口总金额是出口总金额的8.25倍，单位进口价格是单位出口价格的1.7倍左右（见图1）。上述数据表明我国图书贸易整体上呈现较大的逆差。

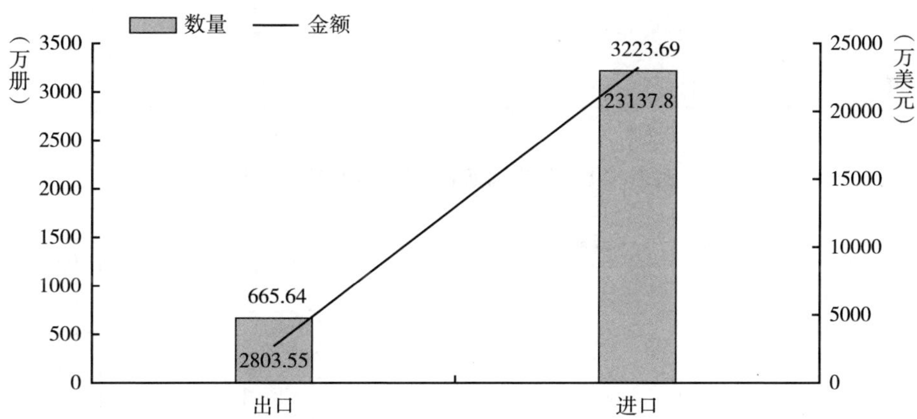

图1　2020年我国图书进出口数量及金额

资料来源：国家统计局编《中国统计年鉴2021》，中国统计出版社，2021。图2至图11相同，此后不赘。

《中国统计年鉴2021》对期刊、报纸进出口情况的数据统计显示，2020年我国期刊出口总量为248.6万册，进口总量为238.57万册；2020年我国期刊出口总金额为 437. 8 万美元，进口总金额为 12245. 32 万美元（见图 2）。其中期刊进口总量和出口总量相差不多，但是进口总金额是出口总金额的 28 倍，从中可以看出，我国进口期刊的单位价格是出口期刊的单位价格的 29 倍，期刊贸易逆差的主要原因是进口期刊单位价格太高。2020 年我国报纸出口总量为 14. 39 万份，进口总量为 511. 92 万份；2020 年我国报纸出口总金额为 21. 45 万美元，进口总金额为 833. 17 万美元（见图 3）。其中报纸进口总量是出口总量的 35. 57 倍，报纸进口总金额是出口总金额的 38. 84 倍，进口报纸的单位价格为 1. 63 美元，出口报纸的单位价格为 1. 49 美元，报纸单位价格逆差为 0. 14 美元，即造成报纸行业贸易逆差的主要原因是出口数量远低于进口数量。

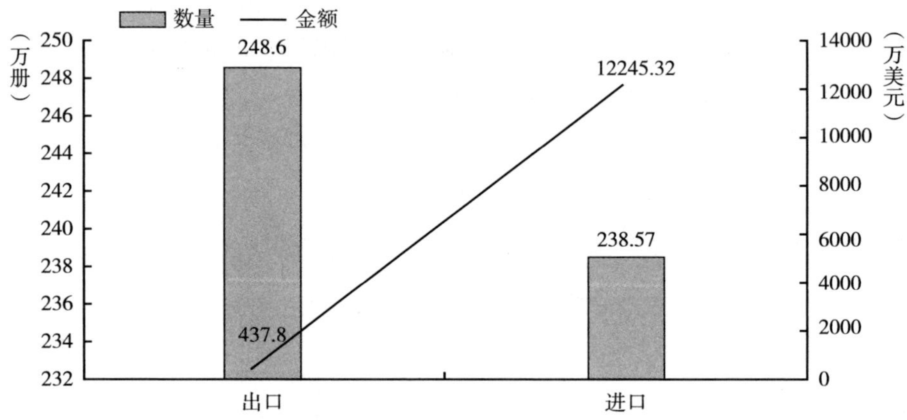

图 2　2020 年我国期刊进出口数量及金额

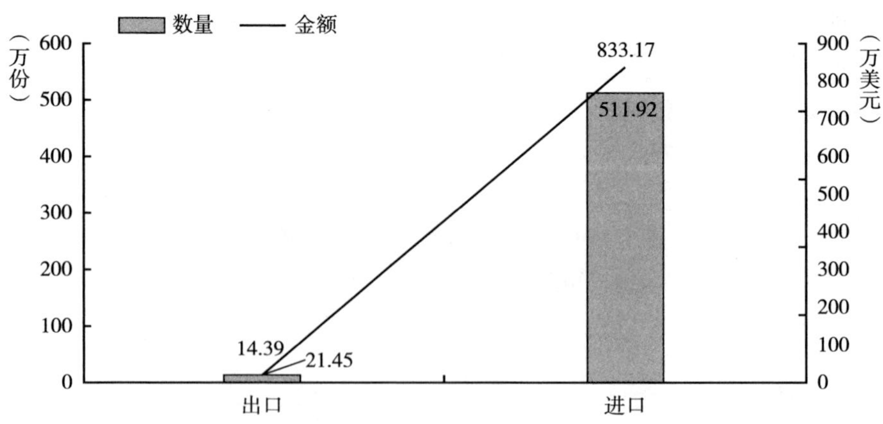

图 3　2020 年我国报纸进出口数量及金额

以哲学、社会科学，文化、教育，文学、艺术，自然、科学技术，少儿读物和综合性图书六个图书类别为考察对象的数据显示，其贸易逆差依旧十分明显。2020 年，哲学、社会科学类图书的出口数量为 109.36 万册，进口数量为 146.28 万册；文化、教育类图书的出口数量为 230.62 万册，进口数量为 731.84 万册；文学、艺术类图书的出口数量为 76.18 万册，进口数量为 581.91 万册；自然、科学技术类图书的出口数量为 28.15 万册，进口数量为 149.12 万册；少儿读物类图书的出口数量为 108.99 万册，进口数量为 1000.68 万册；综合性图书的出口数量为 112.13 万册，进口数量为 613.86 万册（见图 4）。我国各门类图书出口数量相较进口数量维持在较低水平，除文化、教育类图书外，其他类图书基本都在 200 万册以下，其中文化、教育类图书，文学、艺术类图书，少儿读物以及综合性图书的数量逆差显得尤其大。确切地说，对于这些类型的图书来说，进口数量远超出口数量，尤其是文化、教育类图书和少儿读物类图书，与之相对的是，哲学、社会科学类以及自然、科学技术类图书的进口数量与出口数量的差距并不大。不过，与文化、教育类图书和少儿读物类图书不同的是，这两类图书的进出口数量都维持在较低水平。

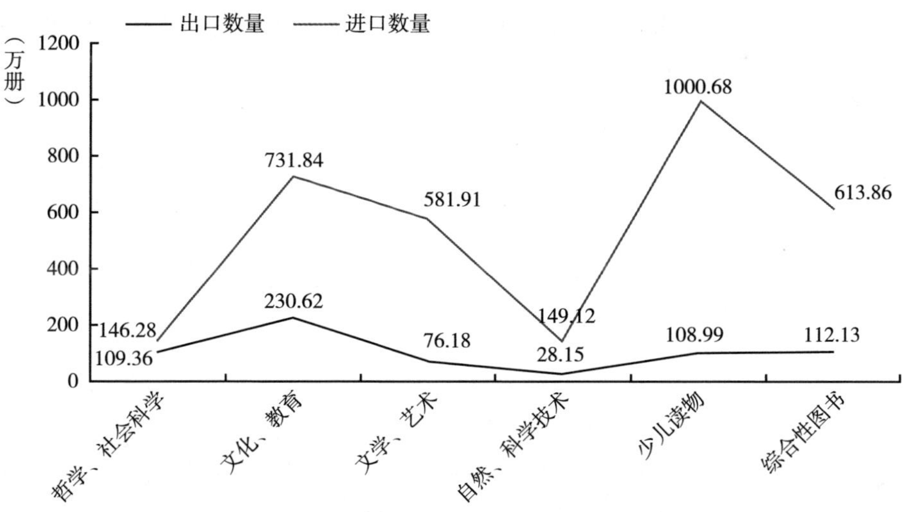

图 4　2020 年我国各门类图书进出口数量

各门类图书的进出口金额也呈现了巨大的逆差，其中的道理不难理解，因为进出口金额往往和进出口数量呈正比例关系。哲学、社会科学类图书 2020

年出口金额为 620. 38 万美元，进口金额为 2463. 34 万美元；文化、教育类图书 2020 年出口金额为 513. 06 万美元，进口金额为 5134. 48 万美元；文学、艺术类图书 2020 年出口金额为 589. 72 万美元，进口金额为 4491. 70 万美元；自然、科学技术类图书 2020 年出口金额为 207. 13 万美元，进口金额为 3317. 21 万美元；少儿读物类图书 2020 年出口金额为 112. 36 万美元，进口金额为 3315. 51 万美元；综合性图书 2020 年出口金额为 760. 90 万美元，进口金额为 4415. 56 万美元（见图 5）。上述数据显示，2020 年我国各门类图书的出口金额远远低于进口金额。进一步分析显示，出口金额和进口金额之间的差距最小的是哲学、社会科学类图书。即便如此，其进口金额也是出口金额的 4 倍。与之相对的是，文化、教育类图书的进口金额和出口金额之间的差距较大，其进口金额是出口金额的 10 倍。不仅如此，除哲学、社会科学类图书外，其他门类图书的进出口金额差距也较大。结合各门类图书的进出口数量可得，自然、科学技术类图书的进出口总量相差 4 倍左右，而进出口金额则相差 15 倍左右，此门类图书的单位进口价格是单位出口价格的 3 倍。由此可以推断，各门类图书有巨大贸易逆差的主要原因除了进出口数量上的显著差异外，还有出口图书的定价远远低于进口图书。因此本报告认为，数量和价格的双重作用导致了图书市场有如此大的贸易逆差。

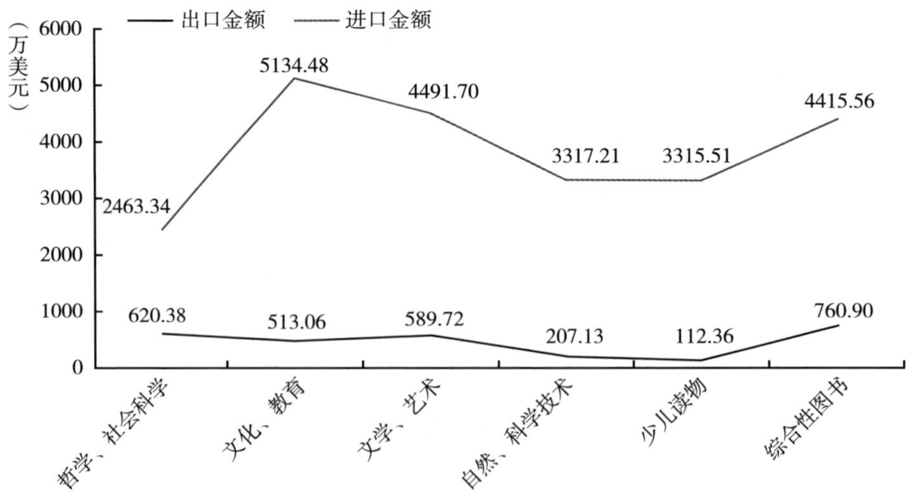

图 5　2020 年我国各门类图书进出口金额

（二）以电子文化产品为媒介的中国文化国际传播与影响力现状

《中国统计年鉴2021》数据统计显示，2020年我国音像、电子出版物的出口总量为6660盒/张，进口总量为200690盒/张，进口总量是出口总量的30倍；音像、电子出版物的出口总金额为171.74万美元，进口总金额为43293.73万美元，进口总金额是出口总金额的252倍（见图6）。这意味着巨大的贸易逆差不仅存在于图书业，也存在于音像、电子出版业。此外，数据还显示我国音像、电子出版物的单位进口价格是单位出口价格的8.4倍。由此可以推测，造成音像、电子出版行业巨大的贸易逆差的原因不仅有较大的进出口总量差距，还有差距较大的价格定位。

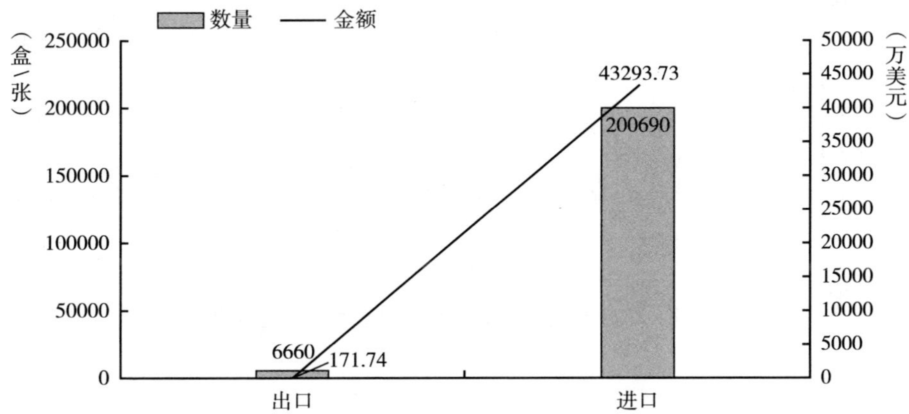

图6　2020年我国音像、电子出版物进出口数量及金额

（三）以版权引进与输出为媒介的中国文化国际传播与影响力现状

2020年我国版权总引进量为14185项，总输出量为13895项，两项数据相差无几。数据显示，2020年我国版权引进的国家和地区情况分别为美国3601项、英国3291项、德国935项、法国865项、俄罗斯116项、加拿大115项、新加坡279项、日本2111项、韩国446项、中国香港267项、中国澳门8项以及中国台湾513项，除上述国家和地区外的其他国家和地区合计1638项（见图7）。上述数据表明，我国版权引进的主要国家和地区是美国、英国和日本。

2020 年我国版权输出的国家和地区情况分别是美国 884 项、英国 509 项、德国 420 项、法国 126 项、俄罗斯 894 项、加拿大 192 项、新加坡 838 项、日本 400 项、韩国 568 项、中国香港 714 项、中国澳门 80 项以及中国台湾 1070 项，除上述国家和地区外的其他国家和地区合计 7200 项（见图 8）。数据对比显示，尽管我国版权引进的主要国家和地区是美国、英国和日本，但它们不是我国版权输出的主要国家和地区，我国版权输出较多的国家和地区为俄罗斯、美国、新加坡以及中国香港和中国台湾。

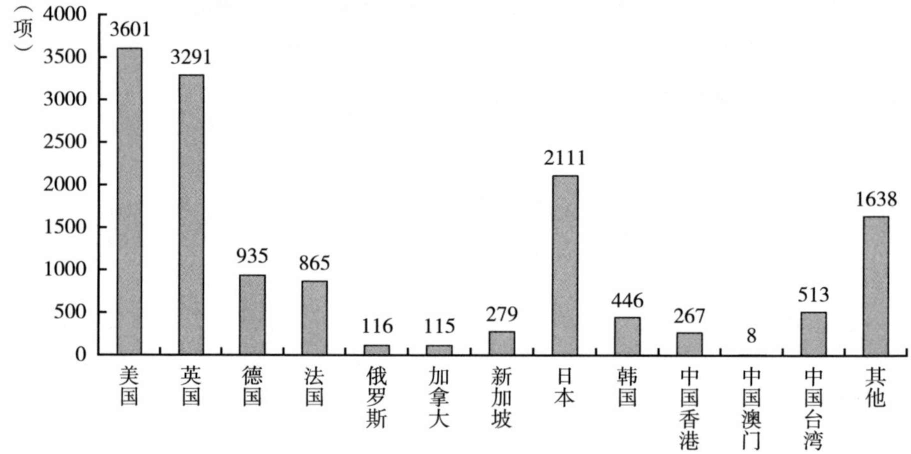

图 7　2020 年我国在各国和地区的版权引进数量

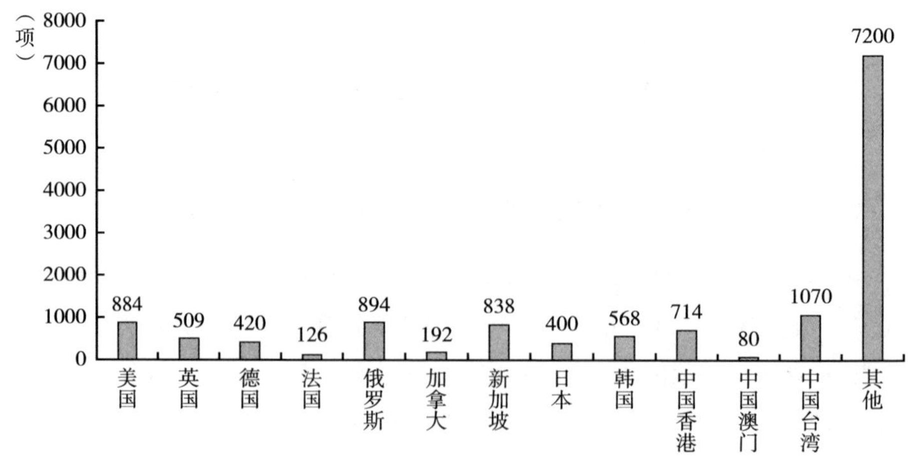

图 8　2020 年我国向各国和地区的版权输出数量

（四）以电视节目进出口为媒介的中国文化国际传播与影响力

2020 年，我国从欧洲、美洲、亚洲和大洋洲分别引进了 20958 万元、15397 万元、59414 万元以及 388 万元的电视节目（见图 9）。数据显示，在引进电视节目的过程中，我国从亚洲引进电视节目的总金额最高，由此可以推断，我国在电视节目引进方面对亚洲有偏好。与之相对的是，我国从亚洲各国和地区，比如日本、韩国、东南亚、中国香港和中国台湾引进电视节目的总金额分别为 27580 万元、909 万元、7688 万元、18052 万元和 5113 万元（见图 10）。数据显示，在上述亚洲国家和地区中，我国引进电视剧最多的国家和地区是日本与中国香港。以不同电视节目类型为考察对象的数据显示，我国引进电视剧的总金额为 37885 万元，引进动画电视的总金额为 45826 万元，引进纪录片的总金额为 3810 万元（见图 11）。很显然，被我国引进最多的电视节目类型是动画电视，其次是电视剧，纪录片的引进数量最少。

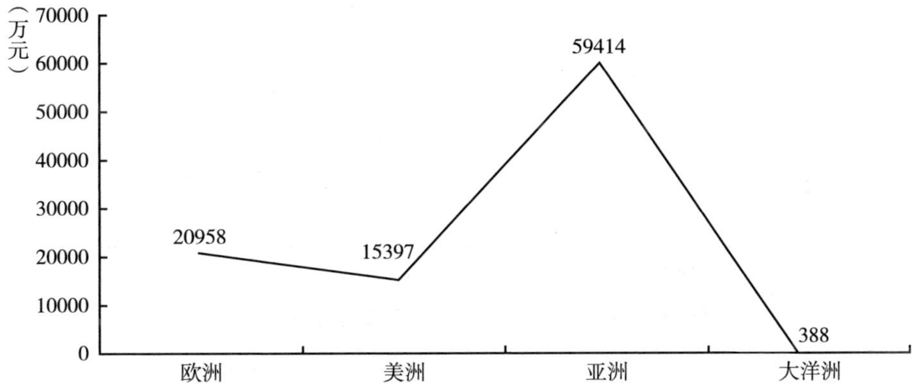

图 9　2020 年我国从各大洲引进电视节目的金额

（五）以“一带一路”及抖音等网络软件为媒介的中国文化国际传播与影响力

相对前些年的中国文化海外传播，2021~2022 年出现了两条新的值得关注的传播途径：一条是线下的“一带一路”，我国进行了大力投资，发展了沿线各国的经济，对于中国文化的国际影响力有显著提升；另一条是线上的网络软

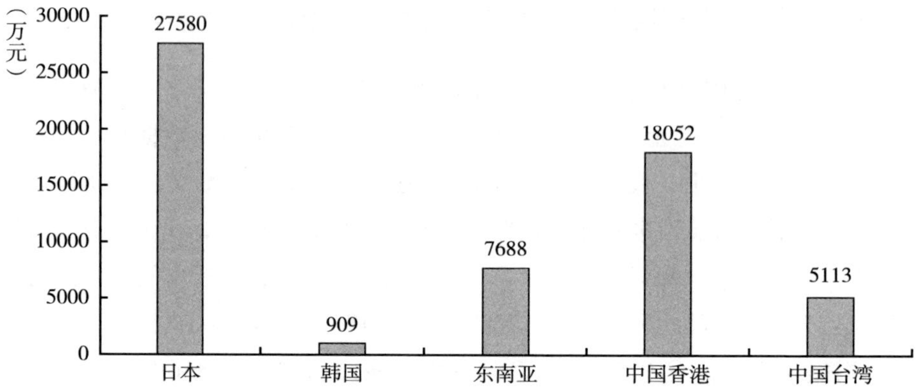

图 10　2020 年我国从亚洲各国和地区引进电视节目的金额

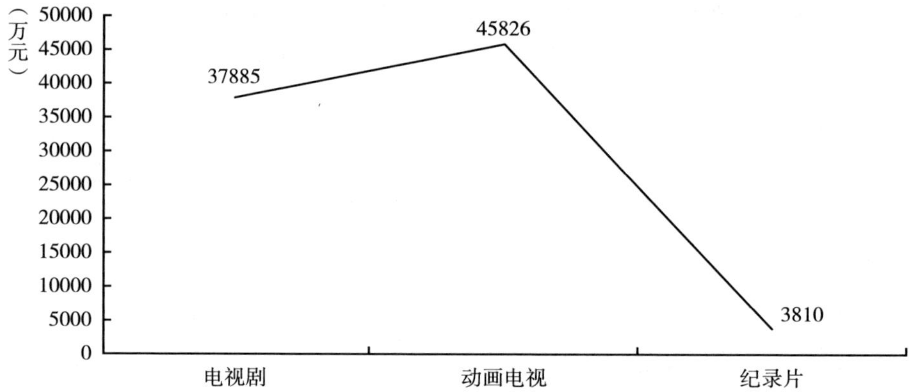

图 11　2020 年我国各门类电视节目引进的金额

件，以字节跳动的文化产品“抖音海外版 TikTok”为媒介的文化传播效果最佳，最值得关注。湖北大学高等人文研究院、中华文化发展湖北省协同创新中心“中国文化发展现状调查（2021）”数据库的团队分别对这两种新途径的海外传播效果做了调研。针对“‘一带一路’扩大了文化对外开放，促进了文化交流和人文沟通”这一观点，选择“同意”和“非常同意”的被调查对象分别占总调查对象的 36.12%和 56.29%，换句话说，共有 92.41%的被调查者表示“同意”和“非常同意”该观点。针对“抖音海外版‘TikTok’在海外各国广泛流行，加速了中西方文化交流”这一观点，选择“同意”和“非常同意”的调查对象分别占总调查对象的39.41%、41.20%，换句话说，共有80.61%的调查对象表示“同意”和“非常同意”该观点（见表1）。由此可见，较之抖音海外版，“一带一路”是由官方推动的、更受民众认可的中国文化海外传播途径。不过，这并不意味着以抖音海外版为代表的网络传播途径不受认可，事实证明，这种文化传播途径也是卓有成效的，两种文化传播途径在现实生活中是并行不悖的，共同构成了新时代中国文化海外传播的新格局。

表1　对中国文化对外开放，促进人文交流、人文沟通的认识

单位：%

分　类	D11.“一带一路”扩大了文化对外开放，促进了文化交流和人文沟通	D12. 抖音海外版“TikTok”在海外各国广泛流行，加速了中西方文化交流
	占总体样本比重	占总体样本比重
非常不同意	1.69	2.52
不同意	0.86	2.98
不清楚	5.05	13.88
同　意	36.12	39.41
非常同意	56.29	41.20
合　计	100.00	100.00

资料来源：湖北大学高等人文研究院、中华文化发展湖北省协同创新中心“中国文化发展现状调查（2021）”数据库。

（六）以孔子学院及旅游业为媒介的中国文化国际传播

孔子学院的首要任务是向世界传播中华文化并推广汉语，提升中国文化的国际影响力和国家软实力。2004年11月，我国在韩国首尔建立第一所孔子学院，截至2021年，全球五大洲158个国家和地区共有548所孔子学院和1193个孔子课堂。[①] 孔子学院覆盖了全球90%的总人口，在中国文化的国际传播中起到了不可忽视的作用，对中国在国际上树立良好的形象，进行中国文化的传播与交流发挥了一定作用。截至2022年上半年，全世界已有126个国家1200

① 《世界各地已有548所孔子学院和1193个中小学孔子课堂》，央视网，2018年12月6日，http://news.cctv.com/2018/12/06/ARTItuG7Cbfwj60wOPSSjpSx181206.shtml。

个城市建立了孔子学院，76 个国家已把中文纳入国民教育体系，累积学习和使用中文的外国人达到了 2 亿人，在孔子学院的努力下，全世界很多人都对中国文化和汉语产生了兴趣。

孔子学院在世界范围内对中华文化和汉语的推广起到了功不可没的作用，但是近年来随着全球化的开展，孔子学院合作交流活动的开展遭遇了一些挑战。一些国家开始暂停开展与孔子学院的合作交流活动，其中不可避免地掺杂了一些国际政治竞争的因素，但是这些挑战在文化交融的大背景下是可以应对的，最关键的一点就是中国文化的传播方式问题，如果只是用单一内容进行单方面的传播，肯定会因为文化隔阂遇到一些阻碍。如何更好地进行深入的交流，因地制宜地与其他国家进行互动式的传播，是一个重要的研究课题。

较 2020 年，以旅游业为媒介的中国文化国际传播在 2021~2022 年处于缓慢复苏态势。《中国入境旅游发展报告 2021》指出，受疫情影响，我国入境旅游在过去两年几乎处于全面停滞状态。澳门特别行政区居民来内地，以及世界各国家和地区必要的来华商务旅行和留学需求，成为中国入境旅游市场的基础支撑。根据文化和旅游部发布的统计数据，2020 年，我国共接待入境游客 2747 万人次，同比下降 81.00%，其中，入境过夜游客 797 万人次，外国游客 412 万人次，外国过夜游客 184 万人次，分别下降 88%、87%和 93%。自 2020 年 8 月 12 日起，内地开始放宽澳门居民入境，允许符合防疫要求者免隔离进入。在这一利好政策的带动下，2020 年全年，澳门来内地游客达到 1364 万人次，撑起了入境旅游市场的半壁江山。[①] 《2021 年中国旅游经济运行分析与 2022 年发展预测》指出，2021 年我国的出入境旅游市场全面停滞，中远程旅游市场复苏缓慢，近程和本地旅游的市场托底效应明显。国庆节假日期间，游客平均出游半径 141. 3 公里，比上年缩短 71. 7 公里，减少 33. 66%。以都市休闲游、近郊游为主的“本地人游本地”特征明显。该报告指出，2021 年，受局地多点散发疫情影响，全年旅游经济复苏进程在下半年出现明显波动，全年旅游经济处于“弱景气”区间。《2022 年中国旅游经济运行分析与 2023 年发展预测》指出，2022 年全国国内旅游人数 25. 3 亿人次，同比下降 22. 1%，

---

① 《〈中国入境旅游发展报告 2021〉在京发布》，中国旅游研究院（文化和旅游部数据中心）网站，2021 年 11 月 26 日，http：//www. ctaweb. org. cn/cta/gzdt/202111/ccc9457462ee4fddaebc6129c36722e7. shtml。

较 2020 年下降 12.12%；实现国内旅游收入约 2.04 万亿元，同比下降 30%，较 2020 年下降约 8.5%。2022 年全国游客满意度综合指数 80.52，仍处于“满意”水平，但是同比下降 2.37%，为 2016 年以来的首次回落。2022 年，旅游业进入层级最高、力度最大的政策周期，有力地推动了旅游产业复苏进程。各级各地政府推出包括“退、减、免”的税收优惠政策，“降、贴、贷”的金融扶持政策，“扩、促、引”的消费促进政策以及“稳、补、缓”的就业帮扶政策。对降低旅游企业运营成本、增强企业盈利能力起到了较好的作用。

上述数据表明，2021~2022 年，以旅游业为媒介的中国文化国际传播受到了阻碍。不过，可以预期的是，这种类型的文化传播将重新得到复苏。2023 年，全球经济下行将是影响旅游复苏最大的不确定因素，但是复苏的进程不会停止，创新发展的势头不会减弱，优质文化产品和旅游服务供给力度将会进一步加大。

（七）以游戏、网文、电视剧组合为产业链的文娱产品在海外的传播

近年来，文娱产业出现了显著的新潮流。随着互联网的发展，以青年人为主体的消费群体的规模有所扩大，推动全球范围内新兴娱乐业的出现和流行。青年群体中的新型文化具有聚集性、扩散性和影响范围广的特点，特别是各大直播平台的大主播逐渐崭露头角，使得青年群体中的文化扩散变得十分快速、成效显著，任何一个文化爆点瞬间就能通过互联网和各大主播席卷全球的青年群体。

如今，国内最普遍的一个文化现象是手机游戏的兴起。手机游戏具有便捷性、即时性和社交性特点，而且随着科学技术的不断更新，手机游戏包含的内容逐渐超出了人们的想象，作为一个天然的和完美的文化载体，手机游戏兴起的现象应当引起人们的注意。中国的手机游戏在全世界掀起了一股潮流，Sensor Tower 公布的数据显示，2021 年全球手机游戏市场总收入 907 亿美元，而国产手机游戏就达到了 313.7 亿美元。国产手机游戏在美国收入超 200 亿元、在日本收入达 184 亿元，韩国、英国、德国也是国产手机游戏收入的来源之一，手机游戏的影响力可见一斑。

除了手机游戏的兴起，国内另一个明显的文化现象就是网文的兴起。以起

点中文网为首的国内网文站点聚集了一大批文学爱好者，他们每天不断进行文学的讨论、创作与批评，已经形成了独特的文化生态圈，产生了巨大的影响力，甚至在海外也掀起了波澜。曾经作为美国外交官的赖静平深受中国小说文化影响，在国外独立创建武侠世界网站，聚集了一大批中国网文爱好者，对中国网文进行自发的翻译与传播。Alexa 数据显示，武侠世界网站在 2021 年 4 月的日均独立访问量约 12 万次，起点国际的日均独立访问量约 15 万次。这些文化现象都说明了网文作为一种文化载体，在国际上对中国文化的传播起到了不可忽视的作用。

除了网文之外，以网文为核心拓展的上下游产业链也逐渐显现一定的成效。网文衍生的同人文，改编的游戏、动漫和影视剧层出不穷，为中国文化的海外传播继续添砖加瓦，特别是近年来由网文改编或者原创的国产玄幻、仙侠、言情剧在海外热播，YouTube 上动辄上百万次的观看数量，说明了中国言情剧、仙侠剧的热门程度。作为中国文化的独特门类，网文改编的国产影视剧对于中国文化在海外的传播起到了功不可没的作用。

二　影响中国文化国际传播与影响力的三个问题

（一）国际文化交易市场中的贸易逆差问题

数据显示，我国文化产品在国际文化交易市场中有明显的贸易逆差。我国图书进口总量是出口总量的 4.84 倍，进口总金额是出口总金额的 8.25 倍，单位进口价格是单位出口价格的 1.7 倍左右；期刊进口总量和出口总量相差不多，但是进口总金额却是出口总金额的 28 倍；报纸单位进出口价格相当，但报纸进口总量是出口总量的 35.57 倍。图书行业的出口量远远小于进口量，且部分图书的单位出口价格只有单位进口价格的一半左右，这造成了其文化传播力较弱的问题。期刊行业的主要问题是出口期刊的定价太低，出口期刊的单位价格只有进口期刊单位价格的 1/29，因此直接导致了期刊业在国际文化交易市场中的贸易逆差。与之相对应的是，报纸行业内也存在出口数量太少以及传播力较弱的问题。对于不同类型的图书而言，与国外进口相比，我国出口的主要短板在于文学、艺术和自然、科学技术方面；电子文化产品的出口与进口相比，不管是在数量上还是在价格上都有较大差距；在版权引进方面，我国受英国、美国、日本影响较大，但我国版权输出较多的却是其他国家和地区；在电视节目方面，我国主要受日本动画影响较大，特别是对年轻人的思维习惯和日常话语影响颇大。

（二）用于国际传播与交流的中国文化内容问题

在中国文化国际传播的过程中，往往容易把中国文化等同于传统文化，但实际上这两者的内涵有着很大的不同。中国文化的内涵要远远丰富于传统文化，它不仅包括对传统文化的继承，还包括对自身文化的革新以及对西方文化的学习和融会。因此，在当今的国际文化交流中，中国文化应当立足自身实际，贴合人们的现实生活，自信大方地展示人们真实的生活状态与生活信念，在一种创新与融合的氛围中与其他国家展开友好交流。以孔子学院的文化传播为例，尽管国家投入了大量人力和财力，在世界范围内开办了很多孔子学院，但是并没有以此为基点形成一场声势浩大的中国文化热，反而遇到了一些国家的文化抵制，背后的原因值得我们思考。在文化传播的内容方面，只有立足现实，基于中国真实的文化土壤，才能让文化交流更加顺畅，才能与其他国家建立更加有效的文化连接。

（三）中国文化在国际舞台上的传播与交流方式问题

国际舞台上的文化传播是一个综合而复杂的现象，不是单向的，而是双向的。文化会在传播的过程中改变自身，也会改变异域文化。因此，中国文化应该在交流方式上找到与传播对象国家文化之间的共同点与差异，从而用融合创新的方式进行文化交流。以孔子学院为例，其在传播方式上除了单方面的汉语教学、传播中国的春节文化等，还可以融入当地的文化氛围，建造有特色的孔子学院建筑，开展具有当地特色的节日庆祝活动，这样不仅使得文化传播更加具有交互性，也能受到当地人的欢迎。文化传播与交流从来都是双向的，就如同人际交流一样，只有有来有往、互相交融，文化才能有新鲜的活力与生命力，才能在国际舞台上扎根，从而在文化交流中取得良好的效果。

三　提升中国文化国际传播与影响力的对策

（一）提高我国文化产品在国际市场的价格定位

根据前文分析可以发现，相对于我国文化产品出口的数量，出口的单位价格才是出口总金额远低于进口总金额的主要原因。实际上，以我国的产能，文化产品的出口数量已经不是问题，但是因为我国长期依靠劳动力数量多和价格低的优势在国际市场上占得一席之地，国内市场已经产生了对低廉劳动力的依赖性和市场氛围。但是，与普通的物质消费品不同，文化产品的产出更多地依靠精神性的创造能力，当一名国内的文化产品生产者辛辛苦苦靠自己的能力和天赋创造出令人惊异的作品，却因为市场的氛围而不受尊重，被当作普通的印刷纸来贩卖，或者以产品载体的价格来定价，这显然是不公平的，也是不合理的。因此，提高我国文化产品的价格定位，尤其是在国际市场的价格定位，尊重文化产品创造者的价值，让尊重知识、尊重人才成为一种社会风气，并将其体现在实处，是一个事关重大的问题。这不仅可以起到增加文化产品出口总金额、增加国家经济收入的作用，还可以对文化工作者产生现实激励，塑造良好的文化产品创造氛围，对促进文化产业的良性循环具有重要意义。

（二）多角度解读国际文化交易市场中的贸易逆差

国际文化交易市场中的贸易逆差已然不是一个新话题，毋宁说，它是一个始终存在的旧问题、老问题。问题的关键不是贸易逆差本身，而是如何看待这种不同于普通商品的贸易逆差。本报告认为，该问题可以从两个角度做出回应。首先，在承认国际文化交易市场中的贸易逆差是贸易问题的同时，考虑适度增加文化产品的出口份额。在传统纸媒行业方面，努力增加文化产品的数量、提高文化产品的质量，增加出口优势。在电子媒介传播方兴未艾的当下，要投入人力、物力、财力专注于电子文化产品的研究与创造，特别是音乐、电影类流行的文化产品。在版权市场方面，应当更加关注其他国家的文化产品，进一步拓展我国的国际视野，尽可能减少对美国、英国版权产品的高度依赖，让更多国家的版权产品进入我国文化市场。同理，在动漫产业方面，为了文化多样性，势必需要减少我国动漫产业对日本动漫产业的依赖。其次，要发现并重视国际文化交易市场上贸易逆差背后的文化问题，从文化问题出发推动文化传播与交流。比如，数据显示，我国在少儿读物类图书方面的贸易逆差尤其较大，落实到现实层面，这种现象引人深思。优秀的文化固然应当得到学习和交流，我国有很多优秀的启蒙读物，不应当被埋没，在少儿读物类图书方面，我国应当大力编写并传播立足本土的优秀读物，让我国的儿童生活在丰富多彩、多姿多彩的文化氛围中。很显然，在重视中国文化海外传播的过程中，如何夯实本土文化市场，推出有品质且有利于今后有力推动中国文化海外传播的文化产品，应当引起我国的高度重视。

（三）反思并创新中国文化国际传播方式

当前，我国的文化在国际舞台上的传播存在单向性、不系统等问题。我国可以在文化传播过程中更具变通性和本土性，提高国外友人对于中国文化的接纳度。除了孔子学院这样典型的文化传播方式，现在还有一种新的文化传播方式出现，那就是民间的自发交流。随着互联网的发展，我国的民众越来越具有国际视野和交流意愿，会自发地与国际友人展开交流，他们旨在乐观地结交朋友、了解国外的风土人情等，但是这种自发的交流方式具有零散性、偶然性和不系统的特点，而且传播的文化因人而异，这种交流的好处是具有真实性与交互性，缺点是不够深刻与广泛，这也是一个重要的问题，也许随着交流的深入开展，这种情况能够得到有效的改善。

好的文化传播方式一定是双向的，双向交流的结果是文化的传播方和被传播方都会被传播行为整合到一起，即发生文化融合并在融合过程中产生文化创新。在某种意义上，文化的发展就是传播和交流的必然结果，而文化交流与传播必然会使文化更新和发展，且这种更新和发展不仅事关传播方的文化，而且事关被传播方的文化。面对当下的新情况，我国应该反思并创新国际文化交流方式，更加真实、自信地与国际友人开展广泛的交流，避免以往文化传播过程中的单向性与零散性，融合政府与民间的交流内容和形式，以一种新的姿态展开文化交流，这不仅需要我国的努力，也需要西方国家对于我国的新变化更加了解。总之，在文化交流的过程中可能会遇到各种各样的问题，但文化交流的结果一定是积极的、富有成果的，只要我们更加自信与大方，一定能在国际文化舞台上散发出属于自己的光芒。

参考文献

〔美〕迈克尔·斯洛特：《阴阳的哲学》，王江伟、刘纪风译，商务印书馆，2018。

专 题 报 告

Special Reports

B.7
基层文化建设与文明水平提升研究报告

雷　蕾*

摘　要： 本报告聚焦基层文化建设和文明水平的相关数据，主要涉及基层党组织的引领和文化建设、家庭和谐与家风建设、基层公共卫生设施建设、厕所革命绩效评价、生态环境保护与文明之风的形成等方面。近两年，基层文化建设取得了一定的成果，文明水平有了较大提升，不过也存在一些问题。要想取得更大成果，就必须毫不动摇地发挥基层党组织的引领作用，推动家庭、家风建设与社会发展的共进，进一步完善基层公共卫生设施，不断夯实城乡厕所革命的实践效果，加大环境治理力度，建设生态宜居的美好家园。

关键词： 基层文化建设　文明水平　文化强国

文化是人们的风俗、习惯、思维和智慧等方面的集中体现，文明是文化发展的最终目的。文化与文明之间有着千丝万缕的联系，社会文明水平的提高离

* 雷蕾，湖北大学哲学学院 2021 级博士研究生，主要研究方向为伦理学。

不开基层文化建设的加强。本报告主要结合国家在基层文化建设各方面相关统计数据和湖北大学高等人文研究院、中华文化发展湖北省协同创新中心“中国文化发展现状调查（2021）”的数据，考察我国在基层文化建设和文明水平提升上的现状，对所取得的成果进行合理评价，分析其存在的不足并提出相应的对策和建议。

一 基层文化建设与文明水平的基本状况

（一）中央和地方一般公共预算城乡社区支出情况

从支出情况看，2014~2019年城乡社区支出的绝对数，整体呈现增长的趋势，2014年的城乡社区支出是12942.31亿元，2019年的城乡社区支出是24803.63亿元。2020年的城乡社区支出是19945.91亿元，与2019年相比下降了19.58%。“十二五”收官之年的2015年，比2014年的城乡社区支出增长了22.66%，为开启“十三五”基层文化建设奠定了较好的发展基础。2016~2020年，中央和地方一般公共预算城乡社区支出在前四年的增长有“减速”现象，增长率依次是15.74%、11.90%、7.18%、12.55%，2020年由于新冠肺炎疫情等因素的影响，增长率为-19.58%（见图1）。

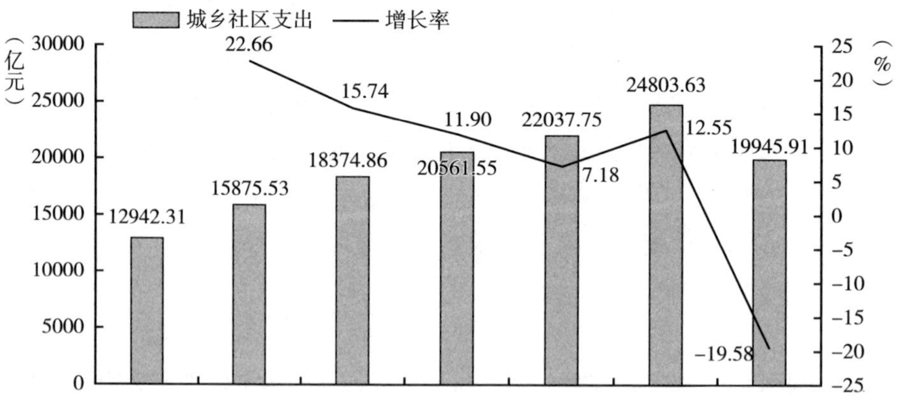

图1 2014~2020年中央和地方一般公共预算城乡社区支出情况

资料来源：2015~2021年《中国统计年鉴》。

（二）中央和地方一般公共预算卫生健康支出和建设情况

2014~2020 年是我国医疗卫生事业快速发展的关键阶段，它涉及“十二五”“十三五”两个五年国民经济和社会发展规划，是国家制定“十四五”规划和 2035 年远景目标的基础。2014 年中央和地方一般公共预算卫生健康支出是 10086.56 亿元，2020 年的卫生健康支出是 19216.19 亿元，卫生健康支出呈现逐年递增趋势；2020 年的卫生健康支出比 2019 年的 16417.62 亿元多 2798.57 亿元，增长率为 17.05%，与其他年份相比增长幅度较大（见图 2）。从政策和背景看，2020 年的卫生健康支出增长幅度较大的原因与新冠肺炎疫情有较大关联。

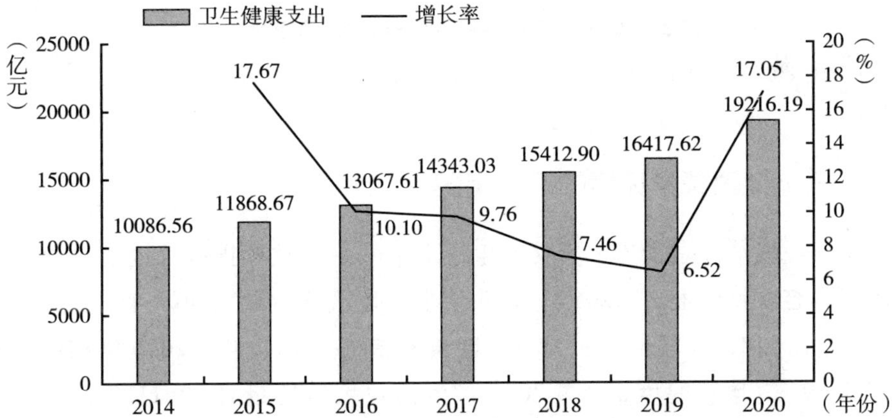

图 2　2014~2020 年中央和地方一般公共预算卫生健康支出情况

资料来源：2015~2021 年《中国统计年鉴》。

基层医疗机构是医疗体系的重要组成部分，事关人民群众的身体健康，与人民群众的关系最紧密，也是衡量基层健康文明的重要指标。2010~2020 年基层医疗机构数总体上稳中有升，只有 2012 年的数量有所下降，2012 年的基层医疗机构数为 912620 个，比 2011 年的 918003 个减少了 5383 个，其他年份的机构数逐年递增。2013~2017 年每年增长幅度很小，处于 0.21%~0.70%。2018~2020 年有了明显的增长，处于 1.14%~1.64%（见图 3）。从社会经济发展背景看，2018~2020 年不仅是我国全面建成小康社会的攻坚时期，而且是实现我国第一个百年奋斗目标的关键时期，基层医疗机构方便人民群众就医，也是全面建成小康社会与脱贫攻坚的重要内容。

图 3　2010~2020 年基层医疗机构数量变化情况

资料来源：《中国统计年鉴 2021》，中国统计出版社，2021。

（三）全国城乡环境的清洁情况

生活垃圾清理是衡量人们文明生活水平的一个重要指标，也是文化建设的重要内容。整体上看，2014~2019 年生活垃圾清运量变动幅度不大，2015 年与 2014 年相比，增长了 7.18%，增长率最高；2017 年与 2016 年相比，增长了 5.69%，增长幅度最小。2020 年生活垃圾清运量是 23511.7 万吨，比 2019 年的 24206.2 万吨少 694.5 万吨，下降的幅度为 2.87%（见图 4）。数据说明，“十三五”期间，在加快经济发展方式转变、推动高质量发展的同时，各项环境保护措施的实施取得了明显的效果，如通过社会多种渠道宣传，人们的环保意识逐渐增强；积极推动城市生活垃圾分类回收，促进了卫生文明之风的形成；科技赋能生活垃圾无害化处理，生态文明建设的理念正在深入人心。

城市清扫保洁面积是衡量人们文明生活水平的另一个重要指标。2014~2020 年全国城市清扫保洁面积呈现逐年增长的趋势，2014 年是 676093 万平方米，2020 年是 975595 万平方米，年均增长率为 6.30%，2015 年、2016 年的增长率较高，分别为 8.02%和 8.84%，2018 年的增长率较低，仅为 3.24%（见图 5）。通过分析城市清扫保洁面积的变化趋势发现，“十二五”末和“十三五”期间是城市发展进程较快的几年，城市建设规模不断扩大，城市清扫保

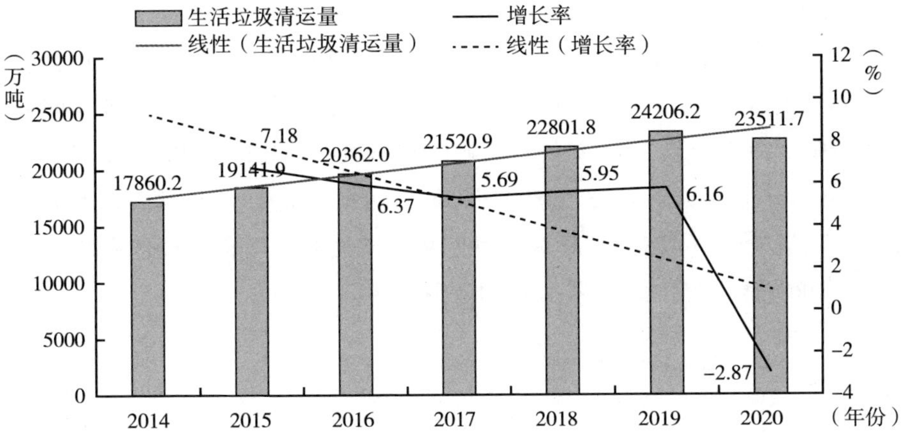

图 4　2014~2020 年全国城市生活垃圾清运量变化情况

资料来源：2015~2021 年《中国统计年鉴》。

洁面积也在增加，市容环境得到显著改善，人们保护环境的意识不断增强，生活质量不断提高。

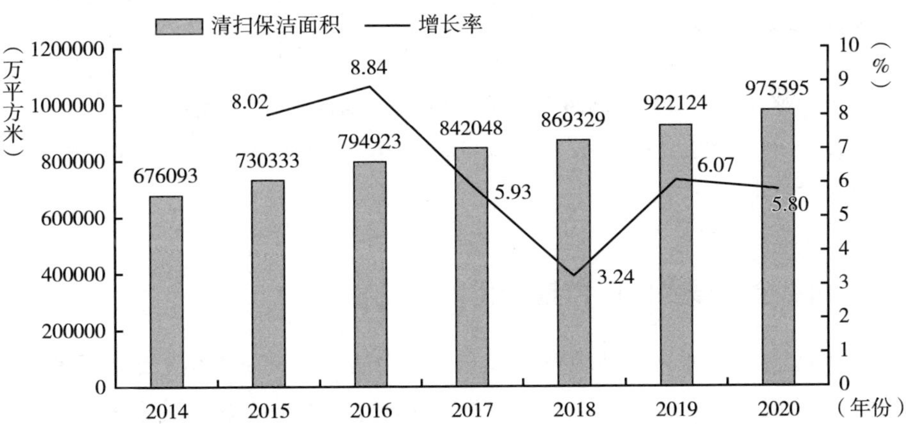

图 5　2014~2020 年全国城市清扫保洁面积变化情况

资料来源：2015~2021 年《中国统计年鉴》。

随着生态文明建设理念的深入人心，农村人居环境改善备受关注，清洁、环保、卫生等资源的利用，有效提高了人们的生活品质。近年来，太阳能热水器已经走进农村千家万户，太阳能热水器作为一种使用绿色清洁能源的装置，给农村人居环境带来很大的改善。2015~2018 年，农村太阳能热水器拥有量从 8232.6 万平方米增加到 8805.4 万平方米，其中 2016 年与 2015 年相比，农村太阳能热水器拥有量增加了 391.1 万平方米，增长率为 4.75%，为 5 年间最大增幅。随后 2017 年和 2018 年的增长幅度有所放缓。2019 年和 2020 年出现负增长情况，增长率分别为-3.73%和-0.66%（见图 6）。从长远看，大力推进农村太阳能热水器的使用，对基层卫生文化风气形成起着积极作用，在“十四五”期间需要更有效率地扩大适用范围。

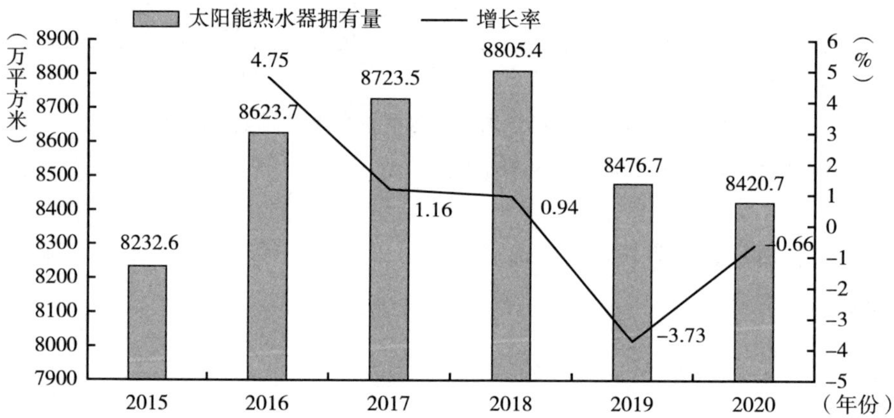

图 6　2015~2020 年农村太阳能热水器拥有量变化情况

资料来源：国家统计局农业社会经济调查司编《中国农村统计年鉴 2021》，中国统计出版社，2021。

（四）全国城乡厕所数量变化情况

厕所改造是农村人居环境整治提升行动中的一个重要内容，是利国利民的一项社会政策。2017 年 11 月，习近平总书记指出厕所问题不是小事情，是城乡文明建设的重要方面。2014~2020 年，全国公共厕所数量每年都是增加的，2014 年是 124410 座，到 2020 年变为 165186 座。全国公共厕所的增长率在 2015 年和 2016 年分别为 1.55%和 2.75%，是比较低的。而在 2017 年之后，增长率要高一点，最低是 2019 年的 4.04%，最高是 2018 年的 8.36%，次之是 2020 年的 7.66%（见图 7）。在“十三五”期间，全国公共厕所数量明显增加，增加数量较多的是 2018 年和 2020 年，2018 年全国公共厕所数量比 2017 年多 11382 座，2020 年的数量比 2019 年多 11760 座。厕所建设与公共文化建设体系之间的关系也逐渐密切，让老百姓的获得感和幸福感有所提升，让“方便之处”成为“文明之窗”。

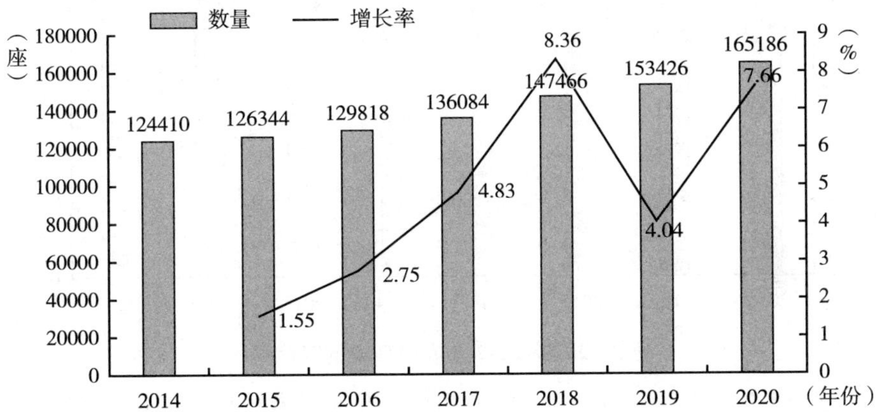

图 7　2014~2020 年全国公共厕所数量变化情况

资料来源：2015~2021 年《中国统计年鉴》。

图 8 反映 2010~2017 年农村使用卫生厕所累计户数和农村卫生厕所普及率的变化情况。2010~2017 年，农村使用卫生厕所累计户数逐年稳步上升，2010 年是 17. 14 万户，2017 年增加到 21. 70 万户，说明卫生厕所逐渐在农村人们的日常生活中普及。农村卫生厕所普及率也在稳步上升，2012 年的普及率为 71. 70%，经过几年发展，2017 年的普及率为 81. 70%，已经超过 80%。需要解释的是，虽然由于报表统计部门的变动，2018~2020 年的相关数据在《中国农村统计年鉴 2021》中没有详细记录，但是从现实工作推进看，农村卫生厕所问题正处在抓紧解决的过程中，是当前实施乡村振兴战略的一项具体重要工作。2018 年以来，通过落实党中央、国务院印发的《农村人居环境整治三年行动方案》和《农村人居环境整治提升五年行动方案（2021—2025 年）》的实施，农村卫生厕所普及率稳步提高，人们的获得感、幸福感不断提升。截至 2021 年底，东部地区、中西部城市近郊区有基础、有条件的地方，农村卫生厕所普及率已经超过 90%。在“十四五”期间，各地已经围绕中央

农村卫生厕所改造出台相关文件，提出了具体建设目标，从根本上解决厕所问题将指日可待。

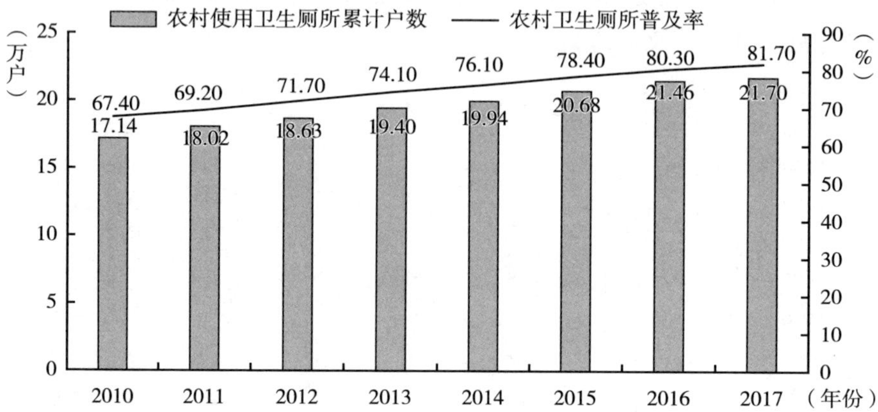

图 8　2010~2017 年农村环境的变化情况

资料来源：国家统计局农业社会经济调查司编《中国农村统计年鉴 2021》，中国统计出版社，2021。

二　公共文化建设服务与基层文明水平现状调查分析

（一）基层党组织的引领和文化建设

表 1 是对基层组织在乡村振兴中的引领作用、基层党组织建设以及文化建设的认同差异检验结果。在 F23、F24、F25 三个题项中，被调查者对题项“F24. 城乡基本公共文化服务建设（文化广场）的差距越来越小”观点的认同均值显著低于总均值参数，对题项 F23、F25 观点的认同均值显著高于总均值参数。数据说明，在实施乡村振兴战略过程中，党在基层组织中的引领作用越来越明显，在人民心中具有很高的公信力，起着先锋模范带头作用。同时说明人们对“城乡基本公共文化服务建设（文化广场）的差距越来越小”观点的认同度不高，从而验证前文关于这个题项的结论。换言之，从全面实施乡村振兴战略看，城乡基本公共文化设施建设和服务水平在“十四五”期间还需要进一步提升，特别是乡村基本公共文化设施建设和服务需要重点关注，缩小城乡差距，以此提升人们的获得感和满意度，从而达到人文素养的整体提升。

表 1　对基层组织在乡村振兴中的引领作用、基层党组织建设以及文化建设的认同（总均值参数 4.294）差异检验结果

题项(变量)	样本数	均值	均值差	t 值	显著性(P)
F23. 社会舆论正面引导,有利于增进团结、增长智慧、增加信心、增强斗志	7764	4.37	0.071	7.413	0.000***
F24. 城乡基本公共文化服务建设(文化广场)的差距越来越小	7764	4.09	-0.207	-18.654	0.000***
F25. 美丽乡村建设的普及和达标是美丽中国实现的基础	7764	4.34	0.044	4.607	0.000***

注：*** 表示 P<0.001，具有显著性。

资料来源：湖北大学高等人文研究院、中华文化发展湖北省协同创新中心“中国文化发展现状调查（2021）”数据库。

表 2 是对 F23、F25 两个题项认同差异的进一步检验结果。被调查者对题项“F25. 美丽乡村建设的普及和达标是美丽中国实现的基础”观点的认同均值低于总均值参数，对题项“F23. 社会舆论正面引导，有利于增进团结、增长智慧、增加信心、增强斗志”观点的认同均值与总均值参数基本一致。数据说明，被调查者对美丽乡村建设和美丽中国实现的关系认知程度不高。同时，对于社会舆论提升正气、增进团结等作用的认知程度需要提升。这说明“十三五”期间，党在基层组织中的引领作用更加凸显，真正地获得了民心、表达了民意、为人民群众办了实事，体现党的政治性就是人民性的要求，人们的获得感较强、满意度较高。

表 2　对乡村振兴战略、基层党组织建设以及文化建设的认同（总均值参数 4.363）差异检验结果

题项(变量)	样本数	均值	均值差	t 值	显著性(P)
F23. 社会舆论正面引导,有利于增进团结、增长智慧、增加信心、增强斗志	7764	4.37	0.002	0.250	0.803
F25. 美丽乡村建设的普及和达标是美丽中国实现的基础	7764	4.34	-0.025	-2.560	0.010**

注：** 表示 P<0.01，具有显著性。

资料来源：湖北大学高等人文研究院、中华文化发展湖北省协同创新中心“中国文化发展现状调查（2021）”数据库。

（二）家庭和谐与家风建设

家风在某种程度上是基层文化建设的重要体现。表 3 是被调查者对构建和谐的家庭关系，树立良好的家风认知的认同比重的分布情况。被调查者对题项“F21. 构建和谐的家庭关系，树立良好的家风，对社会风气的好转很重要”观点“同意”和“非常同意”的占总体样本比重为 91.22%，“不同意”和“非常不同意”的占总体样本比重为 3.84%。数据说明，人们已经认识到和谐的家庭关系和良好的家风，对社会风气的好转所起的巨大作用。对题项“F22. 成年子女和父母居住的距离为‘一碗汤’是最美好的距离”观点“同意”和“非常同意”的占比为 83.12%，“不同意”和“非常不同意”的占比为 5.51%，说明当前人们对“成年子女和父母居住的距离为‘一碗汤’是最美好的距离”的认同度比较高。

表 3　对构建和谐的家庭关系，树立良好的家风认知的认同

单位：%

分　类	F21. 构建和谐的家庭关系，树立良好的家风，对社会风气的好转很重要	F22. 成年子女和父母居住的距离为“一碗汤”是最美好的距离
	占总体样本比重	占总体样本比重
非常不同意	2.41	2.52
不同意	1.43	2.99
不清楚	4.95	11.37
同　意	36.79	40.01
非常同意	54.43	43.11
合　计	100.00	100.00

资料来源：湖北大学高等人文研究院、中华文化发展湖北省协同创新中心“中国文化发展现状调查（2021）”数据库。

表 4 是对构建和谐的家庭关系，树立良好的家风认知的认同进行差异检验的结果。检验发现，被调查者对题项“F21. 构建和谐的家庭关系，树立良好的家风，对社会风气的好转很重要”观点的认同度显著高于对题项“F22. 成年子女和父母居住的距离为‘一碗汤’是最美好的距离”观点的认同度。数

据说明，近几年在家风建设的推动下，人们充分认识到，只有树立良好的家风，才能促进社会风气的好转，同时家风建设对促进良好的社会风气的形成起着明显作用，足以体现对社会运行的强烈支撑作用。但是人们对构建既要保持亲情又要回避矛盾的家庭代际关系以及设定科学可行的居住距离的认知水平还是有待提升的，需要用发展思维深度思考适宜的居住距离。

表 4　对构建和谐的家庭关系，树立良好的家风认知的认同（总均值参数 4.288）差异检验结果

题项(变量)	样本数	均值	均值差	t 值	显著性(P)
F21. 构建和谐的家庭关系,树立良好的家风,对社会风气的好转很重要	7764	4.39	0.106	11.064	0.000***
F22. 成年子女和父母居住的距离为“一碗汤”是最美好的距离	7764	4.18	-0.106	-10.093	0.000***

注：*** 表示 P<0.001，具有显著性。

资料来源：湖北大学高等人文研究院、中华文化发展湖北省协同创新中心“中国文化发展现状调查（2021）”数据库。

（三）基层公共卫生设施建设

基层公共卫生设施建设是关涉文明水平的重要内容。表 5 是被调查者对基层公共卫生设施建设和完善情况的反映。选择有“传染病及突发公共卫生事件联防联控机制”的占比是 74.05%，选择有“0~6 岁接种疫苗服务”的占比是 76.98%，选择有“老年人体检健康档案管理服务”的占比是 77.63%，选择有“高血压患者健康服务”的占比是 65.86%，选择有“孕产妇健康管理服务”的占比最低，仅为 48.52%。数据说明，基层在老年人体检健康档案管理服务、0~6 岁接种疫苗服务、传染病及突发公共卫生事件联防联控机制等方面的建设相对好一些，在孕产妇健康管理服务方面做得较差。根据“十四五”规划，今后五年内，基层公共卫生设施建设和完善要在“预防”措施上下功夫，对人民群众身体健康有潜在危害的疾病，要做到早预防、早治疗。同时为了提高人口生育率和生育质量，社区需要提高孕产妇健康管理服务水平。

表 5　辖区（社区、村）对居民（村民）是否有所列相关服务的选择分布（多选）

单位：人，%

分类	选择人数	占样本比重	占选择人次比重
D18A. 传染病及突发公共卫生事件联防联控机制	5749	74.05	21.59
D18B. 高血压患者健康服务	5113	65.86	19.20
D18C. 0~6 岁接种疫苗服务	5977	76.98	22.44
D18D. 老年人体检健康档案管理服务	6027	77.63	22.63
D18E. 孕产妇健康管理服务	3767	48.52	14.14
选择人次总计	26633	—	100.00

资料来源：湖北大学高等人文研究院、中华文化发展湖北省协同创新中心“中国文化发展现状调查（2021）”数据库。

表 6 是对 D18A、D18B、D18C、D18D 进行差异检验的结果。检验结果显示，被调查者对“高血压患者健康服务”的认同度显著低于其他选项。因此，要加快完善高血压患者健康服务的基层公共卫生设施，当前我国高血压已经呈现年轻化的趋势，是危害国民健康的潜在杀手，社区不应该忽视对高血压疾病的预防以及对高血压患者的健康服务，要提高民众对高血压疾病预防的认知水平。

表 6　对辖区（社区、村）对居民（村民）是否有所列相关服务的选择（总均值参数 1.736）差异检验结果

题项(变量)	样本数	均值	均值差	t 值	显著性(P)
D18A. 传染病及突发公共卫生事件联防联控机制	7764	1.74	0.004	0.898	0.369
D18B. 高血压患者健康服务	7764	1.66	-0.077	-14.39	0.000***
D18C. 0~6 岁接种疫苗服务	7764	1.77	0.034	7.082	0.000***
D18D. 老年人体检健康档案管理服务	7764	1.78	0.04	8.515	0.000***

注：*** 表示 $P<0.001$，具有显著性。

资料来源：湖北大学高等人文研究院、中华文化发展湖北省协同创新中心“中国文化发展现状调查（2021）”数据库。

表 7 是删除“高血压患者健康服务”选项以后，对 D18A、D18C、D18D 再一次进行差异检验的结果。检验发现，“D18A. 传染病及突发公共卫生事件联防联控机制”的均值低于选项 D18C、选项 D18D，同时低于总均值参数。数据说

明，对于传染病常态化管理的标准而言，应该进一步细化联防联控机制，做到快速、有效联防联控。“0~6岁接种疫苗服务”和“老年人体检健康档案管理服务”两个题项也有显著差异，即“0~6岁接种疫苗服务”处在均值水平，但低于“老年人体检健康档案管理服务”的均值。基层在老年人体检健康档案管理服务方面做得最好，有显著成效，在其他方面还需要做实、做细，尽力补齐服务的短板。

表7　对辖区（社区、村）对居民（村民）是否有所列相关服务的选择（总均值参数1.762）差异检验结果

题项(变量)	样本数	均值	均值差	t值	显著性(P)
D18A. 传染病及突发公共卫生事件联防联控机制	7764	1.74	-0.022	-4.327	0.000***
D18C. 0~6岁接种疫苗服务	7764	1.77	0.008	1.64	0.101
D18D. 老年人体检健康档案管理服务	7764	1.78	0.014	3.018	0.003**

注：** 表示 P<0.01，具有显著性；*** 表示 P<0.001，具有显著性。

资料来源：湖北大学高等人文研究院、中华文化发展湖北省协同创新中心“中国文化发展现状调查（2021）”数据库。

（四）厕所革命绩效评价

表8是对厕所革命的绩效评价。在被调查者中，对选项“D16C. 厕所革命改变了人们文明生活的习惯”观点认同的人数最多，占样本的89.05%。其次是选项“D16B. 厕所革命已经提升了人们讲卫生的素质”，占样本的84.75%。数据说明，人们已经充分认识到，厕所革命推动了人们文明生活方式的养成，有利于人们形成讲卫生的自我意识，从而间接地关注自身的身体健康问题。对选项“D16A. 城市、乡村‘如厕难’的状况基本解决”观点的认同所占的比重是74.83%，说明城乡厕所革命对“如厕难”问题的解决有成效，但是还有不足之处，今后需要加强薄弱环节的改进。对选项“D16D. 厕所改造‘一阵风’，没有达到预期的效果”和选项“D16E. 厕所改了，用不了，成了面子工程”观点的认同所占的比重分别是43.61%和20.36%，总体来看占比较低。这充分说明这几年的厕所改造在某种程度上解决了一些民生问题，人民群众对这项工作的认可度较高，有助于基层文明风气的形成，但是在实际生活中还存在一些“用不了”

“走形式”等问题。下一步需要精准调查哪些环节还没有改造好，哪些地方还需要完善，真正把这场厕所革命的任务落到实处。

表 8 对厕所革命的绩效评价（多选）

单位：人，%

分类	人数	占样本比重	占选择人次比重
D16A. 城市、乡村“如厕难”的状况基本解决	5810	74.83	23.94
D16B. 厕所革命已经提升了人们讲卫生的素质	6580	84.75	27.11
D16C. 厕所革命改变了人们文明生活的习惯	6914	89.05	28.49
D16D. 厕所改造“一阵风”，没有达到预期的效果	3386	43.61	13.95
D16E. 厕所改了，用不了，成了面子工程	1581	20.36	6.51
选择人次总计	24271	—	100.00

资料来源：湖北大学高等人文研究院、中华文化发展湖北省协同创新中心“中国文化发展现状调查（2021）”数据库。

表 9 是对 D16A、D16B、D16C 三个选项进行差异检验的结果。被调查者对选项“D16A. 城市、乡村‘如厕难’的状况基本解决”观点的认同度显著低于选项 D16B、选项 D16C。数据说明，无论是城市还是乡村，“如厕难”的状况确实还存在，需要重点关注这一问题。目前，我国正处在城市发展过程中，乡村振兴战略正在实施，鉴于存在的城乡差距、东部和中西部的发展不均衡的情况，解决“如厕难”的问题不能搞“一刀切”，应该从我国实际发展情况出发，分阶段完成任务，最终达到人们满意的目标。“十四五”期间要探索有效的解决方式，进一步关注“厕所革命”，要积极采取有效的措施，进行精准诊断，做出更大努力，从“基本解决”这个问题转变为“根本解决”这个问题。

表 9 对厕所革命的绩效评价（总均值参数 1.829）差异检验结果

题项（变量）	样本数	均值	均值差	t 值	显著性（P）
D16A. 城市、乡村“如厕难”的状况基本解决	7764	1.75	−0.081	−16.379	0.000***
D16B. 厕所革命已经提升了人们讲卫生的素质	7764	1.85	0.019	4.534	0.000***
D16C. 厕所革命改变了人们文明生活的习惯	7764	1.89	0.062	17.36	0.000***

注：*** 表示 P<0.001，具有显著性。

资料来源：湖北大学高等人文研究院、中华文化发展湖北省协同创新中心“中国文化发展现状调查（2021）”数据库。

（五）生态环境保护与文明之风的形成

习近平总书记生态文明思想的内涵丰富，在实践中得到了很好地贯彻执行，在社会各项工作中影响深远，引起广大民众的关注和支持。表 10 是被调查者对生态环境的保护意识和讲文明树新风的现状评价，由 F26、F27、F28 三个题项组成。被调查者对题项“F26. 无论是城市还是乡村，人们对生态环境的保护意识都在加强”观点“同意”和“非常同意”的占比是 89.83%，“不清楚”的占比是 6.09%，“不同意”和“非常不同意”的占比是 4.08%，说明我国在实现经济发展的同时并没有忘记对环境的保护。对题项“F27. 无论是城市还是乡村，仍然存在脏乱差难以治理的问题”观点“同意”和“非常同意”的占比是 76.38%，“不清楚”的占比是 13.19%，“不同意”和“非常不同意”的占总样本比重是 10.43%。数据说明，近几年无论是城市还是乡村，对脏乱差难以治理的问题解决效果较好，但依然存在不足之处，脏乱差问题是基层治理的难点，特别是垃圾处理、环境净化、道路清洁每年投入的人力、物力是比较大的。整体上看，城市对脏乱差问题的处理效果较好，农村仍然是脏乱差难以治理的问题区域，也是未来治理的关注重心。被调查者对题项“F28. 在农村，讲文明、讲卫生、讲秩序的生活习惯需要进一步培养”观点

表 10　对生态环境的保护意识和讲文明树新风的现状评价

单位：%

分类	F26. 无论是城市还是乡村，人们对生态环境的保护意识都在加强	F27. 无论是城市还是乡村，仍然存在脏乱差难以治理的问题	F28. 在农村，讲文明、讲卫生、讲秩序的生活习惯需要进一步培养
	占总体样本比重	占总体样本比重	占总体样本比重
非常不同意	2.37	3.54	2.38
不同意	1.71	6.89	1.74
不清楚	6.09	13.19	7.14
同　意	40.10	40.34	43.16
非常同意	49.73	36.04	45.58
合　计	100.00	100.00	100.00

资料来源：湖北大学高等人文研究院、中华文化发展湖北省协同创新中心“中国文化发展现状调查（2021）”数据库。

“同意”和“非常同意”的占比是88.74%，“不清楚”的占比是7.14%，“不同意”和“非常不同意”的占比是4.12%。数据说明，在农村，人们讲文明、讲卫生、讲秩序的生活习惯，与城市人们的生活习惯相比还存在一些差距，需要进一步培养。从现实情况看，农村是文明、卫生、秩序建设的重点，政府相关部门在制定相关政策时要向农村倾斜，结合农村民众的实际生活情况，深入调研，找到问题解决的突破口。文明水平的整体提升是城乡一体化建设的总要求，缺少农村的建设，不能实现文明水平的真正提升。

表11是对F26、F27、F28三个题项进行差异检验的结果。检验结果显示，被调查者对题项“F27. 无论是城市还是乡村，仍然存在脏乱差难以治理的问题”的认同度显著低于题项F26、题项F28。进一步仔细分析该题项表达的意义可以发现，该题项（这是一个反向调查）的认同均值越低越好，即与题项F26、题项F28表达的意义相比，题项F26、F28表达的意义是正向的，认同均值越高越好，题项F27认同的人数越少越好。在这里，题项F27的认同水平显著低于题项F26、题项F28，说明有一部分人并不同意题项F27所表达的观点，这是好事，也是治理脏乱差的绩效。从认同题项“F27. 无论是城市还是乡村，仍然存在脏乱差难以治理的问题”观点的占比为76.38%来看，很显然治理脏乱差问题的任务还是非常艰巨的，特别是在农村，人们有改变文明、卫生、秩序的生活习惯的愿望，但是落实在实践上，讲卫生、不乱搭乱盖、不乱扔垃圾等文明生活的习惯需要进一步培养，还需要相关部门制定有效的措施，把农村变为生态宜居的美丽家园。

表11　对生态环境的保护意识和讲文明树新风的现状评价（总均值参数4.198）差异检验结果

题项(变量)	样本数	均值	均值差	t值	显著性(P)
F26. 无论是城市还是乡村,人们对生态环境的保护意识都在加强	7764	4.33	0.133	13.713	0.000***
F27. 无论是城市还是乡村,仍然存在脏乱差难以治理的问题	7764	3.98	-0.214	-18.054	0.000***
F28. 在农村,讲文明、讲卫生、讲秩序的生活习惯需要进一步培养	7764	4.28	0.080	8.250	0.000***

注：*** 表示P<0.001，具有显著性。

资料来源：湖北大学高等人文研究院、中华文化发展湖北省协同创新中心“中国文化发展现状调查（2021）”数据库。

三　基层文化建设与文明水平提升的对策建议

（一）必须毫不动摇地发挥基层党组织的引领作用

走中国特色社会主义乡村振兴道路，实施乡村振兴战略，必须要坚持中国共产党的领导，充分发挥基层党组织的引领作用。基层文化事业建设，相对而言还存在很多薄弱环节，具有一定的发展空间，因此一定要充分发挥基层党组织的引领作用。从调查问卷的反映情况可看出，被调查者肯定了基层党组织在乡村文化建设中的引领作用，但当前我国正处在实施乡村振兴战略的大局中，各项工作部署正逐步展开，还存在很大的发展空间，其中乡村文化建设的目标是实现乡风文明，现在与达到目标尚存在一定距离，今后必须要进一步强化基层党组织的建设，时刻不能马虎。基层党组织是联结党与人民的桥梁和纽带，只有得到人民的肯定和认可，党组织在人民心中的公信力才能提升。在调研中，被调查者已经深刻感受到基层党组织对舆论氛围形成的正面作用，今后的党组织工作要特别注重在社会上营造积极上进、正面的大环境。建设美丽乡村，是推进城乡一体化发展的重要举措，是建设美丽中国的“最后一公里”，可以说是功在当代，利在千秋的丰功伟业。当前，城乡基本的公共文化服务建设还存在很大的差距，加快提升乡村基本公共文化服务水平是今后的工作重点，只有毫不动摇地坚持基层党组织的引领，充分发挥正面舆论导向作用，才能更好地促进公共文化服务的均衡化发展。

（二）推动家庭、家风建设与社会发展的共进

家庭是社会的细胞，家庭、家风建设是基层文化和文明水平的重要体现。历史上，我国向来就注重家庭美德品质的养成。家庭美德是中华优秀传统文化的重要组成部分，家庭与社会发展和国家建设有着密不可分的关系，修身齐家治国平天下是家国情怀的真实写照。和谐的家庭关系是社会发展的稳定器，是促进社会发展的动力源泉。对于家庭、家风建设与社会发展之间的关系，人民在整体上的认同度是比较高的。在源远流长的历史当中，这种关系已经深深印在我国的文化当中，接下来必须继承和弘扬中华民族优秀的家风文化，每个人

要养成关注家庭、家风建设的长期自觉性，在社会上要形成关注优秀家风的舆论导向，实现家风在一代又一代中的传承，最终向着更加文明的方向发展，顺应历史的发展潮流。家风建设还要与时俱进，现在社会以小家庭为组成单位，由问卷调查结果可知，被调查者对“成年子女和父母居住的距离为‘一碗汤’是最美好的距离”的认同度较高。所以在家风建设中还要进一步构建和谐的家庭关系，树立良好的家风，提高对社会风气好转的认知水平。

（三）完善基层公共卫生设施

基层公共卫生设施的完善是构建公共卫生体系的必备前提条件，同时是构建基层文明体系、加强基层文化建设很重要的部分，是体现一种社会制度先进性的一个标志。基层公共卫生体系，在健康中国战略中发挥兜底性的作用，对国民健康水平的整体提升是不可缺少的。“十二五”“十三五”期间，我国的基层公共卫生设施已经得到很大程度的完善，能够成功抵挡重大疫情的传播，体现了基层公共卫生体系的完备程度。在调研中也发现了当前国内基层公共卫生体系建设中存在的不足和薄弱环节，“十四五”期间，基层公共卫生设施会有进一步的完善，重点加强高发慢性病的预防、早期筛查和综合干预，同时在合适的区域加大宣传力度，提升大众对疾病的认知水平，做好前期自我诊断。整体而言，基层公共卫生设施在0~6岁接种疫苗服务、老年人体检健康档案管理服务、传染病及突发公共卫生事件联防联控机制方面的社会认可程度较高，但还是存在一些不满意、不完善的地方，需要进一步完善。

（四）夯实城乡厕所革命的实践效果

全国掀起的厕所革命能够顺利开展，已经引起全社会的广泛关注，充分证明这项工作符合每个人自身的利益诉求，涉及民生问题，事关民生福祉。“十三五”期间，厕所革命工作的成效显著，不管是城市还是景区，基本上实现公共厕所全覆盖，确实方便人们的生活和出行，有利于人们自然而然的养成讲卫生的好习惯，解决过去人们出远门上厕所不方便的生活难题，环境卫生水平有了很大的提升，蚊虫叮咬现象的出现频率大幅下降，还有利于防止危害人身健康的传染病的传播，提升了社会整体卫生文明水平。总的来说，这场厕所革命效果明显，但是与达到面面俱到的程度还是存在一定的距离。“十四五”期间，厕所革命依然要深入推进，精准诊断存在的短板和不足之处，同时呼吁广大人民群众要主动维护公共厕所的环境卫生，珍惜来之不易的社会文明水平提升的成果。

（五）加大环境治理力度，建设生态宜居的美好家园

党的十八大以来，经过全党全社会各族人民的共同努力，文明发展理念已经深入人心。从整体的调研结果上看，城市在治理市容市貌、生活污水、垃圾分类等方面的效果要好于农村在各相关方面的治理效果。这与近些年我国加快城市化建设的政策有很大的关系，特别是公共文化治理方面的宣传力度较大，提高人们对生态环境的整体认知水平。未来在实施乡村振兴发展战略的道路上，要把重点放在农村生态环境治理上，可以借鉴城市生态文明建设的成功经验，争取在“十四五”期间，政府相关部门根据实际情况制订翔实的整改计划，促进农村的人居环境水平的整体提升，特别是让曾经长久困扰农村发展的脏乱差现象，垃圾污水处理不尽如人意、雨水和污水没有很好分离的情况得到有效的改善，让乡村讲文明、讲卫生、讲秩序的习惯进一步得到有效的养成，使乡村与城市的环境治理步调一致，建设好美丽乡村的“最后一公里”，改变过去人们对乡村的刻板印象，最终提高城乡的宜居生活指数，实现人们幸福指数的攀升，倡导文明卫生健康的生活理念，在国际上树立美丽乡村建设的成功典范。

参考文献

何哲：《公共治理：文化为什么是重要的？——兼论中西文化特质差异对公共治理的影响》，《中国行政管理》2022 年第 8 期。

马陇平：《文化与文明的现代走向与哲学理路》，《甘肃社会科学》2021 年第 6 期。

B.8

中国文化建设中的价值引领与认同现状研究报告

蔡梦雪*

摘　要： 本报告运用“中国文化发展现状调查（2021）”的数据，分析了人们对乡村文化建设的价值认同、对文化建设中文化安全性的认同状况。本报告发现，人们对乡村文化建设的价值认同较弱，对乡村文化的归属感不强；对文化安全性中的大数据风险和文化数字化建设的认知水平还需要提升。因此，要在坚持和加强党的全面领导的基础上，以增强人们对文化的价值认同为核心、以文化安全为保障全方位推进中国文化建设。为了提升文化的价值认同效果，要进一步从理论和实践上全面加强党的领导重大意义的研究阐释和宣传教育，继续落细、落小、落实社会主义核心价值观的培育和践行工作，让人们有更强的获得感。在乡村文化建设上，加强村党组织和乡村带头人队伍建设，发展乡村特色产业、文旅融合的特色旅游业，增强人们对乡村文化的价值认同。同时，要加强对大数据风险的宣传教育，推进文化数字化建设的普及和宣传，提升文化数字化水平。

关键词： 文化建设　政治导向　价值引领　价值认同

* 蔡梦雪，哲学博士，武汉工程大学马克思主义学院讲师，主要研究方向为伦理学、价值观。

一 文化建设发展的宏观视角：动态数据分析

（一）国家有关文化建设的政治导向性、价值引领性的政策法规

2003 年全国文化体制改革试点工作会议召开后，国家开始系统规划文化体制改革，对文化建设的重视也开始体现在相关政策法规中。《中华人民共和国国民经济和社会发展第十个五年计划纲要》提出，“繁荣社会主义文化，提高文化生活质量”，具体而言，“坚持为人民服务、为社会主义服务的方向和百花齐放、百家争鸣的方针，以繁荣社会主义文化为中心，弘扬民族优秀文化，吸收外国文化有益成果，抵制不良文化，提高全社会的文化生活质量”，开始体现出文化建设的政治导向性。

从“十一五”开始，国家在五年规划纲要的基础上为文化发展编制了更为全面和详尽的纲要。《国家“十一五”时期文化发展规划纲要》从“理论和思想道德建设”“公共文化服务”“新闻事业”“文化产业”“文化创新”“民族文化保护”“对外文化交流”“人才队伍”等八个方面规划了文化建设的任务和目标，开始涉及文化建设的各个领域。《国家“十二五”时期文化改革发展规划纲要》进一步提出“加强社会主义核心价值体系建设”，具体包括“深入推进中国特色社会主义理论体系的学习研究宣传、繁荣发展哲学社会科学和加强思想道德建设，继续深入研究提炼社会主义核心价值观”，展现出文化建设的价值引领性。

《国家“十三五”时期文化发展改革规划纲要》强调“加强思想理论建设”“提高舆论引导水平”“培育和践行社会主义核心价值观”“繁荣文化产品创作生产”“加快现代公共文化服务体系建设”“完善现代文化市场体系和现代文化产业体系”“传承弘扬中华优秀传统文化”“提高文化开放水平”“推进文化体制改革创新”“加强文化人才队伍建设”“完善和落实文化经济政策”等十一个方面的文化发展工作，体现出对文化建设重要性的进一步关注。

《“十四五”文化发展规划》指出，“着力坚持和完善繁荣发展社会主义先进文化的制度，着力巩固马克思主义在意识形态领域的指导地位、巩固全党全国人民团结奋斗的共同思想基础，着力建设具有强大凝聚力和引领力的社会主

义意识形态、具有强大生命力和创造力的社会主义精神文明、具有强大感召力和影响力的中华文化软实力，不断铸就中华文化新辉煌，为建成社会主义文化强国奠定坚实基础”，是国家对新时代文化建设的政治导向性、价值引领性的最新注解。

（二）国家财政对文化建设的支出变动

国家对文化建设的重视直观体现在财政支出中的一般公共预算文化旅游体育与传媒支出。从表1所显示的全国一般公共预算文化旅游体育与传媒支出数据可以看出，2015~2020年，国家在文化和旅游上的一般公共预算支出持续增加，体现了国家层面对文化建设的重视程度。

表1　2015~2020年全国一般公共预算文化旅游体育与传媒支出

单位：亿元

年份	总计	文化和旅游	文物	体育	广播影视新闻出版	其他
2015	3076.64	1064.54	338.50	356.48	754.79	562.33
2016	3163.08	1160.46	350.86	389.48	741.47	520.81
2017	3391.93	1254.68	355.54	474.85	770.88	535.98
2018	3537.86	1285.73	392.29	494.72	774.84	590.29
2019	4086.31	1783.30	385.92	537.97	776.15	602.97
2020	4245.58	1950.12	381.60	507.64	760.48	645.74

资料来源：国家统计局社会科技和文化产业统计司、中宣部文化体制改革和发展办公室编《中国文化及相关产业统计年鉴2021》，中国统计出版社，2021。

近年来，国家层面对文化建设的重视程度不断提升。党的十八大以来，习近平总书记反复强调文化自信，党的十九届五中全会提出到2035年建成文化强国的远景目标，“十四五”规划在“十三五”时期所取得的成就上，围绕文化强国建设任务为文化建设树立了一系列更加明确的发展目标。习近平总书记在教育文化卫生体育领域专家代表座谈会上提出，“‘十四五’时期，我们要把文化建设放在全局工作的突出位置，切实抓紧抓好”①。《“十四五”文化发

① 《在教育文化卫生体育领域专家代表座谈会上的讲话》，《人民日报》2020年9月23日，第2版。

展规划》进一步指出，“进入新发展阶段，统筹推进‘五位一体’总体布局、协调推进‘四个全面’战略布局，文化是重要内容，必须把文化建设放在全局工作的突出位置，更加自觉地用文化引领风尚、教育人民、服务社会、推动发展”。

（三）文化及相关产业发展的经济效益

从可以量化的数据看，文化建设的经济性直观显现在文化及相关产业的增值和在 GDP 的占比中。根据表 2 数据，2014~2019 年，文化及相关产业的增加值不断增加，其在 GDP 中的占比呈现不断上涨的趋势，说明文化建设的经济效益占比越来越高。文化建设的重要性不仅体现在文化自身的发展中，也体现在相关经济效益的增长上。

表 2　2014~2019 年文化及相关产业的增加值和占 GDP 比重

单位：人，%

年份	增加值	占 GDP 比重
2014	24538	3.81
2015	27235	3.95
2016	30785	4.12
2017	35427	4.26
2018	41171	4.48
2019	44363	4.50

资料来源：国家统计局社会科技和文化产业统计司、中宣部文化体制改革和发展办公室编《中国文化及相关产业统计年鉴 2021》，中国统计出版社，2021。

（四）基层文化建设与发展的社会效益

《乡村振兴战略规划（2018—2022 年）》提出繁荣发展乡村文化，包括加强农村思想道德建设、弘扬中华优秀传统文化、丰富乡村文化生活等。《“十四五”公共文化服务体系建设规划》更进一步提出以文化繁荣助力乡村振兴。乡村振兴战略突出了乡村文化建设的重要性，同时指出了乡村文化的繁荣需要关注乡村的产业经济、人才培养、生态环境、村党组织等方面的建设。《中国文化文物和旅游统计年鉴 2021》显示，2020 年各地区乡镇文化站共有机构 32825 个，从业人员 102963 人，提供文化服务 954809 次，接受戏曲进乡村活动服务 373957 次，服务惠及 5662.4 万人次，藏书 22949.47 万册，计算机 257313 台，本单位受训 72.9 万人次，收入合计 10950024 千元，支出合计 11210980 千元，资产总计 41876505 千元，实际使用房屋建筑面积 2439.57 万平方米，实际拥有产权面积 1593.89 万平方米，本站指导群众业余文艺团队 271966 支、志愿者服务队伍 267971 个、志愿者 6248466 人，辖区内社区 93277 个，辖区内社区综合文化服务中心 208257 个，辖区内社区综合文化服务中心面积 4008.87 万平方米，辖区内行政村 434989 个，辖区内村综合文化服务中心 1119114 个，辖区内村综合文化服务中心面积 37869.25 万平方米，体现出对基层文化建设与发展的重视。

（五）文化建设的安全性发展

文化版权是文化安全的重要体现，表 3 数据显示了近年来文化产物版权合同登记的具体情况。2015~2018 年，各类文化产物版权合同登记的数量整体呈上涨的趋势，但 2019 年和 2020 年，文化产物版权合同登记的数量整体呈下降趋势，显示出文化安全领域存在隐患。

表 3　2015~2020 年文化产物版权合同登记情况

单位：份

年份	合计	书刊	音像制品	电子出版物	软件
2015	19030	16085	1688	190	762
2016	19744	16854	1790	238	686
2017	20015	16635	1860	424	869
2018	20339	16685	1877	420	1045
2019	20313	16218	1563	296	1156
2020	17811	15336	1001	169	965

资料来源：国家统计局社会科技和文化产业统计司、中宣部文化体制改革和发展办公室编《中国文化及相关产业统计年鉴 2021》，中国统计出版社，2021。

文化安全是文化建设成果的有效保障。《“十四五”文化和旅游发展规划》提出，加强文化安全能力建设，将安全理念贯穿文化建设全过程。文化建设需要文化安全来保护其成果，文化安全从风险治理、文化管理和文化保护意识等方面来维护文化建设的可持续性。

二　文化建设发展的微观视角：基于调查数据的分析①

（一）乡村文化建设的价值认同

1. 乡村文化建设的价值认同描述

表4数据显示，对于“农村人才培养，让年轻人在广阔天地大有所为”的认同比重为72.37%，对于“培育文明乡风、良好家风、淳朴民风”的认同比重为71.75%，对于“保护自然环境，构建良好生态”的认同比重为71.02%，对于“党组织在村级组织中的领导作用越来越明显”的认同比重为57.95%，对于“发展乡村产业，将农业做强”的认同比重为57.91%，而对于“村民参与乡村文化建设，乡村治理有法治保障”的认同比重为35.65%。数据说明，人们对乡村振兴在人才培养，乡风、家风、民风培育和环境保护方面所取得的成效感知度和认同度较高，也说明文化建设在乡村发展中取得了一定的成果。数据对比进一步显示，发展乡村产业和党组织在村级组织中的领导作用还有进一步加强的空间，而对于“村民参与乡村文化建设，乡村治理有法治保障”的认同比重最低，说明在乡村文化建设中存在村民参与不足的现实问题。这充分证明，人们对乡村文化建设的价值认同还很弱，对乡村文化的归属感不强，同时说明乡村文化建设要进一步在人们对乡村文化建设的价值认同方面进行深化。

---

① 本报告所用的数据源于“中国文化发展现状调查（2021）”。本次调查采取问卷调查的方式，获取样本7764份。“中国文化发展现状调查（2021）”有单选题、多选题、测量题三种题型。根据本研究的主题，本研究选取了数据库中人们对乡村振兴战略实施的获得感认同、对大数据整合和风险管理的认知等多选题，同时选取了人们对文化建设的重要性所持有的观点、对乡村文化发展的价值理解等测量题，企望从不同的认知认同水平中分析人们对文化建设理念的领悟、理解的特征和差异以及相关影响因素。为了建立研究起点和阐述相关理论，本报告采用文献研究法、逻辑推演法。在此基础上，选取“中国文化发展现状调查（2021）”的数据，通过SPSS统计软件对数据进行描述性分析和差异检验分析，结合量化分析的结果提出具体的政策建议。

表 4　对乡村振兴战略实施的获得感认同（多选）

单位：人，%

分类	人数	占样本比重	占选择人次比重
D15A. 发展乡村产业，将农业做强	4496	57.91	15.79
D15B. 农村人才培养，让年轻人在广阔天地大有所为	5619	72.37	19.74
D15C. 培育文明乡风、良好家风、淳朴民风	5571	71.75	19.57
D15D. 保护自然环境，构建良好生态	5514	71.02	19.37
D15E. 党组织在村级组织中的领导作用越来越明显	4499	57.95	15.80
D15F. 村民参与乡村文化建设，乡村治理有法治保障	2768	35.65	9.72
选择人次总计	28467	—	100.00

资料来源：湖北大学高等人文研究院、中华文化发展湖北省协同创新中心“中国文化发展现状调查（2021）”数据库。

经济发展是乡村振兴的基础，是乡村文化建设的物质条件，“乡村网红”和直播带货既是一个很好的致富途径，也是一种新兴的乡土文化创新，需要大力支持和培育。对此，问卷设置了“‘乡村网红’和直播带货是一个很好的致富途径，需要大力支持和培育”题项，关注人们对乡土文化与乡村经济发展的评价。表 5 数据显示，对于“‘乡村网红’和直播带货是一个很好的致富途径，需要大力支持和培育”的认同比重为 73.96%，不认同的比重为 9.74%。数据说明，人们对于以“乡村网红”和直播带货的方式来发展乡村产业抱有很强的认同感，作为新兴技术衍生的致富手段以及一种文化现象可以有效推进乡土文化和乡村经济发展。

表 5　对“‘乡村网红’和直播带货是一个很好的致富途径，需要大力支持和培育”观点的认同统计

单位：人，%

分　类	样本数	占总体样本比重	占有效样本比重	累计有效比重
非常不同意	257	3.31	3.31	3.31
不同意	499	6.43	6.43	9.74
不清楚	1266	16.31	16.31	26.04
同　意	2971	38.27	38.27	64.31
非常同意	2771	35.69	35.69	100.00
合　计	7764	100.00	100.00	—

资料来源：湖北大学高等人文研究院、中华文化发展湖北省协同创新中心“中国文化发展现状调查（2021）”数据库。

乡村文化建设在新时代乡村振兴中的路径是与乡村旅游相结合，《关于推动文化产业赋能乡村振兴的意见》将文旅融合列入文化产业赋能乡村振兴的重点领域。乡村文旅融合发展，不仅可以挖掘乡村文化特色，推动乡村文化发展，而且能够通过旅游产业的开发，刺激乡村经济发展。对此，问卷设置了“乡村文旅融合发展、地方特色文化挖掘，需要坚持原生态发展原则”题项，主要了解人们对乡村产业中乡村文旅融合发展的感知。表 6 数据显示，对于“乡村文旅融合发展、地方特色文化挖掘，需要坚持原生态发展原则”的认同比重为 89. 85%，不认同的比重为 3. 98%。数据说明，人们充分认可在乡村文旅融合发展中要展现乡村特色，坚持原生态发展的原则。

表 6　对“乡村文旅融合发展、地方特色文化挖掘，需要坚持原生态发展原则”观点的认同统计

单位：人，%

分类	样本数	占总体样本比重	占有效样本比重	累计有效比重
非常不同意	187	2. 41	2. 41	2. 41
不同意	122	1. 57	1. 57	3. 98
不清楚	479	6. 17	6. 17	10. 15
同　意	3081	39. 68	39. 68	49. 83
非常同意	3895	50. 17	50. 17	100. 00
合　计	7764	100. 00	100. 00	—

资料来源：湖北大学高等人文研究院、中华文化发展湖北省协同创新中心“中国文化发展现状调查（2021）”数据库。

2. 乡村文化建设的价值认同差异

为了进一步分析人们对乡村文化建设的价值认同差异，后文在表 4 的基础上进行差异检验，其中认同“村民参与乡村文化建设，乡村治理有法治保障”的占比明显低于其他选项，所以重点对其他五个选项进行差异检验。表 7 数据显示，“发展乡村产业，将农业做强”“农村人才培养，让年轻人在广阔天地大有所为”“培育文明乡风、良好家风、淳朴民风”“保护自然环境，构建良好生态”“党组织在村级组织中的领导作用越来越明显”五者之间存在显著差异，人们对于“农村人才培养，让年轻人在广阔天地大有所为”和“培育文明乡风、良好家风、淳朴民风”的认同度最高，其次是“保护自然环境，构建良好生态”，相对而言，人们对“发展乡村产业，将农业做强”和“党组织在村级组织中的领导作用越来越明显”的认同度较低。数据说明，人们认可乡村振兴在人才培养，乡风、家风、民风培育，环境保护方面所取得的成果，而存在的问题主要在于发展乡村产业和党组织在村级组织中的领导作用上，解决好这两个问题，乡村文化建设才会进一步得到人们的认同。

表 7　对乡村振兴战略实施的获得感认同（总均值参数 1.662）差异检验结果

题项(变量)	样本数	均值	均值差	t 值	显著性(P)
D15A. 发展乡村产业,将农业做强	7764	1.58	−0.083	−14.798	0.000***
D15B. 农村人才培养,让年轻人在广阔天地大有所为	7764	1.72	0.062	12.162	0.000***
D15C. 培育文明乡风、良好家风、淳朴民风	7764	1.72	0.056	10.87	0.000***
D15D. 保护自然环境,构建良好生态	7764	1.71	0.048	9.361	0.000***
D15E. 党组织在村级组织中的领导作用越来越明显	7764	1.58	−0.083	−14.73	0.000***

注：*** 表示 P<0.001，具有显著性。

资料来源：湖北大学高等人文研究院、中华文化发展湖北省协同创新中心“中国文化发展现状调查（2021）”数据库。

（二）文化建设中文化安全性的认同

1. 文化建设中文化安全性的认同描述

表 8 数据显示，认同“国家要将大数据管理提高到法治的高度”的比重为 74.18%，认同“利用大数据分析打击了侵犯文化创作产权的行为”的比重为 68.59%，认同“创新文化大数据管理，提高数据风险防范能力”的比重为 66.58%，认同“应该加强文化数据资源版权保护意识”的比重为 62.82%，认同“很有必要建设文化大数据资源‘云’体系”的比重为 61.59%，认同“自媒体时代，大数据风险是一个必然的现象”的比重为 20.49%。数据说明，人们对大数据的管理和大数据的功能认可度较高，但对大数据的使用和大数据风

险的认知水平还需要提升。对数据进行比较可以看到，人们关注到了大数据时代文化建设中的文化安全问题，但对大数据使用过程中潜在风险的认知还不充分。数据充分证明，在文化安全性上，要重点提高人们对大数据风险的认识水平，加强对大数据使用过程中可能造成的泄露个人隐私、扰乱社会稳定和威胁国家安全等问题的宣传教育。

表 8 对大数据整合与风险管理的认知（多选）

单位：人，%

分类	人数	占样本比重	占选择人次比重
D23A. 应该加强文化数据资源版权保护意识	4877	62. 82	17. 73
D23B. 利用大数据分析打击了侵犯文化创作产权的行为	5325	68. 59	19. 36
D23C. 国家要将大数据管理提高到法治的高度	5759	74. 18	20. 94
D23D. 很有必要建设文化大数据资源“云”体系	4782	61. 59	17. 39
D23E. 创新文化大数据管理，提高数据风险防范能力	5169	66. 58	18. 79
D23F. 自媒体时代，大数据风险是一个必然的现象	1591	20. 49	5. 78
选择人次总计	27503	—	100. 00

资料来源：湖北大学高等人文研究院、中华文化发展湖北省协同创新中心“中国文化发展现状调查（2021）”数据库。

2. 文化建设中文化安全性认同的差异

为了进一步分析人们在文化建设中对文化安全性认同的差异，后文在表 8 的基础上进行差异检验，其中认同“国家要将大数据管理提高到法治的高度”的占比远高于其他选项，认同“自媒体时代，大数据风险是一个必然的现象”的占比远低于其他选项，说明人们对大数据的管理认知度较高，对大数据风险的认知度比较低，所以只需要对其他选项进行差异检验。表 9 数据显示，“应该加强文化数据资源版权保护意识”“利用大数据分析打击了侵犯文化创作产权的行为”“很有必要建设文化大数据资源‘云’体系”“创新文化大数据管理，提高数据风险防范能力”四者之间存在显著差异，被调查者对“利用大数据分析打击了侵犯文化创作产权的行为”的认同度最高，其次是“创新文化大数据管理，提高数据风险防范能力”，相对而言，被调查者对“应该加强文化数据资源版权保护意识”和“很有必要建设文化大数据资源‘云’体系”的认同度较低。数据说明，在文化安全问题上，人们更关注大数据的功能对文化风险的管理，而不是文化本身的保护和文化数字化平台的建立。

表 9　对大数据整合与风险管理的认知（总均值参数 1.649）差异检验结果

题项(变量)	样本数	均值	均值差	t 值	显著性(P)
D23A. 应该加强文化数据资源版权保护意识	7764	1.63	-0.021	-3.8	0.000***
D23B. 利用大数据分析打击了侵犯文化创作产权的行为	7764	1.69	0.037	6.996	0.000***
D23D. 很有必要建设文化大数据资源“云”体系	7764	1.62	-0.033	-5.993	0.000***
D23E. 创新文化大数据管理，提高数据风险防范能力	7764	1.67	0.017	3.131	0.002**

注：** 表示 $P<0.01$，具有显著性；*** 表示 $P<0.001$，具有显著性。

资料来源：湖北大学高等人文研究院、中华文化发展湖北省协同创新中心“中国文化发展现状调查（2021）”数据库。

为了进一步比较被调查者对于文化数据资源版权保护意识和建设文化大数据资源“云”体系所持的不同态度，本报告对“应该加强文化数据资源版权保护意识”和“很有必要建设文化大数据资源‘云’体系”进行差异检验。表 10 数据显示，被调查者对“应该加强文化数据资源版权保护意识”的认同度高于“很有必要建设文化大数据资源‘云’体系”的认同度。数据说明，人们对于文化安全的认知，更强调文化数据资源版权保护意识的加强，而对于文化数字化建设的认知不足，还需要进一步加深。

表 10　对大数据整合与风险管理的认知（总均值参数 1.622）差异检验结果

题项(变量)	样本数	均值	均值差	t 值	显著性(P)
D23A. 应该加强文化数据资源版权保护意识	7764	1.63	0.006	1.122	0.262
D23D. 很有必要建设文化大数据资源“云”体系	7764	1.62	-0.006	-1.101	0.271

资料来源：湖北大学高等人文研究院、中华文化发展湖北省协同创新中心“中国文化发展现状调查（2021）”数据库。

三　研究结论与建议

（一）研究结论

1. 人们对乡村文化建设的价值认同较弱，对乡村文化的归属感不强

根据前文对乡村振兴战略实施的获得感认同的相关数据的分析，作为文化建设的具体体现，乡村振兴中农村人才培养，乡风、家风、民风培育，环境保护的成效显著，得到人们的认可，但是人们对党组织在村级组织中的领导作用和发展乡村产业的认同度还有进一步提升的空间。此外，村民对乡村文化建设的参与不足，成为乡村文化建设的主要问题。这一现象的出现主要有以下几个方面的原因。首先，城市发展进程和市场经济的发展对乡村文化产生了冲击。人们的价值取向发生了偏移，不再被传统乡村文化吸引，开始追求物质的享受、邻里间的攀比等。这些都深深影响了人们对乡村文化的认知和归属感。其次，乡村人口空心化问题的出现使得乡村文化建设丧失了主力。大批年轻人离乡务工，使得乡村中大部分是留守的老人、妇女和儿童，这部分群体对参与乡村文化建设的兴趣并不大，而且大多沉溺于打牌、看短视频和玩游戏等，对参与乡村文化活动没有积极性、热情不高。再次，部分村党组织对乡村文化建设的重视程度不够，使得乡村文化建设形式化问题明显。这主要表现在两个方面：其一，部分村党组织对中央乡村文化建设政策的贯彻落实不到位，没有进行相应的政策部署和宣传；其二，部分村党组织重经济、轻文化，片面追求乡村经济发展，忽视文化在乡村建设中的价值作用，对乡村文化建设的投入不足，乡村文化活动设施陈旧，乡村文化活动形式简单、单一，文化墙形同虚设。

2. 人们对文化安全问题中的大数据风险和文化数字化建设认知不足

在大数据时代，文化安全与大数据的风险、功能、管理和使用密不可分。从前文数据分析的结果来看，人们对大数据的管理和大数据的功能认可度较高，但对大数据的使用和大数据风险的认知水平还需要提升。大数据的特性决定了它的使用是一把“双刃剑”：一方面，大数据在收集信息、辅助决策、提升效率等方面有很强的应用性；另一方面，大数据使用可能带来泄露个人隐私、扰乱社会稳定和威胁国家安全等问题。除了对大数据风险的认知还不充分，人们对文化数字化建设的认知水平也需要提升。“提升公共文化数字化水平”是国家扩大公共文化服务覆盖面和增强公共文化服务实效性的重要举措，其中很重要的一个方面就是建设文化大数据资源“云”体系。在文化安全问题上，需要对文化数字化建设的必要性和重要性进行宣传，让人们亲身体验文化数字化建设带来的便利和快捷。

（二）建议

1. 加强党的全面领导的宣传教育和理论研究

根据前文的分析，人们对党的领导作用的发挥感知不明显，对加强党的领导认知不足。对于全面加强党的领导重大意义，要进一步从理论和实践上加强研究阐释和宣传教育，同时需要继续落细、落小、落实社会主义核心价值观的培育和践行工作，让人们有更强的获得感。首先，继续落实加强党的全面领导。增强政治意识、大局意识、核心意识、看齐意识，坚持和完善党的全面领导的体制机制，坚持党的民主集中制原则，确保党在方方面面的领导。其次，落实全面加强党的领导重大意义的宣传教育工作。要重视基层党组织和党员干部对全面加强党的领导的学习，要重视基层全面加强党的领导的宣讲和落实。再次，创新宣传教育的内容和方式方法。针对全面加强党的领导的具体内容，采取不同的形式，如线上线下相结合，使用微博、微信、抖音等不同平台进行相关内容的介绍和推送。最后，继续深化全面加强党的领导理论研究和阐释工作，特别是在落实全面加强党的领导实践路径和微观层面的研究方面要重点加强。

2. 推进乡村发展，丰富文化建设在乡村振兴中的具体体现

首先，要加强乡村带头人队伍建设，如选派优秀干部任第一书记和驻村等，全面贯彻落实党中央有关乡村文化建设的政策举措；加强村党组织建设，建立相应的监督机制和乡村文化建设考核体系，将乡村文化建设成果作为村党干部提拔任用的重要参考。其次，挖掘不同乡村的文化特色，发展乡村特色产业、文旅融合的特色旅游业。最后，加快推进公共文化服务体系建设，提升乡村公共服务均等化水平，推动优质文化资源向乡村扩散和倾斜。

3. 保障文化安全，合理防范文化建设中的大数据风险

根据前文的分析，在文化安全问题上，人们对于大数据风险和文化数字化建设的认知存在欠缺，需要予以关注。首先，人们对大数据使用过程中的风险认知不足，需要加强大数据风险的宣传教育。其次，人们对文化数字化建设的认知不够，需要进行文化数字化建设的普及和宣传，为人们提供更多文化数字化服务：进行文化数据库建设，汇总中华文化资源；建设大数据中心，建立全国公共文化服务网络；建设文化数字体验的场所和平台，为人们提供线上线下的实时体验；进行文化大数据的开发利用，生产数字化文化产品；等等。

参考文献

曹润青、冯鹏志：《中国共产党百年来文化建设的主题、本质与道路》，《党政研究》2021 年第 1 期。

郭远远、陈世香：《改革开放 40 年来文化建设定位的历史演变与未来展望——基于历年国务院政策文本的分析》，《中南大学学报》（社会科学版）2018 年第 1 期。

吕宾：《乡村振兴视域下乡村文化重塑的必要性、困境与路径》，《求实》2019 年第 2 期。

张文元、范青：《融媒体时代维护我国文化安全的路径研究》，《理论月刊》2021 年第 9 期。

国家统计局编《中国统计年鉴 2021》，中国统计出版社，2021。

中华人民共和国文化和旅游部编《中国文化文物和旅游统计年鉴 2021》，国家图书馆出版社，2021。

B.9

长江经济带各省市文化和旅游产业高水平融合发展与优化研究报告

——基于2011年和2019年两个时点的数据分析

丁 浩 张智敏*

摘 要： 本报告以长江经济带11省市为研究对象，选取2011年和2019年两个时点的数据，构建了文化产业和旅游产业综合发展水平评价模型，并在此基础上利用聚类分析法分析了各地区文化产业和旅游产业所属等级，以此来反映其发展的协调性状况。通过分析，本报告得出如下结论。第一，属于长江经济带东部的3省市的文化产业发展水平较高，长江经济带11省市文化产业发展的差距在缩小。第二，2011~2019年长江经济带东部的旅游产业发展水平在下降，长江经济带中部的旅游产业发展水平在上升，而长江经济带西部地区的旅游产业发展水平在快速上升；长江经济带11省市旅游产业发展的差距在缩小，且比较明显。第三，整体来看，长江经济带东部地区基本上属于文化产业超前型的发展状况，而长江经济带中部、西部地区大多属于旅游产业超前型的发展状况。第四，各地区应大力实施“文化+旅游”或“旅游+文化”策略，促进文化产业和旅游产业融合发展。同时长江经济带各地区要结合自身实际情况，因地制宜地选择发展道路，突出自身优势，实现区域间的优势互补，促进整个区域的高质量发展。

* 丁浩，武汉文理学院讲师，中级旅游经济师，主要研究方向为旅游经济、公共文化发展管理；张智敏，湖北大学教育学院教授、硕士生导师，湖北大学高等人文研究院、中华文化发展湖北省协同创新中心研究员，主要研究方向为教育与经济、公共文化发展管理、人口老龄化。

关键词： 长江经济带　文化产业　旅游产业　协调性

一　引言

（一）研究背景

2016年3月25日中共中央政治局审议通过了《长江经济带发展规划纲要》。长江经济带覆盖上海、江苏、浙江、安徽、江西、湖北、湖南、重庆、四川、云南、贵州等11省市，人口和经济总量均超过全国的40%，生态地位重要，综合实力较强，发展潜力巨大。长江经济带横跨中国东、中、西三大区域，是中央重点实施的“三大战略”之一，是具有全球影响力的内河经济带、东中西互动合作的协调发展带、沿海沿江沿边全面推进的对内对外开放带，也是生态文明建设的先行示范带，但目前长江经济带发展面临生态环境状况形势严峻、区域发展不平衡问题突出、产业转型升级任务艰巨等问题。① 文化和旅游产业对地区经济发展起着重要作用。以湖北为例，2019年湖北省文化及相关产业增加值为1929亿元，占全省GDP的比重为4.25%；② 2019年湖北省旅游总收入为6927.38亿元，占全省GDP的比重为15.12%，占全省第三产业的比重为32.22%。③ 文化是旅游活动的灵魂，旅游是彰显文化的重要载体，促进文化产业和旅游产业高质量发展，可以加快文化产业和旅游产业的转型升级。首先，有助于满足人民群众对美好生活的向往；其次，有助于推动中华传统文化的传承与保护，扩大中华文化影响力；最后，能成为经济增长的新动能和新增长点。湖北大学高等人文研究院、中华文化发展湖北省协同创新中心“中国文化发展现状调查（2021）”数据库的数据显示，在长江经济带被调

① 《推动长江经济带发展领导小组办公室负责人就长江经济带发展有关问题答记者问》，推动长江经济带发展网，2016年9月11日，https://cjjjd.ndrc.gov.cn/quanweifabu/zhengcejiedu/201907/t20190715_941590.htm。

② 数据来源于《中国文化及相关产业统计年鉴2021》。

③ 数据来源于《湖北统计年鉴2020》。

查的3014份样本数据中，有2745份（占样本的比重为91.08%）样本数据认为“文旅产业发展不仅可以提升人们的精神生活，而且可以创新经济发展模式”，说明大多数群众认同上述观点，促进文旅融合发展有广泛的群众基础。

2009年印发的《文化部 国家旅游局关于促进文化与旅游结合发展的指导意见》提出，要推进文化与旅游协调发展，满足人民群众日益增长的文化消费需求。2011年印发的《中共中央关于深化文化体制改革推动社会主义文化大发展大繁荣若干重大问题的决定》提出，要推动文化产业与旅游产业融合发展，要积极发展文化旅游，发挥旅游对文化消费的促进作用。2021年印发的《中华人民共和国国民经济和社会发展第十四个五年规划和2035年远景目标纲要》提出，要推动文化和旅游融合发展，坚持以文塑旅、以旅彰文，打造独具魅力的中华文化旅游体验。2021年印发的《“十四五”文化和旅游发展规划》将坚持文旅融合发展作为促进文化和旅游事业发展的基本原则。党的二十大报告中也特别指出，坚持以文塑旅、以旅彰文，推进文化和旅游深度融合发展。以上众多的文件均要求实现文化和旅游的融合发展，且2018年设立了文化和旅游部，这都体现了政府层面的决心与意志。

但也要清醒地认识到，文化产业和旅游产业发展不平衡、不充分的矛盾还比较突出，区域差距依然存在。比如2019年长江经济带11省市中，文化及相关产业增加值最多的江苏达到了4834亿元，最少的贵州只有461亿元；浙江文化及相关产业增加值占全省GDP的6.80%，而贵州只占2.75%。① 再比如长江经济带11省市中，国内旅游收入最高的江苏达到了13902亿元，最低的重庆只有5565亿元；② 国际旅游外汇收入中，上海达到了8244百万美元，而江西只有865百万美元。③ 同时根据湖北大学高等人文研究院、中华文化发展湖北省协同创新中心“中国文化发展现状调查（2021）”数据库中的数据可知，2021年，公众文化消费支出最主要的区间为1000元以内，占总体有效样本的比重为42.38%，这反映出公众文化

① 数据来源于《中国文化及相关产业统计年鉴2021》。

② 数据来源于《江苏统计年鉴2020》《2019年重庆市旅游业统计公报》。

③ 数据来源于《中国统计年鉴2020》。

消费支出整体较少，在文化消费方面的投入不够，尚未形成或者不具备文化消费意识和消费理念。

（二）提出问题

在上述背景下，本报告以长江经济带11省市为研究对象，探讨其文化产业和旅游产业发展的现状、趋势以及高质量发展存在的问题。由此，提出三个具体问题：第一，长江经济带11省市各自文化和旅游产业的发展现状及所处水平如何；第二，长江经济带11省市文化和旅游产业发展的协调性状况、有何变化趋势、变化的原因；第三，如何促进长江经济带文化和旅游产业高水平发展。本报告希望通过对以上问题的分析，为促进长江经济带文化和旅游产业高水平融合发展与优化提供有价值的信息。

二 指标体系构建与数据来源

（一）指标体系构建

1. 指标体系构建思路

测度长江经济带11省市文化和旅游产业的发展水平，关键在于建立科学合理的评价指标体系，即构建文化产业和旅游产业综合发展水平评价模型。文化产业综合发展水平评价指标体系的构建参考了《中国文化发展报告（2021）》中《中国文化发展指数发布与评价报告（2020）》中的指标体系，形成了5个方面38个指标的评价体系（见表1）。对旅游产业综合发展水平的评价，即对其竞争力的评价，其竞争力评价的基础是各地拥有的不同旅游资源，最终表现为产出的差异。基于上述思想，旅游产业综合发展水平评价指标体系应包含资源投入层和产出层（产业效益），资源投入层主要包括物力投入、人力投入、交通投入，同时旅游业的可持续发展离不开良好的生态环境，因此加入生态投入；产出层面包括国内旅游产出、国际旅游产出和旅游企业产出。最终形成了5个方面20个指标的评价体系（见表2）。

表 1　文化产业综合发展水平评价指标体系

一级指标	二级指标
F_A 文化投入	C1 文化和旅游事业费占财政投入比重(%)
	C2 人均文化和旅游事业费(元)
	C3 文化事业从业人员数(人)
	C4 文化市场经营机构资产总计(千元)
	C5 文化市场经营机构从业人员数(人)
F_B 文化生产	C6 博物馆机构数(个)
	C7 文化馆数量(个)
	C8 公共图书馆机构数(个)
	C9 群众文化机构数(个)
	C10 公有制艺术表演场馆机构数(个)
	C11 艺术表演团体个数(个)
	C12 艺术表演团体演出收入(千元)
	C13 文化市场经营机构数(个)
	C14 文化市场经营机构营业收入(千元)
	C15 娱乐场所营业收入(千元)
F_C 文化供给	C16 人均公共图书馆藏书量(册)
	C17 群众文化机构组织活动次数(次)
	C18 艺术表演团体演出场次(万场次)
	C19 文物藏品数量(件/套)
	C20 博物馆展览数(个)
	C21 有线电视用户数占家庭比重(%)
	C22 发行图书册数(万册)
	C23 发行报纸份数(万份)
	C24 发行期刊册数(万册)
F_D 文化传播	C25 艺术表演团体国内演出观众人次(万人次)
	C26 博物馆参观总人次(万人次)
	C27 公共图书馆总流通人次(万人次)
	C28 群众文化机构服务人次(万人次)
	C29 电视节目综合人口覆盖率(%)
	C30 对外出访文化交流活动(次)
	C31 对外出访文化交流人数(人)
	C32 对外演出次数(次)
	C33 对外演出人数(人)

续表

F_E 文化消费	C34 人均购书费(元)
	C35 群众文化业务活动专项经费(千元)
	C36 居民文化消费支出占总支出比重(%)
	C37 居民人均文化消费(文化娱乐)(元/年)
	C38 入境过夜游客数量(万人次)

注：由于统计口径的变更，2011 年“C1”指标为“文化事业费占财政投入比重（%）”，“C2”指标为“人均文化事业费（元）”，“C3”指标为公共图书馆从业人数、群众艺术馆从业人数、文化馆从业人数、文化站从业人数、博物馆从业人数之和。

表 2　旅游产业综合发展水平评价指标体系

F_F 生态投入	L1 空气质量达到及好于二级的天数(天)
	L2 国家级自然保护区个数(个)
	L3 森林覆盖率(%)
F_G 物力投入	L4A 级旅游景区总数(个)
	L5 星级饭店数(个)
	L6 星级饭店固定资产额(亿元)
	L7 旅行社总数(个)
	L8 旅行社固定资产额(千元)
F_H 人力投入	L9 旅行社从业人员数(人)
	L10 星级饭店从业人员数(人)
	L11A 级景区从业人员数(人)
F_I 交通投入	L12 铁路营业里程(公里)
	L13 高速公路里程(公里)
F_J 产业效益	L14 国内旅游人数(万人次)
	L15 国内旅游收入(亿元)
	L16 入境过夜游客数(万人次)
	L17 国际旅游(外汇)收入(百万美元)
	L18A 级景区营业收入(亿元)
	L19 星级饭店营业收入(亿元)
	L20 旅行社营业收入(千元)

注：“空气质量达到及好于二级的天数（天）”指标用省会城市数据代替。

2. 数据来源

文化产业综合发展水平评价指标数据来源于相应年份的《中国统计年鉴》《中国文化文物统计年鉴》《中国文化及相关产业统计年鉴》《中国文化文物和旅游统计年鉴》。由于数据缺失，2011 年“C36”“C37”数据由城镇居民家庭数据代替。旅游产业综合发展水平评价指标数据来源于相应年份的《中国统计年鉴》《中国旅游统计年鉴》《中国文化文物和旅游统计年鉴》。“L15”的数据来源于各地区相应年份的统计年鉴，其中上海市的数据来源于其对应年份的国民经济和社会发展统计公报；“L17”的数据来源于国家统计局网站中的分省年度数据；由于数据缺失，贵州 2019 年国内旅游收入由当年旅游总收入代替。

三　长江经济带11省市文化产业发展现状、综合发展水平测算与分析

（一）长江经济带11省市文化产业发展现状比较

1. 长江经济带11省市文化投入比较

表 3 给出了长江经济带 11 省市 2011 年、2019 年在“文化和旅游事业费占财政投入比重”“人均文化和旅游事业费”“文化事业从业人员数”“文化市场经营机构资产总计”“文化市场经营机构从业人员数”等 5 项指标的数据。

从文化投入的现状看，2019 年有 3 项指标位居第一的是浙江省。浙江省的“文化和旅游事业费占财政投入比重”最高，为 0.79%；“文化市场经营机构资产总计”最多，为 939328025 千元；“文化市场经营机构从业人员数”最多，为 142682 人。有 1 项指标位居第一的是上海市和四川省：上海市的“人均文化和旅游事业费”最高，为 259.26 元；四川省的“文化事业从业人员数”最多，为 20884 人。数据说明，在 2019 年，浙江省的文化投入在长江经济带 11 省市中遥遥领先，同时上海市文化和旅游事业费的人均投入、四川省文化事业中的人力资源投入做得最好。

从文化投入的年均增长（以 2011 年为基础年份，2019 年为观测年份，文中计算的“年均增长率”的“基础年份”“观测年份”相同，不再重复表述）情况看，8 年间，云南省的“文化和旅游事业费占财政投入比重”增长最快，

年均增长率为7.35%；湖北省的“人均文化和旅游事业费”增长最快，年均增长率为17.72%；浙江省的“文化市场经营机构资产总计”增长最快，年均增长率为66.37%；贵州省的“文化事业从业人员数”“文化市场经营机构从业人员数”两项指标增长最快，年均增长率分别为7.94%和4.74%。

数据表明，从现状看，浙江省文化投入呈现“政府+市场”的特点，即借用文化市场的力量，使文化产业投入具有强竞争力。同时，政府重视文化投入，使“文化和旅游事业费占财政投入比重”保持较高的水平。从发展看，贵州省的“文化事业从业人员数”“文化市场经营机构从业人员数”两项指标呈现增长最快的特征，说明贵州省在文化事业发展和文化产业发展中，重视人力资源的投入。

表3　长江经济带11省市文化投入比较

省市	C1文化和旅游事业费占财政投入比重(%)		年均增长率(%)	C2人均文化和旅游事业费(元)		年均增长率(%)	C3文化事业从业人员数(人)		年均增长率(%)
	2011年	2019年		2011年	2019年		2011年	2019年	
上海	0.56	0.77	4.06	103.01	259.26	12.23	8634	10191	2.09
江苏	0.33	0.57	7.07	28.88	89.28	15.15	14551	19056	3.43
浙江	0.75	0.79	0.65	52.83	136.57	12.61	12435	18519	5.10
安徽	0.30	0.30	0.00	15.31	34.36	10.63	9165	10985	2.29
江西	0.38	0.37	-0.33	15.52	50.24	15.82	8662	11559	3.67
湖北	0.46	0.51	1.30	18.77	69.21	17.72	10024	11945	2.22
湖南	0.32	0.44	4.06	14.98	51.22	16.61	12164	14571	2.28
重庆	0.45	0.50	1.33	32.13	77.29	11.60	6222	9339	5.21
四川	0.34	0.46	3.85	25.56	56.38	10.39	15544	20884	3.76
贵州	0.33	0.31	-0.78	21.56	51.25	11.43	7592	13990	7.94
云南	0.38	0.67	7.35	26.26	80.03	14.95	8521	13623	6.04

省市	C4文化市场经营机构资产总计(千元)		年均增长率(%)	C5文化市场经营机构从业人员数(人)		年均增长率(%)
	2011年	2019年		2011年	2019年	
上海	26884939	326708665	36.64	64052	61640	-0.48
江苏	16668843	48531291	14.29	86941	81327	-0.83
浙江	16000665	939328025	66.37	105031	142682	3.90
安徽	7479003	52559972	27.60	69582	78137	1.46

续表

省市	C4 文化市场经营机构资产总计(千元)		年均增长率(%)	C5 文化市场经营机构从业人员数(人)		年均增长率(%)
	2011 年	2019 年		2011 年	2019 年	
江西	5745205	15151087	12.89	45654	37076	-2.57
湖北	6968655	32277425	21.12	61026	40990	-4.85
湖南	9108160	42708327	21.31	85715	76067	-1.48
重庆	4471699	10286035	10.97	38482	51021	3.59
四川	14607856	38270891	12.79	89658	88678	-0.14
贵州	3145228	12387532	18.69	29534	42779	4.74
云南	8140402	19273555	11.38	58706	48363	-2.39

资料来源：中华人民共和国文化部编《中国文化文物统计年鉴 2012》，国家图书馆出版社，2012；中华人民共和国文化和旅游部编《中国文化文物和旅游统计年鉴 2020》，国家图书馆出版社，2020。

2. 长江经济带11省市文化生产比较

表 4 给出了长江经济带 11 省市 2011 年、2019 年在“博物馆机构数”“文化馆数量”“公共图书馆机构数”“群众文化机构数”“公有制艺术表演场馆机构数”“艺术表演团体个数”“艺术表演团体演出收入”“文化市场经营机构数”“文化市场经营机构营业收入”“娱乐场所营业收入”等 10 项指标的数据。

从文化生产的现状看，2019 年，浙江省的“博物馆机构数”最多，为 366 个；“艺术表演团体演出收入”最高，为 1746101 千元；“娱乐场所营业收入”最高，为 6658640 千元。数据至少说明，浙江省在文化生产方面的盈利效益潜力不低。2019 年，四川省的“文化馆数量”最多，为 207 个；“公共图书馆机构数”最多，为 206 个；“群众文化机构数”最多，为 4617 个。数据说明，四川省公共文化生产机构的规模排在前列。2019 年，江苏省的“公有制艺术表演场馆机构数”最多，为 97 个；“文化市场经营机构数”最多，为 22340 个。数据说明，江苏省的文化事业生产机构和文化产业生产机构具有齐头并进的特征。2019 年，安徽省的“艺术表演团体个数”最多，为 2628 个，说明安徽省艺术表演团体或者民间职业剧团发展良好，2019 年安徽省的“艺术表演团体个数”不仅在长江经济带 11 个省市中位居第一，也在全国位居第一。2019

年，上海市的“文化市场经营机构营业收入”最高，为128557639千元，说明上海市市场型文化机构的经济效益十分明显。

从文化生产的增长情况看，江苏省、安徽省、贵州省分别有两项指标在年均增长率中排名第一。江苏省的“公有制艺术表演场馆机构数”“文化市场经营机构数”年均增长率分别为20.38%、4.81%，在长江经济带11个省市中位居第一。数据说明，近年来江苏省文化事业生产机构数的增长快于文化产业生产机构，江苏重视公共文化产品的供给。安徽省的“公共图书馆机构数”“文化市场经营机构营业收入”年均增长率分别为3.03%、27.34%，在长江经济带11个省市中位居第一。数据说明，安徽省面向公众的公益图书馆发展态势较好，市场型文化经营机构的经济效益明显。贵州省的“群众文化机构数”“娱乐场所营业收入”年均增长率分别为0.91%、11.66%，在长江经济带11个省市中位居第一。数据说明，贵州省的地方性群众文化得到迅速发展，文化娱乐收益增长明显。

8年间，1项指标年均增长率最高的有浙江省、湖北省、重庆市、湖南省。浙江省的“博物馆机构数”增长最快，年均增长率为17.61%，说明浙江省为公众提供知识、教育和欣赏的文化教育机构发展走在前列。湖北省的“文化馆数量”增长最快，年均增长率为0.95%，说明湖北省文化管理部门重视群众文娱活动公益性场馆的扩增。重庆市的“艺术表演团体个数”增长最快，年均增长率为24.67%，说明重庆市重视艺术表演团体或者民间职业剧团的发展。湖南省的“艺术表演团体演出收入”增长最快，年均增长率为28.75%，说明湖南省艺术表演团体在盈利效益方面的增长明显。

表4 长江经济带11省市文化生产比较

省市	C6博物馆机构数(个)		年均增长率(%)	C7文化馆数量(个)		年均增长率(%)	C8公共图书馆机构数(个)		年均增长率(%)	C9群众文化机构数(个)		年均增长率(%)
	2011年	2019年		2011年	2019年		2011年	2019年		2011年	2019年	
上海	36	98	13.34	27	24	-1.46	25	23	-1.04	241	242	0.05
江苏	245	345	4.37	117	115	-0.22	112	117	0.55	1429	1372	-0.51
浙江	100	366	17.61	104	101	-0.37	97	103	0.75	1449	1464	0.13

续表

省市	C6 博物馆机构数(个)		年均增长率(%)	C7 文化馆数量(个)		年均增长率(%)	C8 公共图书馆机构数(个)		年均增长率(%)	C9 群众文化机构数(个)		年均增长率(%)
	2011年	2019年		2011年	2019年		2011年	2019年		2011年	2019年	
安徽	131	219	6.63	120	123	0.31	100	127	3.03	1532	1560	0.23
江西	108	143	3.57	116	118	0.21	114	114	0.00	1947	1854	-0.61
湖北	125	213	6.89	115	124	0.95	109	116	0.78	1378	1405	0.24
湖南	85	117	4.07	141	146	0.44	130	141	1.02	2624	2512	-0.54
重庆	39	104	13.04	41	41	0.00	43	43	0.00	1037	1069	0.38
四川	144	256	7.46	205	207	0.12	169	206	2.51	4798	4617	-0.48
贵州	53	91	6.99	97	99	0.26	94	98	0.52	1579	1698	0.91
云南	84	140	6.59	148	149	0.08	152	151	-0.08	1519	1599	0.64

省市	C10 公有制艺术表演场馆机构数(个)		年均增长率(%)	C11 艺术表演团体个数(个)		年均增长率(%)	C12 艺术表演团体演出收入(千元)		年均增长率(%)
	2011年	2019年		2011年	2019年		2011年	2019年	
上海	56	27	-8.72	102	311	14.95	305035	672881	10.39
江苏	22	97	20.38	370	626	6.79	375089	819132	10.26
浙江	54	71	3.48	498	1550	15.25	882868	1746101	8.90
安徽	33	48	4.80	1294	2628	9.26	282785	934761	16.12
江西	47	45	-0.54	99	337	16.55	27516	192239	27.51
湖北	53	51	-0.48	172	388	10.70	117832	283266	11.59
湖南	60	60	0.00	114	575	22.42	57714	435818	28.75
重庆	16	17	0.76	282	1646	24.67	127085	471004	17.79
四川	45	40	-1.46	370	732	8.90	385925	445692	1.82
贵州	7	5	-4.12	45	158	17.00	22889	164321	27.94
云南	20	16	-2.75	161	304	8.27	85185	467853	23.73

省市	C13 文化市场经营机构数(个)		年均增长率(%)	C14 文化市场经营机构营业收入(千元)		年均增长率(%)	C15 娱乐场所营业收入(千元)		年均增长率(%)
	2011年	2019年		2011年	2019年		2011年	2019年	
上海	4337	3284	-3.42	21401742	128557639	25.12	3974339	2050589	-7.94
江苏	15345	22340	4.81	8964594	16148612	7.63	4597647	3609346	-2.98
浙江	11466	13960	2.49	10701957	66600231	25.68	6704551	6658640	-0.09

续表

省市	C13 文化市场经营机构数（个）		年均增长率(%)	C14 文化市场经营机构营业收入（千元）		年均增长率(%)	C15 娱乐场所营业收入(千元)		年均增长率(%)
	2011 年	2019 年		2011 年	2019 年		2011 年	2019 年	
安徽	11507	13745	2.25	4371203	30223076	27.34	1932802	1653811	-1.93
江西	9311	5232	-6.95	3402508	11852828	16.88	2006309	1440421	-4.06
湖北	11054	8098	-3.82	4220608	27565270	26.44	1684632	1275155	-3.42
湖南	13841	12218	-1.55	5079764	22833564	20.67	1718533	2732254	5.97
重庆	6882	7578	1.21	2830236	8217392	14.25	1411685	1596536	1.55
四川	15989	13843	-1.79	9053986	28518391	15.42	3618432	3194884	-1.54
贵州	4760	6209	3.38	1876674	8849055	21.39	1101145	2661593	11.66
云南	10903	8095	-3.65	3260434	4481262	4.06	2037590	2670925	3.44

资料来源：中华人民共和国文化部编《中国文化文物统计年鉴 2012》，国家图书馆出版社，2012；中华人民共和国文化和旅游部编《中国文化文物和旅游统计年鉴 2020》，国家图书馆出版社，2020。

3. 长江经济带11省市文化供给比较

表 5 给出了长江经济带 11 省市 2011 年、2019 年在“人均公共图书馆藏书量”“群众文化机构组织活动次数”“艺术表演团体演出场次”“文物藏品数量”“博物馆展览数”“有线电视用户数占家庭比重”“发行图书册数”“发行报纸份数”“发行期刊册数”等 9 项指标的数据。

从文化供给的现状看，2019 年浙江省的“群众文化机构组织活动次数”最多，为 148863 次，“博物馆展览数”也位居第一。数据表明，浙江省在文化供给方面，不仅注重大众性群众文化的供给，而且重视为社会提供文博教育以及文化多样性供给。2019 年上海市的“人均公共图书馆藏书量”最多，为 3.32 册；“有线电视用户数占家庭比重”最高，为 82.0%。数据表明，上海市在公共文化供给方面具有优势。2019 年江苏省的“发行图书册数”最多，为 75030 万册；“发行报纸份数”最多，为 202867 万份；“发行期刊册数”最多，为 10791 万册。数据表明，江苏省在纸质媒介的文化供给方面具较强优势。2019 年湖南省的“艺术表演团体演出场次”最多，达到了 40.70 万场次，表明湖南省在民间职业剧团的文化供给方面具有较强的优势。2019 年四川省的“文物藏品数量”最多，达到了 4067408 件/套，表明四川省在文物业具有良好的发展基础。

从文化供给的年均增长情况看，上海市和贵州省分别有两项指标的年均增长率在长江经济带11个省市中位居第一。2011~2019年上海市的“博物馆展览数”和“发行图书册数”两项指标的年均增长率最高，分别为12.61%和8.10%，表明上海市十分重视上述两个方面的文化供给。贵州省的“有线电视用户数占家庭比重”和“发行期刊册数”两项指标的年均增长率最高，分别为7.24%和2.10%，即贵州省在这两项指标上拥有较快的发展速度，一方面说明贵州对其发展的重视，另一方面说明这两项指标原有的基数较小。湖南省、安徽省、浙江省、云南省、江西省各有1项指标的年均增长率在长江经济带11省市中位居第一。2011~2019年湖南省的“艺术表演团体演出场次”增长最快，年均增长率为45.11%，结合2019年湖南省“艺术表演团体演出场次”最多的实际来看，湖南省民间职业剧团无论是发展规模还是发展速度都具有较强优势。2011~2019年“人均公共图书馆藏书量”增长最快的是安徽省，年均增长率为9.92%，数据说明安徽省加大了公共图书馆事业的投入。2011~2019年“群众文化机构组织活动次数”增长最快的是浙江省，年均增长率为19.68%，数据表明浙江省积极组织群众文化活动。2011~2019年“文物藏品数量”增长最快的是云南省，年均增长率为15.97%，这可能得益于云南省加大了文物发掘与保护方面的投入。2011~2019年“发行报纸份数”增长最快的是江西省，年均增长率为0.82%，也是长江经济带11省市唯一保持正增长的地区，随着电子媒体迅速发展，传统的纸质媒体逐渐衰弱，说明江西省在阅读纸质报刊方面有良好的基础。

表5　长江经济带11省市文化供给比较

省市	C16人均公共图书馆藏书量(册)		年均增长率(%)	C17群众文化机构组织活动次数(次)		年均增长率(%)	C18艺术表演团体演出场次(万场次)		年均增长率(%)
	2011年	2019年		2011年	2019年		2011年	2019年	
上海	2.94	3.32	1.53	31353	75932	11.69	2.18	7.30	16.31
江苏	0.68	1.23	7.69	30534	77304	12.31	8.46	12.10	4.57
浙江	0.82	1.61	8.80	35368	148863	19.68	13.61	37.50	13.51
安徽	0.23	0.49	9.92	17757	52889	14.62	14.89	34.70	11.16

续表

省市	C16 人均公共图书馆藏书量（册）		年均增长率（%）	C17 群众文化机构组织活动次数（次）		年均增长率（%）	C18 艺术表演团体演出场次（万场次）		年均增长率（%）
	2011 年	2019 年		2011 年	2019 年		2011 年	2019 年	
江西	0. 37	0. 57	5. 55	13241	26981	9. 31	1. 96	4. 40	10. 64
湖北	0. 42	0. 71	6. 78	18342	41465	10. 73	4. 14	5. 10	2. 64
湖南	0. 36	0. 52	4. 70	26882	34387	3. 13	2. 07	40. 70	45. 11
重庆	0. 39	0. 61	5. 75	16235	33324	9. 41	3. 73	19. 80	23. 20
四川	0. 39	0. 50	3. 15	39449	74435	8. 26	6. 27	6. 10	-0. 34
贵州	0. 34	0. 44	3. 28	11988	26595	10. 47	0. 55	2. 10	18. 23
云南	0. 37	0. 48	3. 31	23108	36225	5. 78	2. 04	7. 60	17. 87

省市	C19 文物藏品数量（件/套）		年均增长率（%）	C20 博物馆展览数（个）		年均增长率（%）	C21 有线电视用户数占家庭比重（%）		年均增长率（%）
	2011 年	2019 年		2011 年	2019 年		2011 年	2019 年	
上海	1956095	2026851	0. 45	271	701	12. 61	120. 78	82. 0	-4. 73
江苏	2489717	1886594	-3. 41	1792	2042	1. 65	82. 24	61. 9	-3. 49
浙江	820544	1430036	7. 19	945	2365	12. 15	82. 78	79. 5	-0. 50
安徽	833904	825635	-0. 12	881	1064	2. 39	23. 45	36. 4	5. 65
江西	650343	448155	-4. 55	629	721	1. 72	41. 19	42. 5	0. 39
湖北	1446195	2039685	4. 39	682	1140	6. 63	49. 28	51. 2	0. 48
湖南	889723	633889	-4. 15	514	526	0. 29	36. 11	37. 1	0. 34
重庆	620620	556678	-1. 35	349	635	7. 77	44. 06	49. 2	1. 39
四川	1374585	4067408	14. 52	890	1195	3. 75	45. 65	31. 8	-4. 42
贵州	189925	113495	-6. 23	358	288	-2. 68	34. 25	59. 9	7. 24
云南	474652	1552840	15. 97	509	882	7. 11	42. 59	26. 4	-5. 80

省市	C22 发行图书册数（万册）		年均增长率（%）	C23 发行报纸份数（万份）		年均增长率（%）	C24 发行期刊册数（万册）		年均增长率（%）
	2011 年	2019 年		2011 年	2019 年		2011 年	2019 年	
上海	28552	53253	8. 10	158463	78057	-8. 47	18183	7383	-10. 65
江苏	56818	75030	3. 54	279885	202867	-3. 94	11601	10791	-0. 90
浙江	32608	44900	4. 08	359090	200192	-7. 04	7858	7010	-1. 42
安徽	25185	28760	1. 67	120769	61730	-8. 05	5948	3742	-5. 63
江西	17201	24955	4. 76	74425	79462	0. 82	7326	7589	0. 44

续表

省市	C22 发行图书册数（万册）		年均增长率（%）	C23 发行报纸份数（万份）		年均增长率（%）	C24 发行期刊册数（万册）		年均增长率（%）
	2011 年	2019 年		2011 年	2019 年		2011 年	2019 年	
湖北	26087	31700	2.47	197995	73238	-11.69	30107	10449	-12.39
湖南	34723	48747	4.33	122203	79440	-5.24	12584	9451	-3.52
重庆	15597	13804	-1.51	66057	22762	-12.47	5184	3711	-4.09
四川	24787	36565	4.98	173151	120412	-4.44	9293	5231	-6.93
贵州	8492	13663	6.12	44931	25257	-6.95	1413	1668	2.10
云南	16958	18224	0.90	64594	32511	-8.22	3332	2226	-4.92

资料来源：中华人民共和国文化部编《中国文化文物统计年鉴 2012》，国家图书馆出版社，2012；中华人民共和国文化和旅游部编《中国文化文物和旅游统计年鉴 2020》，国家图书馆出版社，2020；国家统计局编《中国统计年鉴 2012》，中国统计出版社，2012；国家统计局编《中国统计年鉴 2020》，中国统计出版社，2020。

4. 长江经济带11省市文化传播比较

表 6 给出了长江经济带 11 省市 2011 年、2019 年在“艺术表演团体国内演出观众人次”“博物馆参观总人次”“公共图书馆总流通人次”“群众文化机构服务人次”“电视节目综合人口覆盖率”“对外出访文化交流活动”“对外出访文化交流人数”“对外演出次数”“对外演出人数”等 9 项指标的数据。

从文化传播的现状看，2019 年浙江省在文化传播方面有 4 项指标位居第一。2019 年浙江省的“艺术表演团体国内演出观众人次”最多，为 18261.20 万人次；“公共图书馆总流通人次”最多，为 13935.10 万人次；“群众文化机构服务人次”最多，为 7498.30 万人次；“对外出访文化交流活动”最多，为 161 次。2019 年江苏省和四川省在文化传播方面有两项指标位居第一。2019 年江苏省的“博物馆参观总人次”最多，为 10034 万人次；“对外出访文化交流人数”最多，为 2016 人。2019 年四川省的“对外演出次数”最多，为 64 次；“对外演出人数”最多，为 1835 人。数据说明，浙江省和江苏省的文化产业具有良好的群众基础，群众参与文化活动的热情较高；四川省在对外文化传播方面具有优势。2019 年上海市和江苏省在“电视节目综合人口覆盖率”上均为 100.00%，该项指标在其他 9 个省市中也较高，说明电视节目是传播文化的关键渠道。

从文化传播的年均增长情况看，浙江省有4项指标的年均增长率位居第一。2011~2019年浙江省的“艺术表演团体国内演出观众人次”“博物馆参观总人次”“公共图书馆总流通人次”“群众文化机构服务人次”年均增长率分别为17.31%、17.46%、16.99%、19.92%。数据说明，近年来浙江人民群众参与文化活动的热情在逐步提高。在对外文化交流方面，江苏省、湖南省均有两项指标的年均增长率位居第一。2011~2019年江苏省的“对外出访文化交流活动”和“对外演出次数”指标增长最快，年均增长率为49.35%和44.49%。2011~2019年湖南省的“对外出访文化交流人数”和“对外演出人数”两项指标增长最快，年均增长率分别为43.57%和61.98%。数据说明，江苏省和湖南省在促使中华文化走向世界的对外文化交流方面力度较大，社会影响面较广。2011~2019年贵州省的“电视节目综合人口覆盖率”增长最快，年均增长率0.55%，说明贵州省的电视节目覆盖到了更偏远地方，在提升群众的精神生活水平以及方便群众接受文化资讯方面得到了明显改善。

表6 长江经济带11省市文化传播比较

省市	C25 艺术表演团体国内演出观众人次（万人次）		均增长率（%）	C26 博物馆参观总人次（万人次）		均增长率（%）	C27 公共图书馆总流通人次（万人次）		均增长率（%）
	2011年	2019年		2011年	2019年		2011年	2019年	
上海	1042.40	1224.90	2.04	783.34	2768	17.09	1925.74	2733.60	4.48
江苏	3107.80	4683.40	5.26	5211.73	10034	8.53	3542.10	8424.60	11.44
浙江	5091.50	18261.20	17.31	2216.12	8030	17.46	3970.53	13935.10	16.99
安徽	11821.10	13398.30	1.58	2571.23	2979	1.86	1176.49	3581.90	14.93
江西	2001.90	3124.50	5.72	1847.63	3792	9.40	756.12	1858.70	11.90
湖北	3017.80	6048.50	9.08	1632.06	4110	12.24	1341.95	2645.80	8.86
湖南	1442.90	2640.20	7.85	2801.17	6412	10.91	1215.23	2662.00	10.30
重庆	1531.00	2976.10	8.66	1720.98	3793	10.38	776.83	1598.40	9.44
四川	2787.60	2642.30	-0.67	3635.26	7219	8.95	1433.27	2739.10	8.43
贵州	423.60	1126.60	13.01	973.53	1846	8.33	314.09	930.30	14.54
云南	1549.80	3539.40	10.87	1020.49	2407	11.32	993.19	1693.40	6.90

续表

省市	C28 群众文化机构服务人次（万人次）		均增长率（%）	C29 电视节目综合人口覆盖率（%）		均增长率（%）	C30 对外出访文化交流活动（次）		均增长率（%）
	2011 年	2019 年		2011 年	2019 年		2011 年	2019 年	
上海	1502.07	1677.50	1.39	100.00	100.00	0.00	34	51	5.20
江苏	1078.98	2965.40	13.47	99.99	100.00	0.00	4	99	49.35
浙江	1753.24	7498.30	19.92	99.09	99.82	0.09	90	161	7.54
安徽	635.97	2665.10	19.61	97.18	99.87	0.34	15	21	4.30
江西	530.37	1205.40	10.81	98.18	99.14	0.12	5	4	-2.75
湖北	1370.09	1893.30	4.13	98.23	99.70	0.19	24	35	4.83
湖南	1383.53	1854.90	3.73	96.82	99.72	0.37	6	47	29.34
重庆	925.04	1691.90	7.84	98.56	99.40	0.11	29	79	13.35
四川	1940.44	2982.30	5.52	97.69	98.95	0.16	70	95	3.89
贵州	662.89	1419.10	9.98	92.81	97.00	0.55	28	24	-1.91
云南	1370.00	2184.10	6.00	96.72	99.14	0.31	31	56	7.67

省市	C31 对外出访文化交流人数（人）		均增长率（%）	C32 对外演出次数（次）		均增长率（%）	C33 对外演出人数（人）		均增长率（%）
	2011 年	2019 年		2011 年	2019 年		2011 年	2019 年	
上海	845	1074	3.04	27	46	6.89	960	1433	5.13
江苏	194	2016	33.99	2	38	44.49	66	1379	46.22
浙江	1643	1573	-0.54	48	40	-2.25	1415	1226	-1.78
安徽	359	193	-7.46	8	9	1.48	245	218	-1.45
江西	351	99	-14.63	4	4	0.00	332	99	-14.04
湖北	779	426	-7.27	32	10	-13.53	994	290	-14.27
湖南	21	379	43.57	1	9	31.61	5	237	61.98
重庆	372	576	5.62	12	11	-1.08	293	269	-1.06
四川	1399	1949	4.23	34	64	8.23	796	1835	11.00
贵州	282	285	0.13	12	6	-8.30	261	118	-9.45
云南	484	560	1.84	15	19	3.00	428	453	0.71

资料来源：中华人民共和国文化部编《中国文化文物统计年鉴 2012》，国家图书馆出版社，2012；中华人民共和国文化和旅游部编《中国文化文物和旅游统计年鉴 2020》，国家图书馆出版社，2020；国家统计局编《中国统计年鉴 2012》，中国统计出版社，2012；国家统计局编《中国统计年鉴 2020》，中国统计出版社，2020。

5. 长江经济带11省市文化消费比较

表 7 给出了长江经济带 11 省市 2011 年、2019 年在“人均购书费”“群众文化业务活动专项经费”“居民文化消费支出占总支出比重”“居民人均文化消费（文化娱乐）”“入境过夜游客数量”等 5 项指标的数据。

从文化消费的现状看，2019 年上海市在 3 项指标上都位居第一。2019 年上海市的“人均购书费”最多，为 6.602 元；“居民文化消费支出占总支出比重”最高，为 6.35%；“居民人均文化消费（文化娱乐）”最多，为 2898.00 元。数据说明，上海市的文化消费实力强劲，在多项指标上均处于长江经济带 11 省市之首。2019 年浙江省的“群众文化业务活动专项经费”最多，为 1023734 千元，说明浙江省对群众文化消费的投入十分重视。

从文化消费的年均增长情况看，2011~2019 年的 8 年时间里，湖北省有两项指标的年均增长率最高。2011~2019 年湖北的“人均购书费”增长最快，年均增长率为 21.44%；“群众文化业务活动专项经费”增长最快，年均增长率为 43.41%。数据说明，湖北省居民和湖北省政府越来越重视在文化消费上的投入。由于数据缺失，2011 年“居民文化消费支出占总支出比重”和“居民人均文化消费（文化娱乐）”数据为城镇居民家庭数据，不能简单地和 2019 年数据进行比较。2011~2019 年“入境过夜游客数量”增长最快的是四川省，年均增长率为 12.31%，说明四川省作为旅游目的地，越来越受到入境游客的喜爱。

表 7　长江经济带 11 省市文化消费比较

省市	C34 人均购书费（元）		年均增长率(%)	C35 群众文化业务活动专项经费（千元）		年均增长率(%)	C36 居民文化消费支出占总支出比重（%）		年均增长率(%)
	2011 年	2019 年		2011 年	2019 年		2011 年	2019 年	
上海	7.653	6.602	-1.83	205343	878511	19.92	9.80	6.35	-5.28
江苏	1.154	2.269	8.82	130951	691491	23.12	10.07	4.19	-10.38
浙江	2.169	4.322	9.00	211014	1023734	21.82	7.26	4.27	-6.42
安徽	0.920	1.010	1.17	58786	154414	12.83	6.48	3.10	-8.80
江西	0.309	1.089	17.05	23027	123109	23.31	6.97	3.26	-9.06

续表

省市	C34 人均购书费（元）		年均增长率（%）	C35 群众文化业务活动专项经费（千元）		年均增长率（%）	C36 居民文化消费支出占总支出比重（%）		年均增长率（%）
	2011 年	2019 年		2011 年	2019 年		2011 年	2019 年	
湖北	0.371	1.755	21.44	27919	499499	43.41	6.07	3.40	-6.99
湖南	0.306	0.917	14.70	40749	215628	23.15	6.71	5.08	-3.42
重庆	0.785	1.555	8.92	62834	237907	18.11	6.78	3.80	-6.98
四川	0.437	0.867	8.94	236686	565447	11.50	6.10	3.32	-7.32
贵州	0.368	0.592	6.12	28889	339851	36.09	7.43	3.27	-9.75
云南	0.465	0.476	0.29	34655	199359	24.45	7.26	3.48	-8.78

省市	C37 居民人均文化消费（文化娱乐）（元/年）		年均增长率（%）	C38 入境过夜游客数量（万人次）		年均增长率（%）
	2011 年	2019 年		2011 年	2019 年	
上海	2460.80	2898.00	2.07	668.61	735	1.19
江苏	1689.90	1119.90	-5.01	737.33	400	-7.36
浙江	1483.50	1366.80	-1.02	773.69	467	-6.12
安徽	854.40	606.10	-4.20	262.87	380	4.71
江西	818.60	576.00	-4.30	135.83	197	4.76
湖北	798.80	734.10	-1.05	213.52	450	9.77
湖南	899.20	1039.80	1.83	227.63	467	9.40
重庆	1014.80	790.30	-3.08	186.40	297	6.00
四川	835.30	642.10	-3.23	163.97	415	12.31
贵州	844.10	484.00	-6.72	58.51	47	-2.70
云南	888.60	549.60	-5.83	395.38	739	8.13

资料来源：中华人民共和国文化部编《中国文化文物统计年鉴 2012》，国家图书馆出版社，2012；中华人民共和国文化和旅游部编《中国文化文物和旅游统计年鉴 2020》，国家图书馆出版社，2020；由于数据缺失，2011 年“居民文化消费支出占总支出比重（%）”“居民人均文化消费（文化娱乐）（元）”数据为城镇居民家庭数据。

（二）长江经济带11省市文化产业综合发展水平测算

1. 2011年长江经济带11省市文化产业综合发展水平测算

为了方便测算，本报告通过因子分析中的主成分分析的方法对原变量进行组合（降维），即用几个潜在的但不能观察的互不相关的随机变量描述许多变量之间的关系。首先，对原变量进行标准化处理，使每个变量的均值为0，方差为1。其次，根据最大方差法进行旋转，按照特征根值大于1的原则，抽取公因子并给因子命名。最后，对得到的因子模型，利用回归法估计出因子得分，以各因子的方差贡献率占总方差贡献率比重为权重，得出综合得分，构建文化产业综合发展水平评价模型。计算公式如下（后文均按此思路计算）：

$$F = \frac{\lambda_1 F_1 + \lambda_2 F_2 + \cdots + \lambda_i F_i}{\lambda_1 + \lambda_2 + \cdots + \lambda_i}$$

其中，F_i 为各因子得分，λ_i 为各因子的方差贡献率，F 为综合得分。

2011 年长江经济带 11 省市文化投入指标主成分分析的因子载荷系数、特征根值、方差贡献率的结果如表 8 所示。

表 8　文化投入主成分分析的因子载荷系数、特征根值、方差贡献率

	因子载荷系数	
	F_1 经费与资产投入	F_2 人力资源投入
C2 人均文化和旅游事业费	0.968	—
C1 文化和旅游事业费占财政投入比重	0.816	—
C4 文化市场经营机构资产总计	0.795	—
C3 文化事业从业人员数	—	0.978
C5 文化市场经营机构从业人员数	—	0.932
特征根值	2.291	2.066
方差贡献率	45.82	41.32
累计方差贡献率	45.82	87.14

2011 年文化投入计算可得：

$$文化投入\ F_A = (45.82 \times F_1 + 41.32 \times F_2)/87.14$$

2011 年长江经济带 11 省市文化生产指标主成分分析的因子载荷系数、特征根值、方差贡献率的结果如表 9 所示。

表 9　文化生产主成分分析的因子载荷系数、特征根值、方差贡献率

	因子载荷系数		
	F_1群众文化机构生产	F_2娱乐演艺生产	F_3专业团体机构
C7 文化馆数量	0. 972	—	—
C8 公共图书馆机构数	0. 949	—	—
C9 群众文化机构数	0. 884	—	—
C13 文化市场经营机构数	0. 856	—	—
C15 娱乐场所营业收入	—	0. 879	—
C14 文化市场经营机构营业收入	—	0. 85	—
C12 艺术表演团体演出收入	—	0. 791	—
C10 公有制艺术表演场馆机构数	—	0. 701	—
C11 艺术表演团体个数	—	—	0. 812
C6 博物馆机构数	—	—	0. 603
特征根值	3. 800	2. 697	1. 669
方差贡献率	38. 00	26. 97	16. 69
累计方差贡献率	38. 00	64. 97	81. 66

2011 年文化生产计算可得：

$$文化生产\ F_B = (38.00 \times F_1 + 26.97 \times F_2 + 16.69 \times F_3)/81.66$$

2011 年长江经济带 11 省市文化供给指标主成分分析的因子载荷系数、特征根值、方差贡献率的结果如表 10 所示。

表 10　文化供给主成分分析的因子载荷系数、特征根值、方差贡献率

	因子载荷系数	
	F_1 文化供给量	F_2 供给充足度
C20 博物馆展览数	0. 93	—
C23 发行报纸份数	0. 815	—
C22 发行图书册数	0. 813	—
C18 艺术表演团体演出场次	0. 783	—
C17 群众文化机构组织活动次数	0. 560	—
C21 有线电视用户数占家庭比重	—	0. 910

续表

	因子载荷系数	
	F_1 文化供给量	F_2 供给充足度
C16 人均公共图书馆藏书量	—	0.909
C19 文物藏品数量	—	0.723
C24 发行期刊册数	—	0.619
特征根值	3.483	3.182
方差贡献率	38.70	35.36
累计方差贡献率	38.70	74.06

2011 年文化供给计算可得：

$$文化供给\ F_C = (38.70 \times F_1 + 35.36 \times F_2)/74.06$$

2011 年长江经济带 11 省市文化传播指标主成分分析的因子载荷系数、特征根值、方差贡献率的结果如表 11 所示。

表 11　文化传播主成分分析的因子载荷系数、特征根值、方差贡献率

	因子载荷系数		
	F_1 演出交流传播	F_2 覆盖流通	F_3 传播受众
C32 对外演出次数	0.988	—	—
C31 对外出访文化交流人数	0.962	—	—
C33 对外演出人数	0.956	—	—
C30 对外出访文化交流活动	0.931	—	—
C28 群众文化机构服务人次	0.727	—	—
C26 博物馆参观总人次	—	0.820	—
C27 公共图书馆总流通人次	—	0.812	—
C29 电视节目综合人口覆盖率	—	0.775	—
C25 艺术表演团体国内演出观众人次	—	—	0.97
特征根值	4.467	2.140	1.106
方差贡献率	49.63	23.78	12.29
累计方差贡献率	49.63	73.41	85.70

2011 年文化传播计算可得：

$$文化传播\ F_D = (49.63 \times F_1 + 23.78 \times F_2 + 12.29 \times F_3)/85.70$$

2011 年长江经济带 11 省市文化消费指标主成分分析的因子载荷系数、特征根值、方差贡献率的结果如表 12 所示。

表 12　文化消费主成分分析的因子载荷系数、特征根值、方差贡献率

	因子载荷系数
	F_1 文化消费
C37 居民人均文化消费(文化娱乐)	0.985
C34 人均购书费	0.874
C38 入境过夜游客数量	0.868
C36 居民文化消费支出占总支出比重	0.844
C35 群众文化业务活动专项经费	0.701
特征根值	3.692
方差贡献率	73.84
累计方差贡献率	73.84

2011 年文化消费计算可得：

$$文化消费\ F_E = (73.84 \times F_1)/73.84$$

$$文化产业综合发展水平 = 文化投入\ F_A + 文化生产\ F_B + 文化供给\ F_C + 文化传播\ F_D + 文化消费\ F_E$$

2011 年长江经济带 11 省市文化产业各部分发展水平及综合发展水平指数排名如表 13 所示。在文化投入方面排名前三的分别是浙江、上海、江苏和四川，排最后两名的是重庆和贵州；在文化生产方面排名前三的分别是四川、浙江、江苏，排最后两名的是贵州和重庆；在文化供给方面排名前三的分别是江苏、上海、浙江，排最后两名的是重庆和贵州；在文化传播方面排名前三的分别是浙江、四川、上海，排最后两名的是湖南和贵州；在文化消费方面排名前三的分别是上海、江苏、浙江，排最后两名的是江西和湖北。

根据 2011 年长江经济带 11 省市文化产业综合发展水平指数排名可知，

2011 年文化产业综合发展水平排名前三的分别是浙江、上海、江苏，排最后两名的是重庆和贵州。

表 13　2011 年长江经济带 11 省市文化产业综合发展水平指数排名

省市	文化投入		文化生产		文化供给		文化传播		文化消费		综合发展水平	
	得分	排名	得分	排名	得分	排名	得分	排名	得分	排名	得分	排名
上海	1.073	2	-0.498	9	0.727	2	0.288	3	2.309	1	3.898	2
江苏	0.488	3	0.551	3	1.292	1	-0.107	6	1.146	2	3.370	3
浙江	1.169	1	0.667	2	0.723	3	1.470	1	0.892	3	4.921	1
安徽	-0.407	8	0.091	5	-0.215	7	-0.041	5	-0.506	7	-1.078	6
江西	-0.614	9	-0.156	8	-0.598	9	-0.570	9	-0.705	10	-2.643	9
湖北	-0.242	6	-0.063	6	0.184	5	0.249	4	-0.778	11	-0.650	5
湖南	-0.018	5	0.187	4	-0.128	6	-0.630	10	-0.584	8	-1.172	7
重庆	-0.662	10	-0.899	11	-0.643	10	-0.355	8	-0.449	6	-3.009	10
四川	0.488	4(3)	1.058	1	0.252	4	0.717	2	-0.319	4	2.196	4
贵州	-0.925	11	-0.814	10	-1.009	11	-0.762	11	-0.665	9	-4.175	11
云南	-0.350	7	-0.124	7	-0.585	8	-0.260	7	-0.340	5	-1.659	8

2. 2019年长江经济带11省市文化产业综合发展水平测算

2019 年长江经济带 11 省市文化投入指标主成分分析的因子载荷系数、特征根值、方差贡献率的结果如表 14 所示。

表 14　文化投入主成分分析的因子载荷系数、特征根值、方差贡献率

	因子载荷系数	
	F_1 经费与资产投入	F_2 人力资源投入
C2 人均文化和旅游事业费	0.941	—
C1 文化和旅游事业费占财政投入比重	0.903	—
C4 文化市场经营机构资产总计	0.722	—
C3 文化事业从业人员数	—	0.898
C5 文化市场经营机构从业人员数	—	0.883
特征根值	2.358	1.960
方差贡献率	47.16	39.20
累计方差贡献率	47.16	86.36

2019 年文化投入计算可得：

$$文化投入\ F_A = (47.16 \times F_1 + 39.20 \times F_2)/86.36$$

2019 年长江经济带 11 省市文化生产指标主成分分析的因子载荷系数、特征根值、方差贡献率的结果如表 15 所示。

表 15　文化生产主成分分析的因子载荷系数、特征根值、方差贡献率

	因子载荷系数		
	F_1 群众文化机构生产	F_2 娱乐演艺生产	F_3 专业团体机构
C6 博物馆机构数	0.901	—	—
C12 艺术表演团体演出收入	0.869	—	—
C15 娱乐场所营业收入	0.855	—	—
C10 公有制艺术表演场馆机构数	0.778	—	—
C13 文化市场经营机构数	0.722	—	—
C7 文化馆数量	—	0.959	—
C8 公共图书馆机构数	—	0.954	—
C9 群众文化机构数	—	0.880	—
C14 文化市场经营机构营业收入	—	-0.660	—
C11 艺术表演团体个数	—	—	0.845
特征根值	3.682	3.408	1.185
方差贡献率	36.82	34.08	11.85
累计方差贡献率	36.82	70.90	82.75

2019 年文化生产计算可得：

$$文化生产\ F_B = (36.82 \times F_1 + 34.08 \times F_2 + 11.85 \times F_3)/82.75$$

2019 年长江经济带 11 省市文化供给指标主成分分析的因子载荷系数、特征根值、方差贡献率的结果如表 16 所示。

表 16　文化供给主成分分析的因子载荷系数、特征值、方差贡献率

	因子载荷系数		
	F_1 文化供给量	F_2 供给充足度	F_3 供给丰富度
C23 发行报纸份数	0.946	—	—
C20 博物馆展览数	0.897	—	—
C22 发行图书册数	0.786	—	—

续表

	因子载荷系数		
	F_1 文化供给量	F_2 供给充足度	F_3 供给丰富度
C17 群众文化机构组织活动次数	0. 772	—	—
C24 发行期刊册数	0. 628	—	—
C21 有线电视用户数占家庭比重	—	0. 924	—
C16 人均公共图书馆藏书量	—	0. 904	—
C18 艺术表演团体演出场次	—	—	0. 860
C19 文物藏品数量	—	—	-0. 688
特征根值	3. 854	2. 039	1. 316
方差贡献率	42. 82	22. 66	14. 62
累计方差贡献率	42. 82	65. 48	80. 10

2019 年文化供给计算可得：

$$文化供给\ F_C = (42.82 \times F_1 + 22.66 \times F_2 + 14.62 \times F_3)/80.10$$

2019 年长江经济带 11 省市文化传播指标主成分分析的因子载荷系数、特征根值、方差贡献率的结果如表 17 所示。

表 17 文化传播主成分分析的因子载荷系数、特征根值、方差贡献率

	因子载荷系数	
	F_1 演出交流传播	F_2 传播受众
C33 对外演出人数	0. 962	—
C32 对外演出次数	0. 949	—
C31 对外出访文化交流人数	0. 949	—
C30 对外出访文化交流活动	0. 661	—
C26 博物馆参观总人次	0. 655	—
C25 艺术表演团体国内演出观众人次	—	0. 944
C28 群众文化机构服务人次	—	0. 894
C27 公共图书馆总流通人次	—	0. 891
C29 电视节目综合人口覆盖率	—	0. 475
特征根值	3. 903	3. 469
方差贡献率	43. 37	38. 54
累计方差贡献率	43. 37	81. 91

2019 年文化传播计算可得：

$$文化传播\ F_D = (43.37 \times F_1 + 38.54 \times F_2)/81.91$$

2019 年长江经济带 11 省市文化消费指标主成分分析的因子载荷系数、特征根值、方差贡献率的结果如表 18 所示。

表 18　文化消费主成分分析的因子载荷系数、特征根值、方差贡献率

	因子载荷系数
	F_1 文化消费
C37 居民人均文化消费（文化娱乐）	0.973
C34 人均购书费	0.952
C36 居民文化消费支出占总支出比重	0.897
C35 群众文化业务活动专项经费	0.787
C38 入境过夜游客数量	0.657
特征根值	3.708
方差贡献率	74.16
累计方差贡献率	74.16

2019 年文化消费计算可得：

$$文化消费\ F_E = (74.16 \times F_1)/74.16$$

$$文化产业综合发展水平 = 文化投入\ F_A + 文化生产\ F_B + 文化供给\ F_C + 文化传播\ F_D + 文化消费\ F_E$$

2019 年长江经济带 11 省市文化产业综合发展水平指数排名如表 19 所示。在文化投入方面排名前三的分别是浙江、上海、江苏，排最后两名的是贵州和江西；在文化生产方面排名前三的分别是四川、江苏、浙江，排最后两名是的重庆和上海；在文化供给方面排名前三的分别是浙江、江苏、上海，排最后两名的是云南和贵州；在文化传播方面排名前三的分别是浙江、江苏和四川，排最后两名的是江西和贵州；在文化消费方面排名前三的分别是上海、浙江和江苏，排最后两名的是江西和贵州。

由 2019 年长江经济带 11 省市文化产业综合发展水平指数排名可知，2019

年文化产业综合发展水平排名前三的分别是浙江、江苏、上海，排最后两名的是江西和贵州。

表 19　2019 年长江经济带 11 省市文化产业综合发展水平指数排名

省市	文化投入		文化生产		文化供给		文化传播		文化消费		综合发展水平	
	得分	排名	得分	排名	得分	排名	得分	排名	得分	排名	得分	排名
上海	0.688	2	-1.121	11	0.359	3	0.070	4	2.517	1	2.512	3
江苏	0.254	3	0.755	2	0.858	2	0.868	2	0.304	3	3.040	2
浙江	1.750	1	0.681	3	1.321	1	1.461	1	0.984	2	6.196	1
安徽	-0.486	9	0.317	4	-0.082	5	-0.290	6	-0.715	9	-1.257	7
江西	-0.660	11	-0.282	8	-0.389	8	-0.681	10	-0.857	10	-2.869	10
湖北	-0.395	7	-0.140	7	-0.141	6	-0.335	9	-0.193	5	-1.204	6
湖南	-0.182	6	0.195	5	0.087	4	-0.278	5	0.039	4	-0.139	5
重庆	-0.423	8	-0.627	10	-0.461	9	-0.309	7	-0.414	8	-2.234	9
四川	0.149	4	0.826	1	-0.171	7	0.678	3	-0.354	6	1.128	4
贵州	-0.610	10	-0.521	9	-0.709	11	-0.850	11	-0.939	11	-3.629	11
云南	-0.083	5	-0.082	6	-0.673	10	-0.334	8	-0.372	7	-1.544	8

（三）长江经济带11省市文化产业综合发展水平排名的变化

表 20 给出了 2011 年和 2019 年长江经济带 11 省市文化产业综合发展水平及排名的变化情况。2019 年与 2011 年相比，长江经济带 11 省市中文化产业综合发展水平得分有 5 个省市实现了正增长，有 6 个省市为负增长；文化产业综合发展指数得分增长最快的是浙江，增长了 1.275；下滑最快的是上海，下滑了 1.386。2011~2019 年长江经济带 11 省市文化产业综合发展水平综合排名中，湖南上升了两个位次，江苏、重庆均上升一个位次，浙江、四川、贵州、云南的位次没有发生变化；上海、安徽、江西、湖北均下降了一个位次。

属于长江经济带东部的 3 个省市的文化产业综合发展水平得分之和，由 2011 年的 12.189 下降到 2019 年的 11.748，下降了 0.441；属于长江经济带中部的 4 个省的文化产业综合发展水平得分之和，由 2011 年的-5.543 上升到 2019 年的-5.469，上升了 0.074；属于长江经济带西部的 4 个省市文化产业综合发展水平得分之和由 2011 年的-6.647 上升到 2019 年的-6.279，上升了 0.368。数据表明，第一，不管是 2011 年还是 2019 年，属于长江经济带东部的上海、江苏和浙江三地包揽了前三名，浙江一直排名第一，且其文化产业综合发展水平得分仍在上涨，浙江已经成为长江经济带 11 省市文化产业综合发展的增长极，同时长江经济带东部有较强的竞争优势。第二，属于长江经济带中部的湖南的文化产业综合发展水平呈现上升趋势；安徽、江西、湖北三地的文化产业综合发展水平呈现下降趋势。第三，属于长江经济带西部的四川在文化产业综合发展上表现相对较为突出，一直排名第四；重庆、贵州、云南三地的位次较靠后。第四，2011~2019 年，长江经济带西部的文化产业综合发展水平得分增长较快，长江经济带中部也有所增长，长江经济带东部呈现下降趋势。第五，从长江经济带 11 省市文化产业综合发展水平得分的标准差来看，由 2011 年 2.935 下降到 2019 年的 2.813，由此可见这 8 年间，长江经济带 11 省市文化产业综合发展水平的差距在缩小。

表 20　长江经济带 11 省市文化产业综合发展水平及排名的变化

		2011 年		2019 年		得分差	排名差
		得分	排名	得分	排名		
长江经济带东部	上海	3.898	2	2.512	3	-1.386	-1
	江苏	3.370	3	3.040	2	-0.330	+1
	浙江	4.921	1	6.196	1	1.275	0
总计		12.189	—	11.748	—	-0.441	—
长江经济带中部	安徽	-1.078	6	-1.257	7	-0.179	-1
	江西	-2.643	9	-2.869	10	-0.226	-1
	湖北	-0.650	5	-1.204	6	-0.554	-1
	湖南	-1.172	7	-0.139	5	1.033	+2
总计		-5.543	—	-5.469	—	0.074	—
长江经济带西部	重庆	-3.009	10	-2.234	9	0.775	+1
	四川	2.196	4	1.128	4	-1.068	0
	贵州	-4.175	11	-3.629	11	0.546	0
	云南	-1.659	8	-1.544	8	0.115	0
总计		-6.647	—	-6.279	—	0.368	—
标准差		2.935		2.813		—	—

四　长江经济带11省市旅游产业发展现状、综合发展水平测算与分析

（一）长江经济带11省市旅游产业发展现状比较

1. 长江经济带11省市旅游生态投入比较

表21给出了长江经济带11省市2011年、2019年在“空气质量达到及好于二级的天数”“国家级自然保护区个数”“森林覆盖率”等3项指标的数据。

从旅游生态投入的现状看，2019年“空气质量达到及好于二级的天数”最多的是贵州省，为358天，说明贵州省在空气质量方面处于长江经济带11省市的前列。2019年“国家级自然保护区个数”最多的是四川省，为32个，一方面表明四川省重视生态环境的保护，另一方面和四川省地域面积较大有关。2019年“森林覆盖率”最高的是江西省，为61.16%，说明江西省60%以上的地域面积被“绿色”覆盖。

从旅游生态投入的年均增长情况看，2011~2019年的8年间“空气质量达到及好于二级的天数”增长最快的是贵州省，年均增长率为0.32%，且只有贵州省实现了正增长，说明长江经济带其他10个省市在空气质量方面的改善程度有所下降。2011~2019年“国家级自然保护区个数”增长最快的是湖北省，年均增长率为9.05%，说明这8年里湖北省十分重视环境保护工作。2011~2019年“森林覆盖率”增长最快的是上海市，年均增长率为5.13%，上海市作为一个寸土寸金的直辖市，能每年显著提高森林覆盖率，表明了其努力营造良好生态环境的决心与成果。

表21　长江经济带11省市旅游生态投入比较

省市	L1空气质量达到及好于二级的天数（天）		年均增长率（%）	L2国家级自然保护区个数（个）		年均增长率（%）	L3森林覆盖率（%）		年均增长率（%）
	2011年	2019年		2011年	2019年		2011年	2019年	
上海	337	309	-1.08	2	2	0.00	9.41	14.04	5.13
江苏	317	255	-2.68	3	3	0.00	10.48	15.20	4.76
浙江	333	287	-1.84	10	11	1.20	57.41	59.43	0.43

续表

省市	L1 空气质量达到及好于二级的天数(天)		年均增长率(%)	L2 国家级自然保护区个数(个)		年均增长率(%)	L3 森林覆盖率(%)		年均增长率(%)
	2011 年	2019 年		2011 年	2019 年		2011 年	2019 年	
安徽	303	257	-2.04	7	8	1.68	26.06	28.65	1.19
江西	347	322	-0.93	9	16	7.46	58.32	61.16	0.60
湖北	306	245	-2.74	11	22	9.05	31.14	39.61	3.05
湖南	341	275	-2.65	18	23	3.11	44.76	49.69	1.31
重庆	324	309	-0.59	4	6	5.20	34.85	43.11	2.69
四川	322	287	-1.43	24	32	3.66	34.31	38.03	1.30
贵州	349	358	0.32	8	10	2.83	31.61	43.77	4.15
云南	365	356	-0.31	17	20	2.05	47.50	55.04	1.86

资料来源：国家统计局编《中国统计年鉴 2012》，中国统计出版社，2012；国家统计局编《中国统计年鉴 2020》，中国统计出版社，2020。

2. 长江经济带11省市旅游物力投入比较

表 22 给出了长江经济带 11 省市 2011 年、2019 年在“A 级旅游景区总数”“星级饭店数”“星级饭店固定资产额”“旅行社总数”“旅行社固定资产额”等 5 项指标的数据。

从旅游物力投入的现状看，2019 年浙江省有 3 项指标排名长江经济带 11 省市的第一。浙江省的“A 级旅游景区总数”最多，为 798 个；“星级饭店数”最多，为 528 个；“星级饭店固定资产额”最多，为 369.00 亿元。数据说明，浙江省的旅游物力投入在长江经济带 11 省市中遥遥领先，浙江省发展旅游业有着较强的实力。2019 年江苏省的“旅行社总数”最多，为 2943 个；“旅行社固定资产额”最多，为 2979596 千元。数据说明，江苏省旅行社业较为发达，实力较强。

从旅游物力投入的年均增长情况看，2011~2019 年“A 级旅游景区总数”增长最快的是贵州省，年均增长率为 25.66%，说明这 8 年里贵州省十分重视新的旅游目的地的开发，以及提升旅游景区的服务质量。2011~2019 年长江经济带 11 省市的“星级饭店数”均出现减少的趋势，这不一定代表豪华饭店的数量减少，而是评定星级的饭店数在减少。2011~2019 年江西省的“星级饭店固定资产额”增长最快，年均增长率达到了 15.89%，表明江西省十分重视提高星级饭店的硬件条件，改善接待环境。2011～2019 年贵州省的“旅行社总数”增长最快，年均增长率为 11.26%，说明贵州省十分重视提高旅游服务质量。2011～2019 年“旅行社固定资产额”除重庆市年均增长率为 2.94%外，其他省市均出现下降的趋势，但在此期间长江经济带 11 省市“旅行社总数”的年均增长率均为正增长，数据说明上述省市的旅行社在走轻资产发展的路子。

表 22　长江经济带 11 省市旅游物力投入比较

省市	L4A 级旅游景区总数(个)		年均增长率(%)	L5 星级饭店数(个)		年均增长率(%)	L6 星级饭店固定资产额(亿元)		年均增长率(%)
	2011 年	2019 年		2011 年	2019 年		2011 年	2019 年	
上海	71	113	5.98	277	190	-4.60	368.39	307.50	-2.23
江苏	411	615	5.17	723	408	-6.90	292.48	320.00	1.13
浙江	301	798	12.96	844	528	-5.69	312.40	369.00	2.10
安徽	377	605	6.09	390	268	-4.58	104.62	141.97	3.89
江西	115	421	17.61	336	310	-1.00	61.56	200.25	15.89
湖北	243	421	7.11	410	330	-2.68	98.09	126.07	3.19
湖南	170	482	13.91	454	302	-4.97	147.31	142.42	-0.42
重庆	105	242	11.00	239	159	-4.97	89.60	59.29	-5.03
四川	215	697	15.84	420	370	-1.57	163.37	204.66	2.86
贵州	68	420	25.56	289	225	-3.08	35.09	54.35	5.62
云南	183	343	8.17	563	415	-3.74	121.43	151.49	2.80

省市	L7 旅行社总数(个)		年均增长率(%)	L8 旅行社固定资产额(千元)		年均增长率(%)
	2011 年	2019 年		2011 年	2019 年	
上海	1010	1758	7.17	9235260.00	1684257	-19.16
江苏	1891	2943	5.68	5218754.21	2979596	-6.77
浙江	1760	2769	5.83	5668201.17	1385526	-16.15
安徽	969	1487	5.50	1585870.69	424124	-15.20
江西	709	909	3.15	1076214.14	427268	-10.91
湖北	1000	1267	3.00	2346147.05	907441	-11.20
湖南	713	1143	6.08	1588585.35	699283	-9.75
重庆	375	673	7.58	1464326.93	1846475	2.94
四川	629	1242	8.88	1743438.60	1014064	-6.55
贵州	253	594	11.26	656343.17	212740	-13.14
云南	587	1105	8.23	2398822.83	866596	-11.95

资料来源：中华人民共和国国家旅游局编《中国旅游统计年鉴 2012》，中国旅游出版社，2012；中华人民共和国文化和旅游部编《中国文化文物和旅游统计年鉴 2020》，国家图书馆出版社，2020。

3. 长江经济带11省市旅游人力投入比较

表 23 给出了长江经济带 11 省市 2011 年、2019 年在“旅行社从业人员数”“星级饭店从业人员数”“A 级景区从业人员数”等 3 项指标的数据。

从旅游人力投入的现状看，2019 年浙江省的“旅行社从业人员数”最多，为 31057 人，说明浙江省的旅行社业吸纳了较多的就业人员。2019 年云南省的“星级饭店从业人员数”最多，为 207200 人，说明云南省的星级饭店吸纳了较多的就业人员。2019 年四川省的“A 级景区从业人员数”最多，为 79455 人，说明四川省的旅游景区吸纳了较多的就业人员。

从旅游人力投入的年均增长情况看，2011~2019 年“旅行社从业人员数”增长最快的是贵州省，年均增长率为 11.12%。2011~2019 年“星级饭店从业人员数”除云南省年均增长率为 22.67%外，其他省市均出现负增长，结合前文的数据可知，其主要原因在于评定星级的饭店数在减少。2011~2019 年安徽省的“A 级景区从业人员数”增长最快，年均增长率为 43.39%。数据说明，贵州、云南、安徽十分重视增加旅游业人力资源的投入。

表 23　长江经济带 11 省市旅游人力投入比较

省市	L9 旅行社从业人员数(人)		年均增长率(%)	L10 星级饭店从业人员数(人)		年均增长率(%)	L11A 级景区从业人员数(人)		年均增长率(%)
	2011 年	2019 年		2011 年	2019 年		2011 年	2019 年	
上海	20351	29707	4.84	63381	41300	-5.21	7374	10005	3.89
江苏	19641	21261	1.00	105868	57700	-7.31	14645	61419	19.63
浙江	24094	31057	3.22	89162	73000	-2.47	19203	46508	11.69
安徽	9217	12619	4.01	43033	28700	-4.94	3590	64150	43.39
江西	6848	6913	0.12	32517	23900	-3.78	2426	33602	38.89
湖北	13098	18318	4.28	41242	27900	-4.77	8427	38083	20.75
湖南	13435	19322	4.65	60190	31600	-7.74	6990	39062	24.00
重庆	6782	12375	7.81	36258	12900	-12.12	7120	16283	10.89
四川	7096	11818	6.58	53980	39400	-3.86	9680	79455	30.10
贵州	2381	5533	11.12	21027	12100	-6.67	4275	26608	25.68
云南	13470	11793	-1.65	40419	207200	22.67	8790	28007	15.59

资料来源：中华人民共和国国家旅游局编《中国旅游统计年鉴 2012》，中国旅游出版社，2012；中华人民共和国文化和旅游部编《中国文化文物和旅游统计年鉴 2020》，国家图书馆出版社，2020。

4. 长江经济带11省市旅游交通投入比较

表 24 给出了长江经济带 11 省市 2011 年、2019 年在“铁路营业里程”“高速公路里程”等两项指标的数据。

从旅游交通投入的现状看，2019 年湖南省的“铁路营业里程”最长，为 5579 公里；2019 年四川省的“高速公路里程”最长，为 7532 公里。上述两省较长的陆路交通里程，为两省发展旅游业提供良好的交通保障。

从旅游交通投入的年均增长情况看，2011～2019 年“铁路营业里程”增长最快的是贵州省，年均增长率为 7.72%，同时“高速公路里程”增长最快的也是贵州省，年均增长率为 16.80%。数据说明，这 8 年里贵州省十分重视改善交通环境，努力提高其旅游的通达性。

表 24　长江经济带 11 省市旅游交通投入比较

省市	L12 铁路营业里程(公里)		年均增长率(%)	L13 高速公路里程(公里)		年均增长率(%)
	2011 年	2019 年		2011 年	2019 年	
上海	461.30	467	0.15	806	845	0.59
江苏	2349.60	3587	5.43	4122	4865	2.09
浙江	1779.10	2842	6.03	3500	4643	3.60
安徽	3120.80	4844	5.65	3009	4877	6.22
江西	2834.50	4905	7.10	3603	6144	6.90
湖北	3354.90	5165	5.54	4006	6860	6.96
湖南	3696.30	5579	5.28	2649	6802	12.51
重庆	1373.40	2359	7.00	1861	3233	7.15
四川	3516.40	5242	5.12	3009	7523	12.14
贵州	2070.00	3753	7.72	2022	7005	16.80
云南	2491.30	4053	6.27	2746	6003	10.27

资料来源：国家统计局编《中国统计年鉴 2012》，中国统计出版社，2012；国家统计局编《中国统计年鉴 2020》，中国统计出版社，2020。

5. 长江经济带11省市旅游产业效益比较

表 25 给出了长江经济带 11 省市 2011 年、2019 年在“国内旅游人数”“国内旅游收入”“入境过夜游客数”“国际旅游（外汇）收入”“A 级景区营业收入”“星级饭店营业收入”“旅行社营业收入”等 7 项指标的数据。

从旅游产业效益的现状看，2019 年贵州省的“国内旅游人数”最多，为 113365.00 万人次，说明贵州省逐渐成为国内热门的旅游目的地。2019 年江苏省的“国内旅游收入”最多，为 13902.21 亿元，说明江苏省在国内旅游市场中占据重要地位。2019 年云南省的“入境过夜游客数”最多，为 739.02 万人次，说明云南省是热门的入境旅游目的地。2019 年上海市的“国际旅游（外汇）收入”最多，为 8243.51 百万美元，说明长江经济带 11 省市中上海市在入境旅游方面拥有较强的优势。2019 年四川省的“A 级景区营业收入”最多，为 708.00 亿元，说明四川省在旅游景区方面的收益能力较强。2019 年上海市的“星级饭店营业收入”最多，为 125.88 亿元；“旅行社营业收入”最多，为 85072387 千元，说明上海市作为一个国际大都市，商务旅游活动频繁，星级饭店和旅行社收入较多。

从旅游产业效益的年均增长情况看，2011～2019 年贵州省的“国内旅游人数”增长最快，年均增长率为 26.80%，说明近年来贵州省的国内旅游发展速度较快。2011～2019 年云南省的“国内旅游收入”增长最快，年均增长率为 31.48%，说明近年来云南省的国内旅游收入增长较快。2011～2019 年四川省的“入境过夜游客数”增长最快，年均增长率为 12.30%；“国际旅游（外汇）收入”增长最快，年均增长率为 16.56%，数据说明四川省越来越受到入境游客的喜欢，入境旅游发展势头强劲。2011～2019 年四川省的“星级饭店营业收入”增长也最快，年均增长率为 6.23%，其他省市均为负增长，说明四川省的星级饭店在整个饭店业中占据重要地位。2011～2019 年贵州省的“A 级景区营业收入”增长，年均增长率为 41.23%，说明贵州省的旅游景区收入增长强劲。2011～2019 年重庆市的“旅行社营业收入”增长最快，年均增长率为 14.26%，说明重庆市的旅行社行业收入增长迅速。

表 25　长江经济带 11 省市旅游产业效益比较

省市	L14 国内旅游人数（万人次）		年均增长率（%）	L15 国内旅游收入（亿元）		年均增长率（%）
	2011 年	2019 年		2011 年	2019 年	
上海	23079.00	36141.00	5.77	2786.54	4789.30	7.00
江苏	41150.01	87611.70	9.91	5161.47	13902.21	13.18
浙江	34295.00	72180.00	9.75	3785.00	10727.00	13.91

续表

省市	L14 国内旅游人数（万人次）		年均增长率（%）	L15 国内旅游收入（亿元）		年均增长率（%）
	2011 年	2019 年		2011 年	2019 年	
安徽	22534. 80	81954. 70	17. 51	1814. 99	8291. 50	20. 91
江西	15854. 00	79078. 28	22. 25	1079. 00	9596. 67	31. 41
湖北	27155. 00	60144. 00	10. 45	1931. 80	6743. 99	16. 91
湖南	25099. 66	82687. 15	16. 07	1718. 20	9613. 37	24. 02
重庆	22019. 93	65296. 69	14. 55	1202. 76	5564. 61	21. 10
四川	35000. 00	75081. 58	10. 01	2410. 57	11454. 48	21. 51
贵州	16961. 00	113365. 00	26. 80	1420. 70	12296. 03	30. 97
云南	16331. 78	79977. 77	21. 97	1195. 73	10679. 51	31. 48

省市	L16 入境过夜游客数（万人次）		年均增长率（%）	L17 国际旅游（外汇）收入（百万美元）		年均增长率（%）
	2011 年	2019 年		2011 年	2019 年	
上海	668. 61	734. 69	1. 19	5751. 18	8243. 51	4. 60
江苏	737. 33	399. 46	-7. 38	5652. 97	4743. 56	-2. 17
浙江	773. 69	467. 11	-6. 11	4541. 73	2668. 24	-6. 43
安徽	262. 87	379. 74	4. 71	1179. 18	3387. 69	14. 10
江西	135. 83	197. 17	4. 77	415. 00	865. 38	9. 62
湖北	213. 52	450. 02	9. 77	940. 18	2654. 16	13. 85
湖南	227. 63	466. 95	9. 40	1014. 34	2250. 87	10. 48
重庆	186. 40	297. 11	6. 00	968. 06	2524. 83	12. 73
四川	163. 97	414. 78	12. 30	593. 83	2023. 79	16. 56
贵州	58. 51	47. 18	-2. 65	135. 07	345. 03	12. 44
云南	395. 38	739. 02	8. 13	1608. 61	5147. 36	15. 65

省市	L18A 级景区营业收入（亿元）		年均增长率（%）	L19 星级饭店营业收入（亿元）		年均增长率（%）	L20 旅行社营业收入（千元）		年均增长率（%）
	2011 年	2019 年		2011 年	2019 年		2011 年	2019 年	
上海	6. 50	67. 82	34. 06	165. 40	125. 88	-3. 36	37613789. 60	85072387	10. 74
江苏	61. 00	225. 85	17. 78	179. 49	72. 09	-10. 78	22302306. 41	53003812	11. 43
浙江	589. 90	538. 15	-1. 14	223. 27	55. 84	-15. 91	23691225. 28	33221750	4. 32
安徽	108. 60	230. 11	9. 84	52. 67	13. 39	15. 73	5366163. 10	9002222	6. 68
江西	102. 50	610. 81	25. 00	32. 45	7. 30	-17. 01	4273049. 36	6119858	4. 59

续表

省市	L18A 级景区营业收入（亿元）		年均增长率(%)	L19 星级饭店营业收入（亿元）		年均增长率(%)	L20 旅行社营业收入（千元）		年均增长率(%)
	2011 年	2019 年		2011 年	2019 年		2011 年	2019 年	
湖北	132.10	192.55	4.82	48.81	16.55	-12.65	7212668.89	11597295	6.12
湖南	39.70	306.68	29.12	76.86	15.12	-18.39	12964595.72	15295774	2.09
重庆	26.70	88.57	16.17	46.87	12.48	-15.25	7582663.21	22035556	14.26
四川	99.30	708.00	27.83	77.21	125.20	6.23	6921893.51	8698832	2.90
贵州	13.10	207.32	41.23	21.44	3.45	-20.42	1604026.80	4640758	14.20
云南	42.00	77.21	7.91	40.25	8.22	-18.01	9305205.25	10385958	1.38

资料来源："L15"的数据来源于各地区相应年份的统计年鉴，其中上海市的数据来源于其对应年份的国民经济和社会发展统计公报；由于数据缺失，贵州省 2019 年国内旅游收入由当年旅游总收入代替；"L17"的数据来源于国家统计局网站中的分省年度数据；国家统计局编《中国统计年鉴 2012》，中国统计出版社，2012；国家统计局编《中国统计年鉴 2020》，中国统计出版社，2020；中华人民共和国国家旅游局编《中国旅游统计年鉴 2012》，中国旅游出版社，2012；中华人民共和国文化和旅游部编《中国文化文物和旅游统计年鉴 2020》，国家图书馆出版社，2020。

（二）2011年长江经济带11省市旅游产业综合发展水平测算

1. 2011年长江经济带11省市旅游产业综合发展水平测算

旅游产业综合发展水平测算，仍然通过因子分析中的主成分分析的方法对原变量进行组合（降维）。首先，对原变量进行标准化处理，使每个变量的均值为0，方差为1。其次，按照最大方差法的原则，抽取公因子并给因子命名。最后，对得到的因子模型，利用回归法估计出因子得分，以各因子的方差贡献率占总方差贡献率比重为权重，得出综合得分，构建旅游产业综合发展水平评价模型。计算公式如下：

$$F = \frac{\lambda_1 F_1 + \lambda_2 F_2 + \cdots + \lambda_i F_i}{\lambda_1 + \lambda_2 + \cdots + \lambda_i}$$

其中，F_i 为各因子得分，λ_i 为各因子的方差贡献率，F 为综合得分。

2011 年长江经济带 11 省市旅游生态投入指标主成分分析的因子载荷系数、特征根值、方差贡献率的结果如表 26 所示。

表 26　旅游生态投入主成分分析的因子载荷系数、特征根值、方差贡献率

	因子载荷系数
	F_1旅游生态投入
L3 森林覆盖率	0.864
L2 国家级自然保护区个数	0.730
L1 空气质量达到及好于二级的天数	0.712
特征根值	1.785
方差贡献率	59.50
累计方差贡献率	59.50

2011 年旅游生态投入计算可得：

$$旅游生态投入\ F_F = 59.50 \times F_1 / 59.50$$

2011 年长江经济带 11 省市旅游物力投入指标主成分分析的因子载荷系数、特征根值、方差贡献率的结果如表 27 所示。

表 27　旅游物力投入主成分分析的因子载荷系数、特征根值、方差贡献率

	因子载荷系数	
	F_1物力投入数量	F_2物力投入金额
L4A 级旅游景区总数	0.944	—
L5 星级饭店数	0.867	—
L7 旅行社总数	0.793	—
L8 旅行社固定资产额	—	0.988
L6 星级饭店固定资产额	—	0.944
特征根值	2.361	2.262
方差贡献率	47.22	45.24
累计方差贡献率	47.22	92.46

2011 年旅游物力投入计算可得：

$$旅游物力投入\ F_G = (47.22 \times F_1 + 45.24 \times F_2) / 92.46$$

2011 年长江经济带 11 省市旅游人力投入指标主成分分析的因子载荷系数、特征根值、方差贡献率的结果如表 28 所示。

表 28　旅游人力投入主成分分析的因子载荷系数、特征根值、方差贡献率

	因子载荷系数
	F_1旅游人力投入
L10 星级饭店从业人员数	0.951
L9 旅行社从业人员数	0.928
L11A 级景区从业人员数	0.924
特征根值	2.621
方差贡献率	87.37
累计方差贡献率	87.37

2011 年旅游人力投入计算可得：

$$旅游人力投入\ F_H = 87.37 \times F_1/87.37$$

2011 年长江经济带 11 省市旅游交通投入指标主成分分析的因子载荷系数、特征根值、方差贡献率的结果如表 29 所示。

表 29　旅游交通投入主成分分析的因子载荷系数、特征根值、方差贡献率

	因子载荷系数
	F_1旅游交通投入
L13 高速公路里程	0.904
L12 铁路营业里程	0.904
特征根值	1.633
方差贡献率	81.65
累计方差贡献率	81.65

2011 年旅游交通投入计算可得：

$$旅游交通投入\ F_I = 81.65 \times F_1/81.65$$

2011 年长江经济带 11 省市旅游产业效益指标主成分分析的因子载荷系数、特征根值、方差贡献率的结果如表 30 所示。

表 30　旅游产业效益主成分分析的因子载荷系数、特征根值、方差贡献率

	因子载荷系数
	F_1旅游产业效益
L19 星级饭店营业收入	0.987
L16 入境过夜游客数	0.955
L17 国际旅游(外汇)收入	0.942
L15 国内旅游收入	0.921
L20 旅行社营业收入	0.857
L14 国内旅游人数	0.745
L18A 级景区营业收入	0.515
特征根值	5.176
方差贡献率(%)	73.94
累计方差贡献率(%)	73.94

2011 年旅游产业效益计算可得：

$$旅游产业效益\ F_J = 73.94 \times F_1 / 73.94$$

$$旅游产业综合发展水平 = 旅游生态投入\ F_F + 旅游物力投入\ F_G + 旅游人力投入\ F_H + 旅游交通投入\ F_I + 旅游产业效益\ F_J$$

2011 年长江经济带 11 省市旅游产业综合发展水平指数排名如表 31 所示。在旅游生态投入方面排名前三的分别是云南、湖南、江西，排最后两名的是上海和江苏；在旅游物力投入方面排名前三的分别是江苏、浙江、上海，排最后两名的是重庆和贵州；在旅游人力投入方面排名前三的分别是浙江、江苏、上海，排最后两名的是江西和贵州；在旅游交通投入方面排名前三的分别是湖北、四川、江苏，排最后两名的是重庆和上海；在旅游产业效益方面排名前三的分别是浙江、江苏、上海，排最后两名的是江西和贵州。

根据 2011 年长江经济带 11 省市旅游产业综合发展水平指数排名可知，2011 年旅游产业综合发展水平排名前三的分别是浙江、江苏、湖南，排最后两名的是重庆和贵州。

表 31　2011 年长江经济带 11 省市旅游产业综合发展水平指数排名

省市	生态投入		物力投入		人力投入		交通投入		产业效益		综合发展水平	
	得分	排名	得分	排名	得分	排名	得分	排名	得分	排名	得分	排名
上海	-1.133	10	0.436	3	0.486	3	-2.252	11	1.114	3	-1.350	8
江苏	-1.462	11	1.231	1	1.585	2	0.648	3	1.640	2	3.642	2
浙江	0.682	4	1.216	2	1.907	1	-0.017	7	1.722	1	5.511	1
安徽	-1.055	9	0.000	4	-0.664	9	0.459	6	-0.454	7	-1.714	9
江西	0.943	3	-0.569	9	-1.023	10	0.630	4	-0.905	10	-0.925	7
湖北	-0.604	8	-0.097	5	-0.137	6	1.144	1	-0.381	6	-0.074	6
湖南	0.951	2	-0.223	8	0.049	4	0.580	5	-0.321	5	1.037	3
重庆	-0.533	7	-0.731	10	-0.634	8	-1.155	10	-0.653	9	-3.706	10
四川	0.600	5	-0.196	7	-0.178	7	0.680	2	-0.189	4	0.717	4
贵州	0.134	6	-0.916	11	-1.289	11	-0.677	9	-1.042	11	-3.791	11
云南	1.476	1	-0.152	6	-0.103	5	-0.039	8	-0.532	8	0.651	5

2. 2019年长江经济带11省市旅游产业综合发展水平测算

2019 年长江经济带 11 省市旅游生态投入指标主成分分析的因子载荷系数、特征根值、方差贡献率的结果如表 32 所示。

表 32　旅游生态投入主成分分析的因子载荷系数、特征根值、方差贡献率

	因子载荷系数	
	F_1森林生态	F_2空气质量
L2 国家级自然保护区个数	0.939	—
L3 森林覆盖率	0.725	—
L1 空气质量达到及好于二级的天数	—	0.961
特征根值	1.408	1.242
方差贡献率	46.93	41.40
累计方差贡献率	46.93	88.33

2019 年旅游生态投入计算可得：

$$旅游生态投入\ F_F = (46.93 \times F_1 + 41.40 \times F_2)/88.33$$

2019 年长江经济带 11 省市旅游物力投入指标主成分分析的因子载荷系数、特征根值、方差贡献率的结果如表 33 所示。

表 33　旅游物力投入主成分分析的因子载荷系数、特征根值、方差贡献率

	因子载荷系数	
	F_1固定资产投入	F_2景区与饭店投入
L8 旅行社固定资产额	0.921	—
L7 旅行社总数	0.829	—
L6 星级饭店固定资产额	0.795	—
L4A 级旅游景区总数	—	0.929
L5 星级饭店数	—	0.889
特征根值	2.242	2.132
方差贡献率	44.84	42.64
累计方差贡献率	44.84	87.48

2019 年旅游物力投入计算可得：

$$旅游物力投入\ F_G = (44.84 \times F_1 + 42.64 \times F_2)/87.48$$

2019 年长江经济带 11 省市旅游人力投入指标主成分分析的因子载荷系数、特征根值、方差贡献率的结果如表 34 所示。

表 34　旅游人力投入主成分分析的因子载荷系数、特征根值、方差贡献率

	因子载荷系数	
	F_1 饭店与旅行社人力投入	F_2 景区人力投入
L10 星级饭店从业人员数	0.818	—
L9 旅行社从业人员数	0.639	—
L11A 级景区从业人员数	—	0.970
特征根值	1.080	1.004
方差贡献率	35.99	33.47
累计方差贡献率	35.99	69.46

2019 年旅游人力投入计算可得：

$$旅游人力投入\ F_H = (35.99 \times F_1 + 33.47 \times F_2)/69.46$$

2019年长江经济带11省市旅游交通投入指标主成分分析的因子载荷系数、特征根值、方差贡献率的结果如表35所示。

表35 旅游交通投入主成分分析的因子载荷系数、特征根值、方差贡献率

	因子载荷系数
	F_1旅游交通投入
L12 铁路营业里程	0.974
L13 高速公路里程	0.974
特征根值	1.898
方差贡献率	94.90
累计方差贡献率	94.90

2019年旅游交通投入计算可得：

$$旅游交通投入\ F_1 = 94.90 \times F_1/94.90$$

2019年长江经济带11省市旅游产业效益指标主成分分析的因子载荷系数、特征根值、方差贡献率的结果如表36所示。

表36 旅游产业效益主成分分析的因子载荷系数、特征根值、方差贡献率

	因子载荷系数		
	F_1 旅游规模效益	F_2 国内旅游效益	F_2 景区旅游效益
L17 国际旅游(外汇)收入	0.896	—	—
L20 旅行社营业收入	0.873	—	—
L19 星级饭店营业收入	0.796	—	—
L16 入境过夜游客数	0.755	—	—
L15 国内旅游收入	—	0.958	—
L14 国内旅游人数	—	0.812	—
L18A 级景区营业收入	—	—	0.936
特征值	3.135	1.758	1.384
方差贡献率	44.79	25.11	19.77
累计方差贡献率	44.78	69.90	89.67

2019 年旅游产业效益计算可得：

$$旅游产业效益\ F_J = (44.79 \times F_1 + 25.11 \times F_2 + 19.77 \times F_3)/89.67$$

$$旅游产业综合发展水平 = 旅游生态投入\ F_F + 旅游物力投入\ F_G + 旅游人力投入\ F_H + 旅游交通投入\ F_I + 旅游产业效益\ F_J$$

2019 年长江经济带 11 省市旅游产业综合发展水平指数排名如表 37 所示。在旅游生态投入方面排名前三的分别是云南、江西、贵州，排最后两名的是上海和江苏；在旅游物力投入方面排名前三的分别是浙江、江苏、四川，排最后两名的是重庆和贵州；在旅游人力投入方面排名前三的分别是云南、浙江、四川，排最后两名的是贵州和重庆；在旅游交通投入方面排名前三的分别是四川、湖南、湖北，排最后两名的是重庆和上海；在旅游产业效益方面排名前三的分别是江苏、四川、上海，排最后两名的是湖北和重庆。

根据 2019 年长江经济带 11 省市旅游产业综合发展水平指数排名可知，2019 年旅游产业综合发展水平排名前三的分别是四川、浙江、云南，排最后两名的是上海和重庆。

表 37　2019 年长江经济带 11 省市旅游产业综合发展水平指数排名

省市	生态投入		物力投入		人力投入		交通投入		产业效益		综合发展水平	
	得分	排名	得分	排名	得分	排名	得分	排名	得分	排名	得分	排名
上海	-0.897	10	-0.083	4	-0.430	8	-2.320	11	0.663	3	-3.068	10
江苏	-1.247	11	1.231	2	0.673	4	-0.227	8	1.008	1	1.438	4
浙江	0.315	5	1.361	1	0.724	2	-0.534	9	0.391	4	2.256	2
安徽	-0.759	9	-0.175	6	0.252	5	0.197	7	-0.407	8	-0.893	8
江西	0.759	2	-0.292	9	-0.638	9	0.548	4	-0.414	9	-0.037	6
湖北	-0.190	8	-0.223	7	-0.203	7	0.822	3	-0.667	10	-0.461	7
湖南	0.314	6	-0.261	8	-0.122	6	0.945	2	-0.196	6	0.681	5
重庆	-0.064	7	-0.791	10	-0.991	11	-1.064	10	-0.853	11	-3.762	11
四川	0.364	4	0.215	3	0.677	3	1.021	1	0.721	2	2.997	1
贵州	0.432	3	-0.840	11	-0.940	10	0.387	5	-0.296	7	-1.256	9
云南	0.974	1	-0.141	5	0.997	1	0.226	6	0.050	5	2.106	3

（三）长江经济带11省市旅游产业综合发展水平排名的变化

表 38 给出了 2011 年、2019 年长江经济带 11 省市旅游产业综合发展水

平指数及排名的变化情况。2019 年与 2011 年比，长江经济带 11 省市旅游产业综合发展水平得分中有 5 个省市实现了正增长，6 个省市为负增长；旅游产业综合发展指数得分增长最快的是贵州省，增长了 2.535；下滑最快的是浙江省，下滑了 3.255。在排名上，四川省上升了三个位次，贵州省和云南省各上升了两个位次，安徽省和江西省各上升了一个位次，浙江省、湖北省、重庆市各下降了一个位次，上海市、江苏省、湖南省各下降了两个位次；相较于 2011 年，2019 年旅游产业综合发展水平指数的排名出现了比较大的变化。

属于长江经济带东部的 3 个省市旅游产业综合发展水平得分之和由 2011 年的 7.803 下降到 2019 年的 0.626，下降了 7.177；属于长江经济带中部的 4 个省市旅游产业综合发展水平得分之和由 2011 年的-1.675 上升到 2019 年的-0.710，上升了 0.965；属于长江经济带西部的 4 个省市的旅游产业发展水平综合得分之和由 2011 年的-6.128 上升到 2019 年的 0.085，上升了 6.213。由此可见，2011~2019 年长江经济带东部的旅游产业竞争力在下降，长江经济带中部的旅游产业竞争力在上升，而长江经济带西部的旅游产业竞争力在快速上升。同时长江经济带 11 省市旅游产业综合发展水平得分的标准差，由 2011 年 2.686 下降到 2019 年的 2.071，由此可见这 8 年间，长江经济带 11 省市旅游产业发展的差距在缩小，且比较明显。

表 38　2011 年、2019 年长江经济带 11 省市旅游产业综合发展水平指数及排名的变化

		2011 年		2019 年		得分差	排名差
		得分	排名	得分	排名		
长江经济带东部	上海	-1.350	8	-3.068	10	-1.718	-2
	江苏	3.642	2	1.438	4	-2.204	-2
	浙江	5.511	1	2.256	2	-3.255	-1
总计		7.803	—	0.626	—	-7.177	—
长江经济带中部	安徽	-1.714	9	-0.893	8	0.821	+1
	江西	-0.925	7	-0.037	6	0.888	+1
	湖北	-0.074	6	-0.461	7	-0.387	-1
	湖南	1.037	3	0.681	5	-0.356	-2
总计		-1.675	—	-0.710	—	0.965	—

续表

		2011 年		2019 年		得分差	排名差
		得分	排名	得分	排名		
长江经济带西部	重庆	-3.706	10	-3.762	11	-0.056	-1
	四川	0.717	4	2.997	1	2.280	+3
	贵州	-3.791	11	-1.256	9	2.535	+2
	云南	0.651	5	2.106	3	1.455	+2
总计		-6.128	—	0.085	—	6.213	—
标准差		2.686		2.071		—	—

五　长江经济带11省市文化产业与旅游产业发展的融合性分析

（一）2011年长江经济带11省市文化产业与旅游产业发展的融合性状况

本报告采用聚类分析方法中的 Q 型聚类法，将长江经济带 11 省市文化产业和旅游产业综合发展水平分别进行分组处理，同时按照 Sturges 提出的经验公式，K＝1+lnn/ln2＝1+ln（11）/ln2＝4.46，来确定组数。① 本报告依据产业综合发展水平得分的高低将样本分为 A、B、C、D 四个组。2011 年长江经济带 11 省市文化产业与旅游产业综合发展水平的排序及等级分组如表 39 所示。2011 年长江经济带 11 省市在文化产业方面，上海、江苏、浙江三地属于 A 等级地区；四川属于 B 等级地区；安徽、湖北、湖南、云南四地属于 C 等级地区；江西、重庆、贵州三地属于 D 等级地区。2011 年长江经济带 11 省市在旅游产业上，江苏、浙江两地属于 A 等级地区；湖北、湖南、四川、云南四地属于 B 等级地区；上海、安徽、江西三地属于 C 等级地区；重庆、贵州两地属于 D 等级地区。

① 薛薇编著《统计分析与 SPSS 的应用》（第 6 版），中国人民大学出版社，2021。

表 39　2011 年江经济带 11 省市文化产业与旅游产业综合发展水平的排序及等级分组

省市	文化产业			旅游产业			等级差
	得分	排名	等级	得分	排名	等级	
上海	3.898	2	A	-1.350	8	C	+2
江苏	3.370	3	A	3.642	2	A	0
浙江	4.921	1	A	5.511	1	A	0
安徽	-1.078	6	C	-1.714	9	C	0
江西	-2.643	9	D	-0.925	7	C	-1
湖北	-0.650	5	C	-0.074	6	B	-1
湖南	-1.172	7	C	1.037	3	B	-1
重庆	-3.009	10	D	-3.706	10	D	0
四川	2.196	4	B	0.717	4	B	0
贵州	-4.175	11	D	-3.791	11	D	0
云南	-1.659	8	C	0.651	5	B	-1

本报告认为，等级代表发展的融合性，其中 A 等级为“高水平融合”，B 等级为“中等水平融合”，C、D 等级为“低水平融合”，等级差为 1 代表“低分离”，等级差为 2 代表“高分离”，“+”代表文化产业综合发展水平高于旅游产业综合发展水平，“-”代表文化产业综合发展水平低于旅游产业综合发展水平。

2011 年长江经济带 11 省市文化产业与旅游产业发展的融合性状况如表 40 所示。2011 年江苏省和浙江省的文化产业与旅游产业发展属于高水平融合；四川省属于中等水平融合；安徽、重庆、贵州 3 省市属于低水平融合；江西、湖北、湖南、云南 4 省属于低分离；上海属于高分离。低分离的江西、湖北、湖南、云南 4 省属于文化产业综合发展水平低于旅游产业综合发展水平，上海市的“高分离”则属于文化产业综合发展水平高于旅游产业综合发展水平。

表 40　2011 年长江经济带 11 省市文化产业与旅游产业发展的融合性状况

融合性	高水平融合（2 个）	中等水平融合（1 个）	低水平融合（3 个）	低分离（4 个）	高分离（1 个）
省市	江苏 浙江	四川	安徽 重庆 贵州	江西 湖北 湖南 云南	上海

（二）2019年长江经济带11省市文化产业与旅游产业融合性状况

根据前文相同的方法，2019 年长江经济带 11 省市文化产业与旅游产业综合发展水平的排序及等级分组如表 41 所示。2019 年长江经济带 11 省市在文化产业方面，浙江属于 A 等级地区；上海、江苏、四川属于 B 等级地区；安徽、湖北、湖南、云南属于 C 等级地区；江西、重庆、贵州属于 D 等级地区。2019 年长江经济带 11 省市在旅游产业方面，江苏、浙江、四川、云南属于 A 等级地区；湖南属于 B 等级地区；安徽、江西、湖北、贵州属于 C 等级地区；上海、重庆属于 D 等级地区。

表 41　2019 年长江经济带 11 省市文化产业与旅游产业综合发展水平的排序及等级分组

省市	文化产业			旅游产业			等级差
	得分	排名	等级	得分	排名	等级	
上海	2.512	3	B	−3.068	10	D	+2
江苏	3.040	2	B	1.438	4	A	−1
浙江	6.196	1	A	2.256	2	A	0
安徽	−1.257	7	C	−0.893	8	C	0
江西	−2.869	10	D	−0.037	6	C	−1
湖北	−1.204	6	C	−0.461	7	C	0
湖南	−0.139	5	C	0.681	5	B	−1
重庆	−2.234	9	D	−3.762	11	D	0
四川	1.128	4	B	2.997	1	A	−1
贵州	−3.629	11	D	−1.256	9	C	−1
云南	−1.544	8	C	2.106	3	A	−2

如表 42 所示，2019 年，浙江属于高水平融合地区；安徽、湖北、重庆属于低水平融合；江苏、江西、湖南、四川、贵州属于低分离；上海、云南属于高分离。低分离的江苏、江西、湖南、四川、贵州 5 个省属于文化产业综合发展水平低于旅游产业综合发展水平。在“高分离”中，上海具有文化产业综合发展水平显著高于旅游产业综合发展水平的特征；云南具有文化产业综合发展水平显著低于旅游产业综合发展水平的特征。

表 42　2019 年长江经济带 11 省市文化产业与旅游产业发展的协调性状况

融合性	高水平融合（1 个）	中等水平融合（0 个）	低水平融合（3 个）	低分离（5 个）	高分离（2 个）
省市	浙江		安徽 湖北 重庆	江苏 江西 湖南 四川 贵州	上海 云南

（三）长江经济带11省市文化产业与旅游产业融合性的变化分析

整体来看，2019 年与 2011 年相比，高水平融合减少 1 个省市，中等水平融合减少 1 个省市，低水平融合仍为 3 个省市，低分离增加 1 个省市，高分离增加 1 个省市。

上海一直为高分离，其文化产业综合发展水平远高于旅游产业综合发展水平，2019 年与 2011 年相比，上海的文化产业综合发展水平和旅游产业综合发展水平均下降 1 个等级。上海文化产业综合发展水平出现下降的情况，主要由于其文化生产方面的得分较低，2019 年排长江经济带 11 省市的最后一名。具体而言，主要是上海的博物馆、文化馆、公共图书馆等文化机构数较少，这可能是受其地域面积的影响。上海旅游产业综合发展水平出现下降的情况，主要由于其旅游生态投入、旅游人力投入、旅游交通投入方面的得分较低。

江苏由 2011 年的高水平融合变为 2019 年的低分离。虽然江苏文化产业排名由 2011 年的第三上升到 2019 年的第二，但其等级却由 A 降到了 B，主要原因是虽然其文化产业有所发展，但与排名第一的浙江差距在拉大。相较于 2011 年，2019 年的江苏旅游产业综合发展水平等级没有变化，排名由第二降到了第四，主要原因是江苏的旅游生态投入、旅游交通投入的得分较低。江苏的旅游交通投入得分降低可能是缺少航空和水运方面的指标导致的，但江苏也要认识到其在旅游生态投入方面存在不足。

浙江在 2011 年和 2019 年均属于高水平融合。从其文化产业综合发展水平的得分来看，浙江文化产业综合发展水平持续提高，浙江已经成为长江经济带文化产业发展的增长极；其旅游产业综合发展水平在2011年排名第一，但在2019年排名第二，呈下降趋势。

安徽在2011年和2019年均属于低水平融合，两大产业一直属于C等级。作为拥有世界文化和自然双遗产——黄山风景区的安徽，其文化产业和旅游产业综合发展水平的排名一直处于长江经济带11省市的中游，根据旅游阴影区理论，黄山巨大的影响力可能压制了其他文旅经济的发展，安徽应该想办法寻求突破，实现文旅产业的多元化、多极化发展。

2019年与2011年相比，江西文化产业与旅游产业的融合性没有发生改变，均属于低分离，文化产业一直属于D等级，旅游产业一直属于C等级。2019年与2011年相比，江西文化产业综合发展水平排名由第九降到了第十，旅游产业综合发展水平排名由第七升到了第六，显然其旅游产业综合发展水平高于文化产业综合发展水平。

湖北由2011年的低分离变为2019年的低水平融合，其文化产业一直属于C等级，旅游产业则由B等级降为C等级。旅游产业等级下降主要与其旅游物力投入和产业效益的得分下降有关。

2019年与2011年相比，湖南文化产业与旅游产业的融合性没有发生改变，均属低分离，文化产业仍属于C等级，旅游产业仍属于B等级。在长江经济带中部4个省份中，湖南的文化产业和旅游产业综合发展水平相对较高。

2019年与2011年相比，重庆文化产业与旅游产业的融合性没有发生改变，均属低水平融合，文化产业和旅游产业均属于D等级。2019年重庆文化产业综合发展水平在长江经济带中排名第九，其旅游产业综合发展水平排名第十一，均较为落后，重庆需要加大对文化产业和旅游产业的投入以摆脱落后局面。

四川由2011年的中等水平融合变为2019年的低分离。2011年其文化产业和旅游产业均属于B等级；2019年其文化产业属于B等级，旅游产业属于A等级。四川文化产业综合发展水平排名在2011年和2019年均为第四，其旅游产业的发展水平排名由2011年的第四升到了2019年的第一，说明相对而言四川的旅游产业综合发展势头强于文化产业。

贵州由2011年的低水平融合变为2019年的低分离。2011年其文化产业和旅游产业均为 D 等级，综合发展水平均排名第十一；2019 年其文化产业仍为 D 等级，综合发展水平排名第十一，但其旅游产业为 C 等级，综合发展水平排名第九。可见 2011~2019 年贵州文化产业竞争力没有发生变化，但其旅游产业竞争力在提升。

云南由 2011 年的低分离变为 2019 年的高分离，其文化产业发展等级为 C 没有改变，但旅游产业发展等级由 2011 年的 B 等级变为 2019 年的 A 等级，其文化产业综合发展水平排名没变而旅游产业综合发展水平排名在上升。2011 年和 2019 年，云南文化产业综合发展水平排名均为第八，但其文化供给和文化消费等方面的排名有所下降。云南旅游产业综合发展水平排名由 2011 年的第五升到了 2019 年的第三，说明这期间云南旅游业获得了快速发展。

根据文化产业和旅游产业所属等级的情况，本报告将长江经带 11 省市分为文化超前型、旅游超前型、文旅融合型等，具体如表 43 所示。2019 年，浙江属于文旅高水平融合型；安徽、湖北、重庆属于文旅低水平融合型；上海属于文化超前型；江苏、江西、湖南、四川、贵州、云南属于旅游超前型。相较而言，文化产业在长江经济带东部具有优势，旅游产业在长江经济带中西部具有优势。

表 43　长江经济带 11 省市文化产业和旅游产业融合性情况

省市	2011 年	2019 年
上海	文化超前型	文化超前型
江苏	文旅高水平融合型	旅游超前型
浙江	文旅高水平融合型	文旅高水平融合型
安徽	文旅低水平融合型	文旅低水平融合型
江西	旅游超前型	旅游超前型
湖北	旅游超前型	文旅低水平融合型
湖南	旅游超前型	旅游超前型
重庆	文旅低水平融合型	文旅低水平融合型
四川	文旅中等水平融合型	旅游超前型
贵州	文旅低水平融合型	旅游超前型
云南	旅游超前型	旅游超前型

六　文旅融合促进长江经济带文化与旅游高质量发展

文旅融合发展是促进文化产业与旅游产业高质量发展的必由之路。侯爽等认为旅游产业和文化产业已经成为新的经济增长引擎，推动文化与旅游的融合，是产业发展的必然趋势。[①] 张广海等认为文化产业和旅游产业的融合是突破各自的技术边界、产品边界、业务边界和运用边界及市场边界，渗透或延伸至彼此的产业活动领域，使得产业链各环节进行重组、整合与创新，最终形成文化旅游产业价值链和业务流程。[②] 姚战琪等认为我国文化产业和旅游产业快速发展，但旅游产业与文化产业融合不够，要加快制定和实施优惠政策，促进文化产业与旅游产业深度融合，推动文化产业和旅游产业跨越式发展，必须通过两者协调发展促进文化产业和旅游产业深度融合。[③] 湖北大学高等人文研究院、中华文化发展湖北省协同创新中心“中国文化发展现状调查（2020）”数据库的数据显示，在2020年的调查样本中对“相较于文化名胜，我更喜欢去以自然风光为主的旅游景点”观点的认同统计中，46.00%的被调查者选择了“同意”，27.82%的被调查者选择了“非常同意”，对该问题的回答可以从侧面反映出目前文化产业和旅游产业融合发展不足的问题。人们不愿意去文化名胜旅游景点的一个重要原因是缺乏对文化产品的解读、欣赏能力，这要求在开发文化产品的过程中加强标识系统及解说系统的建设。

如何促进文化产业与旅游产业融合发展？根据前文可知，长江经济带东部的文化产业发展相对较快，可以利用文化产业的优势带动旅游产业的发展，属于文化产业促进型发展模式，采取“文化+旅游”的策略。长江经济带中西部的旅游产业发展相对较快，可以利用旅游产业的优势带动文化产业的发展，属于旅游产业促进型发展模式，采取“旅游+文化”的策略。

文化产业促进型发展模式，是利用文化产业的强大吸引力，在文化产业链

① 侯爽、刘爱利、黄鸿：《中国文化旅游产业的发展趋势探讨》，《首都师范大学学报》（自然科学版）2019年第4期。

② 张广海、孙春兰：《文化旅游产业融合及产业链构建》，《经济研究导刊》2012年第12期。

③ 姚战琪、张玉静：《文化旅游产业融合发展的进程、战略目标及重点领域探讨》，《学习与探索》2016年第7期。

中加入旅游元素，促进旅游产业的发展，是“文化+旅游”的策略，如开发博物馆游、红色旅游、研学旅游、演艺旅游等产品。另外，可利用文化创意产业开发各种创意旅游产品，如武汉的汉秀、知音号等以及各种文创商品。旅游产业促进型发展模式，是利用旅游产业的强大吸引力，在旅游产业链中加入文化元素，促进文化产业的发展，是“旅游+文化”的策略，如各种主题乐园，加入各种文化 IP 元素，丰富了其内涵，在游戏的过程中也体验了文化的乐趣，在潜移默化中传播了文化。

文化产业和旅游产业高水平协调发展是理想的状态，但各省市也要结合自身实际情况，实现因地制宜、差异化发展。比如上海文化产业综合发展水平远高于其旅游产业综合发展水平，云南旅游产业综合发展水平远高于其文化产业综合发展水平，这两地的文化产业和旅游产业很难实现高水平的协调发展，但这两地可以突出自身优势，实现地区间优势互补。

七　总结

长江经济带建设是国家重大发展战略，长江经济带区域发展不平衡、产业转型等都是亟待解决的难题。在国家促进文旅协调发展的产业转型发展背景下，如何利用文旅产业协调发展推动上述问题的解决，实现长江经济带高质量发展，是一个值得研究的课题。本报告以长江经济带 11 省市为研究对象，通过选取 2011 年和 2019 年两个时点的数据，构建了文化产业和旅游产业综合发展水平评价模型，并在此基础上利用聚类分析法分析了长江经济带 11 省市文化产业和旅游产业的等级，以此来反映其发展的协调性状况，得出了如下研究结论。

第一，2011 年文化产业综合发展水平排名前三的分别是浙江、上海、江苏，排最后两名的是重庆和贵州；2019 年文化产业综合发展水平排名前三的分别是浙江、江苏、上海，排最后两名的是江西和贵州。不管是 2011 年还是 2019 年，长江经济带东部的上海、江苏和浙江三地包揽了前三名。浙江一直位居第一，且其文化产业综合发展水平得分仍在上涨，浙江已经成为长江经济带 11 省市文化产业发展的增长极，同时长江经济带东部有较强的竞争优势。长江经济带中部的湖南的文化产业综合发展水平呈现上升趋势，安徽、江西、

查人员，采取“一对一”、“人、机”双重互动的推送方式，对年龄在 50 岁及以上的被调查者进行调查，调查人员向被调查者讲清调查目的，讲解填写问卷的要求和注意事项，及时解决被调查者在填写问卷中遇到的困难和问题，协助被调查者完成问卷填写；三是通过电话询问进行实时电话调查，所有被调查者在搭建的调查平台上填写问卷，受委托公司采取后台控制模式，跟踪监督填写质量。受委托公司完成问卷推送以后，将源数据库提交给调查中心，调查中心组织专门人员对源数据进行初步检查以后，制作 SPSS 模板，再根据测谎题检验，以及大样本与小样本对比检验，删减无效问卷，获得有效问卷份数。

本次调查共回收问卷 8000 份，经过严格的有效性检查和数据清洗，剔除 236 份无效问卷，有效问卷为 7764 份，有效问卷占回收问卷的比重为 97.05%。为了更有效地利用和挖掘调研成果，调查中心委托湖北大学师范学院（教育学院）张智敏教授建立了数据分析模板，对回收的问卷进行了系统分析，构建了数据库，绘制了数据可视化云图以及基础数据、基本数据分析表，数据合成表等，并对分类数据做了大量的差异性检验。

在本次 7764 份有效样本中，属于城市（县及以上）的被调查者为 5036 人，占 64.86%，属于农村（乡镇及以下）的被调查者为 2728 人，占 35.14%。男性为 3740 人，占 48.17%，女性为 4024 人，占 51.83%，样本中女性略多于男性，性别比基本平衡。

按 10 岁一组进行分组，各年龄组人数分布如下：19 岁及以下（最小年龄为 18 周岁）占 3.46%，20~29 岁占 38.15%，30~39 岁占 29.82%，40~49 岁占 14.17%，50~59 岁占 11.48%，60 岁及以上（最大年龄为 83 岁）占 2.92%，样本中被调查者的年龄集中在 20~39 岁，平均年龄为 34 岁（2020 年为 31 岁），年龄中位数为 32 岁（2020 年为 29 岁），众数为 26 岁。从整体看，样本年龄趋于年轻，这种“青年化”的年龄结构与当前网民年龄结构年轻化的现状有很大的关联性。根据《第 49 次中国互联网络发展状况统计报告》，从网民的年龄结构看，截至 2021 年 12 月，20~29 岁、30~39 岁、40~49 岁网民占我国总体网民的比重分别为 17.3%、19.9%和 18.4%，高于其他年龄段。①

① 《第 49 次中国互联网络发展状况统计报告》，中国互联网络信息中心网站，2022 年 2 月 25 日，http：//www.cnnic.net.cn/NMediaFile/old_ attach/P020220721404263787858.pdf。

本次采取组织专门的调查人员对年龄在50岁及以上的群体进行重点调查的方式，在一定程度上避免了被调查者的年龄偏态分布。

为了提高被调查者的代表性，调查中心对平台推送的问卷除了设定特定年龄起始点外，还通过禁止重复IP地址填写的技术限定，有效规避了“网虫”恶意填写的漏洞；为了提高被调查者的离散性，调查中心对每一个省份设定了问卷填写的上限，掌控了样本的离散情况。从样本的区域分布看，调查覆盖面广、样本离散性特征明显。

为了分析样本在行政区划之间的分布特征以及在调查时被调查者居住（停留）、集聚或者离散的特征，调查中心将所获得的7764份有效样本，按样本来源的行政区划和按IP地址的经纬度分布，分别绘制了“样本分省份分布图”和“样本IP地址经纬度分布图”。① 从样本在全国行政区划中的分布看，本次调查获取的样本达到300份及以上的省份由高到低排列为湖北（504份）、浙江（422份）、山东（418份）、广东（382份）、河北（369份）、江苏（357份）、河南（353份）、安徽（339份）、福建（300份）。这9个省份的样本在总体中的占比范围为3.86%~6.49%；重庆、天津的样本少于100份，在总体中的占比分别为0.77%、1.06%；其他省份的样本为100~300份，在总体中的占比范围为1.83%~3.70%。

在分析样本IP地址的经纬度分布特征中发现，按照经典的黑河—腾冲分割线划分，在黑河—腾冲线以北获取的样本明显少于黑河—腾冲线以南。这是由于黑河—腾冲线以北的省份人口密度明显低于黑河—腾冲线以南的省份，同时其经济发展和科技应用的程度也不及黑河—腾冲线以南的省份。换言之，该次调查的样本分布，符合中国人口的分布现状，也符合中国经济发展的现状。

样本中的职业分布离散性好。其比重由高到低依次为学生占15.95%、专业技术人员占14.82%、企业管理人员占13.64%、工人占12.02%、服务行业从业人员占11.42%、教师占9.14%、自由职业者占8.35%、党政机关工作人员占6.85%、农民占4.33%、国家党群企事业单位负责人占3.48%，样本的职

① 根据我国《地图管理条例》（2015年11月26日国务院令第664号公布）的相关规定，具体分布图在本报告中没有列出，若需查看分布图，请与湖北大学高等人文研究院联系。

业构成分布达到了预期的覆盖面。

样本中高学历人数较多，受过高等教育的人数占样本总人数的 78.28%。学历构成的比重依次是初中及以下占 6.53%、高中（中专）占 15.19%、大学专科占 21.01%、大学本科占 45.94%、硕士及以上占 11.33%。

从月收入构成看，月收入由低到高依次是低于 3000 元占 20.49%、3001～5000 元占 25.98%、5001～8000 元占 27.85%、8001～10000 元占 14.55%、10000 元以上占 11.13%，收入占比最高的是 5001～8000 元，人均月收入为 6015.93 元，比上年减少 70.57 元（2020 年人均月收入 6086.50 元）。

从被调查者 2021 年在影视剧院、音像游戏、文旅等方面的消费支出的排序看，1000 元以内占 42.38%，1000～2999 元占 29.75%，3000～4999 元占 16.14%，5000～10000 元占 8.24%，10000 元以上占 3.49%，人均年实际支出为 2636.43 元，人均月支出为 219.70 元。

2021 年手机或电脑成为获取各种资讯的重要工具，人们使用手机或电脑的时间仍然很长。从被调查者一天中利用手机或电脑上网了解各种资讯的时间分类看，其比重由高到低的排序是 1～3 小时占 38.97%、3～5 小时占 35.52%、5～8 小时占 11.66%、1 小时以下占 9.83%、8 小时以上占 4.02%，即在被调查者中，每天利用手机或电脑上网了解各种资讯的时间在 3 个小时以上的比重占 51.20%。

年度热词也称年度流行语，它是网络年度热词或者流行语的结合体。年度流行语已经成为凝聚本年度时代大背景、社会大环境和生命大体悟的一种文化新景观。年度流行语可以作为社会的一面镜子，帮助人们对过去的一年、对文化发展新景观进行“全景式的解读”和“总览式的回顾”。[①] 根据反映时代特征、弘扬正能量的原则，本次调查在问卷中给出了 20 个热词作为备选，被调查者限选 10 个流行词。从被调查者选择的结果看，“新冠疫情”“中国共产党建党 100 周年”“‘双减’”“人口老龄化”“‘碳达峰，碳中和’”“三孩生育”“人民至上，生命至上”“直播带货”“内卷”“‘百年未有之大变局’”等 10 个热词排名前 10（见表 1）。

① 倪昕怡：《浅析 2020 年度流行语“内卷”的形成原因和流行趋势》，《汉字文化》2021 年第 18 期。

表 1　2021 年受到广泛关注的热词排序（限选 10 个词）

单位：人，%

排序	分类	人数	占样本比重	占选择人次比重	排序	分类	人数	占样本比重	占选择人次比重
1	新冠疫情	6441	82.96	8.30	11	大数据	3811	49.09	4.91
2	中国共产党建党 100 周年	5992	77.18	7.72	12	躺平	3773	48.60	4.86
3	“双减”	5032	64.81	6.48	13	凡尔赛	3315	42.70	4.27
4	人口老龄化	4915	63.30	6.33	14	元宇宙	3169	40.82	4.08
5	“碳达峰，碳中和”	4737	61.01	6.10	15	新时期，赶考	3065	39.48	3.95
6	三孩生育	4409	56.79	5.68	16	党史学习	2856	36.79	3.68
7	人民至上，生命至上	4361	56.17	5.62	17	载人航天	2732	35.19	3.52
8	直播带货	4173	53.75	5.37	18	双循环	2599	33.48	3.35
9	内卷	4070	52.42	5.24	19	孟晚舟	2365	30.46	3.05
10	“百年未有之大变局”	4039	52.02	5.20	20	火星探测	1786	30.50	2.30

被调查者选择“新冠疫情”的占样本比重为 82.96%，选择“中国共产党建党 100 周年”的占样本比重为 77.18%，选择“‘双减’”的占样本比重为 64.81%，选择“人口老龄化”的占样本比重为 63.30%，选择“‘碳达峰，碳中和’”的占样本比重为 61.01%，选择“三孩生育”的占样本比重为 56.79%，选择“人民至上，生命至上”的占样本比重为 56.17%，选择“直播带货”的占样本比重为 53.75%，选择“内卷”的占样本比重为 52.42%，选择“‘百年未有之大变局’”的占样本比重为 52.02%。

从表 1 中至少可以看出以下几个特点。

第一，人们对“新冠疫情”的关注居于首位，表明疫情无论在生活上还是在工作上都给人们带来了深刻的影响。

第二，排在第二位的热词是“中国共产党建党 100 周年”，表明在 2021 年全国上下开展的一系列庆祝中国共产党建党 100 周年的活动，给人们留下了深刻印象，对人们产生了深刻影响。同时说明，弘扬革命文化、传播正能量、做好宣传教育工作很重要。

第三，排在第三位的热词是“‘双减’”，表明义务教育的“双减”政策，不仅给教育界，而且给社会带来了非常大的影响，“双减”政策在落实中能否产生积极效应还有待观察。

第四，排在第四位的热词是“人口老龄化”，2021 年国家公布的第七次全国人口普查数据表明，中国人口老龄化速度加快，形势严峻。2021 年，国家推出的一系列关于积极应对人口老龄化的政策，产生了积极的社会效应，积极应对人口老龄化政策的落实，将会催生新的养老文化。

第五，排在第五位的热词是“‘碳达峰，碳中和’”，表明人们对生态文明建设有了更深的认识，或者说人们的环保意识、节能减排意识在强化。

第六，排在第六位的热词是“三孩生育”，表明国家出台的生育政策受到了人们的广泛关注，即使生育政策还未转化为人们的生育行为，形成新的生育文化，但至少有了一个积极的信号。

根据以上六点的分析可以发现，党和国家出台的政策、开展的活动以及发生的公共卫生事件，不仅受到了广大民众的高度关注，影响着人们的思想和行为，同时是形成年度网络热词或者流行语的主要元素，更是反映社会变革，产生文化新现象的基础。

此外，本次问卷中关于对文化发展的总体感知与评价，对“十四五”时期文化建设中的价值引领以及安全性的认知与期待，对基层文化建设与发展的认知与评价，对群众文化发展与“四馆”建设的获得感与评价，对文化产品与教育文化的感知度与认知评价，对影视业与新媒体（网络文化）发展的认同与评价，对中国文化发展的国际视野的感知度与认知评价等内容将由各分报告详细阐述。

调查团队：湖北大学高等人文研究院社会调查中心·中国文化发展现状调查组

负责人：张智敏　黄　妍

问卷设计：张智敏　黄　妍

线上调查组织：张彦龙　张智敏

线上问卷推送：Credamo 数据平台　武汉梦实咨询服务有限公司

实地调查人员：洪华华、张群敏、黄佳萱、张璇、丁浩、蔡利平、汪曦、张彦龙

数据清理：张彦龙

数据分析：张智敏教授工作室

“中国文化发展状况调查（2021）”问卷统计频数分析表

表1 分省份分城乡性别样本分布统计

单位：人，%

省份	样本数	占总体样本比重	城市		农村		男性		女性	
			人数	占比	人数	占比	人数	占比	人数	占比
北京市	281	3.62	263	93.59	18	6.41	129	45.91	152	54.09
天津市	82	1.06	78	95.12	4	4.88	38	46.34	44	53.66
上海市	152	1.96	139	91.45	13	8.55	78	51.32	74	48.68
重庆市	60	0.77	47	78.33	13	21.67	27	45.00	33	55.00
河北省	369	4.75	173	46.88	196	53.12	170	46.07	199	53.93
山西省	167	2.15	99	59.28	68	40.72	74	44.31	93	55.69
内蒙古自治区	205	2.64	64	31.22	141	68.78	104	50.73	101	49.27
辽宁省	221	2.85	187	84.62	34	15.38	99	44.80	122	55.20
黑龙江省	233	3.00	160	68.67	73	31.33	100	42.92	133	57.08
吉林省	199	2.56	111	55.78	88	44.22	98	49.25	101	50.75
江苏省	357	4.60	228	63.87	129	36.13	192	53.78	165	46.22
浙江省	422	5.44	334	79.15	88	20.85	222	52.61	200	47.39
安徽省	339	4.37	224	66.08	115	33.92	146	43.07	193	56.93
福建省	300	3.86	196	65.33	104	34.67	133	44.33	167	55.67
江西省	225	2.90	133	59.11	92	40.89	122	54.22	103	45.78
山东省	418	5.38	267	63.88	151	36.12	184	44.02	234	55.98
河南省	353	4.55	156	44.19	197	55.81	167	47.31	186	52.69
湖北省	504	6.49	440	87.30	64	12.70	220	43.65	284	56.35
湖南省	243	3.13	106	43.62	137	56.38	125	51.44	118	48.56
广东省	382	4.92	309	80.89	73	19.11	177	46.34	205	53.66
广西壮族自治区	287	3.70	94	32.75	193	67.25	121	42.16	166	57.84
海南省	147	1.89	64	43.54	83	56.46	63	42.86	84	57.14
四川省	234	3.01	153	65.38	81	34.62	158	67.52	76	32.48
贵州省	238	3.07	134	56.30	104	43.70	139	58.40	99	41.60

续表

省份	样本数	占总体样本比重	城市		农村		男性		女性	
			人数	占比	人数	占比	人数	占比	人数	占比
云南省	239	3.08	168	70.29	71	29.71	135	56.49	104	43.51
西藏自治区	142	1.83	42	29.58	100	70.42	73	51.41	69	48.59
陕西省	199	2.56	171	85.93	28	14.07	83	41.71	116	58.29
青海省	213	2.74	148	69.48	65	30.52	99	46.48	114	53.52
甘肃省	214	2.76	125	58.41	89	41.59	98	45.79	116	54.21
宁夏回族自治区	143	1.84	71	49.65	72	50.35	54	37.76	89	62.24
新疆维吾尔自治区	191	2.46	147	76.96	44	23.04	108	56.54	83	43.46
香港特别行政区	2	0.03	2	100.00	0	0.00	1	50.00	1	50.00
澳门特别行政区	2	0.03	2	100.00	0	0.00	2	100.00	0	0.00
中国台湾地区	1	0.01	1	100.00	0	0.00	1	100.00	0	0.00
总　计	7764	100.00	5036	64.86	2728	35.14	3740	48.17	4024	51.83

注：表中“总体样本”指7764人。表中“城市”是指在调查时，被调查者居住或者工作在县及以上行政区域内的街道（社区），“农村”是指被调查者居住或者工作在乡镇及以下行政区域内的镇乡村。表中占总体样本比重的小数点后第三位按四舍五入处理。四舍五入的原则为小数点后第三位小于5的数舍去，大于或等于5的数进位入1。在总计（合计）时，如果小于100.00或者大于100.00，自动增减为100.00。余同，此后不赘。

表 2 分城市性别样本分布统计

单位：人，%

省份	市(州、盟)	县(市、区、旗)	街道(镇、乡)	社区(村)	样本数	占总体样本比重	男性		女性	
							人数	占比	人数	占比
北京市	北京市	朝阳区等 15 个区	111 个街道(镇)	181 个社区(村)	281	3.62	129	45.91	152	54.09
天津市	天津市	宝坻区等 16 个区	65 个街道(镇)	141 个社区(村)	82	1.06	38	46.34	44	53.66
上海市	上海市	宝山区等 16 个区	87 个街道(镇)	138 个社区(村)	152	1.96	78	51.32	74	48.68
重庆市	重庆市	巴南区等 19 个区(县)	43 个街道(镇)	47 个社区(村)	60	0.77	27	45.00	33	55.00
河北省	保定市	竞秀区等 19 个区(市、县)	33 个街道(镇、乡)	36 个社区(村)	45	0.58	14	31.11	31	68.89
河北省	沧州市	新华区等 11 个区(市、县)	14 个街道(镇、乡)	14 个社区(村)	25	0.32	12	48.00	13	52.00
河北省	承德市	双桥区等 7 个区(市、县)	10 个街道(镇)	10 个社区(村)	10	0.13	3	30.00	7	70.00
河北省	邯郸市	复兴区等 13 个区(市、县)	23 个街道(镇、乡)	24 个社区(村)	32	0.41	10	31.25	22	68.75
河北省	衡水市	桃城区等 7 个区(市、县)	13 个街道(镇)	13 个社区(村)	15	0.19	10	66.67	5	33.33
河北省	廊坊市	三河市等 5 个市(县)	7 个街道(镇、乡)	7 个社区(村)	7	0.09	3	42.86	4	57.14
河北省	秦皇岛市	北戴河区等 6 个区(县)	16 个街道(镇)	18 个社区(村)	23	0.30	10	43.48	13	56.52
河北省	石家庄市	裕华区等 22 个区(市、县)	42 个街道(镇、乡)	53 个社区(村)	94	1.21	47	50.00	47	50.00
河北省	唐山市	曹妃甸区等 13 个区(市、县)	24 个街道(镇、乡)	25 个社区(村)	57	0.73	27	47.37	30	52.63
河北省	邢台市	任泽区等 16 个区(市、县)	23 个街道(镇、乡)	23 个社区(村)	36	0.46	19	52.78	17	47.22
河北省	张家口市	桥东区等 12 个区(县)	15 个街道(镇)	15 个社区(村)	25	0.32	15	60.00	10	40.00
山西省	大同市	平城区等 9 个区(县)	12 个街道(镇、乡)	12 个社区(村)	14	0.18	6	42.86	8	57.14
山西省	晋城市	城区等 4 个区(市、县)	6 个街道(镇)	10 个社区(村)	10	0.13	5	50.00	5	50.00
山西省	晋中市	榆次区等 3 个区(县)	5 个街道(镇)	5 个社区(村)	5	0.06	1	20.00	4	80.00
山西省	临汾市	尧都区等 5 个区(县)	7 个街道(镇、乡)	7 个社区(村)	7	0.09	2	28.57	5	71.43

续表

省份	市(州、盟)	县(市、区、旗)	街道(镇、乡)	社区(村)	样本数	占总体样本比重	男性		女性	
							人数	占比	人数	占比
山西省	吕梁市	离石区等7个区(市、县)	11个街道(镇、乡)	12个社区(村)	15	0.19	6	40.00	9	60.00
山西省	朔州市	朔城区等3个区(市)	4个街道	7个社区(村)	8	0.10	3	37.50	5	62.50
山西省	太原市	晋源区等8个区(市、县)	29个街道(镇、乡)	41个社区(村)	61	0.79	28	45.90	33	54.10
山西省	忻州市	忻府区等7个区(市、县)	8个街道(镇、乡)	9个社区(村)	9	0.12	3	33.33	6	66.67
山西省	阳泉市	城区等5个区(县)	8个街道(镇)	9个社区(村)	10	0.13	5	50.00	5	50.00
山西省	运城市	盐湖区等6个区(市、县)	6个街道(镇)	6个社区(村)	7	0.09	3	42.86	4	57.14
山西省	长治市	屯留区等7个区(县)	17个街道(镇、乡)	20个社区(村)	21	0.27	12	57.14	9	42.86
内蒙古自治区	阿拉善盟	阿拉善右旗等2个旗	2个镇	2个社区	7	0.09	2	28.57	5	71.43
内蒙古自治区	巴彦淖尔市	临河区等4个区(旗、县)	5个街道(镇)	5个社区	13	0.17	8	61.54	5	38.46
内蒙古自治区	包头市	东河区等5个区(旗、县)	8个街道(镇)	9个社区	20	0.26	10	50.00	10	50.00
内蒙古自治区	赤峰市	红山区等8个区(旗、县)	17个街道(镇)	18个社区(村)	25	0.32	13	52.00	12	48.00
内蒙古自治区	鄂尔多斯市	东胜区等6个区(旗)	11个街道(镇)	13个社区(村)	37	0.48	19	51.35	18	48.65
内蒙古自治区	呼和浩特市	赛罕区等8个区(旗、县)	15个街道(镇)	18个社区(村)	51	0.66	26	50.98	25	49.02
内蒙古自治区	呼伦贝尔市	海拉尔区等6个区(旗、市)	7个街道(镇)	7个社区	10	0.13	4	40.00	6	60.00
内蒙古自治区	通辽市	奈曼旗等5个旗(市、县)	6个街道(镇)	8个社区(村)	19	0.24	9	47.37	10	52.63
内蒙古自治区	乌海市	海南区等2个区	3个街道	3个社区	4	0.05	3	75.00	1	25.00
内蒙古自治区	乌兰察布市	凉城县等4个县	4个镇	4个社区	10	0.13	7	70.00	3	30.00
内蒙古自治区	锡林郭勒盟	太仆寺旗等2个旗(市)	2个街道(镇)	2个社区	3	0.04	2	66.67	1	33.33
内蒙古自治区	兴安盟	突泉县	突泉镇等2个镇(乡)	2个社区(村)	6	0.08	1	16.67	5	83.33

续表

省份	市（州、盟）	县（市、区、旗）	街道（镇、乡）	社区（村）	样本数	占总体样本比重	男性		女性	
							人数	占比	人数	占比
辽宁省	鞍山市	立山区等 3 个区（县）	3 个街道	3 个社区	7	0.09	4	57.14	3	42.86
辽宁省	本溪市	南芬区等 4 个区	6 个街道	6 个社区（村）	14	0.18	9	64.29	5	35.71
辽宁省	朝阳市	龙城区等 6 个区（市、县）	12 个街道（镇、乡）	12 个社区（村）	16	0.21	5	31.25	11	68.75
辽宁省	大连市	甘井子区等 10 个区（市、县）	22 个街道（镇）	28 个社区（村）	35	0.45	12	34.29	23	65.71
辽宁省	丹东市	振兴区等 6 个区（市、县）	7 个街道（镇）	8 个社区	15	0.19	6	40.00	9	60.00
辽宁省	抚顺市	顺城区等 5 个区（县）	5 个街道（镇）	5 个社区（村）	6	0.08	2	33.33	4	66.67
辽宁省	阜新市	海州区等 4 个区	5 个街道	5 个社区	7	0.09	1	14.29	6	85.71
辽宁省	葫芦岛市	连山区等 5 个区（市、县）	9 个街道（镇、乡）	9 个社区（村）	10	0.13	7	70.00	3	30.00
辽宁省	锦州市	凌河区等 6 个区（市、县）	8 个街道	10 个社区（村）	16	0.21	6	37.50	10	62.50
辽宁省	辽阳市	白塔区等 5 个区（市、县）	5 个街道（镇）	6 个社区（村）	7	0.09	4	57.14	3	42.86
辽宁省	盘锦市	双台子区等 3 个区（县）	4 个街道	4 个社区	7	0.09	3	42.86	4	57.14
辽宁省	沈阳市	皇姑区等 10 个区（市、县）	24 个街道（镇）	40 个社区（村）	61	0.79	31	50.82	30	49.18
辽宁省	铁岭市	银州区等 5 个区（市、县）	7 个街道（镇）	7 个社区（村）	10	0.13	7	70.00	3	30.00
辽宁省	营口市	站前区等 4 个区（市）	6 个街道	6 个社区	10	0.13	2	20.00	8	80.00
黑龙江省	大庆市	龙凤区等 6 个区（县）	11 个街道（镇）	16 个社区（村）	16	0.21	7	43.75	9	56.25
黑龙江省	大兴安岭地区	漠河市等 2 个市（县）	2 个镇	3 个社区	3	0.04	2	66.67	1	33.33
黑龙江省	哈尔滨市	道里区等 9 个区（县）	33 个街道（镇、乡）	47 个社区（村）	58	0.75	20	34.48	38	65.52
黑龙江省	鹤岗市	南山区等 7 个区（县）	12 个街道（镇）	17 个社区（村）	19	0.24	9	47.37	10	52.63
黑龙江省	黑河市	爱辉区等 4 个区（市、县）	9 个街道（镇、乡）	13 个社区（村）	14	0.18	11	78.57	3	21.43
黑龙江省	鸡西市	鸡冠区等 7 个区（市、县）	10 个街道（镇、乡）	20 个社区（村）	21	0.27	8	38.10	13	61.90

续表

省份	市(州、盟)	县(市、区、旗)	街道(镇、乡)	社区(村)	样本数	占总体样本比重	男性		女性	
							人数	占比	人数	占比
黑龙江省	佳木斯市	前进区等8个区(市、县)	19个街道(镇、乡)	26个社区(村)	26	0.33	11	42.31	15	57.69
黑龙江省	牡丹江市	东安区等7个区(市、县)	13个街道(镇、乡)	18个社区(村)	19	0.24	12	63.16	7	36.84
黑龙江省	七台河市	新兴区等3个区	9个街道(镇)	10个社区(村)	10	0.13	4	40.00	6	60.00
黑龙江省	齐齐哈尔市	建华区等10个区(市、县)	18个街道(镇、乡)	26个社区(村)	30	0.39	9	30.00	21	70.00
黑龙江省	双鸭山市	尖山区等5个区(县)	12个街道(镇、乡)	14个社区(村)	14	0.18	6	42.86	8	57.14
黑龙江省	绥化市	海伦市等2个市	2个街道(镇)	2个社区	2	0.03	1	50.00	1	50.00
黑龙江省	伊春市	乌翠区	曙光街道	文化社区	1	0.01	0	0.00	1	100.00
吉林省	白城市	大安市	锦华街道	康宁社区等2个社区	2	0.03	0	0.00	2	100.00
吉林省	白山市	浑江区等6个区(市、县)	11个街道(镇)	16个社区(村)	18	0.23	15	83.33	3	16.67
吉林省	吉林市	龙潭区等7个区(市、县)	14个街道(镇、乡)	23个社区(村)	23	0.30	10	43.48	13	56.52
吉林省	辽源市	龙山区等4个区(县)	15个街道(镇、乡)	21个社区(村)	22	0.28	11	50.00	11	50.00
吉林省	四平市	铁西区等5个区(市、县)	9个街道(镇、乡)	14个社区(村)	14	0.18	3	21.43	11	78.57
吉林省	松原市	宁江区等6个区(市、县)	14个街道(镇、乡)	17个社区(村)	17	0.22	10	58.82	7	41.18
吉林省	通化市	东昌区等6个区(市、县)	18个街道(镇、乡)	26个社区(村)	32	0.41	20	62.50	12	37.50
吉林省	延边朝鲜族自治州	延吉市等2个市	3个街道	3个社区	3	0.04	3	100.00	0	0.00
吉林省	长春市	宽城区等13个区(市、县)	36个街道(镇、乡)	52个社区(村)	68	0.88	26	38.24	42	61.76
江苏省	常州市	武进区等5个区(市)	11个街道(镇)	15个社区(村)	18	0.23	11	61.11	7	38.89
江苏省	淮安市	淮安区等4个区(县)	5个街道	6个社区(村)	6	0.08	2	33.33	4	66.67

续表

省份	市（州、盟）	县（市、区、旗）	街道（镇、乡）	社区（村）	样本数	占总体样本比重	男性		女性	
							人数	占比	人数	占比
江苏省	连云港市	海州区等5个区（县）	9个街道（镇）	9个社区（村）	26	0.33	15	57.69	11	42.31
江苏省	南京市	鼓楼区等11个区	41个街道（镇）	65个社区（村）	91	1.17	47	51.65	44	48.35
江苏省	南通市	海门区等7个区（市、县）	11个街道（镇）	11个社区（村）	12	0.15	4	33.33	8	66.67
江苏省	苏州市	相城区等10个区（市）	34个街道（镇）	60个社区（村）	66	0.85	36	54.55	30	45.45
江苏省	宿迁市	宿城区等4个区（县）	6个街道（镇）	7个社区	7	0.09	3	42.86	4	57.14
江苏省	泰州市	海陵区等3个区（市）	5个街道（镇）	11个社区（村）	20	0.26	13	65.00	7	35.00
江苏省	无锡市	梁溪区等7个区（市）	20个街道（镇）	48个社区（村）	64	0.82	34	53.13	30	46.88
江苏省	徐州市	铜山区等10个区（市、县）	14个街道（镇）	15个社区（村）	17	0.22	10	58.82	7	41.18
江苏省	盐城市	盐都区等5个区（市、县）	11个街道（镇）	13个社区（村）	13	0.17	7	53.85	6	46.15
江苏省	扬州市	江都区等5个区（县）	7个街道（镇）	8个社区（村）	10	0.13	6	60.00	4	40.00
江苏省	镇江市	京口区等6个区（市）	7个街道（镇）	7个社区（村）	7	0.09	4	57.14	3	42.86
浙江省	杭州市	临安区等13个区（市、县）	52个街道（镇、乡）	67个社区（村）	104	1.34	49	47.12	55	52.88
浙江省	湖州市	吴兴区等5个区（县）	9个街道（镇）	10个社区（村）	10	0.13	8	80.00	2	20.00
浙江省	嘉兴市	南湖区等7个区（市、县）	25个街道（镇）	36个社区（村）	57	0.73	34	59.65	23	40.35
浙江省	金华市	婺城区等5个区（市、县）	16个街道（镇）	18个社区（村）	36	0.46	16	44.44	20	55.56
浙江省	丽水市	莲都区等4个区（县）	6个街道（镇）	6个社区（村）	8	0.10	3	37.50	5	62.50
浙江省	宁波市	镇海区等10个区（市、县）	34个街道（镇）	40个社区（村）	59	0.76	32	54.24	27	45.76
浙江省	衢州市	柯城区等3个区（市、县）	9个街道（镇）	10个社区（村）	10	0.13	6	60.00	4	40.00
浙江省	绍兴市	越城区等4个区（市）	22个街道（镇）	29个社区（村）	49	0.63	27	55.10	22	44.90
浙江省	台州市	路桥区等9个区（市、县）	29个街道（镇）	45个社区（村）	51	0.66	26	50.98	25	49.02

续表

省份	市(州、盟)	县(市、区、旗)	街道(镇、乡)	社区(村)	样本数	占总体样本比重	男性		女性	
							人数	占比	人数	占比
浙江省	温州市	瓯海区等7个区(市、县)	16个街道(镇)	18个社区(村)	36	0.46	20	55.56	16	44.44
浙江省	舟山市	定海区	临城街道等2个街道	2个社区	2	0.03	1	50.00	1	50.00
安徽省	安庆市	迎江区等7个区(市、县)	8个街道(镇、乡)	8个社区(村)	8	0.10	6	75.00	2	25.00
安徽省	蚌埠市	淮上区等5个区(县)	6个街道(镇、乡)	13个社区(村)	38	0.49	32	84.21	6	15.79
安徽省	亳州市	谯城区等2个区(县)	4个街道(镇)	5个社区(村)	6	0.08	3	50.00	3	50.00
安徽省	池州市	贵池区	江口街道	江口社区	1	0.01	1	100.00	0	0.00
安徽省	滁州市	凤阳县	府城镇	府东社区	2	0.03	1	50.00	1	50.00
安徽省	阜阳市	颍泉区等3个区(市、县)	4个街道	4个社区	4	0.05	3	75.00	1	25.00
安徽省	合肥市	庐阳区等11个区(市、县)	34个街道(镇)	64个社区(村)	138	1.78	26	18.84	112	81.16
安徽省	淮北市	杜集区等3个区	4个街道(镇)	7个社区(村)	30	0.39	19	63.33	11	36.67
安徽省	淮南市	潘集区等6个区(县)	8个街道(镇)	21个社区(村)	28	0.36	13	46.43	15	53.57
安徽省	黄山市	徽州区等4个区(县)	5个街道(镇)	5个社区(村)	5	0.06	2	40.00	3	60.00
安徽省	六安市	裕安区等5个区(县)	9个街道(镇、乡)	11个社区(村)	12	0.15	3	25.00	9	75.00
安徽省	马鞍山市	花山区等4个区(县)	5个街道(镇)	16个社区(村)	31	0.40	23	74.19	8	25.81
安徽省	宿州市	埇桥区等4个区(县)	7个街道(镇)	8个社区(村)	8	0.10	3	37.50	5	62.50
安徽省	铜陵市	铜官区等2个区(县)	3个街道(镇)	3个社区	3	0.04	2	66.67	1	33.33
安徽省	芜湖市	鸠江区等3个区(市)	5个街道(镇)	13个社区	21	0.27	7	33.33	14	66.67
安徽省	宣城市	宣州区等3个区(市、县)	4个街道(镇)	4个社区	4	0.05	2	50.00	2	50.00
福建省	福州市	长乐区等9个区(县)	26个街道(镇、乡)	42个社区(村)	49	0.63	25	51.02	24	48.98

续表

省份	市（州、盟）	县（市、区、旗）	街道（镇、乡）	社区（村）	样本数	占总体样本比重	男性		女性	
							人数	占比	人数	占比
福建省	龙岩市	新罗区等3个区（市、县）	5个街道（镇、乡）	5个社区（村）	5	0.06	3	60.00	2	40.00
福建省	南平市	政和县等3个县	5个街道（镇）	8个社区（村）	8	0.10	3	37.50	5	62.50
福建省	宁德市	蕉城区等6个区（市、县）	11个街道（镇、乡）	14个社区（村）	15	0.19	10	66.67	5	33.33
福建省	莆田市	秀屿区等5个区（县）	15个街道（镇）	34个社区（村）	35	0.45	19	54.29	16	45.71
福建省	泉州市	洛江区等10个区（市、县）	27个街道（镇）	49个社区（村）	50	0.64	20	40.00	30	60.00
福建省	三明市	沙县区等5个区（市、县）	13个街道（镇）	34个社区（村）	35	0.45	16	45.71	19	54.29
福建省	厦门市	思明区等6个区	25个街道（镇）	72个社区（村）	95	1.22	32	33.68	63	66.32
福建省	漳州市	长泰区等6个区（县）	6个街道（镇）	7个社区（村）	8	0.10	5	62.50	3	37.50
江西省	抚州市	临川区等4个区（县）	5个街道（镇）	5个社区（村）	5	0.06	3	60.00	2	40.00
江西省	赣州市	南康区等9个区（县）	19个街道（镇、乡）	27个社区（村）	30	0.39	17	56.67	13	43.33
江西省	吉安市	青原区等6个区（市、县）	7个街道（镇）	8个社区（村）	9	0.12	3	33.33	6	66.67
江西省	景德镇市	珠山区等3个区（市、县）	6个街道（镇）	7个社区（村）	7	0.09	4	57.14	3	42.86
江西省	九江市	柴桑区等9个区（市、县）	16个街道（镇、乡）	17个社区（村）	22	0.28	11	50.00	11	50.00
江西省	南昌市	青山湖区等9个区（县）	45个街道（镇、乡）	71个社区（村）	85	1.09	54	63.53	31	36.47
江西省	萍乡市	安源区等2个区	5个街道（镇）	8个社区（村）	11	0.14	7	63.64	4	36.36
江西省	上饶市	广丰区等8个区（县）	15个街道（镇、乡）	27个社区（村）	31	0.40	11	35.48	20	64.52
江西省	新余市	渝水区	城北街道等5个街道（镇、乡）	7个社区（村）	8	0.10	5	62.50	3	37.50
江西省	宜春市	袁州区等6个区（市、县）	8个街道（镇、乡）	11个社区（村）	12	0.15	3	25.00	9	75.00
江西省	鹰潭市	月湖区等3个区（市）	5个街道（镇）	5个社区（村）	5	0.06	4	80.00	1	20.00

续表

省份	市(州、盟)	县(市、区、旗)	街道(镇、乡)	社区(村)	样本数	占总体样本比重	男性		女性	
							人数	占比	人数	占比
山东省	滨州市	博兴县等3个县(市)	5个街道(镇)	5个社区(村)	7	0.09	4	57.14	3	42.86
山东省	德州市	庆云县等5个县	8个街道(镇)	9个社区(村)	16	0.21	6	37.50	10	62.50
山东省	东营市	东营区等4个区(县)	9个街道(镇)	11个社区(村)	26	0.33	10	38.46	16	61.54
山东省	菏泽市	定陶区等6个区(县)	7个街道(镇)	7个社区(村)	16	0.21	3	18.75	13	81.25
山东省	济南市	天桥区等10个区(县)	35个街道(镇)	44个社区(村)	98	1.26	51	52.04	47	47.96
山东省	济宁市	任城区等7个区(市、县)	12个街道(镇)	16个社区(村)	39	0.50	32	82.05	7	17.95
山东省	聊城市	东昌府区等5个区(县)	11个街道(镇)	12个社区(村)	18	0.23	11	61.11	7	38.89
山东省	临沂市	罗庄区等9个区(县)	13个街道(镇)	15个社区(村)	17	0.22	5	29.41	12	70.59
山东省	青岛市	崂山区等10个区(市)	30个街道(镇)	35个社区(村)	62	0.80	19	30.65	43	69.35
山东省	日照市	岚山区等4个区(县)	6个街道(镇)	7个社区(村)	8	0.10	2	25.00	6	75.00
山东省	泰安市	泰山区等6个区(市、县)	12个街道(镇)	15个社区(村)	18	0.23	7	38.89	11	61.11
山东省	威海市	文登区等4个区(市)	8个街道(镇)	10个社区(村)	11	0.14	8	72.73	3	27.27
山东省	潍坊市	奎文区等7个区(市)	13个街道(镇)	13个社区(村)	13	0.17	6	46.15	7	53.85
山东省	烟台市	芝罘区等9个区(市)	22个街道(镇)	28个社区(村)	30	0.39	8	26.67	22	73.33
山东省	枣庄市	山亭区等4个区(市)	8个街道(镇)	8个社区(村)	19	0.24	5	26.32	14	73.68
山东省	淄博市	淄川区等7个区(县)	17个街道(镇)	18个社区(村)	20	0.26	7	35.00	13	65.00
河南省	安阳市	北关区等8个区(市、县)	18个街道(镇、乡)	18个社区(村)	28	0.36	14	50.00	14	50.00
河南省	鹤壁市	浚县等2个县(区)	3个街道(镇)	3个社区(村)	4	0.05	1	25.00	3	75.00
河南省	焦作市	解放区等6个区(市、县)	8个街道(镇、乡)	9个社区(村)	11	0.14	8	72.73	3	27.27
河南省	开封市	龙亭区等4个区(市、县)	8个街道(镇、乡)	9个社区(村)	12	0.15	5	41.67	7	58.33

续表

省份	市(州、盟)	县(市、区、旗)	街道(镇、乡)	社区(村)	样本数	占总体样本比重	男性		女性	
							人数	占比	人数	占比
河南省	洛阳市	涧西区等9个区(县)	22个街道(镇、乡)	25个社区(村)	29	0.37	6	20.69	23	79.31
河南省	漯河市	郾城区等4个区(县)	6个街道(镇、乡)	6个社区(村)	7	0.09	2	28.57	5	71.43
河南省	南阳市	宛城区等8个区(市、县)	15个街道(镇、乡)	16个社区(村)	20	0.26	4	20.00	16	80.00
河南省	平顶山市	石龙区等5个区(县)	5个街道(镇、乡)	5个社区(村)	5	0.06	2	40.00	3	60.00
河南省	濮阳市	华龙区等5个区(县)	6个街道(镇、乡)	6个社区(村)	7	0.09	3	42.86	4	57.14
河南省	三门峡市	灵宝市等4个市(区、县)	5个街道(镇、乡)	5个社区(村)	6	0.08	3	50.00	3	50.00
河南省	商丘市	睢阳区等6个区(县)	10个街道(镇、乡)	11个社区(村)	11	0.14	8	72.73	3	27.27
河南省	新乡市	红旗区等9个区(市、县)	23个街道(镇、乡)	27个社区(村)	30	0.39	19	63.33	11	36.67
河南省	信阳市	商城县等4个县	9个街道(镇、乡)	10个社区(村)	11	0.14	6	54.55	5	45.45
河南省	许昌市	魏都区等3个区(市、县)	3个街道(镇)	3个社区(村)	3	0.04	1	33.33	2	66.67
河南省	郑州市	中原区等13个区(市、县)	54个街道(镇、乡)	70个社区(村)	105	1.35	55	52.38	50	47.62
河南省	周口市	川汇区等8个区(县)	21个街道(镇、乡)	24个社区(村)	29	0.37	12	41.38	17	58.62
河南省	驻马店市	驿城区等10个区(县)	24个街道(镇、乡)	25个社区(村)	35	0.45	18	51.43	17	48.57
湖北省	鄂州市	鄂城区	杨叶镇	团山村	1	0.01	0	0.00	1	100.00
湖北省	恩施土家族苗族自治州	恩施市等5个市(县)	10个街道(镇、乡)	12个社区(村)	13	0.17	4	30.77	9	69.23
湖北省	黄冈市	黄州区等5个区(市、县)	8个街道(镇、乡)	12个社区(村)	14	0.18	7	50.00	7	50.00
湖北省	黄石市	下陆区等6个区(市、县)	9个街道(镇)	13个社区(村)	17	0.22	9	52.94	8	47.06
湖北省	荆门市	掇刀区等3个区(市)	4个街道(镇)	5个社区(村)	5	0.06	2	40.00	3	60.00
湖北省	荆州市	荆州区等5个区(市)	6个街道(镇)	7个社区(村)	9	0.12	4	44.44	5	55.56

续表

省份	市(州、盟)	县(市、区、旗)	街道(镇、乡)	社区(村)	样本数	占总体样本比重	男性		女性	
							人数	占比	人数	占比
湖北省	十堰市	茅箭区等7个区(市、县)	10个街道(镇)	12个社区(村)	12	0.15	7	58.33	5	41.67
湖北省	随州市	曾都区等3个区(市、县)	6个街道(镇)	7个社区(村)	7	0.09	1	14.29	6	85.71
湖北省	武汉市	武昌区等13个区	83个街道	185个社区(村)	371	4.78	162	43.67	209	56.33
湖北省	咸宁市	咸安区等5个区(市、县)	7个街道(镇)	9个社区(村)	12	0.15	7	58.33	5	41.67
湖北省	襄阳市	樊城区等6个区(市、县)	9个街道(镇)	9个社区(村)	17	0.22	5	29.41	12	70.59
湖北省	孝感市	孝南区等2个区(县)	3个街道(镇)	3个社区	4	0.05	3	75.00	1	25.00
湖北省	宜昌市	伍家岗区等9个区(市、县)	14个街道(镇)	14个社区(村)	20	0.26	8	40.00	12	60.00
湖北省	直辖县级行政区划	潜江市等2个市	2个街道	2个社区	2	0.03	1	50.00	1	50.00
湖南省	常德市	武陵区等6个区(县)	7个街道(镇)	7个社区	22	0.28	12	54.55	10	45.45
湖南省	郴州市	北湖区等7个区(县)	9个街道(镇、乡)	9个社区(村)	11	0.14	6	54.55	5	45.45
湖南省	衡阳市	石鼓区等10个区(市、县)	15个街道(镇)	16个社区(村)	27	0.35	14	51.85	13	48.15
湖南省	怀化市	洪江市等5个市(县)	7个镇	7个社区(村)	10	0.13	6	60.00	4	40.00
湖南省	娄底市	娄星区等4个区(市、县)	7个街道(镇)	10个社区(村)	10	0.13	5	50.00	5	50.00
湖南省	邵阳市	大祥区等8个区(市、县)	9个街道(镇)	10个社区(村)	11	0.14	3	27.27	8	72.73
湖南省	湘潭市	雨湖区等5个区(市、县)	7个街道(镇、乡)	7个社区(村)	9	0.12	4	44.44	5	55.56
湖南省	益阳市	赫山区等3个区(县)	3个街道(镇)	3个社区	5	0.06	0	0.00	5	100.00
湖南省	永州市	零陵区等7个区(市、县)	8个街道(镇)	8个社区(村)	13	0.17	5	38.46	8	61.54
湖南省	岳阳市	岳阳楼区等4个区(市、县)	6个街道(镇)	7个社区(村)	14	0.18	9	64.29	5	35.71

续表

省份	市（州、盟）	县（市、区、旗）	街道（镇、乡）	社区（村）	样本数	占总体样本比重	男性		女性	
							人数	占比	人数	占比
湖南省	张家界市	永定区等2个区（县）	2个街道（镇）	2个社区	2	0.03	1	50.00	1	50.00
湖南省	长沙市	岳麓区等9个区（市、县）	28个街道（镇）	41个社区（村）	90	1.16	52	57.78	38	42.22
湖南省	株洲市	芦淞区等7个区（市、县）	10个街道（镇）	12个社区（村）	19	0.24	8	42.11	11	57.89
广东省	潮州市	潮安区等3个区（县）	6个街道（镇）	7个社区（村）	8	0.10	4	50.00	4	50.00
广东省	东莞市	县级行政区	万江街道等3个街道	22个社区（村）	22	0.28	8	36.36	14	63.64
广东省	佛山市	顺德区等5个区	15个街道（镇）	28个社区（村）	32	0.41	12	37.50	20	62.50
广东省	广州市	天河区等11个区	68个街道（镇）	97个社区（村）	118	1.52	52	44.07	66	55.93
广东省	河源市	源城区等2个区（县）	4个街道（镇）	4个社区	4	0.05	2	50.00	2	50.00
广东省	惠州市	惠城区等4个区（县）	11个街道（镇）	12个社区（村）	12	0.15	6	50.00	6	50.00
广东省	江门市	蓬江区等5个区（市）	6个街道（镇）	6个社区（村）	7	0.09	4	57.14	3	42.86
广东省	揭阳市	榕城区等4个区（市、县）	6个街道（镇）	6个社区（村）	6	0.08	2	33.33	4	66.67
广东省	茂名市	电白区等5个区（市）	11个街道（镇）	11个社区（村）	11	0.14	6	54.55	5	45.45
广东省	梅州市	梅江区等2个区（县）	5个街道（镇）	6个社区（村）	7	0.09	3	42.86	4	57.14
广东省	清远市	清城区等5个区（市、县）	5个街道（镇）	5个社区（村）	6	0.08	3	50.00	3	50.00
广东省	汕头市	龙湖区等6个区	17个街道（镇）	22个社区（村）	22	0.28	8	36.36	14	63.64
广东省	汕尾市	陆丰市	东海街道等2个街道（镇）	2个村	2	0.03	1	50.00	1	50.00
广东省	韶关市	浈江区等2个区（县）	4个街道（镇、乡）	5个社区（村）	5	0.06	2	40.00	3	60.00
广东省	深圳市	南山区等9个区	40个街道	69个社区（村）	80	1.03	44	55.00	36	45.00

续表

省份	市(州、盟)	县(市、区、旗)	街道(镇、乡)	社区(村)	样本数	占总体样本比重	男性		女性	
							人数	占比	人数	占比
广东省	阳江市	阳东区等2个区	2个街道(镇)	2个村	3	0.04	2	66.67	1	33.33
广东省	云浮市	云城区等3个区(市、县)	3个街道(镇)	5个社区(村)	5	0.06	2	40.00	3	60.00
广东省	湛江市	麻章区等6个区(市)	11个街道(镇)	11个社区(村)	11	0.14	5	45.45	6	54.55
广东省	肇庆市	鼎湖区等5个区(市、县)	5个街道(镇)	6个社区(村)	7	0.09	4	57.14	3	42.86
广东省	中山市	县级行政区	石岐街道	凤鸣社区等7个社区(村)	7	0.09	3	42.86	4	57.14
广东省	珠海市	斗门区等2个区	4个街道(镇)	7个社区	7	0.09	4	57.14	3	42.86
广西壮族自治区	百色市	田阳区等8个区(市、县)	14个街道(镇)	20个社区(村)	20	0.26	10	50.00	10	50.00
广西壮族自治区	北海市	海城区等3个区(县)	7个街道(镇)	11个社区(村)	11	0.14	7	63.64	4	36.36
广西壮族自治区	崇左市	江州区等6个区(县)	8个街道(镇)	9个社区(村)	9	0.12	4	44.44	5	55.56
广西壮族自治区	防城港市	防城区等3个区(市、县)	7个街道(镇、乡)	13个社区(村)	13	0.17	2	15.38	11	84.62
广西壮族自治区	贵港市	港南区等5个区(市、县)	15个街道(镇)	23个社区(村)	24	0.31	10	41.67	14	58.33
广西壮族自治区	桂林市	象山区等10个区(县)	15个街道(镇)	22个社区(村)	27	0.35	5	18.52	22	81.48
广西壮族自治区	河池市	金城江区等7个区(县)	15个街道(镇、乡)	18个社区(村)	18	0.23	6	33.33	12	66.67
广西壮族自治区	贺州市	平桂区等4个区(县)	10个街道(镇、乡)	17个社区(村)	18	0.23	10	55.56	8	44.44
广西壮族自治区	来宾市	武宣县	二塘镇等2个镇	2个社区(村)	2	0.03	0	0.00	2	100.00
广西壮族自治区	柳州市	鱼峰区等8个区(县)	20个街道(镇)	32个社区(村)	33	0.43	13	39.39	20	60.61
广西壮族自治区	南宁市	兴宁区等10个区(市、县)	23个街道(镇)	36个社区(村)	52	0.67	24	46.15	28	53.85
广西壮族自治区	钦州市	钦北区等3个区(县)	14个街道(镇)	22个社区(村)	23	0.30	15	65.22	8	34.78
广西壮族自治区	梧州市	长洲区等2个区(县)	4个街道(镇)	5个社区(村)	5	0.06	3	60.00	2	40.00

续表

省份	市（州、盟）	县（市、区、旗）	街道（镇、乡）	社区（村）	样本数	占总体样本比重	男性		女性	
							人数	占比	人数	占比
广西壮族自治区	玉林市	玉州区等6个区（市、县）	21个街道（镇）	32个社区（村）	32	0.41	12	37.50	20	62.50
海南省	海口市	琼山区等4个区	16个街道（镇）	23个社区（村）	25	0.32	9	36.00	16	64.00
海南省	三沙市	南沙区等2个区	4个岛屿	9个社区	17	0.22	6	35.29	11	64.71
海南省	三亚市	崖州区等4个区	直辖村级区划	58个社区（村）	60	0.77	24	40.00	36	60.00
海南省	直辖县级行政区划	文昌市等14个市（县）	29个镇	41个社区（村）	45	0.58	24	53.33	21	46.67
四川省	巴中市	恩阳区等3个区（县）	3个街道（镇）	4个社区	4	0.05	3	75.00	1	25.00
四川省	成都市	双流区等14个区（市、县）	46个街道（镇）	63个社区（村）	99	1.28	46	46.46	53	53.54
四川省	达州市	万源市等3个市（县）	4个镇	4个社区（村）	4	0.05	2	50.00	2	50.00
四川省	德阳市	旌阳区等2个区（市）	3个街道	3个社区	3	0.04	1	33.33	2	66.67
四川省	广安市	广安区等4个区（县）	5个街道（镇）	5个社区（村）	6	0.08	5	83.33	1	16.67
四川省	广元市	朝天区等2个区（县）	2个镇	2个社区	20	0.26	20	100.00	0	0.00
四川省	乐山市	沙湾区等3个区（县）	3个街道（镇）	3个社区	21	0.27	21	100.00	0	0.00
四川省	凉山彝族自治州	西昌市	东城街道	健康路社区	1	0.01	1	100.00	0	0.00
四川省	泸州市	龙马潭区等3个区（县）	3个街道（镇）	3个社区（村）	3	0.04	2	66.67	1	33.33
四川省	眉山市	东坡区等3个区（县）	5个街道（镇）	6个社区	6	0.08	4	66.67	2	33.33
四川省	绵阳市	安州区等2个区	3个街道（镇）	3个社区	22	0.28	22	100.00	0	0.00
四川省	南充市	顺庆区等5个区（市、县）	8个街道（镇）	8个社区（村）	8	0.10	3	37.50	5	62.50
四川省	内江市	市中区等2个区（县）	2个镇	2个社区	2	0.03	0	0.00	2	100.00

续表

省份	市(州、盟)	县(市、区、旗)	街道(镇、乡)	社区(村)	样本数	占总体样本比重	男性		女性	
							人数	占比	人数	占比
四川省	攀枝花市	东区等2个区(县)	2个街道(镇)	2个社区(村)	2	0.03	2	100.00	0	0.00
四川省	遂宁市	船山区	九莲街道	北兴社区	1	0.01	0	0.00	1	100.00
四川省	雅安市	汉源县	九襄镇	民主社区	1	0.01	0	0.00	1	100.00
四川省	宜宾市	南溪区等2个区(县)	2个街道(镇)	2个社区	2	0.03	1	50.00	1	50.00
四川省	资阳市	雁江区等3个区(县)	4个街道(镇)	4个社区	5	0.06	2	40.00	3	60.00
四川省	自贡市	大安区等3个区(县)	5个街道(镇、乡)	5个社区(村)	24	0.31	23	95.83	1	4.17
贵州省	安顺市	平坝区等3个区(县)	16个街道(镇、乡)	24个社区(村)	24	0.31	16	66.67	8	33.33
贵州省	毕节市	七星关区等6个区(县)	12个街道(镇、乡)	12个社区(村)	12	0.15	8	66.67	4	33.33
贵州省	贵阳市	观山湖区等10个区(市、县)	45个街道(镇、乡)	67个社区(村)	88	1.13	53	60.23	35	39.77
贵州省	六盘水市	钟山区等4个区(市)	26个街道(镇、乡)	51个社区(村)	51	0.66	32	62.75	19	37.25
贵州省	黔东南苗族侗族自治州	凯里市等3个市(县)	3个街道(镇)	3个社区(村)	3	0.04	3	100.00	0	0.00
贵州省	黔南布依族苗族自治州	都匀市等3个市(县)	3个街道(镇)	3个社区	3	0.04	0	0.00	3	100.00
贵州省	黔西南布依族苗族自治州	普安县	盘水街道	普天社区	1	0.01	0	0.00	1	100.00
贵州省	铜仁市	德江县等3个县	4个街道(镇)	4个社区(村)	5	0.06	0	0.00	5	100.00
贵州省	遵义市	汇川区等9个区(市、县)	26个街道(镇)	49个社区(村)	51	0.66	27	52.94	24	47.06
云南省	保山市	隆阳区等3个区(市、县)	5个街道(镇、乡)	5个社区(村)	26	0.33	23	88.46	3	11.54

续表

省份	市(州、盟)	县(市、区、旗)	街道(镇、乡)	社区(村)	样本数	占总体样本比重	男性		女性	
							人数	占比	人数	占比
云南省	楚雄彝族自治州	大姚县	金碧镇	金龙社区	1	0.01	0	0.00	1	100.00
云南省	大理白族自治州	大理市等4个市(县)	5个街道(镇)	6个社区(村)	6	0.08	2	33.33	4	66.67
云南省	德宏傣族景颇族自治州	芒市	芒市勐焕街道	锦华社区	1	0.01	1	100.00	0	0.00
云南省	红河哈尼族彝族自治州	弥勒市等4个市(县)	6个街道(镇)	6个社区(村)	6	0.08	4	66.67	2	33.33
云南省	昆明市	东川区等10个区(市、县)	39个街道(镇)	60个社区(村)	101	1.30	41	40.59	60	59.41
云南省	丽江市	古城区等3个区(县)	3个街道(镇)	4个社区	34	0.44	21	61.76	13	38.24
云南省	临沧市	临翔区等3个区(县)	3个街道(镇)	3个社区(村)	13	0.17	12	92.31	1	7.69
云南省	曲靖市	沾益区等8个区(市、县)	14个街道(镇)	17个社区(村)	40	0.52	28	70.00	12	30.00
云南省	文山壮族苗族自治州	文山市等2个市(县)	2个街道(镇)	2个社区	2	0.03	0	0.00	2	100.00
云南省	西双版纳傣族自治州	景洪市	允景洪街道	花卉园社区	1	0.01	0	0.00	1	100.00
云南省	玉溪市	江川区等3个区(县)	5个街道(镇)	5个社区(村)	5	0.06	3	60.00	2	40.00
云南省	昭通市	镇雄县等2个县	2个镇	2个社区(村)	3	0.04	0	0.00	3	100.00
西藏自治区	阿里地区	普兰县等4个县	4个镇	4个社区(村)	9	0.12	5	55.56	4	44.44
西藏自治区	昌都市	贡觉县等7个县	7个镇	7个社区(村)	29	0.37	12	41.38	17	58.62

续表

省份	市(州、盟)	县(市、区、旗)	街道(镇、乡)	社区(村)	样本数	占总体样本比重	男性		女性	
							人数	占比	人数	占比
西藏自治区	拉萨市	达孜区等7个区(县)	10个街道(镇)	18个社区(村)	34	0.44	21	61.76	13	38.24
西藏自治区	林芝市	巴宜区等3个区(县)	3个街道(镇)	3个社区(村)	18	0.23	7	38.89	11	61.11
西藏自治区	那曲市	色尼区等5个县	5个镇	5个社区(村)	14	0.18	8	57.14	6	42.86
西藏自治区	日喀则市	岗巴县等8个县	8个镇	8个社区(村)	18	0.23	9	50.00	9	50.00
西藏自治区	山南市	浪卡子县等7个县	7个街道(镇)	7个社区(村)	20	0.26	11	55.00	9	45.00
陕西省	安康市	平利县等3个县	3个镇	3个社区(村)	3	0.04	3	100.00	0	0.00
陕西省	宝鸡市	金台区等4个区(县)	5个街道(镇)	6个社区(村)	6	0.08	2	33.33	4	66.67
陕西省	汉中市	南郑区等4个区(县)	8个街道(镇)	14个社区(村)	34	0.44	2	5.88	32	94.12
陕西省	商洛市	商州区	城关街道	西关社区	1	0.01	1	100.00	0	0.00
陕西省	铜川市	王益区	七一路街道	云梦堤社区	1	0.01	1	100.00	0	0.00
陕西省	渭南市	华州区等4个区(市)	5个街道(镇)	23个社区(村)	23	0.30	21	91.30	2	8.70
陕西省	西安市	长安区等9个区(县)	30个街道(镇)	75个社区(村)	85	1.09	17	20.00	68	80.00
陕西省	咸阳市	渭城区等6个区(市、县)	11个街道(镇)	12个社区(村)	31	0.40	24	77.42	7	22.58
陕西省	延安市	宝塔区等3个区(市、县)	5个街道(镇)	5个社区(村)	14	0.18	11	78.57	3	21.43
陕西省	榆林市	府谷县	府谷镇	府州城社区	1	0.01	1	100.00	0	0.00
青海省	果洛藏族自治州	达日县等6个县	6个镇(乡)	6个社区(村)	11	0.14	6	54.55	5	45.45
青海省	海北藏族自治州	祁连县等3个县	3个镇	3个社区(村)	8	0.10	5	62.50	3	37.50
青海省	海东市	乐都区等6个区(县)	9个镇	10个社区(村)	39	0.50	19	48.72	20	51.28

续表

省份	市（州、盟）	县（市、区、旗）	街道（镇、乡）	社区（村）	样本数	占总体样本比重	男性		女性	
							人数	占比	人数	占比
青海省	海南藏族自治州	贵南县等5个县	5个镇	5个社区（村）	13	0.17	5	38.46	8	61.54
青海省	海西蒙古族藏族自治州	德令哈市等3个市（县）	5个街道（镇）	5个社区	8	0.10	3	37.50	5	62.50
青海省	黄南藏族自治州	同仁市等2个市（县）	2个镇	2个社区	4	0.05	2	50.00	2	50.00
青海省	西宁市	湟中区等6个区（县）	22个街道（镇、乡）	23个社区（村）	115	1.48	54	46.96	61	53.04
青海省	玉树藏族自治州	玉树市等4个市（县）	4个街道（镇）	4个社区	15	0.19	5	33.33	10	66.67
甘肃省	白银市	白银区等3个区（县）	4个街道（镇）	5个社区	5	0.06	4	80.00	1	20.00
甘肃省	定西市	安定区等2个区（县）	6个街道（镇、乡）	8个社区（村）	9	0.12	2	22.22	7	77.78
甘肃省	甘南藏族自治州	合作市等3个市（县）	5个镇（乡）	6个社区（村）	8	0.10	6	75.00	2	25.00
甘肃省	嘉峪关市	市辖区	雄关街道等4个街道	16个社区（村）	23	0.30	11	47.83	12	52.17
甘肃省	金昌市	金川区等2个区（县）	12个街道（镇、乡）	18个社区（村）	19	0.24	10	52.63	9	47.37
甘肃省	酒泉市	肃州区等2个区（市）	12个街道（镇）	19个社区（村）	20	0.26	9	45.00	11	55.00
甘肃省	兰州市	西固区等8个区（县）	33个街道（镇）	50个社区（村）	63	0.81	29	46.03	34	53.97
甘肃省	陇南市	武都区等3个区（县）	6个街道（镇、乡）	7个社区（村）	7	0.09	2	28.57	5	71.43
甘肃省	平凉市	崆峒区等3个区（县）	8个街道（镇、乡）	8个社区（村）	8	0.10	4	50.00	4	50.00

续表

省份	市(州、盟)	县(市、区、旗)	街道(镇、乡)	社区(村)	样本数	占总体样本比重	男性		女性	
							人数	占比	人数	占比
甘肃省	庆阳市	西峰区等4个区(县)	13个街道(镇、乡)	18个社区(村)	20	0.26	7	35.00	13	65.00
甘肃省	天水市	秦州区等5个区(县)	16个街道(镇)	18个社区(村)	21	0.27	9	42.86	12	57.14
甘肃省	武威市	凉州区等2个区(县)	9个街道(镇)	11个社区(村)	11	0.14	5	45.45	6	54.55
宁夏回族自治区	固原市	原州区等5个区(县)	9个街道(镇、乡)	21个社区(村)	23	0.30	8	34.78	15	65.22
宁夏回族自治区	石嘴山市	惠农区等3个区(县)	13个街道(镇)	24个社区(村)	29	0.37	9	31.03	20	68.97
宁夏回族自治区	吴忠市	利通区等4个区(县)	11个街道(镇)	20个社区(村)	21	0.27	11	52.38	10	47.62
宁夏回族自治区	银川市	兴庆区等6个区(市、县)	23个街道(镇、乡)	45个社区(村)	48	0.62	19	39.58	29	60.42
宁夏回族自治区	中卫市	沙坡头区等3个区(县)	13个镇(乡)	22个社区(村)	22	0.28	7	31.82	15	68.18
新疆维吾尔自治区	阿克苏地区	阿克苏市等6个市(县)	10个街道(镇、乡)	10个社区(村)	27	0.35	7	25.93	20	74.07
新疆维吾尔自治区	阿勒泰地区	阿勒泰市等2个市(县)	2个镇	2个社区	2	0.03	1	50.00	1	50.00
新疆维吾尔自治区	巴音郭楞蒙古自治州	库尔勒市等2个市(县)	4个镇	6个社区	9	0.12	7	77.78	2	22.22
新疆维吾尔自治区	昌吉回族自治州	昌吉市	绿洲路街道	庭州社区	1	0.01	1	100.00	0	0.00
新疆维吾尔自治区	哈密市	伊州区	东河街道等2个街道(乡)	2个社区(村)	21	0.27	20	95.24	1	4.76
新疆维吾尔自治区	和田地区	和田市等2个市(县)	3个街道(镇、乡)	14个社区(村)	14	0.18	1	7.14	13	92.86
新疆维吾尔自治区	喀什地区	喀什市等4个市(县)	4个街道(镇)	11个社区	12	0.15	9	75.00	3	25.00

续表

省份	市(州、盟)	县(市、区、旗)	街道(镇、乡)	社区(村)	样本数	占总体样本比重	男性		女性	
							人数	占比	人数	占比
新疆维吾尔自治区	克拉玛依市	克拉玛依区	天山路街道等 3 个街道	13 个社区(村)	13	0.17	6	46.15	7	53.85
新疆维吾尔自治区	克孜勒苏柯尔克孜自治州	阿图什市	幸福路街道	帕米尔西路社区	1	0.01	1	100.00	0	0.00
新疆维吾尔自治区	塔城地区	塔城市	恰夏镇	阿热勒村	1	0.01	1	100.00	0	0.00
新疆维吾尔自治区	吐鲁番市	高昌区	高昌路街道等 5 个街道(乡)	17 个社区(村)	29	0.37	26	89.66	3	10.34
新疆维吾尔自治区	乌鲁木齐市	达坂城区等 6 个区	24 个街道(镇、乡)	44 个社区(村)	55	0.71	26	47.27	29	52.73
新疆维吾尔自治区	伊犁哈萨克自治州	伊宁市等 2 个市(县)	2 个街道(镇)	2 个社区	2	0.03	2	100.00	0	0.00
新疆维吾尔自治区	直辖县级行政区划	石河子市等 3 个市	3 个街道(镇)	3 个社区	4	0.05	0	0.00	4	100.00
香港特别行政区	九龙	九龙城区	红磡	海滨南岸	2	0.03	1	50.00	1	50.00
澳门特别行政区	澳门半岛	望德堂区	海边马路	海富花园	2	0.03	2	100.00	0	0.00
中国台湾地区	台北市	大安区	青田街	青田社区	1	0.01	1	100.00	0	0.00
总计					7764	100.00	3740	48.17	4024	51.83

表 3　样本的年龄分布统计

单位：人，%

分类	样本数	占总体样本比重	占有效样本比重	累计有效比重
19 岁及以下	269	3. 46	3. 46	3. 46
20~29 岁	2962	38. 15	38. 15	38. 15
30~39 岁	2315	29. 82	29. 82	29. 82
40~49 岁	1100	14. 17	14. 17	14. 17
50~59 岁	891	11. 48	11. 48	11. 48
60 岁及以上	227	2. 92	2. 92	2. 92
合　计	7764	100. 00	100. 00	

表 4　样本的职业分布统计

单位：人，%

分类	样本数	占总体样本比重	占有效样本比重	累计有效比重
工人	933	12. 02	12. 02	12. 02
农民	336	4. 33	4. 33	16. 34
专业技术人员	1151	14. 82	14. 82	31. 17
党政机关工作人员	532	6. 85	6. 85	38. 02
教师	710	9. 14	9. 14	47. 17
学生	1238	15. 95	15. 95	63. 11
服务行业从业人员	887	11. 42	11. 42	74. 54
企业管理人员	1059	13. 64	13. 64	88. 18
国家党群企事业单位负责人	270	3. 48	3. 48	91. 65
自由职业者	648	8. 35	8. 35	100. 00
合　计	7764	100. 00	100. 00	

表 5　样本的学历分布统计

单位：人，%

分类	样本数	占总体样本比重	占有效样本比重	累计有效比重
初中及以下	507	6. 53	6. 53	6. 53
高中(中专)	1179	15. 19	15. 19	21. 72
大学专科	1631	21. 01	21. 01	42. 72
大学本科	3567	45. 94	45. 94	88. 67
硕士及以上	880	11. 33	11. 33	100. 00
合　计	7764	100. 00	100. 00	

表 6　样本的月收入分布统计

单位：人，%

分类	样本数	占总体样本比重	占有效样本比重	累计有效比重
低于 3000 元	1591	20.49	20.49	20.49
3001~5000 元	2017	25.98	25.98	46.47
5001~8000 元	2162	27.85	27.85	74.32
8001~10000 元	1130	14.55	14.55	88.87
10000 元以上	864	11.13	11.13	100.00
合　计	7764	100.00	100.00	

表 7　2021 年在影视剧院、音像游戏、文旅等方面的消费支出

单位：人，%

分类	样本数	占总体样本比重	占有效样本比重	累计有效比重
1000 元以内	3290	42.38	42.38	42.38
1000~2999 元	2310	29.75	29.75	72.13
3000~4999 元	1253	16.14	16.14	88.27
5000~10000 元	640	8.24	8.24	96.51
10000 元以上	271	3.49	3.49	100.00
合　计	7764	100.00	100.00	

表 8　2021 年每天用手机或者电脑上网了解各种资讯的时间

单位：人，%

分类	样本数	占总体样本比重	占有效样本比重	累计有效比重
1 小时以下	763	9.83	9.83	9.83
1~3 小时	3026	38.97	38.97	48.80
3~5 小时	2758	35.52	35.52	84.33
5~8 小时	905	11.66	11.66	95.98
8 小时以上	312	4.02	4.02	100.00
合　计	7764	100.00	100.00	

表 9　2021 年受到广泛关注的热词排序（多选）

单位：人，%

排序	分类	人数	占样本比重	占选择人次比重	排序	分类	人数	占样本比重	占选择人次比重
1	新冠疫情	6441	82.96	8.30	11	大数据	3811	49.09	4.91
2	中国共产党建党 100 周年	5992	77.18	7.72	12	躺平	3773	48.60	4.86
3	“双减”	5032	64.81	6.48	13	凡尔赛	3315	42.70	4.27
4	人口老龄化	4915	63.30	6.33	14	元宇宙	3169	40.82	4.08
5	“碳达峰，碳中和”	4737	61.01	6.10	15	新时期，赶考	3065	39.48	3.95
6	三孩生育	4409	56.79	5.68	16	党史学习	2856	36.79	3.68
7	人民至上，生命至上	4361	56.17	5.62	17	载人航天	2732	35.19	3.52
8	直播带货	4173	53.75	5.37	18	双循环	2599	33.48	3.35
9	内卷	4070	52.42	5.24	19	孟晚舟	2365	30.46	3.05
10	“百年未有之大变局”	4039	52.02	5.20	20	火星探测	1786	30.50	2.30

表 10　对党的十八大以来，文化发展守正创新、思想文化建设取得重大成就的认同（多选）

单位：人，%

分类	人数	占样本比重	占选择人次比重
中华优秀传统文化得到广泛弘扬	5459	70.31	20.21
互联网建设管理运用不断完善	5451	70.21	20.18
国家文化软实力的影响力大幅提升	6336	81.61	23.45
人们在思想上更加团结统一	5297	68.23	19.61
党在意识形态领域的话语权明显增强	4473	57.61	16.56
选择人次总计	27016	—	100.00

表 11　对 2021 年文化自信与文化建设成果的评价（多选）

单位：人，%

分类	人数	占样本比重	占选择人次比重
革命传统文化的继承与开发有了明显加强	4877	62.82	17.36
优秀传统文化的继承和弘扬成效显著	5632	72.54	20.04
中国特色社会主义文化建设有了新的发展	6196	79.80	22.05
文化建设中仍然存在落实、落细的问题	4706	60.61	16.75
社会主义核心价值观已经深入人心	4614	59.43	16.42
中国共产党在各级组织中的领导明显加强	2075	26.73	7.38
选择人次总计	28100	—	100.00

表 12　对乡村振兴战略实施的获得感认同（多选）

单位：人，%

分类	人数	占样本比重	占选择人次比重
发展乡村产业，将农业做强	4496	57.91	15.79
农村人才培养，让年轻人在广阔天地大有所为	5619	72.37	19.74
培育文明乡风、良好家风、淳朴民风	5571	71.75	19.57
保护自然环境，构建良好生态	5514	71.02	19.37
党组织在村级组织中的领导作用越来越明显	4499	57.95	15.80
村民参与乡村文化建设，乡村治理有法治保障	2768	35.65	9.72
选择人次总计	28467	—	100.00

表 13　对厕所革命的绩效评价（多选）

单位：人，%

分类	人数	占样本比重	占选择人次比重
城市、乡村“如厕难”的状况基本解决	5810	74.83	23.94
厕所革命已经提升了人们讲卫生的素质	6580	84.75	27.11
厕所革命改变了人们文明生活的习惯	6914	89.05	28.49
厕所改造“一阵风”，没有达到预期的效果	3386	43.61	13.95
厕所改了，用不了，成了面子工程	1581	20.36	6.51
选择人次总计	24271	—	100.00

表 14　对生态环境整治绩效的评价（多选）

单位：人，%

分类	人数	占样本比重	占选择人次比重
宜居环境显著改善，美丽中国建设有了新气象	6290	81. 01	26. 10
生活垃圾、污水得到了科学处理，居住环境明显改善	6187	79. 69	25. 68
脏乱差仍然存在，垃圾、污水处理不尽人意	3396	43. 74	14. 09
环境治理意识显著提升，管护机制基本建立	6471	83. 35	26. 86
面子工程多，不能解决实际存在的脏乱差问题	1752	22. 57	7. 27
选择人次总计	24096	—	100. 00

表 15　对基层公共卫生设施建设和完善情况的评价（多选）

单位：人，%

分类	人数	占样本比重	占选择人次比重
传染病及突发公共卫生事件联防联控机制	5749	74. 05	21. 59
高血压患者健康服务	5113	65. 86	19. 20
0~6 岁接种疫苗服务	5977	76. 98	22. 44
老年人体检健康档案管理服务	6027	77. 63	22. 63
孕产妇健康管理服务	3767	48. 52	14. 14
选择人次总计	26633	—	100. 00

表 16　对身边的群众文艺活动发展状况的认同（多选）

单位：人，%

分类	人数	占样本比重	占选择人次比重
广场舞活动丰富群众文化生活的作用越来越强	5379	69. 28	19. 73
文化馆在促进群众文艺活动中的作用越来越明显	5021	64. 67	18. 41
对老年人群体的文艺活动需求越来越关注	5870	75. 61	21. 53
群众文艺活动对文明素质提升越来越明显	5535	71. 29	20. 30
网络传播的群众文艺活动有了文化品牌效应	4461	57. 46	16. 36
“大家唱”群众歌咏活动影响力越来越强	1000	12. 88	3. 67
选择人次总计	27266	—	100. 00

表 17 对公共图书馆提供多样化服务的评价（多选）

单位：人，%

分类	人数	占样本比重	占选择人次比重
可以获取更高级别图书馆的馆藏电子图书	4592	59.14	17.73
可以看到特色的民俗文化活动及文化空间展示	5473	70.49	21.13
可以进行文化社交，传递信息、交流思想	6113	78.74	23.60
可以享受人性化的文化环境	5580	71.87	21.54
可以免费借阅本馆的图书，没有其他服务	2961	38.14	11.43
可以在馆内看书，并没有体验到多样化的服务	1186	15.28	4.58
选择人次总计	25905	—	100.00

表 18 对近几年各地纷纷推出“乡村网红”的评价（多选）

单位：人，%

分类	人数	占样本比重	占选择人次比重
这是巩固拓展脱贫攻坚成果的创新举措	4259	54.86	16.66
这是让地方文化走出去，推动乡村文旅融合发展的创新	6191	79.74	24.22
网红直播带货“一夜暴富”被追捧不应提倡	4816	62.03	18.84
“乡村网红”翻车的很多，有的“乡村网红”很假，要整治	5159	66.45	20.18
“乡村网红”需要把握方向，将好事做好	5139	66.19	20.10
选择人次总计	25564	—	100.00

表 19 对公共文化服务（数字化、网络化、智能化）科技创新的认同（多选）

单位：人，%

分类	人数	占样本比重	占选择人次比重
应拓展文化服务智慧应用场景，建立“云图书馆”“云艺术馆”	5564	71.66	20.20
利用微信平台、短视频开展公共数字文化服务	5542	71.38	20.12
公共文化网络平台和政务平台“一体化”服务很有必要	5843	75.26	21.21
引导推进群众文化活动网络直播、互动体验服务	4912	63.27	17.83
鼓励数字文化企业参与免费公益文化场景服务	4546	58.55	16.50
数字化、网络化文化产品是“快餐”，文化消费传统一些好	1143	14.72	4.15
选择人次总计	27550	—	100.00

表 20　对大数据整合与风险管理的认知（多选）

单位：人，%

分类	人数	占样本比重	占选择人次比重
应该加强文化数据资源版权保护意识	4877	62.82	17.73
利用大数据分析打击了侵犯文化创作产权的行为	5325	68.59	19.36
国家要将大数据管理提高到法治的高度	5759	74.18	20.94
很有必要建设文化大数据资源“云”体系	4782	61.59	17.39
创新文化大数据管理,提高数据风险防范能力	5169	66.58	18.79
自媒体时代,大数据风险是一个必然的现象	1591	20.49	5.78
选择人次总计	27503	—	100.00

表 21　对 2021 年国家采取的“饭圈”乱象整治“清朗”行动的评价（多选）

单位：人，%

分类	人数	占样本比重	占选择人次比重
严厉打击了涉及未成年人的不良网络社交行为	5053	65.08	17.68
对明星道德失范、偷税漏税给予了沉重打击	6198	79.83	21.68
对网络金融诈骗犯罪给予了精准治理	5317	68.48	18.60
清理了歪曲党史国史军史、鼓吹历史虚无主义等有害信息	5188	66.82	18.15
清理了违规自媒体信息、标题党文章、导向错误的信息	4370	56.29	15.29
“饭圈”乱象整治需要常态化,不能松一阵紧一阵	2459	31.67	8.60
选择人次总计	28585	—	100.00

表 22　对 2021 年电影和专题电视节目的评价（多选）

单位：人，%

分类	人数	占样本比重	占选择人次比重
《觉醒年代》制作质量高,生动展现了革命者的担当精神	5983	77.06	22.92
《中国诗词大会》《典籍里的中国》以创新性手法,传播了优秀传统文化	6474	83.38	24.80
《长津湖》场面震撼,高歌了革命军人浴血奋战的英雄气概	6843	88.14	26.21
《你好,李焕英》运用穿越构思技巧,真实演绎了不同年代的“两代人”	5337	68.74	20.45
国产影片在制作质量上,仍然处于较低的水平	1467	18.89	5.62
选择人次总计	26104	—	100.00

表 23 对文化作品的内容、载体形式的偏好（多选）

单位：人，%

分类	人数	占样本比重	占选择人次比重
通过手机或电脑获取自己需要的文化产品以及相关服务	6277	80.85	25.19
阅读电子版信息，不是特别需要，不打印或者购买纸质版产品	5784	74.50	23.21
纸介质文化产品（书籍）是学习中不可缺少的重要资料	5747	74.02	23.06
在内容已定时，首先考虑买网络电子版，既便宜又方便	4983	64.18	20.00
没有偏好，只要题材好就行	2127	27.40	8.54
选择人次总计	24918	—	100.00

表 24 对数字化文化产品的便利化、安全性和风险管控的评价（多选）

单位：人，%

分类	人数	占样本比重	占选择人次比重
App 侵犯用户隐私的行为需要严格管控	5727	73.76	21.18
安装 App 时经常带有恶意插件，让人十分不安	5861	75.49	21.67
不同的 App 对于信息流有阻断作用，不利于信息共享	5180	66.72	19.16
老年人用 App 感到复杂，十分不方便	5375	69.23	19.88
有的 App 常常对老年人有诱导性（欺骗性）消费问题	4899	63.10	18.12
选择人次总计	27042	—	100.00

表 25 对“双减”政策的认知和评价（多选）

单位：人，%

分类	人数	占样本比重	占选择人次比重
明显减轻了学生的作业负担	4280	55.13	16.95
明显减轻了学生的校外培训负担	5004	64.45	19.82
使教育回归学校，促使学生德智体全面发展	6143	79.12	24.33
“双减”政策应该有边界，不能忽左忽右	5410	69.68	21.43
“双减”政策在短期不能下结论，要进一步观察其效果	4407	56.76	17.46
选择人次总计	25244	—	100.00

表 26　对线上教学的评价（多选）

单位：人，%

分类	人数	占样本比重	占选择人次比重
线上教学方法、教学手段需要创新	5606	72.21	21.62
线上学习的内容需要丰富	5296	68.21	20.43
线上学习达不到理想的效果	5038	64.89	19.43
线上教学形式单调，需要丰富教学形式	5206	67.05	20.08
线上教学的网络程序，需进一步完善	4782	61.59	18.44
选择人次总计	25928	—	100.00

表 27　对“非遗”保护的认知与评价（多选）

单位：人，%

分类	人数	占样本比重	占选择人次比重
很多地方剧种只有内容创新、方法更新才能传承下来	4639	59.75	16.40
地方民俗、礼仪、传统节庆的“非遗”保护，需要开展一定的活动传承	6443	82.99	22.78
“非遗”保护，要致力于原生态和本真性	5784	74.50	20.45
红色“非遗”文化保护，需要特别关注和传承	5389	69.41	19.06
“非遗”保护的终极目的是服务现实文化生活	3630	46.75	12.84
“非遗”保护需要政府主导，多方保护主体（社会、个人）参与	2394	30.83	8.47
选择人次总计	28279	—	100.00

表 28　对“‘十四五’期间，我国文化强国建设处于关键期，文化建设发展非常重要”观点的认同统计

单位：人，%

分类	样本数	占总体样本比重	占有效样本比重	累计有效比重
非常不同意	133	1.71	1.71	1.71
不同意	43	0.55	0.55	2.27
不清楚	274	3.53	3.53	5.80
同意	2681	34.53	34.53	40.33
非常同意	4633	59.67	59.67	100.00
合计	7764	100.00	100.00	—

表 29　对“新时期，关注人们对文化需求的新期待和新变化，文化才能成为软实力”观点的认同统计

单位：人，%

分类	样本数	占总体样本比重	占有效样本比重	累计有效比重
非常不同意	193	2.49	2.49	2.49
不同意	116	1.49	1.49	3.98
不清楚	440	5.67	5.67	9.65
同意	2837	36.54	36.54	46.19
非常同意	4178	53.81	53.81	100.00
合计	7764	100.00	100.00	—

表 30　对“培育和践行‘社会主义核心价值观’明显增强了人们的文化自信”观点的认同统计

单位：人，%

分类	样本数	占总体样本比重	占有效样本比重	累计有效比重
非常不同意	129	1.66	1.66	1.66
不同意	62	0.80	0.80	2.46
不清楚	435	5.60	5.60	8.06
同意	2695	34.71	34.71	42.77
非常同意	4443	57.23	57.23	100.00
合计	7764	100.00	100.00	—

表 31　对“培育和践行‘社会主义核心价值观’已深入人心”观点的认同统计

单位：人，%

分类	样本数	占总体样本比重	占有效样本比重	累计有效比重
非常不同意	124	1.60	1.60	1.60
不同意	144	1.85	1.85	3.45
不清楚	623	8.02	8.02	11.48
同意	3006	38.72	38.72	50.19
非常同意	3867	49.81	49.81	100.00
合计	7764	100.00	100.00	—

表 32　对“‘一带一路’扩大了文化对外开放，促进了文化交流和人文沟通”观点的认同统计

单位：人，%

分类	样本数	占总体样本比重	占有效样本比重	累计有效比重
非常不同意	131	1.69	1.69	1.69
不同意	67	0.86	0.86	2.55
不清楚	392	5.05	5.05	7.60
同意	2804	36.12	36.12	43.71
非常同意	4370	56.29	56.29	100.00
合计	7764	100.00	100.00	—

表 33　对“抖音海外版‘TikTok’在海外各国广泛流行，加速了中西方文化交流”观点的认同统计

单位：人，%

分类	样本数	占总体样本比重	占有效样本比重	累计有效比重
非常不同意	196	2.52	2.52	2.52
不同意	231	2.98	2.98	5.50
不清楚	1078	13.88	13.88	19.38
同意	3060	39.41	39.41	58.80
非常同意	3199	41.20	41.20	100.00
合计	7764	100.00	100.00	—

表 34　对“有道德劣迹和违法前科的艺人不应该再出现在各类传播平台上”观点的认同统计

单位：人，%

分类	样本数	占总体样本比重	占有效样本比重	累计有效比重
非常不同意	207	2.67	2.67	2.67
不同意	155	2.00	2.00	4.66
不清楚	496	6.39	6.39	11.05
同意	2492	32.10	32.10	43.15
非常同意	4414	56.85	56.85	100.00
合计	7764	100.00	100.00	—

表 35　对“对于青少年中的饭圈文化，应该以主流文艺评论进行正面引导”观点的认同统计

单位：人，%

分类	样本数	占总体样本比重	占有效样本比重	累计有效比重
非常不同意	185	2. 38	2. 38	2. 38
不同意	133	1. 71	1. 71	4. 10
不清楚	506	6. 52	6. 52	10. 61
同意	2920	37. 61	37. 61	48. 22
非常同意	4020	51. 78	51. 78	100. 00
合计	7764	100. 00	100. 00	—

表 36　对“近年来，国产电影类型越来越多，内容制作精良，我非常喜欢看国产电影”观点的认同统计

单位：人，%

分类	样本数	占总体样本比重	占有效样本比重	累计有效比重
非常不同意	204	2. 63	2. 63	2. 63
不同意	460	5. 92	5. 92	8. 55
不清楚	1054	13. 58	13. 58	22. 13
同意	2862	36. 86	36. 86	58. 99
非常同意	3184	41. 01	41. 01	100. 00
合计	7764	100. 00	100. 00	—

表 37　对“老电影用现代科技手段复原，既体现了电影的历史时代特征，又有现代美感”观点的认同统计

单位：人，%

分类	样本数	占总体样本比重	占有效样本比重	累计有效比重
非常不同意	184	2. 37	2. 37	2. 37
不同意	158	2. 04	2. 04	4. 40
不清楚	594	7. 65	7. 65	12. 06
同意	3193	41. 13	41. 13	53. 18
非常同意	3635	46. 82	46. 82	100. 00
合计	7764	100. 00	100. 00	—

表 38　对“受新冠疫情影响，我更愿意通过网络影院（手机、电视）观看影视片”观点的认同统计

单位：人，%

分类	样本数	占总体样本比重	占有效样本比重	累计有效比重
非常不同意	214	2.76	2.76	2.76
不同意	250	3.22	3.22	5.98
不清楚	719	9.26	9.26	15.24
同意	2983	38.42	38.42	53.66
非常同意	3598	46.34	46.34	100.00
合计	7764	100.00	100.00	—

表 39　对“在做好新冠疫情防控的条件下，我去电影院看新上映的大片感觉更好”观点的认同统计

单位：人，%

分类	样本数	占总体样本比重	占有效样本比重	累计有效比重
非常不同意	456	5.87	5.87	5.87
不同意	650	8.37	8.37	14.25
不清楚	1021	13.15	13.15	27.40
同意	2661	34.27	34.27	61.67
非常同意	2976	38.33	38.33	100.00
合计	7764	100.00	100.00	—

表 40　对“相对具有政治意义的电影而言，我更喜欢豆瓣和知乎上推荐的外国电影”观点的认同统计

单位：人，%

分类	样本数	占总体样本比重	占有效样本比重	累计有效比重
非常不同意	646	8.32	8.32	8.32
不同意	1095	14.10	14.10	22.42
不清楚	1373	17.68	17.68	40.11
同意	2252	29.01	29.01	69.11
非常同意	2398	30.89	30.89	100.00
合计	7764	100.00	100.00	—

表 41　对“构建和谐的家庭关系，树立良好的家风，对社会风气的好转很重要”观点的认同统计

单位：人，%

分类	样本数	占总体样本比重	占有效样本比重	累计有效比重
非常不同意	187	2.41	2.41	2.41
不同意	111	1.43	1.43	3.84
不清楚	384	4.95	4.95	8.78
同意	2856	36.79	36.79	45.57
非常同意	4226	54.43	54.43	100.00
合计	7764	100.00	100.00	—

表 42　对“成年子女和父母居住的距离为‘一碗汤’是最美好的距离”观点的认同统计

单位：人，%

分类	样本数	占总体样本比重	占有效样本比重	累计有效比重
非常不同意	196	2.52	2.52	2.52
不同意	232	2.99	2.99	5.51
不清楚	883	11.37	11.37	16.89
同意	3106	40.01	40.01	56.89
非常同意	3347	43.11	43.11	100.00
合计	7764	100.00	100.00	—

表 43　对“社会舆论正面引导，有利于增进团结、增长智慧、增加信心、增强斗志”观点的认同统计

单位：人，%

分类	样本数	占总体样本比重	占有效样本比重	累计有效比重
非常不同意	188	2.42	2.42	2.42
不同意	117	1.51	1.51	3.93
不清楚	417	5.37	5.37	9.30
同意	2990	38.51	38.51	47.81
非常同意	4052	52.19	52.19	100.00
合计	7764	100.00	100.00	—

表 44　对“城乡基本公共文化服务建设（文化广场）的差距越来越小”观点的认同统计

单位：人，%

分类	样本数	占总体样本比重	占有效样本比重	累计有效比重
非常不同意	219	2.82	2.82	2.82
不同意	358	4.61	4.61	7.43
不清楚	1012	13.03	13.03	20.47
同意	3114	40.11	40.11	60.57
非常同意	3061	39.43	39.43	100.00
合计	7764	100.00	100.00	—

表 45　对“美丽乡村建设的普及和达标是美丽中国实现的基础”观点的认同统计

单位：人，%

分类	样本数	占总体样本比重	占有效样本比重	累计有效比重
非常不同意	187	2.41	2.41	2.41
不同意	116	1.49	1.49	3.90
不清楚	454	5.85	5.85	9.75
同意	3133	40.35	40.35	50.10
非常同意	3874	49.90	49.90	100.00
合计	7764	100.00	100.00	—

表 46　对“无论是城市还是乡村，人们对生态环境的保护意识都在加强”观点的认同统计

单位：人，%

分类	样本数	占总体样本比重	占有效样本比重	累计有效比重
非常不同意	184	2.37	2.37	2.37
不同意	133	1.71	1.71	4.08
不清楚	473	6.09	6.09	10.18
同意	3113	40.10	40.10	50.27
非常同意	3861	49.73	49.73	100.00
合计	7764	100.00	100.00	—

表 47　对“无论是城市还是乡村，仍然存在脏乱差难以治理的问题”观点的认同统计

单位：人，%

分类	样本数	占总体样本比重	占有效样本比重	累计有效比重
非常不同意	275	3.54	3.54	3.54
不同意	535	6.89	6.89	10.43
不清楚	1024	13.19	13.19	23.62
同意	3132	40.34	40.34	63.96
非常同意	2798	36.04	36.04	100.00
合计	7764	100.00	100.00	—

表 48　对“在农村，讲文明、讲卫生、讲秩序的生活习惯需要进一步培养”观点的认同统计

单位：人，%

分类	样本数	占总体样本比重	占有效样本比重	累计有效比重
非常不同意	185	2.38	2.38	2.38
不同意	135	1.74	1.74	4.12
不清楚	554	7.14	7.14	11.26
同意	3351	43.16	43.16	54.42
非常同意	3539	45.58	45.58	100.00
合计	7764	100.00	100.00	—

表 49　对“老龄化程度越来越高，社会对老年人的精神文化需求关注亟待提高”观点的认同统计

单位：人，%

分类	样本数	占总体样本比重	占有效样本比重	累计有效比重
非常不同意	185	2.38	2.38	2.38
不同意	117	1.51	1.51	3.89
不清楚	473	6.09	6.09	9.98
同意	3092	39.82	39.82	49.81
非常同意	3897	50.19	50.19	100.00
合计	7764	100.00	100.00	—

表 50　对“基层文化馆的发展，能够满足人们基本的文化艺术需求，值得点赞”观点的认同统计

单位：人，%

分类	样本数	占总体样本比重	占有效样本比重	累计有效比重
非常不同意	188	2.42	2.42	2.42
不同意	162	2.09	2.09	4.51
不清楚	738	9.51	9.51	14.01
同意	3095	39.86	39.86	53.88
非常同意	3581	46.12	46.12	100.00
合计	7764	100.00	100.00	—

表 51　对“使公共图书馆成为读书、文化展示、信息交流的人性化文化空间还不现实”观点的认同统计

单位：人，%

分类	样本数	占总体样本比重	占有效样本比重	累计有效比重
非常不同意	303	3.90	3.90	3.90
不同意	670	8.63	8.63	12.53
不清楚	1139	14.67	14.67	27.20
同意	2859	36.82	36.82	64.03
非常同意	2793	35.97	35.97	100.00
合计	7764	100.00	100.00	—

表 52　对“近年来，公共文化服务设施和服务明显改善，越来越符合大众的需求”观点的认同统计

单位：人，%

分类	样本数	占总体样本比重	占有效样本比重	累计有效比重
非常不同意	191	2.46	2.46	2.46
不同意	134	1.73	1.73	4.19
不清楚	594	7.65	7.65	11.84
同意	3528	45.44	45.44	57.28
非常同意	3317	42.72	42.72	100.00
合计	7764	100.00	100.00	—

表 53　对“艺术馆建设越来越方便群众文化活动的开展，人们的满意度显著提升”观点的认同统计

单位：人，%

分类	样本数	占总体样本比重	占有效样本比重	累计有效比重
非常不同意	192	2.47	2.47	2.47
不同意	172	2.22	2.22	4.69
不清楚	786	10.12	10.12	14.81
同意	3239	41.72	41.72	56.53
非常同意	3375	43.47	43.47	100.00
合计	7764	100.00	100.00	—

表 54　对“‘乡村网红’和直播带货是一个很好的致富途径，需要大力支持和培育”观点的认同统计

单位：人，%

分类	样本数	占总体样本比重	占有效样本比重	累计有效比重
非常不同意	257	3.31	3.31	3.31
不同意	499	6.43	6.43	9.74
不清楚	1266	16.31	16.31	26.04
同意	2971	38.27	38.27	64.31
非常同意	2771	35.69	35.69	100.00
合计	7764	100.00	100.00	—

表 55　对“手机 App 操作复杂，不方便老年人等特殊人群的使用，数字鸿沟仍然在扩大”观点的认同统计

单位：人，%

分类	样本数	占总体样本比重	占有效样本比重	累计有效比重
非常不同意	143	1.84	1.84	1.84
不同意	151	1.94	1.94	3.79
不清楚	528	6.80	6.80	10.59
同意	3681	47.41	47.41	58.00
非常同意	3261	42.00	42.00	100.00
合计	7764	100.00	100.00	—

表 56　对“国家要牢牢控制数字文化产品消费数据，严厉打击利用大数据违规、犯罪”观点的认同统计

单位：人，%

分类	样本数	占总体样本比重	占有效样本比重	累计有效比重
非常不同意	201	2.59	2.59	2.59
不同意	92	1.18	1.18	3.77
不清楚	379	4.88	4.88	8.66
同意	2625	33.81	33.81	42.47
非常同意	4467	57.53	57.53	100.00
合计	7764	100.00	100.00	—

表 57　对“数字文化资源在版权保护的同时，要建立共享机制，服务于公众文化的需求”观点的认同统计

单位：人，%

分类	样本数	占总体样本比重	占有效样本比重	累计有效比重
非常不同意	190	2.45	2.45	2.45
不同意	110	1.42	1.42	3.86
不清楚	428	5.51	5.51	9.38
同意	3067	39.50	39.50	48.88
非常同意	3969	51.12	51.12	100.00
合计	7764	100.00	100.00	—

表 58　对“线上学习已经成为一种全新的学习形式，需要更多的网上学习资源”观点的认同统计

单位：人，%

分类	样本数	占总体样本比重	占有效样本比重	累计有效比重
非常不同意	185	2.38	2.38	2.38
不同意	142	1.83	1.83	4.21
不清楚	610	7.86	7.86	12.07
同意	3177	40.92	40.92	52.99
非常同意	3650	47.01	47.01	100.00
合计	7764	100.00	100.00	—

表 59 对“‘双减’明显减轻了学生的作业负担和培训负担，促进了学生多样化发展”观点的认同统计

单位：人，%

分类	样本数	占总体样本比重	占有效样本比重	累计有效比重
非常不同意	176	2.27	2.27	2.27
不同意	189	2.43	2.43	4.70
不清楚	626	8.06	8.06	12.76
同意	3484	44.87	44.87	57.64
非常同意	3289	42.36	42.36	100.00
合计	7764	100.00	100.00	—

表 60 对“我希望公共图书馆和高校图书馆，对中小学生开放‘四点半’课堂”观点的认同统计

单位：人，%

分类	样本数	占总体样本比重	占有效样本比重	累计有效比重
非常不同意	209	2.69	2.69	2.69
不同意	161	2.07	2.07	4.77
不清楚	772	9.94	9.94	14.71
同意	3254	41.91	41.91	56.62
非常同意	3368	43.38	43.38	100.00
合计	7764	100.00	100.00	—

表 61 对“文化产业在发展中，社会效益应该放在第一位，然后考虑经济效益”观点的认同统计

单位：人，%

分类	样本数	占总体样本比重	占有效样本比重	累计有效比重
非常不同意	198	2.55	2.55	2.55
不同意	189	2.43	2.43	4.98
不清楚	728	9.38	9.38	14.36
同意	3157	40.66	40.66	55.02
非常同意	3492	44.98	44.98	100.00
合计	7764	100.00	100.00	—

表 62　对“人们对革命历史遗址的保护意识增强，红色文化基地建设和利用水平明显提升”观点的认同统计

单位：人，%

分类	样本数	占总体样本比重	占有效样本比重	累计有效比重
非常不同意	179	2.31	2.31	2.31
不同意	123	1.58	1.58	3.89
不清楚	477	6.14	6.14	10.03
同意	3165	40.77	40.77	50.80
非常同意	3820	49.20	49.20	100.00
合计	7764	100.00	100.00	—

表 63　对“人们的文物保护和开发意识增强，但是在基层具体落实还是不够”观点的认同统计

单位：人，%

分类	样本数	占总体样本比重	占有效样本比重	累计有效比重
非常不同意	198	2.55	2.55	2.55
不同意	236	3.04	3.04	5.59
不清楚	786	10.12	10.12	15.71
同意	3377	43.50	43.50	59.21
非常同意	3167	40.79	40.79	100.00
合计	7764	100.00	100.00	—

表 64　对“中国特色社会主义建设倡导的自力更生、艰苦奋斗的先进文化需要大力宣传”观点的认同统计

单位：人，%

分类	样本数	占总体样本比重	占有效样本比重	累计有效比重
非常不同意	185	2.38	2.38	2.38
不同意	126	1.62	1.62	4.01
不清楚	421	5.42	5.42	9.43
同意	3056	39.36	39.36	48.79
非常同意	3976	51.21	51.21	100.00
合计	7764	100.00	100.00	—

表 65　对“乡村文旅融合发展、地方特色文化挖掘，需要坚持原生态发展原则”观点的认同统计

单位：人，%

分类	样本数	占总体样本比重	占有效样本比重	累计有效比重
非常不同意	187	2.41	2.41	2.41
不同意	122	1.57	1.57	3.98
不清楚	479	6.17	6.17	10.15
同意	3081	39.68	39.68	49.83
非常同意	3895	50.17	50.17	100.00
合计	7764	100.00	100.00	—

表 66　对“中国优秀传统文化开发和弘扬需要投入更多的人力物力，才能绽放光彩”观点的认同统计

单位：人，%

分类	样本数	占总体样本比重	占有效样本比重	累计有效比重
非常不同意	192	2.47	2.47	2.47
不同意	113	1.46	1.46	3.93
不清楚	530	6.83	6.83	10.75
同意	3208	41.32	41.32	52.07
非常同意	3721	47.93	47.93	100.00
合计	7764	100.00	100.00	—

表 67　对“文化建设和发展是意识形态领域的价值观引导，是国之大事，不能马虎”观点的认同统计

单位：人，%

分类	样本数	占总体样本比重	占有效样本比重	累计有效比重
非常不同意	188	2.42	2.42	2.42
不同意	111	1.43	1.43	3.85
不清楚	415	5.35	5.35	9.20
同意	2974	38.30	38.30	47.50
非常同意	4076	52.50	52.50	100.00
合计	7764	100.00	100.00	—

表 68　对“文化建设是务虚的事，经济发展是硬道理”观点的认同统计

单位：人，%

分类	样本数	占总体样本比重	占有效样本比重	累计有效比重
非常不同意	933	12. 02	12. 02	12. 02
不同意	833	10. 73	10. 73	22. 75
不清楚	603	7. 77	7. 77	30. 51
同意	2348	30. 24	30. 24	60. 75
非常同意	3047	39. 25	39. 25	100. 00
合计	7764	100. 00	100. 00	—

表 69　对“文旅产业发展不仅可以提升人们的精神生活，而且可以创新经济发展模式”观点的认同统计

单位：人，%

分类	样本数	占总体样本比重	占有效样本比重	累计有效比重
非常不同意	182	2. 34	2. 34	2. 34
不同意	114	1. 47	1. 47	3. 81
不清楚	471	6. 07	6. 07	9. 88
同意	3340	43. 02	43. 02	52. 90
非常同意	3657	47. 10	47. 10	100. 00
合计	7764	100. 00	100. 00	—

表 70　对“文化品牌打造需要依托国内外文化市场进一步完善，才能实现‘双循环’”观点的认同统计

单位：人，%

分类	样本数	占总体样本比重	占有效样本比重	累计有效比重
非常不同意	197	2. 54	2. 54	2. 54
不同意	147	1. 89	1. 89	4. 43
不清楚	627	8. 08	8. 08	12. 51
同意	3290	42. 38	42. 38	54. 88
非常同意	3503	45. 12	45. 12	100. 00
合计	7764	100. 00	100. 00	—

表 71　对“中欧班列不仅运出去物质，而且为中国文化走出去打造了全新的路径”观点的认同统计

单位：人，%

分类	样本数	占总体样本比重	占有效样本比重	累计有效比重
非常不同意	191	2.46	2.46	2.46
不同意	107	1.38	1.38	3.84
不清楚	567	7.30	7.30	11.14
同意	3122	40.21	40.21	51.35
非常同意	3777	48.65	48.65	100.00
合计	7764	100.00	100.00	—

表 72　对“有 70 多个国家将中文纳入国民教育体系，是对中国文化的认可和实力的证明”观点的认同统计

单位：人，%

分类	样本数	占总体样本比重	占有效样本比重	累计有效比重
非常不同意	189	2.43	2.43	2.43
不同意	96	1.24	1.24	3.67
不清楚	469	6.04	6.04	9.71
同意	2984	38.43	38.43	48.15
非常同意	4026	51.85	51.85	100.00
合计	7764	100.00	100.00	—

表 73　对“中国传统文化的继承和弘扬，基层很重要，顶层设计更重要”观点的认同统计

单位：人，%

分类	样本数	占总体样本比重	占有效样本比重	累计有效比重
非常不同意	186	2.40	2.40	2.40
不同意	136	1.75	1.75	4.15
不清楚	482	6.21	6.21	10.36
同意	3006	38.72	38.72	49.07
非常同意	3954	50.93	50.93	100.00
合计	7764	100.00	100.00	—

附录二　中国文化发展大事记（2021年）

贺艳菊*

2021年1月

1月5日　由俄罗斯联邦文化部主办的上海合作组织成员国文化节和金砖国家文化节在线上开幕。

1月6~7日　2021年全国文化和旅游厅局长会议在北京召开。

1月17日　首届“长三角文化高质量发展论坛”暨“长三角文化遗产保护与文化资源共享研究联盟”启动仪式在南京大学举行。

1月20日　由文化和旅游部非物质文化遗产司主办的“文化进万家——视频直播家乡年”活动在线上举行。

1月31日　澳大利亚非物质文化遗产发展研究中心暨悉尼中国非物质文化遗产馆揭幕仪式在澳大利亚悉尼举行。

2021年2月

2月5日　由中国文化和旅游部、俄罗斯文化部共同主办的“中俄双子城共庆中国年”暨2021黑龙江—阿穆尔“欢乐春节”活动在线上举行。

2月6日　“中国古代服饰文化展”在北京中国国家博物馆开幕。该展览为国博首个古代服饰通史类展览陈列，展期拟定为一年。

2月10日　由中国文化和旅游部、尼日利亚新闻和文化部共同主办的

* 贺艳菊，湖北大学图书馆副研究馆员，主要研究方向为信息伦理。

“共此时——庆祝中国和尼日利亚建交50周年文艺演播”在线上举行。

2月12日　由北京鲁迅博物馆、山西太原天龙山石窟博物馆主办的“咸同斯福——天龙山石窟国宝回归暨数字复原特展”在北京鲁迅博物馆开幕。

2021年3月

3月2日　由文化和旅游部主办的2021年全国舞台艺术优秀剧目网络演播活动在线上开幕。

3月15日　第五届海峡两岸文昌文化交流活动在四川梓潼开幕。

3月22日　由中宣部文艺局、中国戏剧家协会等共同主办的“全国汉剧艺术研讨会暨汉剧流播主要地区优秀作品展演”系列活动在湖北武汉开幕。

3月31日　由浙江省文化和旅游厅、绍兴市人民政府共同主办的2021年“东亚文化之都·中国绍兴活动年”在浙江绍兴开幕。

2021年4月

4月7日　“中国民间文化艺术之乡”工作推进现场会在四川崇州召开。会议部署2021~2023年度“中国民间文化艺术之乡”评审命名工作，研究新时期开展“中国民间文化艺术之乡”建设的主要思路和重点工作任务。

4月8日　由中华人民共和国文化和旅游部、中华人民共和国驻科威特大使馆等共同主办的“物以载道——中国与科威特非遗数字展”在线上举行。

4月9日　由甘肃省文化和旅游厅、甘肃省人民政府外事办公室等共同主办的“2021东亚文化之都·中国敦煌活动年”在甘肃敦煌开幕。

4月20日　由文化和旅游部、中共中央宣传部等共同主办的庆祝中国共产党成立100周年优秀舞台艺术作品展演在北京国家大剧院开幕。

4月21日　由中国驻韩国大使馆和韩国韩中城市友好协会共同主办的“多彩中国·魅力西部——中国西部图片展”在韩国首尔开幕。

2021年5月

5月10日　2022“东亚文化之都”终审活动在北京举行。该项工作自

2012 年启动以来，我国已有 9 座城市获此荣誉。

5 月 11 日 中国国家文物局与阿富汗信息与文化部、巴基斯坦国家遗产和文化署分别签署《关于协同开展“亚洲文化遗产保护行动”的联合声明》。这是亚洲国家首次签署“亚洲文化遗产保护行动”双边合作文件。

5 月 12 日 第五届鄂湘赣皖非物质文化遗产联展在湖北武汉开幕。

5 月 15 日 由中国非物质文化遗产保护协会、贵州省文化和旅游厅等共同主办的第二届中国丹寨非遗周在贵州丹寨开幕。

5 月 18 日 由国家文物局、北京市政府共同主办的 2021 年“国际博物馆日”中国主会场活动在北京首都博物馆开幕。

5 月 22 日 中国与伊朗以视频方式共同签署《关于协同开展“亚洲文化遗产保护行动”的联合声明》。此次中伊签署的联合声明是推动习近平主席在 2019 年 5 月亚洲文明对话大会开幕式提出的“亚洲文化遗产保护行动”落实落地的重要举措。

2021年6月

6 月 7 日 由中外文化交流中心、宁夏回族自治区党委宣传部等共同主办的 2021“中国旅游文化周”启动仪式暨宁夏（银川）专场活动在宁夏银川举行。

6 月 8 日 第二届中国—中东欧国家博览会在浙江宁波开幕。

6 月 8 日 由悉尼中国文化中心、澳中佛教总会共同举办的“中国文化与佛学智慧”系列讲座暨“佛教和多元文化”主题讲座在悉尼中国文化中心举行。

6 月 12 日 由国家文物局、重庆市人民政府主办的 2021 年文化和自然遗产日主场城市活动在重庆开幕。

6 月 16 日 由中央宣传部、文化和旅游部主办的“伟大征程 时代画卷——庆祝中国共产党成立 100 周年美术作品展”在北京中国美术馆开幕。

6 月 18～20 日 第十七届海峡旅游博览会暨第七届中国（厦门）国际休闲旅游博览会在厦门国际会展中心举行。

6 月 19～20 日 2021 中国文博产业发展峰会在海南海口举行。

6 月 23 日 “沈阳大学·中国华侨国际文化交流基地”和沈阳市“侨胞

之家”挂牌仪式在辽宁沈阳举行。该校成为沈阳首家入选中国华侨国际文化交流基地的高校。

2021年7月

7月2日　金砖国家第六届文化部长会议以视频方式在线举行。会议围绕“强化文化纽带、增强文化协同”主题进行研讨。

7月9日　第九届澳门国际旅游（产业）博览会在澳门开幕。

7月9日　以“深融合·扩消费·高质量”为主题的文旅产业发展论坛在江苏常州举行。

7月13日　由福建省文化和旅游厅、福建省政府外事办公室等共同主办的“东盟+中日韩博物馆云论坛”在福建福州举行。

7月16日　第四十四届世界遗产大会在福建福州开幕。

7月19日　由国家文物局、江苏省人民政府共同主办的“中国革命纪念馆高质量发展峰会·2021”在江苏南京举行。

7月20日　“中韩文化交流年——鲁韩交流周”在山东济南开幕。

7月21日　“百年担当——庆祝中国共产党成立100周年浙江艺术特展”在浙江杭州开幕。

7月23日　第十六届中国—东盟文化论坛在广西南宁举行。

2021年8月

8月5日　中土建交50周年经贸文化发展论坛在土耳其首都安卡拉开幕。

8月10日　由中国国家博物馆、广州市文化广电旅游局共同主办的“海宇攸同——广州秦汉考古成果展”在北京中国国家博物馆开幕。

8月12日　国务院新闻办公室发表《全面建成小康社会：中国人权事业发展的光辉篇章》白皮书。

8月16日　由甘肃省文化和旅游厅、老挝中国文化中心共同主办的“交响丝路·如意甘肃”文化旅游周在老挝中国文化中心开幕。

8月16日　江西省汉代文化研究基地在江西省博物馆正式成立。

8 月 24 日 第十七届威尼斯国际建筑双年展中国国家馆展览在北京天桥艺术中心开幕。

8 月 30 日 第十二次中日韩文化部长会议在日本北九州召开。会上，审议通过了《第十二次中日韩文化部长会议北九州宣言》，并分别向 2022 年度“东亚文化之都”温州市、济南市，日本大分县和韩国庆州市颁授纪念牌匾。

2021年9月

9 月 2 日 由中国国家图书馆、浙江省文化和旅游厅共同主办的首届“丝绸之路国际图书馆联盟大会”在浙江杭州以视频会议形式举行。

9 月 4 日 首届国家文化出口基地论坛在北京召开。该论坛旨在搭建基地交流合作平台，带动对外文化贸易高质量发展，更好地推动中华文化“走出去”。

9 月 9 日 由中国文化和旅游部、俄罗斯文化部共同主办的 2021 年俄罗斯“中国文化节”在线上开幕。

9 月 10 日 第十八届中国—东盟博览会暨中国—东盟商务与投资峰会在广西南宁开幕。

9 月 12 日 由中国文化和旅游部中外文化交流中心、新加坡中国文化中心等共同主办的“听瓷语 观世界——文创海外推广展之龙泉青瓷”展览在新加坡开幕。

9 月 22 日 第三届大运河文化旅游博览会在江苏苏州开幕。

9 月 23 ~ 27 日 第十七届中国（深圳）国际文化产业博览交易会在深圳国际会展中心举行。

9 月 23 ~ 27 日 第十三届中国—东北亚博览会在吉林长春举行。

9 月 24 日 第五届丝绸之路（敦煌）国际文化博览会和第十届敦煌行·丝绸之路国际旅游节在甘肃敦煌开幕。

9 月 24 ~ 25 日 由中国社会科学院主办的第二十二次全国皮书年会（2021）在广州召开。由湖北大学高等人文研究院组织研创的《文化建设蓝皮书：中国文化发展报告（2020）》荣获“优秀皮书奖”二等奖。

9月26~28日　由国家互联网信息办公室、浙江省人民政府共同举办的2021年世界互联网大会乌镇峰会在浙江乌镇召开。

9月27日　由教育部、文化和旅游部等共同主办的“2021中国（曲阜）国际孔子文化节暨第七届尼山世界文明论坛”在山东曲阜开幕。

2021年10月

10月14日　由文化和旅游部、新疆维吾尔自治区人民政府主办的“新疆是个好地方——对口援疆19省市非物质文化遗产展”在新疆乌鲁木齐开幕。

10月15日　由文化和旅游部、广西壮族自治区人民政府共同主办的2021中国—东盟博览会旅游展在广西桂林开幕。

10月15~17日　第五届中国非物质文化遗产传统技艺大展在安徽黄山举行。

10月16日　第八届中国—中亚合作论坛在甘肃兰州开幕。

10月17日　2021海峡两岸周易文化论坛暨第三十二届周易与现代化论坛在河南安阳开幕。

10月17日　由中国社会科学院、国家文物局等共同主办的仰韶文化发现暨中国现代考古学诞生100周年纪念大会在河南三门峡举行。

10月20日　上海合作组织博物馆联盟成立大会在北京中国国家博物馆召开。

10月24日　由山东省文化和旅游厅、中国驻旧金山总领馆主办的第七届“跨越太平洋——中国艺术节”在线上开幕。

10月27日　由中国国家文物局、北京市人民政府共同主办的“亚洲文化遗产保护对话会”在北京开幕。

10月28日　由中国驻摩洛哥大使馆主办的“中国—摩洛哥非遗精品展”在拉巴特中国文化中心开幕。

2021年11月

11月1日　第六届世界妈祖文化论坛暨第二十三届中国·莆田湄洲妈祖

文化旅游节在福建莆田湄洲岛开幕。

11 月 6 日 由文化和旅游部主办的“文化产业赋能乡村振兴的全球实践——2021 文化产业和旅游产业国际合作论坛”在上海国家会展中心举行。

11 月 7~13 日 “2021 中国（浙江）中非文化合作交流周暨中非经贸论坛”在浙江金华举行。

11 月 8 日 由中华文化联谊会、海峡两岸旅游交流协会等共同主办的“守望精神家园——第七届两岸非物质文化遗产月”暨美丽中华行系列活动在台湾高雄开幕。

11 月 21 日 由中国国家博物馆、中国考古学会等共同主办的“稻·源·启明——浙江上山文化考古特展”在北京中国国家博物馆开幕。

11 月 25~26 日 由中国文化和旅游部、塞尔维亚文化和信息部共同主办的第三届中国—中东欧国家艺术合作论坛在线举行。

2021年12月

12 月 1 日 第七届丝绸之路国际艺术节在陕西西安开幕。

12 月 4 日 第九届广府文化论坛在广西钦州举行。

12 月 9 日 由中国外文局、浙江省人民政府新闻办公室等共同主办的 2021 和合文化全球论坛以线上线下相结合的方式在浙江台州举行。

12 月 12 日 第十三届海峡论坛·两岸传统技艺（非遗项目）展演在福建厦门开幕。

12 月 13 日 由中国文化和旅游部，阿曼文化、体育和青年部共同主办的“中国—阿曼青年数字文化产业交流周”系列活动在线开幕。

12 月 15 日 由中国文化传媒集团、江苏省委宣传部等共同主办的“聚焦长江 高峰对话”文化和旅游创新发展论坛暨长江文化高层论坛在国内各大平台线上开幕。

12 月 16 日 由社会科学文献出版社、湖北大学共同主办的《文化建设蓝皮书：中国文化发展报告（2021）》发布会在湖北武汉举行。

12 月 21 日 2023 年“东亚文化之都”终审活动在北京举行。该项工作自

2012 年启动以来，我国已有 11 座城市获此荣誉。

12 月 23 日　“江天万里——长江文化展”在中国国家博物馆开展。

12 月 27 日　由文化和旅游部主办的“中国—东盟文化旅游活动周”在湖南长沙开幕。

后　记

人类的历史是一部文明发展史，也是一部文化发展史。文化是文明程度的发展印记，文明是文化综合性的抽象表现。我党向来重视文化建设，尤其是改革开放以来，文化建设已经进入一个新阶段。当今，世界性的文化交流是不可阻挡的时代大势。要想实现中华民族的伟大复兴，坚守以马克思主义为指导思想的社会主义先进文化，继承和弘扬中华优秀传统文化，批判性借鉴、吸收西方文化，并与中国具体实际结合起来，是一条必由之路。因此，研究我国的文化建设，有利于我们深入理解社会主义现代化建设进程，有利于促进中西文化交流、增强我们的文化自觉和文化自信，有利于民族复兴伟业的及早实现。现阶段我国社会的主要矛盾是人民日益增长的美好生活需要和不平衡不充分的发展之间的矛盾，这种矛盾的一个重要表现就是人民群众的文化需要与文化供给的不平衡。因此，研究当前我国的文化发展状况，有利于化解矛盾，推动人民群众美好生活的全面实现。

《中国文化发展报告（2022~2023）》对2021~2022年我国的文化事业和文化产业进行了全面深入分析，包括总报告、指数报告、分类报告、专题报告四个部分。本报告数据来自湖北大学高等人文研究院社会调查中心的“中国文化发展现状调查（2021）”数据库。调查数据为本报告提供了重要的、原发的、独有的数据支持，增强与提高了报告的说服力和可信度，反映了文化建设发展方面的社情民意、问题及发展趋势，值得党政相关部门和读者高度重视。

本报告研创出版和相关调查的经费，主要来自中华文化发展湖北省协同创新中心，湖北省国内一流学科中国语言文学与哲学文化学科、湖北文化建设研究院、湖北省道德与文明研究中心、湖北省教育厅“十三五”省属高校优势学科群“中国文化传承与发展”也提供了支持。同时，本报告和社会调查一如既往地得到了湖北大学“文化发展学科平台”经费的支持。

本报告由湖北大学高等人文研究院、中华文化发展湖北省协同创新中心、湖北文化建设研究院组织研创。报告的研创出版，一如既往地得到了湖北大学各文科学院、各有关部门的大力支持，得到了社会科学文献出版社的全力帮助和具体指导。在此，课题组全体成员对为本报告做出贡献、给予支持和提供帮助的各位领导、朋友和同人深表感谢，并将在未来的奋斗历程中，砥砺奋进，将此系列报告做得更好！

中国文化发展报告课题组

2023 年 1 月 14 日

Abstract

China's cultural production sector has continued to deepen reforms and the overall situation has continued to improve from 2021 to 2022. The main achievements of China's current cultural production include: the steady reform of the cultural system and the positive development of the cultural industry; the gradually rising status of culture and related industries in the national economy and the stable import and export of cultural products; the Internet cultural industry and the emerging digital cultural industry have become new growth points in the field of cultural production in China; since the "13th Five-Year Plan" the construction of China's public cultural service system has made important achievements. China's public cultural services have made further development in the past two years, mainly in terms of more refined institutional norms in policy support, continuous improvement in the level of public cultural services, further narrowing of the gap between urban and rural grassroots public cultural services, increased awareness of the protection of intangible cultural heritage and local characteristics of culture, and wider digital coverage of public cultural services.

The domestic and international dissemination of Chinese culture and its influence are important contents of this book. Cultural communication and influence in China shows a series of achievements in the past two years, which are mainly reflected in the following: relevant government departments have formulated the "14th Five-Year Plan" on cultural communication, and "deepening media reform", "digitalization of culture" and "prioritizing social benefits" will become the new focus of cultural communication during the "14th Five-Year Plan" period; media reform has entered a period of digitalization, networking and intelligence, and media work will be included as an important part of the national governance system; the order of cultural communication in the entertainment industry, news industry and online platforms has been deeply and effectively managed, etc. Chinese culture international communication and influence points out that in the past two years, China's cultural exchange and communication with the outside world need to be strengthened, mainly: the development of traditional paper media industry has encountered greater challenges, its quantity need to be increased and quality are to be improved; China's literature, art education development by foreign cultural influence more deeply, the introduction of copyright are mainly influenced by the United States, the United Kingdom and Japan, the international vision needs to be further broadened; China's cultural international output to be strengthened, to strengthen the international exchange and supervision of network culture.

This book provides a comprehensive and in-depth analysis of China's cultural undertakings and cultural industry from 2021 to 2022, mainly consisting of Four parts: general report, index report, segment reports, special reports. special reports including three parts: the grassroots cultural construction development and civilization level enhancement Value Leadership and Identity in China's Cultural Construction, and the study on the high-level development and optimization of culture and tourism in the Provinces and Cities of Yangtze River Economic Belt. This book also constructs an evaluation index system of China's cultural development, with 5 primary indicators and 36 secondary indicators of cultural input, cultural production, cultural supply, cultural dissemination, and cultural consumption, which provides a visual analysis and evaluation of China's cultural development in the form of indexation. Through the investigation and research of cultural undertakings and cultural industries, it provides a comprehensive description and objective analysis of the new achievements, new trends and problems in China's cultural field in the past two years, and an in-depth exploration of the solutions to the problems and future trends of development, hoping to provide theoretical reference and data support for the decision-making of the Party and relevant government departments.

Keywords: Cultural Undertakings; Cultural Industry; Cultural Products; Cultural Exchange

Contents

Ⅰ General Report

Abstract: Under the strong leadership of the Party, cultural undertakings and cultural industries have still made more outstanding achievements. The overall performance of cultural development in 2021 is: Inherit and promote the excellent Chinese traditional culture, revolutionary culture based on the advanced socialist culture has achieved greater development. Specifically, the construction of public cultural facilities and services, mass cultural institutions and the construction of "four museums", education and culture, ecological civilization, preservation of non-foreign heritage and other culture-related work have all achieved further development. Cultural construction and development work has gained high social recognition and played an increasingly important role in improving the overall level of civilization in society. In terms of future planning for cultural development, it is important to always adhere to the Party's leadership, strengthen the Party's construction and improve the effectiveness of governance of culture. To further strengthen the inheritance and development of excellent Chinese culture, enhance its social influence, and transform it into cultural soft power. Continue to upgrade grassroots public cultural facilities and services and continuously expand their coverage. Continuously explore and develop the advantages of traditional culture and strengthen the efforts to protect cultural relics and intangible cultural heritage. Promoting technology-enabled culture and accelerating the construction of cultural spaces. Promote the digitization of cultural resources, strengthen and improve network supervision, and enhance awareness of copyright protection of digital resources. Infiltrate the countryside with culture and implement the rural cultural revitalization strategy.

Keywords: Cultural Construction; Civilization Level; Mass Culture; Cultural Industry; Cultural Exchange

Abstract: Culture is an important source of national cohesion and creativity, a powerful spiritual impetus to lead the country and the nation to move forward victoriously, a symbol and embodiment of national strength, and an important force for the country's stable development. This report constructs a Chinese cultural development index evaluation index system with 5 primary indicators and 36 secondary indicators of cultural input, cultural production, cultural supply, cultural dissemination and cultural consumption, and provides a visual analysis and evaluation of the national cultural development in 2021 in the form of indexes, which can deeply study the cultural development in China, understand the strengths and weaknesses in the process of China's cultural development, provide a scientific basis and reference system for the local government departments in China in the formulation of cultural policies, and help promote the scientific development of China's regional cultural undertakings and cultural industries and enhance the national cultural soft power.

Keywords: Cultural Development Index; Cultural Development; Cultural Construction

Ⅲ Segment Reports

B.3 Report on Chinese Cultural Production (2021-2022)

Tao Wenjia, Zhou Zihan and Chen Xue / 096

Abstract: Based on an analysis of the statistics of cultural production in China in 2020-2021, China's cultural production overall situation has continued to improve, maintaining a more stable growth. The main achievements of China's cultural production are: the firm pace of reform of the cultural system and the positive development of the cultural industry. The position of culture and related industries in the national economy has steadily increased, and the import and export of cultural products has remained stable. The Internet culture industry and the emerging digital culture industry have become new growth points in China's cultural production. However, there are still some problems with cultural production. Cultural wholesale and retail trade shows some declination. The quality of public cultural products and services still needs to be improved steadily; the space for the survival of the industry of Internet cafes continues to shrink. The "Easing the Burden" policy has had a definite impact on online education. Therefore, the report argues that we should pay attention to the digital development of cultural industry according to the requirements of the "14th Five-Year Plan" for the development of cultural production. Specifically, for the crisis of the Internet cafe industry, this paper suggests that both the government and practitioners should promote Internet cafes to take part in the Internet cultural services in public community cultural services, and provide a way out for the Internet cafe industry through the government's purchase of services and the enhancement of service capacity of Internet cafes. For the development of the online education industry, the emphasis is on improving the quality of online education, which requires the cooperation of the government, Internet infrastructure providers, online education software providers, the education industry and other parties to provide practical protection for the construction of China's education information technology.

Keywords: Cultural Production; Internet Cafe Industry; Online Education

Abstract: In the past two years, China's public cultural services have made further development, which is mainly reflected in the following aspects: the policy supply has put forward new development requirements, and the institutional norms have been further refined on the basis of the past; The infrastructure of public cultural services has been improved and the service level has been significantly improved; The gap between urban and rural grassroots public cultural services has been further narrowed; The awareness of intangible cultural heritage and local characteristic culture protection has been strengthened; The digitalization of public cultural services has a wider coverage and a richer content. However, there are still some problems: deficiencies in the capacity and influence of grass-roots public cultural services; Pay insufficient attention to the public cultural service needs of special groups; Inadequate protection of intangible cultural heritage and cultural relics; The series of rural revitalization activities still need to strengthen guidance and supervision. To this end, China needs to further improve the public cultural services at the grass-roots level and create distinctive cultural brands; Pay attention to the cultural service needs of special groups and use digital technology to improve services; Further strengthen the protection and publicity of intangible cultural heritage and cultural relics, and promote everyone to participate in the protection; Promote the revitalization of rural areas, supervise the "rural online celebrity", and realize the equalization of urban and rural public cultural services.

Keywords: Public Cultural Services; Digitalization; Rural Revitalization

Abstract: A series of achievements have been made in China in cultural communication in the past two years, which were mainly reflected in three aspects: firstly, relevant departments have formulated the "14th Five-Year Plan" that included documents on developing cultural communication. "Deepening the reform on media convergence", "developing cultural digitalization", and "giving priority to social benefits" have been key points of work on cultural dissemination during the "14th Five-Year Plan" period; Secondly, the reform on media convergence has entered an age of digitization, network, and artificial intelligence. Media has been included as an important part of the national governance system; Thirdly, the order of cultural diffusion in the culture and entertainment industry, the news industry, and the network platform has been managed effectively in depth. However, Chinese cultural communication still have some problems to be solved urgently. Firstly, the user experience of new media needed to be optimized urgently, and the problems of security and convenience remained to be unsolved; Secondly, the efficiency in governing disordered activities and phenomena spread by We Media should be improved; Thirdly, a discrepancy has been seen between ways of cultural transmission and preferred ways of audience in watching. Thus, examination of such flexible indexes as user satisfaction and convenience should be focused on producing products of new media to meet better results. Despite leading thoughts, precise and targeted guidance on technological aspects should be made on We Media by administrative sections. Besides, film practitioners should actively take part in such new ways as internet-based cinemas to adapt to the new trend of digital development in China's film industry.

Keywords: Media Convergence; Cultural Digitization; Cultural Communication Order

Abstract: Taking the total volume and total amount of international cultural products trade in 2020 ~ 2021 as reference, and the traditional offline paper-based cultural products in the medium of books, periodicals and newspapers, electronic cultural products, copyright introduction and export, and cultural trade activities in tourism as the objects of examination, this report points out that the development of the traditional paper-based media industry has encountered greater challenges, and both quantity and quality need to be strengthened. China's literature, art education development is deeply influenced by foreign cultures, copyright introduction are mainly influenced by the United States, the United Kingdom and Japan, the international perspective needs to be further strengthened, the international export of Chinese culture needs to be strengthened, and the Internet culture is uneven and needs urgent supervision and guidance. This report points out that in order to better the international communication of Chinese culture, we should deepen the study of our own cultural traditions and modern Internet culture, expand our international vision, widely absorb excellent foreign culture, and conduct profound research and exploration of Internet culture, and only by doing our own homework can we gain the recognition of the international community.

Keywords: Chinese Culture; Cultural Products; International Communication

Ⅳ Special Reports

Abstract: Culture and civilization are products of the gestation with the emergence of man and the development of human society. The development of culture and the advancement of civilization are constantly moving forward in the practice of human society. Culture is the development mark of the degree of civilization, and civilization is the abstract expression of cultural synthesis. Both culture and civilization are the crystallization of the wisdom of humankind and the continuing bloodline of the Chinese nation. The century-long development history of the Party also fully proves that the Communist Party of China has always attached importance to cultural construction, moving from cultural consciousness to cultural confidence, and then stepping into a new form of human civilization. On the basis of building a moderately prosperous society in all aspects and on the road to building a socialist modernization in all aspects, the realization of the goal of building a strong cultural country must be based on the overall improvement of the cultural construction and civilization level at the grassroots level in China. The content of this report focuses on data related to grassroots culture and civilization level, mainly in the lead of the areas of grassroots Party organizations and cultural construction, family harmony and family style construction, grassroots public health construction, performance evaluation of toilet revolution, environmental protection and the formation of civilization style. In last two years, grassroots cultural facilities construction has achieved significant progress and civilization level in rural areas has been greatly approved, however, there are also existing some problems. In order to aquire more achievements, we must unwaveringly exert leading role of grassroots Party organizations, to promote the construction of the family and family style and the development of society at the same time, to further appove the construction of grassroots public health facilities, to consolidate the effectiveness of toilet revolution in rubal and rural areas, also to enhance the force of environmental governance, to build the beautiful home of ecological and livable.

Keywords: Grassroots Cultural Construction; Civilization Level; Culture Power

Abstract: This report analyzes people's perceptions of the political orientation function in cultural construction, the perceptions of cultural construction in rural cultural construction, and the perceptions of cultural safety in cultural construction, using data from "The State of Cultural Development Survey in China (2021)". This report finds that people insufficient value identification with rural cultural construction and insufficient sense of belonging to rural culture. Awareness of big data risks and cultural digital construction on cultural security issues needs to be improved. This report argues that, on the basis of adhering to and strengthening the Party's overall leadership, we should promote China's cultural construction in all aspects with the core of enhancing people's value identification with culture and cultural security as a guarantee. This report proposes to further strengthen the study and interpretation of the major significance of comprehensively strengthening the Party's leadership and propaganda and education in theory and practice, and to continue to implement, reduce and refine the cultivation and practice of socialist core values so that people can have a greater sense of access. In the construction of rural culture, strengthen the construction of village party organizations and the team of rural leaders, develop rural industries with special characteristics and tourism with the integration of culture and tourism, and enhance people's value recognition of rural culture. At the same time, strengthen the publicity and education of the risk of big data, promote the popularization and publicity of cultural digital construction, and enhance the level of cultural digitalization.

Keywords: Cultural Construction; Political Orientation; Value Leadership; Value Identity

B.9 A Study on the High Level Integration and Optimization of Culture Industry and Tourism Industry in the Provinces and Cities of the Yangtze River Economic Belt

—Based on Data Analysis of Two Time Point in 2011 and 2019

Ding Hao, *Zhang Zhimin* / 234

Abstract: This report takes 11 provinces and cities in the Yangtze River Economic Belt as the research object, selects data from two time points, 2011 and 2019, constructs the evaluation model of the development level of cultural industry and tourism industry, and on the basis of this, analyzes the rank to which each region's cultural industry and tourism industry belongs by using the cluster analysis method, so as to reflect the coordination status of their development, and draws the following research conclusions. Firstly, the four regions belonging to the eastern part of the Yangtze River Economic Belt have a high level of cultural industry development, the differences in the development of cultural industries in 11 provinces and cities in the Yangtze River Economic Belt are narrowing. Secondly, the level of tourism industry development in the eastern and central parts of the Yangtze River Economic Belt is decreasing between 2011 and 2019, while the level of tourism industry development in the western parts of the Yangtze River Economic Belt is rapidly increasing. The differences in the development of the tourism industry in the

11 provinces and cities of the Yangtze River Economic Belt are narrowing and more pronounced. Thirdly, on the whole, the eastern part of the Yangtze River Economic Belt basically belongs to the development of cultural industry ahead of the curve, while the central and western parts of the Yangtze River Economic Belt mostly belong to the development of tourism industry ahead of the curve. Fourth, each region can focus on using the strategy of "culture + tourism" or "tourism + culture" to promote the optimal development of culture and tourism industry; at the same time, each region in the Yangtze River Economic Belt should take into account its own actual situation, choose the development path according to local conditions, highlight its own advantages, realize the complementary advantages between regions, and promote the high-quality development of the whole region.

Keywords: Yangtze River Economic Belt; Cultural Industry; Tourism Industry; Coordination.

皮书

智库成果出版与传播平台

皮书定义

皮书是对中国与世界发展状况和热点问题进行年度监测，以专业的角度、专家的视野和实证研究方法，针对某一领域或区域现状与发展态势展开分析和预测，具备前沿性、原创性、实证性、连续性、时效性等特点的公开出版物，由一系列权威研究报告组成。

皮书作者

皮书系列报告作者以国内外一流研究机构、知名高校等重点智库的研究人员为主，多为相关领域一流专家学者，他们的观点代表了当下学界对中国与世界的现实和未来最高水平的解读与分析。截至 2022 年底，皮书研创机构逾千家，报告作者累计超过 10 万人。

皮书荣誉

皮书作为中国社会科学院基础理论研究与应用对策研究融合发展的代表性成果，不仅是哲学社会科学工作者服务中国特色社会主义现代化建设的重要成果，更是助力中国特色新型智库建设、构建中国特色哲学社会科学“三大体系”的重要平台。皮书系列先后被列入“十二五”“十三五”“十四五”时期国家重点出版物出版专项规划项目；2013~2023 年，重点皮书列入中国社会科学院国家哲学社会科学创新工程项目。

皮书网

（网址：www.pishu.cn）

发布皮书研创资讯，传播皮书精彩内容
引领皮书出版潮流，打造皮书服务平台

栏目设置

◆ **关于皮书**

何谓皮书、皮书分类、皮书大事记、
皮书荣誉、皮书出版第一人、皮书编辑部

◆ **最新资讯**

通知公告、新闻动态、媒体聚焦、
网站专题、视频直播、下载专区

◆ **皮书研创**

皮书规范、皮书选题、皮书出版、
皮书研究、研创团队

◆ **皮书评奖评价**

指标体系、皮书评价、皮书评奖

◆ **皮书研究院理事会**

理事会章程、理事单位、个人理事、高级
研究员、理事会秘书处、入会指南

所获荣誉

◆ 2008 年、2011 年、2014 年，皮书网均在全国新闻出版业网站荣誉评选中获得“最具商业价值网站”称号；

◆ 2012 年，获得“出版业网站百强”称号。

网库合一

2014年，皮书网与皮书数据库端口合一，实现资源共享，搭建智库成果融合创新平台。

皮书网　　“皮书说”微信公众号　　皮书微博

S 基本子库
UB DATABASE

中国社会发展数据库（下设 12 个专题子库）

紧扣人口、政治、外交、法律、教育、医疗卫生、资源环境等 12 个社会发展领域的前沿和热点，全面整合专业著作、智库报告、学术资讯、调研数据等类型资源，帮助用户追踪中国社会发展动态、研究社会发展战略与政策、了解社会热点问题、分析社会发展趋势。

中国经济发展数据库（下设 12 专题子库）

内容涵盖宏观经济、产业经济、工业经济、农业经济、财政金融、房地产经济、城市经济、商业贸易等 12 个重点经济领域，为把握经济运行态势、洞察经济发展规律、研判经济发展趋势、进行经济调控决策提供参考和依据。

中国行业发展数据库（下设 17 个专题子库）

以中国国民经济行业分类为依据，覆盖金融业、旅游业、交通运输业、能源矿产业、制造业等 100 多个行业，跟踪分析国民经济相关行业市场运行状况和政策导向，汇集行业发展前沿资讯，为投资、从业及各种经济决策提供理论支撑和实践指导。

中国区域发展数据库（下设 4 个专题子库）

对中国特定区域内的经济、社会、文化等领域现状与发展情况进行深度分析和预测，涉及省级行政区、城市群、城市、农村等不同维度，研究层级至县及县以下行政区，为学者研究地方经济社会宏观态势、经验模式、发展案例提供支撑，为地方政府决策提供参考。

中国文化传媒数据库（下设 18 个专题子库）

内容覆盖文化产业、新闻传播、电影娱乐、文学艺术、群众文化、图书情报等 18 个重点研究领域，聚焦文化传媒领域发展前沿、热点话题、行业实践，服务用户的教学科研、文化投资、企业规划等需要。

世界经济与国际关系数据库（下设 6 个专题子库）

整合世界经济、国际政治、世界文化与科技、全球性问题、国际组织与国际法、区域研究 6 大领域研究成果，对世界经济形势、国际形势进行连续性深度分析，对年度热点问题进行专题解读，为研判全球发展趋势提供事实和数据支持。

法律声明